21 世 纪 本 科 金 融 学 名 家 经 典 教 科 书 系

普通高等教育“十一五”国家级规划教材
国家统计局优秀统计教材

货币与金融统计学

（第四版）

Monetary and Financial Statistics

主 编 杜金富

U0914335

中国金融出版社

责任编辑：王效端　张菊香
责任校对：李俊英
责任印制：丁淮宾

图书在版编目（CIP）数据

货币与金融统计学（Huobi yu Jinrong Tongjixue）/杜金富主编．—4版．—北京：中国金融出版社，2018.7

21世纪本科金融学名家经典教科书系

ISBN 978－7－5049－9608－4

Ⅰ．①货…　Ⅱ．①杜…　Ⅲ．①货币—经济统计学—高等学校—教材②金融统计—高等学校—教材　Ⅳ．①F820.2②F830.2

中国版本图书馆CIP数据核字（2018）第117899号

出版发行　中国金融出版社
社址　北京市丰台区益泽路2号
市场开发部　（010）63266347，63805472，63439533（传真）
网上书店　http：//www.chinafph.com
（010）63286832，63365686（传真）
读者服务部　（010）66070833，62568380
邮编　100071
经销　新华书店
印刷　保利达印务有限公司
尺寸　185毫米×260毫米
印张　19.5
字数　470千
版次　2003年8月第1版　2006年1月第2版　2013年5月第3版　2018年7月第4版
印次　2018年7月第1次印刷
定价　48.00元
ISBN 978－7－5049－9608－4
如出现印装错误本社负责调换　联系电话（010）63263947
编辑部邮箱：jiaocaiyibu@126.com

21 世纪高等学校金融学系列教材
编审委员会

顾　　问：

吴晓灵（女）　清华大学五道口金融学院　教授　博士生导师

陈雨露　中国人民大学　教授　博士生导师

王广谦　中央财经大学　教授　博士生导师

主任委员：

蒋万进　中国金融出版社　总编辑

史建平　中央财经大学　教授　博士生导师

刘锡良　西南财经大学　教授　博士生导师

委　　员：（按姓氏笔画排序）

丁志杰　对外经济贸易大学　教授　博士生导师

马君潞　南开大学　教授　博士生导师

王爱俭（女）　天津财经大学　教授　博士生导师

王效端（女）　中国金融出版社　副编审

王　稳　对外经济贸易大学　教授　博士生导师

王　能　上海财经大学　美国哥伦比亚大学　教授　博士生导师

王　聪　暨南大学　教授　博士生导师

卞志村　南京财经大学　教授　博士生导师

龙　超　云南财经大学　教授

叶永刚　武汉大学　教授　博士生导师

邢天才　东北财经大学　教授　博士生导师

朱新蓉（女）　中南财经政法大学　教授　博士生导师

孙祁祥（女）　北京大学　教授　博士生导师

孙立坚　复旦大学　教授　博士生导师

李志辉　南开大学　教授　博士生导师

李国义　哈尔滨商业大学　教授

杨兆廷　河北金融学院　教授

杨柳勇　浙江大学　教授　博士生导师

杨胜刚　湖南大学　教授　博士生导师

汪　洋　江西财经大学　教授　博士生导师

沈沛龙　山西财经大学　教授　博士生导师
宋清华　中南财经政法大学　教授　博士生导师
张礼卿　中央财经大学　教授　博士生导师
张　杰　中国人民大学　教授　博士生导师
张桥云　西南财经大学　教授　博士生导师
张志元　山东财经大学　教授
陆　磊　广东金融学院　教授　博士生导师
陈伟忠　同济大学　教授　博士生导师
郑振龙　厦门大学　教授　博士生导师
赵锡军　中国人民大学　教授　博士生导师
郝演苏　中央财经大学　教授　博士生导师
胡炳志　武汉大学　教授　博士生导师
胡金焱　山东大学　教授　博士生导师
查子安　中国金融出版社　副总编辑
贺力平　北京师范大学　教授　博士生导师
殷孟波　西南财经大学　教授　博士生导师
彭建刚　湖南大学　教授　博士生导师
谢太峰　首都经济贸易大学　教授　博士生导师
赫国胜　辽宁大学　教授　博士生导师
裴　平　南京大学　教授　博士生导师
潘英丽（女）　上海交通大学　教授　博士生导师
潘淑娟（女）　安徽财经大学　教授
戴国强　上海财经大学　教授　博士生导师

前言 （第四版）

《货币与金融统计学》自2003年出版以来，一直得到理论界和实际部门的积极反映。这次修订的主要考虑：一是从国际上看，国际货币基金组织（IMF）2016年出版了《货币和金融统计手册与编制指南》，对2000年出版的《货币和金融统计手册》进行了修订。本教材根据IMF的最新内容进行相应的修订。二是从国内实际情况看，金融交易的组织和工具发生了变化，如影子银行等，这些变化应在教材中得到反映。三是从教材针对性来看，我们对教材内容进行了调整，删去了与本科学习不太紧密的章节，如“金融规划”等；也增加了部分章节，如“金融统计框架”等。

第四版的修订工作由杜金富主持。第一章、第三章、第六章、第七章由杜金富撰写和修订；第二章由李静萍、梁斌修订；第四章由张璇修订；第五章由孟庆福、钟慧修订；第八章、第十二章由温娇月、李明修订；第九章、第十三章由苗大林修订；第十章由刘珂、计茜修订；第十一章由王文龙修订；第十四章由毛奇正、朱海燕修订；第十五章由李博修订。全书由阮健弘、张文红统稿。

编者

2018年5月

目　录 Contents

第一章
概　　论

《货币与金融统计学》研究货币与金融统计基本理论、基本规则和基本方法。在介绍货币与金融统计内容之前，需要明确货币与金融统计的含义，了解货币与金融统计的基本规则，弄清货币与金融统计在宏观经济统计中的地位与作用，以期对货币与金融统计有个总的概念。

第一节　货币与金融统计的概念

货币与金融统计是宏观经济统计的重要组成部分，有独特的统计对象和内容，包括货币统计和金融统计两部分内容。

一、货币统计的概念

（一）货币的含义

货币统计简而言之就是针对货币的总量、构成、来源及过程的统计。因此界定货币统计的概念需先明确货币的含义。在市场经济中，充当货币的工具很多，除现金外，还有银行存款、支票和其他有价证券，都在一定程度上执行了流通手段和支付手段，具有一定的货币性和流动性。从理论上讲，凡是能够执行价值尺度、流通手段和支付手段等职能甚至是执行价值储藏手段的金融工具，无论是金属货币、纸币、存款还是有价证券等，都称之为货币。但究竟哪些属于货币供应量范围内的货币，学术界的意见并不一致。但总体上来看，主要从货币作为交换媒介或价值贮藏这两个不同的角度进行定义，并且其范围在不断地扩大。根据时期的不同，大体可归纳为以下几种观点①：

第一种观点，从交易媒介的角度定义货币。这种观点认为，货币最基本的职能就是作为支付手段为人们所普遍接受，任何作为一般交换媒介的东西都是货币。根据这一定义，货币应限于通货和银行体系活期存款总和。这种观点被称为“狭义货币论”。用符号表示为

$$M_1 = C + D_d$$

M_1 是货币供应量，C 是银行体系以外流通的通货，D_d是中央银行和商业银行的活期存款。他们认为，在现代经济条件下，只有通货和活期存款才是普遍为人们所接受的交易媒介

---

① 林继肯：《货币供应管理学》，52 页，北京，中国金融出版社，1996。

或支付手段，或者更准确地说，是交易成本最低的媒介。

第二种观点，从交易媒介和价值储藏的角度定义货币。这种观点认为，货币是使人们的购买行为与售卖行为相分离的一类东西，是"购买力的暂栖所"，主要功能并不仅仅是交易媒介，而且也是价值储藏。从这个角度来观察，商业银行体系的其他存款，如储蓄存款和定期存款，显然也是货币。这样货币包括的范围扩大。用符号表示：

$$M_2 = M_1 + D_s + D_t$$

M_2为货币供应量，D_s为银行体系的储蓄存款，D_t为银行体系的定期存款。这样M_2为银行体系以外流通的通货和银行体系的各种存款总和，也就是M_1与储蓄存款和定期存款之和。随着经济的发展，银行体系以外出现了非银行金融机构，如财务公司、租赁公司等。这些金融机构和商业银行的主要区别是，它们不能接受和创造活期存款。这些金融机构接受的定期存款与商业银行的定期存款没有本质区别，也具有较强的流动性，各自之间也有高度的替代性。因此，上述的货币定义应扩大为

$$M_3 = M_2 + D_n$$

D_n代表非银行金融机构的存款。

第三种观点，部分学者认为，除了银行和非银行金融机构的存款外，现代社会中还会有其他金融工具具有相当的流动性或货币性，如政府和大企业发行的短期债券和商业票据等，这些金融工具在金融市场上买卖、贴现或转贴现的机会多，与狭义货币只有流动性强弱的区别。有些学者建议将这部分金融工具包括在货币量之内。这样货币量定义又扩大为

$$M_4 = M_3 + L$$

L代表银行和金融机构以外的短期金融工具。

理论认识上的不同，就产生了不同的货币量统计计算方法。目前各国根据自己国家金融市场的发展情况，将金融工具划分到不同层次货币供应量中去。

（二） 货币统计的含义

货币统计就是统计货币的总量、结构、来源及形成，主要是货币供应量统计。如前所述，货币供应量主要由中央银行发行的通货和金融机构吸收的存款构成。中央银行发行的通货构成其负债，各项存款是金融机构的主要资金来源，也构成其负债。这样，包括中央银行在内的金融机构的负债便构成了广义货币供应量主要组成部分，货币统计就是统计金融机构的负债。

金融机构的资产与负债是一个问题的两个方面，二者在数量上是相等的，并且金融机构可以通过资产创造负债。比如某银行吸收个人储蓄现金存款50万元，其资产负债为：

资产		负债	
现金	50万元	储蓄存款	50万元
总计	50万元	总计	50万元

这家银行发放给企业贷款50万元，企业未动用这笔款项，把它又存到这家银行。这家银行的资产负债为：

资产		负债	
现金	50万元	储蓄存款	50万元
贷款	50万元	企业存款	50万元
总计	100万元	总计	100万元

这里我们抽去许多限制条件，实际中金融机构创造存款是很复杂的。但通过这个例子我

们可以看出，金融机构通过资产业务可以创造负债。还比如，中央银行购买外汇，或增加中央银行发行通货，或增加金融机构的本币存款，都会增加中央银行的负债。因此，货币统计不仅要统计金融机构的负债，还要统计金融机构的资产，即货币统计是对金融机构资产和负债的统计。金融机构既包括中央银行，也包括商业银行，还包括非银行金融机构，以下统称金融性公司。货币统计就是对金融性公司资产和负债的统计。

（三） 货币统计的组织和表述方法

货币统计的组织和表述方法各国不尽相同。我国货币统计相当一段时期仅采用编制信贷收支表的方式。国际货币基金组织建议货币统计采用编制金融部门资产负债表和概览两个基本数据框架。

金融部门资产负债表采用合并的方法编制，即将金融性公司中的子部门资产负债表按层次合并。比如我国的存款货币银行是我国金融性公司部门中一个分部门，存款货币银行是由中国工商银行、中国农业银行、中国建设银行、中国银行和其他商业银行及城乡信用社等次部门金融机构所构成。合并这些次部门各个金融机构的资产负债表就是分部门资产负债表。部门资产负债表既可编制单个机构的资产负债表，也可用于编制一类金融机构的资产负债表。如把上述各存款货币银行机构的资产负债表合并，就称为存款货币银行资产负债表。在部门资产负债表中，分为三个金融性公司部门，包括中央银行、其他存款性公司和其他金融性公司。

按照货币来源和派生关系，对金融及其子部门资产负债项目重新组合，即生成概览。概览又分为三个层次：一是中央银行概览，也就是中央银行资产负债表合并；二是存款性公司概览，它是中央银行概览和其他存款性公司概览的合并；三是金融性公司概览，它是存款性公司概览和其他金融性公司概览的合并。有关编制部门资产负债表和概览的内容，我们将在第六章“货币统计框架”中详细介绍。

二、金融统计的概念

（一） 金融的含义

金融是指现金或资金的融通，简言之，金融是指货币资金的融通。它由融资的工具、融资的形式、融资的主体、融资的中介机构和融资的网络场所等要素构成。

一是金融作为货币资金融通活动，需有融资工具。比如某企业缺少资金，向银行借款，它必须出具借款契约即借据。借款契约或借据就是融资工具或称金融工具。企业出具借据，得到借款；银行得到借据，贷出货币资金。金融工具在融资双方的借贷中起到了媒介工具的作用。金融工具对借款者或资金融入者来说是金融负债，对贷款者或资金融出者来说是金融资产。有关金融资产的内容我们将在第三章中详细介绍。

二是融资采取一定的形式。融资形式大体分为借贷融资和买卖融资两种。借贷融资是以偿还为条件的融资形式，到期偿还本金和利息。如贷款和债券都属于借贷融资形式。这种融资形式又称为债权融资。融资的另一种形式是买卖融资，如企业为筹集资金在市场上发售股票，企业出卖股票后获得资金，购买者用货币资金买到股票而成为投资者。这种融资形式又称为股权融资。

三是融资的主体，即融资双方借贷者或买卖者——企业、住户、政府和金融机构。无论是企业、住户、政府，还是金融机构，在日常经济活动中，有的先收后支，有的先支后收；在一定时期内，有的收大于支，有的支大于收，不可能都是收支刚好相等。这就要求货币资金在企业、住户、政府和金融机构间相互融通。货币资金的盈余部门或单位成为资金的供应者，它们往往是金融资产的购买者；而货币资金的短缺部门或单位成为资金的需求者，它们往往是金融资产的出售者。

四是融资的中介机构——金融机构。在市场上融资双方必须彼此了解，这是融资的基本前提。为解决融资信息不对称问题，随着社会的发展，出现了专门从事借贷的中介机构——银行及其他信用中介机构。资金的盈余部门或单位把盈余的货币资金存入银行等信用中介机构，资金的短缺部门或单位在资金不足时到银行等信用中介机构去借款。这样银行等信用中介机构成了最终借款人和最终贷款人的中介人。随着股票、债券等有价证券的发展，也出现了证券公司、证券交易所等媒介机构，它们在出售和购买有价证券的交易中起金融辅助媒介作用。但它们不是最终购买者和最终出售者的中介人，只起辅助媒介作用。金融机构除了起到金融媒介作用外，它们也在市场上融资，也是融资的主体。

五是融资的网络场所——金融市场。金融市场是融资的领域。在这个领域融资可能有固定的场所，如银行、证券公司、证券交易所等，也可能没有固定的场所，采用电话、传真、计算机等手段实现资金的融通。一般把通过银行等中介机构的融资称为间接融资；不通过银行等中介机构，融资双方直接融资称为直接融资。广义的金融市场既包括直接融资，也包括间接融资。狭义的金融市场只包括直接融资。

（二） 金融统计的含义

金融统计是对上述构成金融诸要素的统计，统计整个经济体中非金融性公司、金融性公司、政府、住户、为住户服务的非营利机构等部门之间以及这些部门和世界其他地方之间所有的金融存量和流量。融资涉及主体、工具、形式、场所等诸多的要素，且这些要素之间有着密切的联系。如融资的形式决定着融资的工具，融资的形式又决定于融资的性质。但构成金融的要素主要是融资主体和融资工具，即谁融资和融什么资。融资主体一般划分为非金融性公司、金融性公司、政府、住户、为住户服务的非营利机构、国外等部门。融资工具也分为许多类别，有的是某部门的金融资产，有的是某部门的金融负债。金融统计是对经济中所有部门的金融资产和金融负债的流量和存量的统计。

金融统计可以反映：一是资金量在部门间的流动情况。金融资产和金融负债是融出和融入资金的反映，某部门金融资产多，则该部门融出资金多，若某部门金融负债多，则该部门融入资金多。二是融资结构。金融资产和金融负债的不同种类，代表着不同的融资形式。金融资产和金融负债的结构反映出融资的结构。三是部门的资金头寸。金融资产和金融负债的存量，也就是资产和负债表上的结余额。金融资产和金融负债的结余额表示为融出和融入资金的存量。

（三） 金融统计的组织和表述形式

金融统计的组织和表述形式依据内容不同而有差异，如对金融机构的间接融资的统计，可以采取编制信贷收支表的形式，对股票和债券融资的统计也可以采取编制股票和债券统计表的形式。这些形式或适用于某一部门如金融机构，或适用于某一金融资产或金融负债如股票和债券。要全面反映经济中所有部门的金融资产和金融负债的流量和存量，可采取二维、三维矩阵的表述形式，也有的采取资金流量表的表述形式。

金融统计的内容我们将在第七章“金融统计框架”中详细介绍。

三、货币统计与金融统计的关系

货币统计与金融统计之间既有联系，又各有侧重点。货币统计是针对金融性公司的统计。金融性公司的负债构成了广义货币，而广义货币是货币统计的主要内容。货币统计除反映广义货币的流量和存量外，还可描述货币供应形成的过程。金融性公司中的各金融机构在货币形成过程中的作用不同，中央银行创造基础货币，存款货币银行创造存款货币，其他金融机构在货币形成过程中也起着不同程度的作用。而这些都反映在金融性公司资产负债表和概览上。如中央银行资产负债表中的金融负债构成基础货币，而其金融资产种类则反映中央银行创造基础货币的渠道。同样，金融性公司概览反映了广义货币的规模、结构及其形成过程。

金融统计是针对经济中所有部门金融资产和金融负债的统计。如前所述，金融资产和金融负债是相对金融工具的购买者和出售者而言的。相当部分金融工具表现为金融性公司的金融资产和金融负债，如通货、存款、贷款、外汇、银行票据、金融债券、同业拆借、回购和逆回购等。但也有部分金融工具是金融性公司以外部门发售的，如企业发售的债券、商业票据和股票等，政府发售的政府债券等。金融统计既包括金融性公司间接融资的债权债务统计，也包括金融性公司以外部门直接融资的证券发行与交易统计（狭义金融市场统计），还包括金融流量在部门间流动的资金流量核算。

通过对货币统计与金融统计内容的对比分析可以看出，二者既有交叉，又有区别。金融统计的范围要比货币统计宽。它除了统计金融性公司金融资产和金融负债外，还要统计金融性公司以外部门的金融资产和金融负债。但在实际操作中，由于金融机构的资产在全社会金融资产中占主要部分，且居民、企业的金融交易数据主要通过金融机构或金融市场进行，因此货币统计是金融统计的基础，是部分金融统计数据推断的依据；同时通过金融统计可以发现货币计量范围的准确与否，指导货币统计的不断完善。二者相辅相成，相互支持。

第二节 货币与金融统计的基本规则

货币与金融统计是依据由国民经济决定的金融运行过程而建立的，是对金融运行的描述系统。这个系统要回答下列基本问题：

——金融交易的主体（买卖者是谁?）；

——金融交易的对象（买卖的是什么?）；

——金融交易的流量与存量（买卖的状况与规模?）；

——金融交易核算规则（如何记账核算统计?）；

——金融交易信息的公布（如何使公众了解?）。

在实际的金融运行中，金融交易者众多，交易品种不尽相同，价格与核算千差万别，信息公布也不一样。货币与金融统计要回答上述问题，就需要对金融交易主体和交易对象进行分类，明确核算的基本规则，增加信息的透明度。货币与金融统计一般要遵循下列规则：机构单位与部门分类、金融资产分类、统计核算的基本准则、数据公布的标准。

一、机构单位与部门分类

货币与金融统计首先要对金融交易主体进行分类。在交易中拥有资产和承担负债并能独立从事经济活动与其他实体进行交易的经济实体，称为机构单位。机构单位是一个微观的概念，要实现货币与金融统计的宏观核算要求，还需要对机构单位进行分类，即把经济目标、功能和行为相同的机构单位归入一个部门，即机构部门。货币与金融统计中的交易主体分类，就是对机构部门进行分类。

机构单位分为常住单位与非常住单位或居民与非居民。所谓常住单位，是指在一国的经济领土内具有经济利益中心的机构单位。如果机构单位在一国经济领土内不具有经济利益中心，则是非常住单位。外国驻我国的使馆、领馆和国际机构在我国的办事机构等，都是我国的非常住单位。

常住单位一般分为非金融性公司、金融性公司、广义政府、住户和为住户服务的非营利机构五个部门。

非金融性公司是指主要从事商品或非金融服务生产的公司和准公司。它一般又进一步划分为三个次部门：（1）公共非金融性公司；（2）私人非金融性公司；（3）外国控制的非金融性公司。

金融性公司是指主要从事金融中介或相关辅助性金融活动的公司或准公司。它一般又进一步划分为九个次部门：（1）中央银行；（2）中央银行以外的存款性公司；（3）货币市场基金；（4）非货币市场投资基金；（5）保险公司和养老基金以外的其他金融中介；（6）金融辅助机构；（7）专属金融机构和贷款人；（8）保险公司；（9）养老基金。其中（1）至（3）为存款性公司，（4）至（9）为其他金融性公司。

广义政府是通过政治程序建立并在特定领域对其他机构单位拥有立法、司法或行政权力的独特的法人实体。广义政府次部门有两种划分方法。第一种是分为中央政府、地方政府、社会保障基金；第二种是直接分为中央政府和地方政府，社会保障基金包含在相应层次的政府中。

住户是指共享同样的生活设施、集中部分或全部收入和财产，并共同消费一些商品或服务的一小群个人。住户也包括非法人的企业。住户部门可以根据住户的类型或其他的标准划分为若干子部门。

为住户服务的非营利机构是非营利机构的一部分。非营利机构是为生产商品或服务而成立的法人或社会实体，它不是建立控制和资助其单位的收入提供者。非营利机构可分为从事市场生产的非营利机构和从事非市场生产的非营利机构。其中，从事非市场生产的非营利机构又有被政府控制和没有被政府控制之分。前者属于广义政府部门，后者即为为住户服务的非营利机构。

在机构部门分类中，所有非常住单位放在一起，组成一个部门，称之为国外部门。对于国外部门来说，不是统计它的所有金融资产和金融负债的流量和存量，而仅仅反映它与常住国机构单位间的金融交易活动。

通过上述机构单位划分，部门归纳一般如下：非金融性公司；金融性公司；广义政府；住户；为住户服务的非营利机构；国外。

有关机构单位与部门分类的内容，我们将在第二章“机构单位与部门”中详细介绍。

二、金融资产分类

货币与金融统计还要对金融交易的客体进行分类。金融交易的客体是指金融工具，或金融负债，或金融资产。如前所述，这三者只是从不同角度来定义金融交易对象的。这里用金融资产来定义。金融资产是具有金融债权、货币黄金、国际货币基金组织分配的特别提款权、公司股票和金融衍生产品等形式的资产。它依据其流动性及描述交易关系形式的法律特征等标准进行分类。

金融性公司的金融资产和负债通常分为以下八类：（1）货币黄金和特别提款权；（2）通货和存款；（3）债务性证券；（4）贷款；（5）股权和投资基金份额；（6）保险、养老金和标准化担保计划；（7）金融衍生工具和雇员股票期权；（8）其他应收款/应收付款。

货币黄金仅指作为官方储备而持有的黄金。特别提款权是国际货币基金组织发行的金融资产。这两项金融资产的特点是没有相应的金融负债与之相对应。

通货和存款是金融性公司的负债。存款按发行债权的金融性公司凭证的不同、存款者的不同、存款流动性的不同等标准，可进一步细分。

债务性证券是可流通的债权凭证，包括国库券、公司债券、商业票据、大额可转让存单、证券化抵押贷款、信用卡应收款以及可流通的贷款等。

贷款是债权人将资金贷给债务人的一种金融资产。它按发放贷款的机构、购买贷款者（借款者）、贷款的形式、贷款的期限、贷款的担保等标准，可进一步细分。

股权和投资基金份额。股权包括确认所有债权人的债权后，对公司残值要求权的所有工具和记录。股权被视为发行机构单位的负债。法人股权的所有权通常由股份、股票、参与凭证、存托凭证或类似的文件所证明。投资基金份额包括了所有投资基金所发行的份额或单位，其中包括货币市场投资基金和非货币市场型的投资基金。

保险、养老金和标准化担保计划是金融性公司进行财富调节或进行收入再分配的形式。保险、养老金和标准化计划适用的准备金有：寿险保险专门储备金、寿险和年金权益、养老金权益、养老基金经理人的养老金债权、标准化担保待偿准备金。

金融衍生工具和雇员股票期权。金融衍生工具是与特定金融工具、指标或商品挂钩的金融工具。它分为远期合约和期权合约两大类。雇员股票期权是选择购买公司的股票的权利，也是公司员工获得报酬的一种形式。雇员股票期权是一种给定日期（授权时间）的协议，雇员可在规定的时间（到期日）内用规定的价格（执行价格）购买一定数量的员工股票，雇员股票期权要么规定日期（到期日），要么一段时间内（行权时限）不早于到期日。期权行使日就是执行期权。期权执行时，不能早于到期日，不能晚于行权时限。

其他应收款/应付款包括商业信贷、预收款或预付款及其他应收应付款等。这些款项属于垫付或预付性质的过渡资金，不属于真正意义上的融资款项。

有关金融资产分类的内容，我们将在第三章“金融资产”中详细介绍。

三、统计核算的基本规则

货币与金融统计是对金融产品交易存量和流量的统计，统计的基础是会计核算。存量和流量的统计涉及如何根据期初的存量和期间的流量核算出期末的存量，涉及金融产品如何计价，涉及金融产品交易的记录时间，涉及如何加总、合并和轧差等统计核算基本问题。尽管各国处理这些问题的具体方法可能千差万别，但统计核算总的规则基本一致。在货币与金融统计中，我们需要掌握这些统计核算的基本规则。

（一）金融存量和流量

金融存量和流量关系表述为

期初存量 ± 期间总流量 = 期末存量

期初存量是统计阶段开始时的总存量价值。总流量分为交易、重新定值和资产数量的其他变化。交易是指金融工具所有权的改变。重新定值是由价格变化而使金融工具价值发生变化，这个变化会产生金融流量。资产数量的其他变化是指资产和负债的变化，而不是从交易和重新定值产生的金融流量，如债权的冲销等。期末存量是统计阶段结束时的总存量价值。有关金融存量和流量这部分内容，我们将在第四章第一节“金融存量与金融流量”中作详细介绍。

（二）金融资产和金融负债的定值

金融资产价格是其收益市场化的表现。金融资产价格与其收益成正比，与市场收益率成反比。金融资产价格的确定比其他普通商品更为复杂。这除了它的价格反映的价值具有虚拟性外，主要原因是：（1）金融资产种类繁多，价格表现形式不一。如债券与股票的价格表现形式就不一样，债券的收益基本事先确定，表现为利息率，若确定的利息率与市场利息率一致且采取面额发售，其价格就是票面额。而股票的收益是预期的，其价格与面额差距较大，价格可能高于或低于其面额。同属债权的贷款和债券其价格表现形式也不完全相同，贷款因不转让流通，其价格就是与贷款利息率相对应的贷款额。随着金融创新的不断发展，许多金融衍生产品相继出现，其价格表现更加复杂。（2）金融资产持有期间价格也会发生变化。如持有的外汇，若汇率发生变化，其价格要相应调整。还有贷款的损失等。金融资产价格发生变化，就需要对金融资产价值进行调整。

正因为金融资产定值的复杂性，所以有必要在统计核算上确定一些基本规则：金融资产和金融负债的定值应以市场价格或市场价格的等量价值为基础；外汇的价值以买卖汇率的中间汇率折算；贷款的本币价值应是债权人持有的债权余额（贷款本金加已盈得但未收的利息）；股票和股权应根据市场价格或市场价格的等量价值（公平价值）计算。对债务重组、保值利息和本金以及金融衍生产品的定值也确定了相应准则。金融资产和金融负债定值准则的具体内容，我们将在第四章第二节“金融资产和负债的定值”中作详细介绍。

（三）记录时间

金融资产因交易方式不同、交易地不同、会计记账方法不同，可能在交易登录时间上存在差异。为使交易记录日期相同，也需要作一些原则规定。所谓金融资产记录时间，是指金融资产的所有权发生改变，即解除所有权利、义务和风险后对交易记录的时间。交易双方不在同一城市，结算及邮件的拖延可能使双方记录的时间不一致。在这种情况下，可能需要调整。权责发生制、现金收付制、到期收付制、承诺制等会计记账方法不同，记录时间就会不同。同样，不同的金融资产如存款、贷款及其他金融工具，其交易方式不同，记录时间要采用不同的统计处理方法。特别是利息及其拖欠，更需采用特殊的统计处理方法。有关这部分内容我们将在第四章第三节“记录时间”中详细介绍。

（四）汇总、合并和轧差

我们在前面已经指出，货币与金融统计对机构单位和金融资产划分了不同类别，即进行了分组，而要对总量进行统计，就涉及汇总、合并和轧差。

汇总指的是将某一部门或次部门中的所有机构单位的存量或流量进行加总，或将某一类别中的所有资产或负债进行加总。如我们要统计存款货币银行的某银行的所有储蓄存款及其来源，就需要对存款货币银行的某银行的所有储蓄机构的资产负债进行汇总。再如要统计出货币供应量 M_1 中的活期存款，就需对所有金融机构的活期存款进行汇总。

合并指的是冲销属于一个集团之内的机构单位之间发生的存量和流量。合并范围的大小，决定冲销范围的大小。比如我们合并农村信用社机构资产负债表，就要冲销各农村信用社之间的同业拆借、应收应付款等。我们合并存款货币银行的资产负债表，就要冲销各存款货币银行之间的业务往来而引起资产负债变动的流量和存量。

轧差净额反映是与总额反映相对应的。某个机构单位或部门可能从事同类交易，既有资金运用（资产）也有资金来源（负债），拥有同类金融工具，按全部价值记录所有基本项目的方法，称为总额登录。一方账户与另一方账户或符号相反相互抵消的方法，称为净额登录。抵消的过程称为轧差。比如某银行结算中既有汇出款项，又有汇入款项，将汇出款项与汇入款项轧差，可以反映该银行净汇入或汇出款项规模。有关汇总、合并和轧差的内容，我们将在第四章第四节“汇总、合并和轧差”中详细介绍。

四、数据公布的标准

这里所讲的数据公布标准，不是指各国在信息公布方面的具体要求，而是指国际货币基金组织（IMF）推出的数据公布标准框架。

1994 年爆发的墨西哥金融危机和 1997 年爆发的亚洲金融危机，使国际货币基金组织认识到，尽管导致这两次金融危机爆发的原因很多，但宏观经济统计数据不透明、公布不及时、准确性较差是不可忽视的重要因素。为弥补这方面的缺陷，国际货币基金组织特制定了为提高成员国宏观经济统计数据透明度的数据公布标准，并积极在各成员国中推广使用。

根据各成员国发展的不平衡性，国际货币基金组织制定了两套数据公布标准：一套是为已经参与或正在谋求参与国际金融市场的国家（包括多数工业化国家和一些新兴市场经济国家）制定的，称之为“数据公布特殊标准”（Special Data Dissemination Standard，SDDS）。另一套是为所有尚未达到 SDDS 要求的成员国（大多数发展中国家）制定的，称之为“数据公布通用系统”（General Data Dissemination System，GDDS）。

两套数据公布标准总体要求基本是一致的，在内容方面都囊括了实际部门、财政部门、金融部门、国外部门和社会人口部门等五大宏观经济部门的数据；在数据的范围、频率和及时性方面对每一部门都选定了一些能够反映成员国经济运行效率和政策效率的数据类别和指标，对这些指标公布的频率和及时性提出了要求；在数据的质量方面都要求成员国向公众公布数据编制方法，提供一套支持统计数据交叉核对的统计框架；在数据公布的完整性方面都要求成员国提供官方统计的法律制度、政府部门在数据公布时的评论和数据的调整情况，提前公布统计方法制度的修改和调整；在公众可获得性方面都要求成员国事先公布数据发布日历表，按同一时间向社会公众公布统计数据。

但在具体操作上两者又有所不同。SDDS 对数据公布频率和及时性的要求比 GDDS 更严格一些，要求参加国在国际货币基金组织的网站上及时公布该国数据。而 GDDS 对数据公布的要求要宽松得多，只要求参加国在 3～5 年内以提高数据质量为目标，不断改进数据编制方法，公布统计数据诠释，暂不要求公布数据。

有关 IMF 数据公布标准的内容，我们将在第十五章“数据公布标准”中详细介绍。

第三节　货币与金融统计的地位与作用

货币与金融统计是宏观经济统计的重要组成部分，在国民经济核算与反映中发挥着重要作用。

一、国民经济核算体系的基本框架

国民经济核算是宏观经济统计的核心。要说明货币与金融统计在宏观经济统计中的地位，就需要了解国民经济核算体系的基本框架。

国民经济核算是以国民经济为整体所进行的国民经济宏观层次的核算，是对国民经济运行过程的系统描述。

国民经济运行过程包括生产过程、收入分配过程、消费过程、投资过程和对外交易过程。生产过程是生产者运用劳动手段转换消耗货物和服务投入，创造新的货物和服务的产生过程。收入分配过程是生产过程所创造的收入在参与生产过程的要素之间进行分配的过程和收入在不同单位、部门之间转移的过程。消费过程是居民与政府对货物和服务的最终消耗过程。投资过程是在收入大于消费后增加存货或购买金融资产的投资过程以及相应的资金筹措过程。对外交易过程是对外实物往来和资金往来的过程。

为了描述国民经济运行过程，国民经济核算体系主要由基本核算表和国民经济账户体系两部分组成。基本核算表包括国内生产总值表、投入产出表、资金流量表、国际收支表和资产负债表。每张基本核算表侧重于经济活动某一方面的核算，所有的基本核算表构成一个有机的整体，对国民经济活动进行全面的核算。国民经济账户体系以全面生产理论为基础，运用会计账户方法对一定时期一个国家或地区国民经济活动的全部内容通过账户体系进行系统的统计核算。国民经济账户体系包括国内机构部门账户和国外部门账户。国内机构部门账户包括非金融性公司账户、金融性公司账户、政府部门账户、住户部门账户等。每个国内机构账户又包括经常账户、积累账户和资产负债账户。各个账户生产、收入分配、消费、投资和融资等环节设置，相互之间通过平衡项目来衔接，既系统地反映了经济循环过程中每个环节的基本内容，又清楚地反映了各个环节之间的有机联系。

（一） 基本核算表

1. 国内生产总值表。它是围绕国内生产总值这个总量指标设置，集中反映按生产法、收入法和支出法计算的国内生产总值的总量及其构成情况。

2. 投入产出表。它是国内生产总值表的延伸和扩张。它运用投入产出技术把国民经济各产品部门生产的各种货物和服务的使用去向及各产品部门关于各种货物和服务中间投入及劳动等最初投入来源，组成横向与纵向相交叉的棋盘式平衡表，用于反映国民经济运行过程中各产品部门之间、各产品部门与最终使用部门之间的相互联系和相互作用。

3. 资金流量表。资金流量表包括实物交易表和金融交易表。实物交易表反映各机构部门收入分配、消费、储蓄和投资情况；金融交易表反映各机构部门的各种类型金融资产和负债的变动情况。

4. 国际收支平衡表。该表系统地核算与其他国家（地区）之间的经常往来和资本往来，综合反映了国际收支规模、结构及储备资产的变动情况。

5. 资产负债表。它是一定时点的经济存量核算，反映整个国民经济及各部门在核算期初和期末时点上的各种类型资产和负债的规模、结构等状况。

（二） 国民经济账户

国民经济账户以全面生产理论为基础，运用会计账户方法对一定时期一个国家或地区国民经济活动的全部内容进行系统的统计核算。

1. 国内机构部门账户。国内机构部门账户包括非金融性公司账户、金融性公司账户、政府账户、住户账户等。每个国内机构账户又包括经常账户、积累账户和资产负债账户。

（1）经常账户。经常账户反映生产以及收入的形成、分配和使用。它又分为生产账户、收入分配账户和收入使用账户。经常账户的平衡项目是储蓄。

（2）积累账户。积累账户反映资产和负债的变化以及资产净值的变化。它又分为资本账户、金融账户、资产数量的其他变化账户和重估价值账户。积累账户的平衡项目是净贷出/净借入。

（3）资产负债账户。资产负债账户反映国内机构部门在核算期初或核算期末的资产负债存量。

2. 国外部门账户。国外部门账户是从非常住者的角度，反映常住者与非常住者之间发生的各种交易活动以及相应的存量。国外部门账户包括经常账户、积累账户和资产负债账户，但经常账户中没有生产账户。

有关国民经济核算及国民经济账户的内容，我们将在第七章“金融统计框架”详细介绍。

二、金融统计与国民经济核算体系

金融统计是在国民经济核算框架基础上发展起来的，是国民经济核算体系的组成部分。

（一） 金融统计与基本核算表

国民经济核算体系中的国民收入核算表、投入产出表、金融统计表、国际收支表和资产负债表，它们不仅相对独立、各成一体，而且联系密切、彼此衔接，存在着钩稽关系。

国民收入核算表综合性描述了最终产品的生产、分配和使用，其核心内容集中地表现在三个基本账户上，即经常账户、积累账户和国外账户。这三大账户的多层次分配，构成了其他核算报表。其中作为中间产品核算的投入产出表，是国民收入核算在生产领域的延伸，目的在于反映国民经济各部门互相提供产品和相互消耗产品情况，进而反映国民经济各部门间的生产技术联系。金融统计表则是国民收入核算在分配领域的补充，着重说明由于储蓄与投资不一致而引起的资金在国民经济部门间的流动。描述产品和资金在国际间的流动情况，则构成了国际收支表的基本特征和任务。上述四大核算是对经济流量的核算。作为经济存量的核算，则通过资产负债表来完成，它反映产品和资金从流量到存量的转化情况。

从上述五大核算表的关系可以看出，金融统计表和国际收支表，分别在分配领域和国际间反映了国民收入的分配和使用情况，是国民收入核算的延伸。资金流量表和国际收支表属于广义金融统计的范围，它是国民经济核算体系的组成部分。

（二） 金融统计与国民经济账户体系

金融统计是在国民经济账户的框架内发展起来的。国民经济账户体系覆盖了整个经济体系及其各部门的生产、分配和使用以及所有的非金融和金融的存量和流量，这一切为衡量经济流量及其带来的非金融和金融资产及负债的存量提供了一个完整的体系。

与金融统计直接相关的是资本账户和金融账户等。资本账户和金融账户汇总起来就涵盖了经济体中涉及非金融和金融资产及负债的获取和处置的所有交易。金融账户的交易数据涵盖了构成经济体系中的金融资产和负债的存量及每一时期间变化的金融流量。

金融统计与国民经济账户体系在核算概念和核算方法上是一致的。这是因为金融运行是国民经济运行的一部分，对它的核算既要反映它的独特点，又要反映它与其他经济活动之间的关系。金融统计通过与国民经济账户体系采用相一致的核算概念和核算方法，可以保证对金融运行的描述和分析与其他重要经济活动的描述和分析是相互协调的。金融统计与国民经济账户体系概念上保持一致体现在两个方面：一是对机构单位和部门分类的一致性；二是对金融资产负债分类的一致性。这些我们在前面已经做过介绍。金融统计与国民经济账户体系在核算方法上保持一致体现在以下五个方面：一是存量和流量的定义保持一致；二是记账方法保持一致；三是估价原则保持一致；四是记账时间处理方法保持一致；五是合并、汇总、轧差基本方法保持一致。这些我们在上一节已经做了介绍。

三、货币统计与总供求

货币统计可以反映社会总供求的基本状况，是宏观统计的组成部分。

（一） 国民经济运行与社会总供求

前面我们已经指出，国民经济运行中实物运动与价值运动是错综复杂地交织在一起的，构成了同一经济运行过程紧密联系的两个方面。

实物运动是指商品产出后，通过交换流通环节进入消费使用的过程。劳务具有生产与使用相结合一次使用的特点，由服务部门提供。在一定时期内，所有提供商品和劳动的总和，构成社会总供给，提供给各类需求者购买。

价值运动主要表现为以货币作为支付手段进行的分配过程。一般来讲，实物的价值运动（或货币运动）是伴随实物运动而进行的，但两者是相反的运动关系，即商品⇌货币，商品和劳务出卖时取得货币，收入货币用于购买商品和劳务，在这里货币作为媒介起着流通手段的作用。但在国民经济运行过程中，货币还具有作为支付手段实现分配的作用。它与实物运动相脱离，形成单向货币运动。如商品销售取得货币收入后，货币需经历一个支付分配的过程，即将货币收入一部分支付给劳动者；一部分缴纳税款，向金融机构还贷付息；一部分形成利润。之后还要进行一系列的转移收支和其他收支的再分配，形成各有关部门、单位和个人的货币收入，也就是他们可以支配的收入，用于购买商品和劳务，以满足其需要。这就形成了社会总需求，即对商品劳务的总需求。

实物运动形成社会总供给，货币运动（价值运动）形成社会总需求。社会总供给与社会总需求平衡是国民经济稳定运行的集中表现。如果社会总供给与社会总需求不平衡，会出现两种情况：一种情况是总需求大于总供给，表现为有钱买不到商品，物价上升；另一种情况是总供给大于总需求，表现为商品卖不出去，物价下降。在国民经济出现不协调时，就需要从供需两方面进行调节。而货币调节是需求调节的重要手段。

（二） 货币统计与总供求的平衡

社会总供给与总需求能否达到平衡，取决于货币运动与商品运动能否相适应。货币运动的结果形成货币流通量，商品运动的结果形成商品流通量。这样社会总供求能否达到平衡就取决于货币流通量是否与商品流通量相适应。调节货币流通量是宏观经济政策——货币政策的重要内容。

货币政策调节货币流通量主要运用货币政策工具，如利率、存款准备金、再贴现和公开市场业务等，通过金融市场的传导，使货币供求发生变化，从而使总供求发生变化。由于货币工具的运用到其正式发挥作用需要一段时间，这需要设置观测的中介目标，如货币供应量等。而这一过程都需要货币统计提供数据给予支持。

首先，货币流通是否与商品流通相适应，需要货币统计提供货币流通量的有关数据进行判断。货币流通量是货币的存量与货币流通速度的乘积，是流量指标。而对货币存量、货币流通速度的观测，则是货币统计的内容之一。

其次，货币调节过程及效果也需要货币统计提供数据予以验证。货币政策工具运用后，其中介目标如基础货币、超额存款准备金、货币供应量等出现何种变化，是验证货币调节是否发挥作用及作用程度的标志，而对中介目标变化的观测，是货币统计的重要内容。

此外，货币供应量构成与社会总供给构成的比较，特别是金融资产构成与社会总供给构成的比较，可以反映其供需结构是否合理。这也是宏观经济统计的重要内容之一。

本章小结

1. 货币统计是对金融性公司资产和负债的统计。它的组织和表述方法采用编制部门资产负债表和概览两个基本数据框架。

2. 金融统计是对经济中所有部门的金融资产和金融负债的流量和存量的统计。

3. 货币与金融统计一般要遵循下列规则：机构单位与部门分类、金融资产分类、统计核算的基本原则、数据公布的标准。

4. 货币与金融统计是宏观经济统计的组成部分，在国民经济核算与反映中发挥着重要作用。

本章重要概念

货币　金融　货币统计　金融统计　部门资产负债表　概览　机构单位与部门　国民经济核算　国民收入核算表　投入产出表　国际收支表　国民经济账户体系　经常账户　积累账户　资产负债账户　社会总供给　社会总需求

复习思考题

1. 什么是货币统计？货币统计通常采用什么组织和表述方法？
2. 什么是金融统计？金融统计通常采用什么组织和表述方法？
3. 简述货币统计与金融统计之间的关系。
4. 简述货币与金融统计一般要遵循的核算规则。
5. 简述国民经济核算体系的基本框架。
6. 简述货币与金融统计在宏观经济统计中的地位与作用。

本章参考文献

1. 联合国等：《国民账户体系（2008）》，中文版，北京，中国统计出版社，2012。
2. 国际货币基金组织：《货币与金融统计手册和编制指南》，2016。
3. 杜金富：《金融市场学》，北京，中国金融出版社，2018。
4. 国际货币基金组织：《数据公布通用系统指南》，2000。
5. IMF Staff and the FSB Secretariat：The Financial Crisis and Information Gaps，2009.

第二章
机构单位与部门

在现实经济生活中，存在着成千上万的经济活动主体，有个人、有企业、有政府，还有许多其他实体，他们以不同的方式在不同程度上参与金融交易，彼此之间有着千丝万缕的金融联系。货币与金融统计就是针对这些金融交易主体的金融交易及其交易结果进行统计。但是对于货币与金融统计而言，最有意义的统计数据并非单个交易主体的统计数据，而是按照一定的规则将这些交易主体分类汇总为部门统计数据。本章介绍金融交易主体及其部门分类，有关概念、定义与分类原则遵照联合国、欧盟委员会、经济合作与发展组织、国际货币基金组织、世界银行2008 年国民经济账户体系（SNA）和国际货币基金组织2016 年《货币与金融统计手册和编制指南》。

第一节　机构单位与部门的概念

根据不同的标准，可以将形形色色的经济活动主体识别为不同的基本单位，即从社会经济活动统计的角度看是不可再分的经济活动单位。统计中常用的基本单位有机构单位和基层单位，在货币与金融统计中则主要采用机构单位。进一步地，根据机构单位在经济目的、功能和行为等方面的同质性，将机构单位归入相应的机构部门。

一、机构单位与基层单位

（一） 机构单位

从经济活动主体是否能够独立自主地从事各种交易活动这个角度看，最小的基本单位是机构单位（Institutional Unit）。机构单位的定义是：能以自己的名义拥有资产、发生负债、从事经济活动并与其他实体进行交易的经济实体。

为了独立自主地从事各种交易活动，机构单位必须具有如下三个基本特点：(1) 它有权以自己的名义拥有货物或资产的所有权，并能够通过与其他机构单位的交易变更将货物和资产的所有权转移给其他单位；(2) 它能作出经济决策，从事经济活动，并能为自己的经济活动负直接法律责任；(3) 为了追求自身的利益，它能发生负债、承担其他义务或未来的承诺，能够签订合同。此外，出于对机构单位的活动进行统计的目的，还要求它具有一套包括资产负债表在内的账户，或者根据需要，有可能编制出在经济和法律上有意义的一整套账户。

在现实生活中，具备上述条件的主要有两类机构单位。第一类机构单位是指个人或以住户形式存在的个人群体；另一类机构单位是指以自己的名义从事经济活动或交易的法律或社会实体，如公司、非营利机构或政府单位。需要注意的是，由住户或政府单位或国外机构单位拥有的非法人企业不满足机构单位的上述特点，因此不能视为一个独立的机构单位，而应作为其法定所有者的一部分。一个例外的情况是如果该公司被视为准公司，则视为一个独立的机构单位。

机构单位第一类——住户（Households）。住户是指一个人或多个人所组成的一个独立单位。住户的所有成员可以分享资产、共担负债，集中个人的收入服务于所有成员的目的，许多支出（尤其是关于消费和住房的支出）决策是以住户名义作出的，因此交易账户或资产负债表只能对住户整体编制，而不可能就每个成员单独编制，这一点决定了不能把住户内部的各成员视为独立的机构单位，而是将住户作为一个整体视为一个住户单位。

住户不完全等同于我们在通常意义上所说的家庭，有一些人永久居住在诸如修道院、医院、监狱等机构中，或预期将在这些机构中居住很长时间，如果他们共享资源、共同消费，则共同形成一个机构住户。

机构单位第二类——公司、非营利性机构和政府。

1. 公司（Corporation）。公司是一个法律实体，其目的是向市场提供货物或服务。它由股东集体所有，股东有权任命负责常规管理的管理者。大多数公司具有下属特征：

（1）公司是依法设立的实体，法律上假定它的存在是永久性的，而且规定公司的存在独立于其所有者，即股东；

（2）公司对它自己的行为负全部法律责任，所有者通常承担有限责任；

（3）公司从事市场活动，创造营业盈余，这些盈余可以分配给其所有者，也可以保留在公司内部作为营运资本或用于其他目的。

根据公司从事的经济活动及其功能的差异，公司可划分为两种类型，即金融公司和非金融公司。金融公司是指从事金融中介以及与金融中介密切相关的辅助金融活动的公司，其主要功能是在资金需求方与供给方之间充当中介。非金融公司是指主要面向市场生产货物与非金融服务生产的公司，是国民经济中进行生产活动、提供除金融服务之外的货物和服务的主要部门。

一个公司经常拥有其他公司的股份，对其他公司实行部分或完全的控制，因此有必要识别几种常见的公司间的相互关系。

（1）子公司与母公司。如果公司 A 拥有公司 B 的半数以上的表决权或可以任命公司 B 半数以上的董事，则称公司 A 控制公司 B①，公司 B 称为子公司（Subsidiary），公司 A 称为母公司（Parent Corporation）。

控制关系具有传递性，如果公司 A 控制公司 B，公司 B 控制公司 C，那么公司 A 一定控制公司 C。控制关系还具有可加性，如果公司 A 控制公司 C，公司 A 和公司 C 都拥有公司 D

---

① 公司的所有权是按持有股份份额的多少在持有者之间进行分配的。一般来说，拥有公司半数以上股份的单位可以通过任命自己选择的董事会完全控制公司。但是由于很多股东都不行使其表决权，于是拥有不到半数股份的单位也能够获得对公司的控制权。因此，拥有半数以上的股份只是获得控制权的充分条件，而非必要条件。然而，不可能确定出一个低于 50% 而实现对公司的有效控制所需的最低持股份额，因此除非有明显证据表明小股东控制了公司，一般情况下都根据 50% 的持股份额来判断一个单位是否有效控制公司。

的少数所有者权益，但如果公司 A 和公司 C 对公司 D 的所有者权益之和超过半数，那么公司 D 也是公司 A 的子公司。

（2）联合公司与持股公司。如果一组公司之间存在一个多重控制链，则称这一组公司构成一个联合公司（Conglomerates）。如果联合公司在不同国家拥有子公司或分支机构，则其母公司称为跨国公司（Multinational/Transnational Corporations）。联合公司内部的每个公司都视为独立的机构单位。

在联合公司中，需要区别两种不同类型的公司总部。第一类总部积极从事生产活动，并对子公司在某些方面实施管理性控制。此类总部多数情况下归属于非金融公司部门，但如果其大部分或全部子公司是金融公司，则应归入金融公司部门的金融附属机构。第二类公司总部的主要职能是掌握子公司的资产，其本身并不进行任何管理活动。这类总部称为控股公司（Holding Corporations），对于此类公司，即使其全部的子公司都是非金融公司，也应归入金融公司部门中的专属金融机构。

（3）专属金融机构与虚拟子公司。有些子公司没有雇员，也没有非金融资产，可能除了确认其注册地的“铜牌”外几乎没有任何自然实体。此类单位常常被称为“特殊目的实体”。如果一个特殊目的实体对资产和负债行使了一些实质性控制，达到了承担相关风险和获取相关收益的程度，从而独立于母公司，则此类单位归入金融机构部门中的专属金融机构。例如前面提到的控股公司、为资产证券化而持有资产的单位、代表关联公司发行债券的单位（这种公司可被称为通公司）等。反之，如果特殊目的实体完全为母公司所有，仅仅是一个资产和负债的被动持有者，创建它们的目的仅在于为母公司或同一集团下的其他子公司提供融资、技术或管理等方面的优惠，则此类单位被称为“虚拟子公司”。例如，如果信托公司和媒介公司等金融子公司只是为母公司持有金融资产或负债，而没有以金融中介机构的身份向母公司以外的单位提供市场导向型服务，则这些公司视为虚拟子公司。类似地，如果财务公司仅仅是为母公司融通资金，也应视为虚拟子公司。虚拟子公司应视为母公司的一个组成部分，而不是一个独立的机构单位。

（4）准公司（Quasi－Corporations）。准公司是指功能类似于公司的非法人企业。一个非法人企业要被视为准公司，必须具备如下几个条件：①它必须能够编制包括资产负债表在内的一整套账户；②其资产和负债必须能与其所有者的资产和负债区分开来；③它与其所有者之间的资本和收入可以被识别出来。一旦被确认为准公司，它就被视为一个独立的机构单位，而不是依附于其法定所有者。准公司包括如下几种情形：

①由政府单位拥有的、从事市场生产[①]的、像私营公司一样运营的非法人政府企业；

②由住户拥有的、从事市场生产的、像私营公司一样运营的非法人单位；

③由非常住单位完全或部分拥有的、在较长的时期内在一国从事大规模经济活动的常住非法人企业，包括合资企业、分支机构、办事处、代理机构和附属企业。

2. 非营利机构（Nonprofit Institutions）。非营利机构是出于生产货物与服务的目的而创立的

① 所谓市场生产，是指以有经济意义价格（即价格水平对产品的供给或需求量有显著影响）向市场提供生产的产品。

法律或社会实体。非营利机构不一定没有盈利，但是其性质决定了不允许其向成立、控制或资助它们的单位提供收入、利润或其他金融收益，从而区别于公司。非营利机构成立的动机不尽相同，例如，可能是为了向控制或资助它们的单位提供服务；可能是出于慈善、人道或福利原因向其他人提供货物与服务；可能是为了提供保健与教育服务，这种服务会收取一定费用，但收费并不是为了盈利；还可能是为了提高工商界或政界的压力集团的利益，等等。

不同类型的非营利单位可归入不同的机构部门，因此有必要识别不同类型的非营利机构。根据非营利机构生产的市场性，可区分两种类型的非营利机构，即从事市场生产的非营利机构和从事非市场生产的非营利机构。大多数国家的大多数非营利机构从事的是非市场生产。根据资助单位的不同，从事非市场生产的非营利机构又可分为两类，即主要由政府单位控制和资助的非营利机构，和主要由民间（非政府单位）资助的非营利机构。

3. 政府单位（Government Units）。政府单位是唯一的通过政治程序成立的法律实体，它对特定区域内的其他机构单位具有立法、司法或行政权。政府单位的主要功能包括：

（1）通过从事非市场生产[①]或通过实物社会转移[②]，向全社会或特定住户提供公共货物与服务，其资金来源是税收或其他收入；

（2）通过各种转移方式实现收入和财富的再分配。

（二）基层单位

根据机构单位的生产功能和特点，即其所生产的货物和服务的性质、用途和生产过程的投入与技术，一个机构单位还可以细分为更为同质的单位，即基层单位（Establishment）。基层单位的定义是：位于一个地点，仅从事一种（非辅助性[③]）生产活动或其主要生产活动[④]的增加值占绝大部分的一个机构单位或机构单位的一部分。基层单位通常就是从事一种特定的生产活动的一个独立的工作场所。

从概念上看，基层单位与机构单位是不同的。基层单位是从生产职能角度看的最小的基本单位，它是一个完整的生产单位，但不是一个完整的交易单位。即使一个机构单位只包括一个基层单位，二者也是不同的，例如与一个基层单位有关的采购与销售活动，实际上是由该基层单位所属的机构单位进行的，而不是由该基层单位自己进行的。显然，由于在货币和金融统计中，我们更注重经济活动单位的交易行为和结果，因此我们识别的基本单位是机构单位，部门汇总是对机构单位的汇总，即下文将要介绍的机构部门。[⑤]

---

① 非市场生产，是指免费或以非经济意义价格（价格水平对产品的供给或需求量没有显著影响）向市场提供生产的产品。

② 实物社会转移，是指政府单位和为住户服务的非营利机构对个别住户以实物的形式转移的个人货物和服务，可以是在市场上购买的，也可以是作为非市场产出由政府单位或为住户服务的非营利机构生产的。政府单位提供给住户的实物社会转移的数量和种类，反映了政府的社会经济政策目标，典型的实物社会转移如保健和教育。

③ 辅助活动是指机构单位内部为其主要和次要活动能得以顺利进行而创造条件的一种辅助性活动，其产出不对外提供，如材料和设备的采购，仓储，推销，对雇员的雇佣、培训和管理，货物或人员的运送，机器设备的修理与保养，清洁，保安等。

④ 主要生产活动是指一个单位内，增加值份额最大的那种活动。

⑤ 根据各基层单位生产活动的同一性可将基层单位划分为产业部门，如国际标准产业分类，或三次产业分类。在同一产业部门内部，体现了各单位在产出性质、生产过程上的一致性；在不同产业部门之间，则体现了这些方面的差异性。产业部门分类主要用于货物与服务的生产核算以及产业部门之间经济技术联系的分析，如投入产出分析。

二、常住单位与非常住单位

金融统计是对一国所有常住机构部门的金融资产和金融负债的流量和存量的统计，因此在介绍部门分类之前，有必要先对机构单位的常住性进行界定。常住性有两个基本条件，一个是活动在经济领土上，一个是具有经济利益中心。

（一） 经济领土

经济领土（Economic Territory）由一国政府控制或管理的、其公民及货物和资本可在其上自由流动的地理领土所组成。一国的经济边界并不严格等于其政治意义上的国境，但是只有很小的差别。具体来看，一国的经济领土包括：

1. 领空、领海和位于国际水域的大陆架，该国对该大陆架应享有专属权利，或拥有在其之上开采自然资源（如鱼、矿产资源或石油）的管辖权。

2. 一国在国外所拥有的、经与所在国政府达成正式协议而明确划定的领土飞地。领土飞地可用于军事、外交或其他特殊目的。其他国家在该国境内建立的领土飞地则不属于该国的经济领土。

3. 位于国境内的自由贸易区、转运港口、保税仓库或工厂。尽管这些区域可能由外国单位所运营，或者货物与人员在这些区域与该国其他区域之间移动时要履行一些报关手续，但它们仍被视为受所在国政府的控制和监管，因此属于所在国的经济领土。

需要注意的是，国际组织在各国的领土飞地或国际组织在各国拥有或租用的建筑物是该组织的经济领土，即国际组织的领土飞地不属于飞地所在国的经济领土。

（二） 经济利益中心

如果一个机构单位在一国的经济领土内的某个地点——住宅、生产场所或其他房屋——从事并拟继续从事相当规模的经济活动和交易，则称该机构单位在该国有一个经济利益中心（Center of Economic Interest）。

识别经济利益中心的一个方便的标准是机构单位在一国经济领土内活动的期限。一般地，如果一个机构单位在一国的经济领土内无限期地或长期地（通常以一年为限）从事相当规模的经济活动，则认为该机构单位在该国具有经济利益中心。

（三） 常住单位与非常住单位

如果一个机构单位在一国的经济领土内具有经济利益中心，则它为该国的常住单位（Resident Units）或居民，如果一个机构单位在一国的经济领土内没有经济利益中心（它在国外经营），则它为该国的非常住单位（Nonresident Units）或非居民。下面介绍不同类型机构单位常住性的识别。

1. 住户的常住性。住户的常住性取决于它的住所所在地，而不是其成员的工作所在地。如果一个住户的成员在一国经济领土内保留一个经常性或永久性住所，则该住户是该国的常住单位。依据这一原则，每天或经常越境在邻国工作的边境工人仍然属于其经常性或永久性住所所在国的常住单位。需要注意的是，一个住户的所有成员必须是同一个国家的常住单位。如果住户的某些成员连续在国外生活或工作一年以上，其经济利益中心已经发生转移，则它不再是原住户的成员，而成为生活或工作所在国的常住单位。

住户常住性的识别有两个例外的情况。第一个例外是一国在其国外领土飞地所雇佣的武官与文官。由于领土飞地属于该国的经济领土，因此政府派往飞地的这些工作人员属于该国的常住单位，即使他们长期住在飞地以外的住宅里，常住性依然不改变。第二个例外是留学生和在国外就医的病人。无论留学生在国外学习多长时间，只要他们仍然是原住户的成员，就被视为原籍国的常住单位。类似地，无论病人在国外就医的时间有多长，只要他们仍然是原住户的成员，就被视为原籍国的常住单位。

2. 公司和准公司的常住性。如果公司和准公司在较长时期内或无限期地在一国经济领土内从事相当规模的生产活动，或在那里拥有土地或建筑物，则为该国的常住单位。

遵照上面的原则就可以解决公司的所属国与所在国不同时，公司或准公司的常住性问题。(1) 对于一国常住单位所拥有的公司或准公司，如果它们在国外保留一个准备长期经营的生产单位，并从事相当规模的货物或服务的生产，或在国外拥有土地或建筑物，则为所在国的常住单位。这样的单位通常有一套完整而独立的账户（损益表、资产负债表以及与母公司的交易表）来反映在所在国的活动，向所在国支付所得税，拥有一个相当规模的实际场所，以自己的名义筹集工作所需的资金，等等。(2) 对于一国常住单位所拥有的经营流动设备（船只、飞机、钻井井架和井台、铁路车辆等）的单位，如果这些单位在其他国家境内经营，且被所在国税务和工商部门认可，那么该单位是所在国的常住单位。但是，如果这些单位在国际水域或空间经营，则仍属于所属国的常住单位。

3. 政府单位的常住性。由经济领土的定义很容易知道，一国的中央政府和各级地方政府所拥有的部门、机关以及驻外使领馆、军事单位或其他政府实体属于该国的常住单位，而外国政府和国际组织设在该国的使领馆、军事单位或其他政府实体是该国的非常住单位。

4. 非营利机构的常住性。在大多数情况下，非营利机构是依照所在国法律和规章而建立起来的，并作为一个法律或社会实体得到所在国官方的承认和登记，属于所在国的常住单位。例外的情况是从事跨国慈善事业或救济工作的非营利机构，如果它在某一国设有分支机构达一年以上，则该分支机构应视为所在国的常住单位。

5. 区域性中央银行的常住性。区域性中央银行即货币联盟的成员国共同的中央银行，其总部设在一个国家。货币联盟有两种形式。其一，各成员国都设有本国的中央银行，且每个中央银行都编制自己的账户，则区域性中央银行总部应作为独立的非常住单位，它拥有自己的资产和负债，各国中央银行对区域性中央银行总部的资产和负债视为对非常住单位的资产和负债。其二，各成员国不设中央银行，一切中央银行职能由区域性中央银行代行，在这种情况下，区域性中央银行总部不作为独立的机构单位，区域性中央银行总部的资产和负债应按各成员国对区域性中央银行的债权和债务份额在各成员国之间进行分配。

三、常住单位的经济部门

第一章已经指出，货币与金融统计中的主体分类，是对机构部门的分类。所谓机构部门分类，就是把经济目标、功能和行为相同的机构单位归入同一部门。前面所介绍的不同类型的机构单位有着显著不同的经济目标、功能和行为：

1. 公司的经济目标是向市场提供货物和服务，它所创造的利润是其所有者重要的收入来源。公司的主要活动是生产，不进行最终消费活动。

2. 政府单位的经济目标是为了向社会或住户提供公共产品，即非市场性货物和服务，并对收入和财富进行再分配。政府单位提供公共产品的方式有两种，一种方式是向非营利机构提供资助，由非营利机构组织其生产，另一种方式是由政府直接组织生产，这些公共产品被视为政府单位的最终消费。

3. 住户的主要经济活动是进行最终消费。住户的一个特有的功能是为其他部门提供劳动力，从而获取劳动报酬形成居民收入，然后进行最终消费。此外，住户还参与很多活动，包括通过它所拥有的非法人企业进行市场性生产活动。

显然，这几类机构单位可直接归为不同类型的机构部门，即所有的住户归入住户部门，所有的金融公司和准公司归入金融公司部门，所有的非金融公司和准公司归入非金融公司部门，所有的政府单位归入一般政府部门。非营利机构的情况较为复杂，视其生产的市场性和资助单位的不同可归入不同的部门，当然也可以单独设立，例如为居民服务的非营利机构部门可以单独设立，这将有利于对社会民间组织作用的分析研究。最后，所有与一国有经济往来的非常住单位归入国外部门。机构单位与机构部门的对应关系如图 2－1 所示。

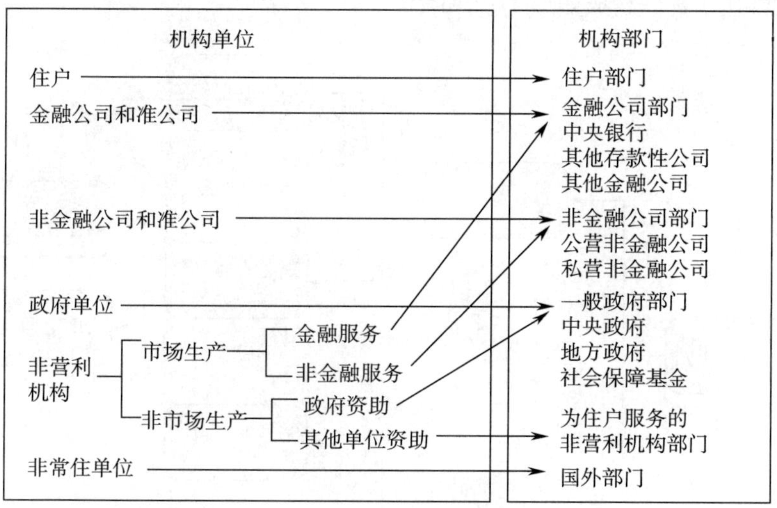

图 2－1　常住单位的机构部门分类及其子部门分类

第二节　金融公司

在所有的机构部门中，金融公司部门在货币与金融统计中占有最为重要的地位：货币统计的对象就是金融公司部门；金融统计是针对所有部门的金融资产和负债的统计，但是鉴于金融部门的金融资产和负债占全部金融资产和负债的主要部分，因此金融公司在金融统计中也处于最为重要的位置。

一、金融公司部门

（一）　金融公司部门的范围

金融性公司包括所有给其他机构单位提供金融服务的居民公司，包括准公司及保险和养老基金服务机构。从一级部门层面上讲，金融性公司不同于非金融性公司，因为金融企业主要提供金融服务，包括金融中介，这是区别于其他形式的生产活动的本质差异。金融中介通过自己负债筹集金融资金，并在市场上从事金融交易活动。金融中介的一些特征包括：(1) 为筹集资金而负债；(2) 到期、利率、结算货币等金融工具的转移；(3) 信贷收购和金融风险。确定一个实体是否为金融性公司一部分的关键因素则为：是否产生信贷和金融风险；金融中介活动是否存在的独立账户；金融产品和服务供给在全部产品和服务供给中占主导地位。

（二） 金融公司部门的子部门

根据金融公司在市场上的活动和其负债的流动性，可以把金融公司部门分为存款性公司和非存款性公司，非存款性公司又称其他金融公司。存款性公司包括中央银行、中央银行以外的存款性公司、货币市场基金。其他金融机构包括非货币市场投资基金、保险公司和养老基金以外的其他金融中介机构、金融辅助机构、专属金融机构和贷款人、保险公司和养老基金。金融公司部门子部门构成如图 2－2 所示。

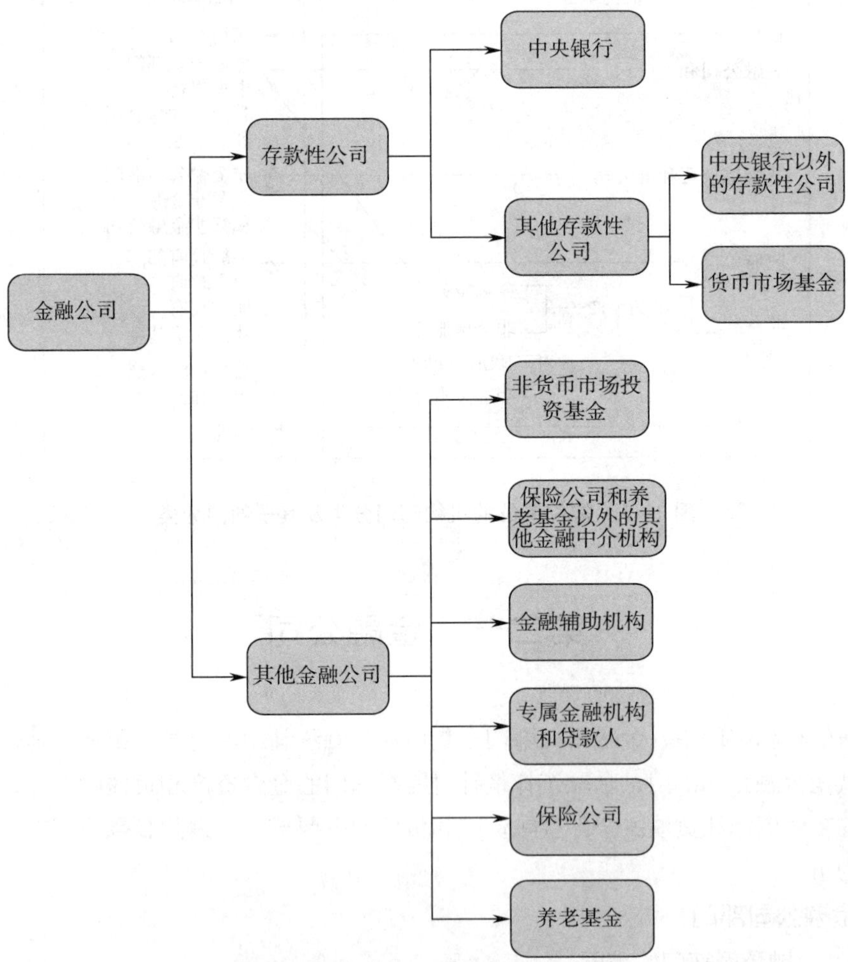

图 2－2　金融公司部门子部门构成

二、存款性公司

存款性公司是创造和提供货币、其负债被包含在广义货币中的金融性公司。在第五、第六章介绍货币的概念及统计框架时，我们还会详细介绍存款性公司。

（一） 中央银行

中央银行是全国性金融机构，它对金融体系的重要方面实行控制。中央银行的功能通常有：（1）发行货币；（2）制定货币政策，包括制定货币供应量和调节信贷规模；（3）国际储备管理；（4）与国际货币基金组织进行交易；（5）向其他存款性公司提供信贷；（6）通过掌握的政府存款和以透支、预付、购买债券的形式提供贷款，充当政府的银行。一些国家的中央银行还接受非营利性机构的存款或者向其提供贷款，如非金融性公司、非营利性家庭部门服务机构和住户。

中央银行的子部门包括：（1）中央银行，在大多数国家它们是单独的机构，因国家不同而受到不同程度的政府控制，从事不尽相同的业务，并采用各种名称如中央银行、联邦储备银行、货币当局、国民银行或国家银行；（2）货币局或独立的货币当局，它们完全以外汇储备为后盾发行本国货币；（3）政府的附属机构，它们是单独的机构单位，除了专门监管金融系统，它主要开展中央银行业务。

中国的中央银行是中国人民银行。中国的银行保险监督管理委员会和证券监督管理委员会对金融机构和金融市场实施监管，不属于中央银行子部门，而应归入金融辅助机构。国家外汇管理局行使国际收支管理、外汇市场管理和国际储备管理等职能，属于中央银行子部门。

（二） 中央银行以外的存款性公司

其他存款性公司部门包括除中央银行以外的所有常住存款性公司和准公司，这些公司主要从事金融中介活动，其负债包括在广义货币中。中央银行以外的存款性公司把金融中介作为它们的主要活动。为了达到这个目的，它们通过存款或其他能代替存款的金融手段（如短期存款）来获得资金。存款性公司也发行货币、债券、其他债券以及其他的金融工具。

以下公司和类似公司被归类为中央银行以外的存款性公司：（1）商业银行；（2）储贷机构、互助会、抵押银行；（3）信用合作社；（4）市政信用机构；（5）村镇银行和农业银行；（6）贴现公司；（7）主要从事金融活动的旅行支票公司；（8）邮政局转账机构；（9）电子货币机构。

需要注意的是，识别一个机构单位是否属于其他存款性公司的依据不是其名称，而是其职能，只要其负债包括在广义货币中，就应归入这一子部门。例如，对于离岸银行（完全或主要从事与非居民交易的常住金融公司），当它的负债都是对非常住居民的负债，不构成本国的广义货币时，这样的金融机构即使被称为银行，也不属于存款性公司，而应归入其他金融中介机构。

中国的其他存款性公司包括商业银行、城市商业银行、农村商业银行、农村合作社、农村信用社、财务公司和村镇银行。

（三） 货币市场基金

货币市场基金是一种共同投资计划，通过向社会发行股份或权益单位来融资，投资对象主要是安全性高、流动性大的货币市场金融工具，主要包括一年以内到期的债券、银行存款等。货币市场基金票面价值储备性及迅速变现的能力使得它经常被归类为其他存款性公司。

2018 年 1 月，中国人民银行完善货币供应量中货币市场基金部分的统计方法，用非存款机构部门持有的货币市场基金取代货币市场基金存款（含存单）。

三、其他金融公司

其他金融公司包括的子部门有：非货币市场投资基金、保险公司和养老基金以外的其他金融中介机构、金融辅助机构、专属金融机构和贷款人、保险公司和养老基金。

（一） 非货币市场投资基金

非货币市场投资基金是通过发行投资份额或单位份额给公众募集资金的集体投资计划。收益主要在长期金融资产中实现，比如股票、债券、按揭贷款和非金融资产如不动产。非货币市场投资基金也投资于高流动性的短期金融工具，以确保无延期的股份兑换请求权利。它们能够在多方运作，比如互惠基金、投资池、投资信托基金、单位信托基金或集中理财的机构。通过发行投资份额的非货币市场投资基金并非是存款的替代品，原因如下：（1） 它们不能迅速变现；（2） 它们的价格根据市场状况波动，不是一种稳定的票面价值储备。因此，通过发行份额建立的非货币市场投资基金不满足广义货币的定义，进而也不包含于广义货币的范畴之内。

（二） 保险公司和养老基金以外的其他金融中介机构

保险公司和养老基金以外的其他金融中介机构由提供金融服务的公司组成，在形式上不同于货币、存款或接近于存款的替代品。该类公司用自己的账户通过在市场上参加金融交易以获得金融资产。隶属于其他金融中介机构分项中的金融性公司，通常在大型的金融市场中募集资金，不采取募集存款的形式，而是以基金去拓展贷款和获得其他的金融资产。这类中介组织主要向经济主体借款，是专门的融资安排方面的需要。保险公司和养老基金以外的其他金融中介机构主要包括融资公司、融资租赁公司、中央对手方、投资银行、证券承销商和交易商、金融衍生品中介机构、资产证券化机构、专业金融中介机构、资产管理公司和银行重组机构。

1. 融资公司。融资公司的业务主要包括消费贷款、信用贷款、小型商务贷款、按揭贷款、经济开发贷款、购买银行承兑汇票和应收账款。

2. 融资租赁公司。融资租赁公司通过购买有形资产进行融资。融资租赁公司是有形资产法律上的拥有者，经济所有权转给承租人，并由承租人享受收益，承担成本和风险。

3. 中央对手方。中央对手方为有价证券及其派生品提供市场交易的清算和结算。

4. 投资银行。投资银行帮助公司在股票和债券市场募集资金，提供公司合并、兼并和其他形式的金融交易的战略咨询服务。

5. 证券承销商和交易商。证券承销商和交易商专门从事有价证券市场相关的交易活动，主要包括通过公开交易所、场外市场以及私下协议交易操作。

6. 金融衍生品中介机构。金融衍生品中介机构主要从事发行或持有金融衍生品相关的活动。

7. 资产证券化机构。资产证券化机构发行以专项资产或未来的现金流支持的证券来募集资金。

8. 专业的金融中介机构。专业的金融中介机构是为特定领域提供高度专业化的中介机构。例如：（1）提供与国际贸易相关的出口/进口金融公司；（2）保理公司；（3）风险投资公司；（4）为公司并购提供短期融资的中介公司。

9. 资产管理公司和银行重组机构。资产管理公司和银行重组机构是指通过收购、管理和清理受损资产等方式处置不良资产，并从中获取收益的公司。

（三） 金融辅助机构

金融辅助机构包括主要从事金融资产和负债处理活动或者为这种处理提供管理规定的金融性公司。金融辅助机构并不充当中介机构。金融辅助机构主要包括公共交易中心、有价证券市场、票据交换所、经纪人和机构、外汇公司和货币兑换处、保险和养老基金辅助机构、金融衍生品公司、国外银行的代表处、金融性公司的监管机构和管理实体、养老基金和公共基金的管理机构、金融性公司总部和P2P贷款公司等。

1. 公共交易中心、有价证券市场、票据交换所。公共交易中心、有价证券市场、票据交换所是提供商品期货、债券、股票、金融衍生工具交易所需的场所。交易所通常对以下事项负责：确保成员交易资格、保证交易顺利完成、清算和联网交易、安排付款、调解纠纷、防范欺诈。

2. 经纪人和机构。经纪人和机构负责安排、执行或者促进客户用金融资产完成交易。

3. 外汇公司和货币兑换处。外汇公司和货币兑换处在外汇交易中起媒介作用，所以将其归入金融辅助机构。

4. 保险和养老基金辅助机构。保险和养老基金辅助机构包括代理机构、理赔员和营救管理员等。

5. 金融衍生品公司。金融衍生品公司主要帮助和便利金融衍生品合约的发行，自身并不发行金融衍生品合约，也不承担金融管理职能。

6. 国外银行的代表处。国外银行的代表处不吸收存款和发放贷款，以独立的机构单位存在，它们应该被划分为金融辅助机构。

7. 第三方支付机构。主要包括在线支付公司、预付卡公司和金融支付公司。

8. 金融性公司的监管机构和管理实体。通常被划分为金融辅助机构。

9. 养老基金和公共基金的管理机构。主要负责制定和实施该基金的投资策略以及管理这些资产组合。

10. 金融性公司总部。主要负责控制金融性公司或者整合金融性公司成一个集团。

11. P2P贷款公司。绕过传统的金融中介机构，将那些来自个人和其他借款人的资金直接发放给个人或小企业使用的机构。

（四） 专属金融机构和贷款人

专属金融机构和贷款人包括提供非保险金融服务的机构部门，它们的多数资产或负债将不会在公开的金融市场上进行交易。它们只包括那些在同属一个控股公司的单位或子部门内部进行交易的实体，或由唯一发起人用自有资金发放贷款的实体。

此类子部门中常见的金融公司如信托公司、控股公司、贷款公司和典当行等。

（五） 保险公司

保险公司包括组成公司形式的、互助以及其他形式的实体，其主要功能是向单个机构单位或一组单位提供人寿、意外伤害、健康、火灾或其他形式的保险，或者向其他保险公司提供再保险服务。专属保险公司是指只为公司所有人提供保险服务的保险公司，再保险公司也包含在这个子部门中。

人寿保险公司投资保险费，建立金融资产的投资组合以分散投保人随时面临的风险，用于满足投保人的未来理赔。非人寿保险公司在投保人出现意外事故、火灾、财产损失与健康相关的费用等的情况下提供其保险收益，在客户之间转移当前的风险或费用。有些私人保险公司既有人寿业务，也有非人寿业务，这种情况下它们为复合保险公司。为满足保险需求，有些公司创立了专属保险子公司。专属保险子公司独立于母公司且被包含在子部门中。专属保险子公司从母公司积累保险费，对自己进行再保险，或进行资产投资以筹集未来可以应对母公司理赔的准备金。再保险企业以书面保单的形式投保其他保险公司，以换取保险费。保险公司购买再保险来抵消保险风险，从而设定了被保险事件发生时造成的净损失的上限。

（六） 养老基金

养老基金的子部门包括自主养老基金，建立自主养老金的目的是向特定的雇员群体提供退休福利。伴随着他们履行的具体义务，这些养老金有自己的资产和负债。养老金计划可以在自愿的基础上建立，也可以是根据员工、雇主或者两者的贡献进行强制性的规定。养老金计划可以由单独构成养老基金的公司来管理，也可由雇主经营的基金公司来管理。政府有时也为他们的员工组织养老金计划，这独立于社会保障体系。

第三节　非金融公司

尽管金融公司部门是货币与金融统计的重点，但其他机构部门亦是很多金融工具的发行者和金融资产的持有者，事实上，正是非金融部门在运营过程中不断产生的资金余缺以及调剂余缺的渴求才是金融产生和发展的不竭动力。本节介绍非金融公司部门，下一节介绍其他机构部门。非金融公司的主要目的是向市场提供各种货物和非金融性服务，并以营利为目的，是国民经济中进行生产活动、提供产品的主要部门。非金融公司还是最重要的资金需求部门，从某种意义上说，正是由于非金融公司部门对资金的需求促进了金融活动以及金融部门的发展和壮大。

非金融公司是指主要从事商品或非金融服务生产的公司和准公司。它一般又进一步划分为三个次部门：(1) 公共非金融性公司；(2) 私人非金融性公司；(3) 外国控制的非金融性公司。

一、公共非金融性公司

公共非金融性公司包括居民非金融性公司、由政府控制的非金融性公司以及政府和公共公司的组合，为了对公共非金融性公司进行归类，并且不把其作为一个政府单位，该公司必须是商品或非金融服务的市场化生产者。

实际中，确定收取的价格是否是经济性显著是很困难的，虽然在销售价值（不含税和补贴）和生产成本之间没有规定数值关系，但是，一般会期望公共非金融性公司的销售价格在超过持续一年的期间内至少是平均生产成本的一半。

区分属于市场生产者还是非市场生产者要视情况而定。一旦政府掌控的单位被列入市场或者非市场生产者，只有当几年内的价格发生变化，或者预计价格几年内将发生变化时，才会对其进行重新分类。不满足独立机构单位要求的那些市场生产者将与掌控它们的一般政府整合在一起。

二、私人非金融性公司

私人非金融性公司包括所有不被政府或非居民机构单位控制的居民非金融性公司。

一些私人的非金融性公司可能为政府提供商品或服务（即公共商品或服务），也可能基于政府的补贴生产并提供商品或服务。即使商品或服务不在市场上提供，如果某公司生产这类商品或服务，并以经济性显著的价格进行交易，那么此公司也应该列入私人非金融性公司。

私人非金融性公司的子部门包括在市场上提供商品或服务的非营利机构，比如在收费的基础上从事提供教育和医疗服务的，或为公司服务的行业协会。

三、外国控制的非金融性公司

外国控制的非金融性公司包括所有非居民控制的非金融性公司。分类基于多数控制权（超过50%股份），因此它与直接投资公司的国际收支概念是不相同的。所有外资控股公司都是外国直接投资公司，并不是所有的外国直接投资公司都是外资控股公司。外国控制的非金融性公司包括：（1）非居民公司的子公司（但不是联营公司）；（2）由外国政府控制的公司，或一致行动的一组非居民单位；（3）分支机构或由长期在经济领土中从事大量生产的非居民掌控的其他非法人实体。

第四节　其他常住机构部门和非常住者

本节介绍政府部门、住户部门、为住户服务的非营利机构部门和国外部门等其他机构部门。它们与金融公司部门和非金融公司部门一道，构成金融统计的主体。

一、政府部门

（一）政府部门的范围及子部门

政府单位是通过政治程序建立的独一无二的法律实体。政治程序对特定区域内的其他机构单位行使立法、司法和行政权力。政府单位的主要职能是：在非市场基础上承担为社区或个别家庭提供商品和服务的责任；从事非市场生产，通过转移支付的方式来重新分配收入和财富；为他们的活动提供税收或其他强制性转移。

广义政府是通过政治程序建立并在特定领域对其他机构单位拥有立法、司法或行政权力的独特的法人实体。广义政府次部门有两种划分方法。第一种是分为中央政府、地方政府、社会保障基金；第二种是直接分为中央政府和地方政府，社会保障基金包含在相应层次的政府中。

政府单位并不限定于特定的地理区域，鉴于各部委和政府部门可以分散在全国各地，分支机构和代理机构可以分布在不同的地点。尽管它们在不同的地点，但这些办公机构都属于同一机构单位的组成部分。

（二） 中央政府

中央政府的政治权力在该国领土上得以延伸。中央政府有权对该国从事经济活动的所有居民和非居民单位进行征税。中央政府拥有庞大而又复杂的子部门。它是由部门或部委加上在中央政府领导下的自治单位组成。各部门有时刻意分散到全国各地，尽管如此，但它们仍属于中央政府的一部分。同样，如果中央政府在全国各地设有分支机构或代理机构以满足当地需求，包括用于国防目的军事基地和设施，这些都必须归属于中央政府的一部分。中央政府部门主要包括中央政府实体、由政府控制的非市场化非营利机构、自治机关、市场监管机构和政府控制的特殊目的实体。

（三） 地方政府

地方政府子部门由独立的政府各部门、地方政府控制的非市场性的非营利机构组成。地方政府部门的立法、司法和行政权力仅限于以行政和政治目的区分的最小地理区域范围内。其权力的范围不超过中央或国家的政府，而这些政府可能有权或无权对其所在地区的机构单位或经济活动征税。

地方政府财政收入的主要来源是房地产和汽车的税收以及集体服务的收费（如垃圾回收）。地方政府通常都依赖于上级政府的补贴和转移支付。在一些国家，地方政府可以通过发行债券筹集资金。地方政府有权拥有自己的资产，募集资金并承担负债，而且还必须对其支出有一定的自由裁量权，能够任命自己的独立于外部行政控制的政府官员。

在中央和州政府层面对机构的分类标准也适用于对地方政府子部门的分类。满足成为一个准企业标准的单位应该归为非金融性公司部门，前提是提供服务是基于市场实现的。提供的服务如果是基于非市场化的单位，则仍然属于地方政府单位的一部分。

地方政府的统计数据可能覆盖广泛的政府单位，如县、市、镇、乡、学区和水域。具有不同职能职责的地方政府单位在同一地理区域内具有权威性。例如，代表一个镇、一个县、一个学区的独立的政府单位在地区就很有权力。两个或多个相邻的地方政府可以联合组成一个拥有地方权力的政府部门，对地方政府负责。这样的部门单位也应列入当地政府部门。

服务于国家和地方政府的政府部门，包括在政府层面，占其经营和融资的份额也最大。在一些国家，中央政府和下级政府之间存在着其他的政府层级。这些中间层次的政府层级，无论是国家或地方，都是与政府密切相关的。

（四） 社会保障基金

社会保障基金是一种特殊的政府单位（部门），专门运作一个或多个社会保障计划。社会保障基金分布在各级政府（中央、区域性、地方性）。由于被视为独立的机构，社会保障基金的组织和运营必须与政府的其他活动相分离，单独持有资产和负债，并在自己的账户上进行金融交易。

社会保障计划是系统性的政府干预，其意图是缓解家庭和个人承担的社会风险负担。这些计划所包含的典型社会风险包括：（1）养老；（2）疾病；（3）死亡；（4）生育；（5）工伤；（6）失业。政府通常会提供社会福利，这是一种集体安排的转移支付（以现金或实物形式）。通过社会保障计划提供的福利，涵盖整个社区，或社区大的部门以及一般需要通过正式参与的受益者，证实了员工或雇主强制的贡献。政府决定支付给受益者的条件是由政府决定的。

二、住户部门

住户部门由所有常住住户组成，其中包括住户所拥有的不能作为准公司对待的非法人企业。住户部门的主要经济功能包括最终消费和向社会提供劳动力。此外，住户也是重要的资金供给部门，通过存款、购买证券等投资形式把资金让渡给资金的需求方使用。

住户部门也以生产者的身份出现，住户部门的生产由住户拥有的非法人企业进行。它生产的货物或服务既可能是为了在市场上销售或交换，也可能是为了自身最终使用。需要注意的是，很多由住户拥有的非法人企业属于非正规经济部门。所谓非正规部门，是指主要目的是为某些人创造就业和收入而进行生产的单位，这些单位的组织水平低下、生产要素分工水平低下、经营规模很小。由于非正规部门的经济活动往往没有登记注册或获得法律的认可，因此没有纳入正式的统计制度之中。在很多发展中国家，非正规部门规模庞大，许多金融交易是通过非正规部门作为媒介完成的，因此为了准确把握货币和金融活动与非金融活动之间的关系，有必要建立针对非正规金融活动的统计制度。

中国的住户部门包括所有的常住住户。需要注意的是，中国的农业生产主要采取家庭生产的方式，城镇居民家庭又拥有大量的个体经济，因此中国的住户部门包括了队伍庞大的非法人企业，经济规模和金融交易都颇为可观。

三、为住户服务的非营利机构部门

为住户服务的非营利机构部门包括除下述非营利机构以外的所有常住非营利机构：（1）作为市场生产者的非营利机构；（2）由政府单位控制并主要由政府单位资助的非营利机构。为住户服务的非营利机构部门的主要目的是免费或以无经济意义价格向其成员或其他住户提供货物和服务。

根据创立非营利机构的目的，为住户服务的非营利机构部门主要包括两类机构：（1）由个人团体成立的、主要向其成员提供服务的非营利机构，这类机构通常接受成员的定期捐款或会费，免费向成员提供这些服务，如工会、专业协会或学术协会、消费者协会、教会，以及社交、文化、娱乐和体育俱乐部；（2）出于慈善目的、而非出于维护那些控制非营利机构的协会的成员的利益而设立的慈善、救济和援助组织，这类机构通常接受来自一般公众、公司、政府和非常住单位的现金或实物捐赠。

四、国外部门

国外部门包括所有的与常住机构单位进行交易或有经济联系的非常住机构单位，包括位于经济领土内的外国领土飞地上的机构以及国际组织等。对国外部门并不需要编制全部的账户，而只需要记录发生在常住单位与非常住单位之间的交易，如常住单位向非常住单位的借款。设立国外部门的目的是为了完整地反映发生在国内与国外之间的交易流量的来龙去脉和一国的对外净金融状况。

本章小结

1. 按照经济活动主体从事各种交易活动的独立性，可以识别的最小基本单位是机构单位。机构单位是指能以自己的名义拥有资产、发生负债、从事经济活动并与其他实体进行交易的经济实体。机构单位的基本类型包括住户、公司、准公司、政府单位和非营利机构。

2. 金融统计是对一国所有常住机构部门的金融资产和金融负债的流量和存量的统计。在一国经济领土内拥有经济利益中心的机构单位即为一国的常住单位。

3. 机构部门分类是把经济目标、功能和行为相同的机构单位归入同一部门。金融统计中的一级机构部门分类包括：住户部门、金融公司部门、非金融公司部门、一般政府部门、为住户服务的非营利机构部门和国外部门。

4. 金融公司部门由所有的主要从事金融中介活动或与金融中介活动密切相关的辅助金融活动的常住金融公司和准公司组成，可以划分为九个子部门，包括：中央银行、其他存款性公司、货币市场基金、非货币市场投资基金、保险公司和养老基金以外的其他金融中介机构、金融辅助机构、专属金融机构和贷款人、保险公司、养老基金。

本章重要概念

机构单位　基层单位　住户单位　公司　准公司　政府单位　非营利机构　经济领土　经济利益中心　常住单位　机构部门　金融部门　中央银行　其他存款性公司　货币市场基金　非货币市场投资基金　保险公司和养老基金以外的其他金融中介机构　金融辅助机构　专属金融机构和贷款人　保险公司　养老基金　非金融部门　国有非金融公司　本国私营非金融公司　外资控股的非金融公司　一般政府部门　住户部门　为住户服务的非营利机构部门　国外部门

复习思考题

1. 什么是机构单位？什么是基层单位？简述二者的联系与区别。
2. 机构单位的主要类型有哪些？请分别说出它们的特点。
3. 请指出机构单位与机构部门的对应关系。
4. 简述金融公司部门的子部门划分，并指出各个子部门的功能和特点。

本章参考文献

1. 联合国等：《国民账户体系（2008）》，中文版，北京，中国统计出版社，2012。
2. 国际货币基金组织：《货币与金融统计手册和编制指南》，2016。
3. 杜金富：《金融市场学》，北京，中国金融出版社，2013。

第三章
金融资产

货币与金融统计主要研究机构单位从事的金融活动的数量。各个机构单位的金融活动总是通过金融交易，并运用一定的金融工具实现的。金融活动的结果形成各机构单位的金融资产或金融负债。在一定的分类原则下对金融工具或金融资产和金融负债的计量，是货币与金融统计的基本内容。

第一节　金融资产的概念

一、金融工具

金融工具是机构单位之间签订的、可能形成一个机构单位的金融资产并形成其他机构单位的金融负债或权益工具的契约。而资金融通是由于储蓄和投资不平衡所引起的。

储蓄是指推迟现时的消费行为，是收入扣除消费后的剩余。按储蓄的主体划分，它分为住户储蓄、企业储蓄、政府储蓄和外国储蓄。住户储蓄是个人可支配收入（劳动收入、财产收入和转移收入）减去消费后的剩余部分。企业储蓄是指企业税后利润中扣除向企业所有者分配利润后的余额。政府储蓄是指政府部门的财政收入中扣除用于国防、教育、行政、社会救济等经常项目支出后的剩余部分。外国储蓄是来源于国外的储蓄。从资金的角度来看，储蓄类似于经济部门的资金盈余。

投资是指以增值营利为目的的资本投入，通常表现为购置生产设备、建筑和存货。这里所讲的投资是指实物投资，不同于金融投资。金融投资如购买股票和债券，并不直接增加经济体的生产基础。当一个人买了一张股票而另一个人卖了一张股票，从社会的角度观察并不增加净投资。投资按其主体划分，也分为住户投资、企业投资和政府投资。住户投资是指住户部门的资本性项目支出，主要是指个人用于住宅的投资。企业投资包括非住宅性固定资产投资，即企业用于购买厂房和设备方面的投资；存货投资包括产成品、在产品以及投入品价值的增值部分；住宅性固定资产投资指为建造新的住宅面积进行投资。政府投资的重要项目是基础设施。

从上述分析可以看出，储蓄和投资在住户（个人及家庭）、企业、政府和国外四个部门都同时存在。虽然国民收入中各个部门总的储蓄和投资在事后应该平衡，但各部门各自的储蓄和投资通常是不相等的。住户部门的储蓄通常大大高于其投资，是一个资金盈余部门。企业部门和政府部门的储蓄通常不足以支持其投资，是资金短缺部门。外国投资和外国储蓄的关系是比较复杂的，外国直接投资及其吸引机制或政策能否引起出口的增长，是决定外国投资和外国储蓄之间关系的重要因素。

储蓄和投资在部门间存在着不平衡。就是在各经济部门内的各机构单位间也同样存在着不平衡。例如，在企业部门内部，甲企业可能是资金盈余的储蓄单位，乙企业可能是资金短缺的投资单位。甲企业此时可能是资金盈余的储蓄单位，彼时可能成为资金短缺的投资单位。储蓄和投资在各经济部门及各机构单位存在的不平衡，就需要一个机制，将资金盈余部门或单位的储蓄转化为资金短缺部门或单位的投资。储蓄转化为投资的机制是复杂且多种多样的。从转化方式来说，分为直接转化方式与间接转化方式。直接转化方式就是指储蓄主体将自身的储蓄直接用于投资。这是人类历史发展早期普遍存在的现象。农民将自己生产的种子用于粮食种植就是一个典型的例子。间接转化方式就是储蓄部门或单位将盈余资金转移给投资部门或单位，双方要签订金融契约。对资金盈余部门或单位而言，它是资金供给部门或单位，转移资金要握有投资部门或单位的金融契约，是金融契约的购买者。对资金短缺部门或单位而言，它是资金需求部门或单位，使用资金要给转移资金的储蓄部门或单位签发金融契约，它是金融契约的出售者。机构单位签订的金融契约就是通常所说的金融工具。

二、金融资产

如前所述，金融工具是资金短缺部门或单位从资金盈余部门或单位融入资金所出具的契约或凭证。金融工具对资金融入者来说，它是金融负债的证明；对资金融出者来说，它是金融资产的凭证，也就是金融资产。

对于货币与金融统计学来说，金融资产具有特定的含义。它与金融工具还不能完全等同，我们需要详细讨论。

金融资产只是资产的一部分，资产是大概念，金融资产只是资产的组成部分。要弄清金融资产的含义，我们必须从资产谈起。资产是一种价值储备，反映经济所有者通过一段时期内持有或使用该实体所生成的一次性或连续性经济利益。资产是在交换中有价值的任何所有权，或由个人、家庭、企业或政府部门拥有或者控制的能以货币计量的经济源泉，包括各种财产、债权和其他权利。资产的“有价值”或能以货币计量也就是指在市场上表现的资产的价格。资产的“经济资源”也就是创造未来财产、收入或提供利益。这表明资产有如下含义：第一，资产是一种经济资源，它能为企业、个人或政府部门的经济活动提供物质基础或贡献力量，即为持有者获得未来利益；第二，资产必须是持有者能实际拥有或者控制的，它是针对持有者而言的，不能为持有者控制的经济资源不构成其资产；第三，资产是能以货币计量的。资产分为有形资产和无形资产。有形资产是指有特定物质形态的资产，如住宅、机器等，它们本身具有价值。无形资产是指没有特定的物质形态，代表一定的价值，但能为持有者带来一定收益的资产，如股票、债券、商誉、专利等。

金融资产除黄金货币外都是无形资产。但并不是所有无形资产都是金融资产，如商誉、专利等无形资产就不是金融资产。金融资产作为无形资产与其他无形资产的区别主要表现为，金融资产与金融负债具有对应性，金融资产是在资金融通过程中产生的。如前所述，在资金融通过程中，筹资者向投资者融通资金，他得到了资金，但要出具凭证；投资者付出了资金，但得到了凭证。筹资者出具凭证而筹措的资金，构成了他的金融负债；投资者付出资金而得到的凭证，便构成了他的金融资产。每一笔金融资产都会产生相应的金融负债，二者总是相伴产生的。而其他无形资产诸如商誉、专利、提货单等财物证券和发票等证据证券，虽然能以货币计价，也能给持有者带来利益，但它不会形成另一个发售者的负债，它们不属于金融资产的范畴。

金融资产是指对财产或所得具有索取权的、代表一定价值的、与金融负债相对应的无形资产。这表明，金融资产包含以下几点含义：第一，金融资产是一种无形资产，区别于有形的实物资产；第二，金融资产是具有索取权的资产，区别于本身创造价值的真实资产；第三，金融资产是与金融负债相对应的无形资产，区别于商誉、专利、财务证券、证据证券等其他无形资产。

我们对金融资产的定义只是就金融资产的一般意义而言，有一些特殊的资产，尽管它们在传统意义上并不存在对应的负债方，但仍然是金融资产，主要有特别提款权、货币黄金等。

特别提款权和货币黄金在习惯上也归为金融资产，但是特别提款权和货币黄金也没有形成任何单位的金融负债。货币黄金和特别提款权不是金融债权，它们不是对任何其他单位的负债。然而，它们通过作为储存手段而提供经济利益，而且可作为支付手段结清金融债权，并为其他类型的交易提供融资，因此它们也被视为金融资产。

非金融资产是除金融资产以外的所有经济资产。非金融资产主要包括有形资产和非金融无形资产。虽然非金融资产与金融资产一样也可作价值储存手段，但不代表对其他机构单位的债权。多数非金融资产作为经济资产，是通过在货物和服务的生产过程中的使用提供收益，或者以财产收入的形式提供利益。金融资产与非金融资产的显著区别在于拥有资产的同时也在另一机构单位上发生了对等的负债。

应当注意，金融资产不等同于金融机构的资产。金融机构的资产主要有金融资产，也有非金融资产，例如金融机构拥有的建筑物、机械设备等有形资产，以及商誉等非金融无形资产。

还应注意，一般将金融工具划分为金融资产与其他金融工具。其他金融工具如信贷额度、贷款承诺和信用证等担保和承诺，有赖于未来的不确定性事件，不属于金融资产。第三方提供的支付担保是或有项目，因为只有当主债务人不能偿还债务违约时，才能要求第三方支付。在主债务人没有明显违约之前，担保的价值只能作为表外备忘项目记录。信贷额度提供了可得资金的保证，但在资金实际融出之前，金融资产是不存在的。只有在真正发放贷款时，才产生金融资产。信用证是一种银行开立的有条件的承诺付款的书面合约，付款行在收到合约指定的某些文件之后进行支付，才产生金融资产。上述或有项目，必须在一个或多个条件实现后才引起支付要求或提供其他有价资产。

三、金融资产的要素

作为融通资金工具的金融资产，一般反映如下事宜：

1. 金融资产的发售者。金融资产是发售者筹集资金出具给投资者的证明。融通资金到期后，投资者要向筹资者收回资金，也就是向金融资产的发售者收回资金。这样，金融资产必须标明发售者。例如，现钞的发售者是中央银行；存款的发售者是商业银行和其他金融机构；贷款的发售者是企业和个人；债券的发售者是企业、银行和政府；股票的发售者是股份公司；保险单的发售者是保险公司；外汇的发售者是外国中央银行等。如果金融资产不标明发售者，没有债务人和投资人，便构不成债权债务和投资关系，也不是真正意义上的金融资产。

2. 金融资产的价格。从融资的角度来说，金融资产价格就是买卖金融资产融通资金的数额。金融资产价格有票面价格和市场价格之分。我们通常所说的金融资产的价格是指金融资产的市场价格或实际价格。所谓金融资产票面价格，是指金融资产票面标明的金额。如某债券面额为100元，这就是某债券的票面价格；某股票票面额为200元，这就是某股票的票面价格。所谓金融资产的市场价格，就是金融资产在市场上出售或购买的金额，即实际融通资金的数额。某债券票面价格虽然是100元，它实际出售的价格可能是110元（溢价），可能是90元（折价），也可能是100元（平价）。而市场价格才是金融资产实际融通资金的数额。这样看来，似乎金融资产票面价格无多大意义，其实不然。金融资产票面价格的主要作用在于它是还本或投资的依据。金融资产虽然按市场价格出售，但债券还本时，是要依据债券的票面价格；股票分红时，也是依据票面价格。此外，金融资产票面价格与市场价格有着内在的联系。金融资产的市场价格从理论上说，是金融资产收益与市场利率之比。而金融资产收益是金融资产票面价格与市场收益之比，即：

$$\text{金融资产市场价格} = \frac{\text{金融资产票面价格} \times \text{收益率}}{\text{市场利率}}$$

这样，在金融资产收益率和市场利率不变的情况下，金融资产的市场价格与票面价格成正比例变化。金融资产若无价格，不在市场上买卖，不标明资金融通的数额，也就不成为金融资产。金融资产价格是金融资产构成要素之一。

3. 金融资产的期限。金融资产的期限是指金融资产记载的还本付息的期限。由于金融资产是融通资金的工具，因此，金融资产的期限就是融通资金的期限。金融资产融通资金的期限大体上分为固定期限和无期限两种。固定期限的金融资产就是金融合约记载到期还本付息的时间，债券要标明还本付息的日期，票据也载明票据的到期日。无期限的金融资产是指金融合约不记载到期日，如现钞、股票等。从金融资产买卖形成的角度来看，金融资产的期限也是金融资产形成的必备条件之一。任何人购买金融资产，把现实的货币收入限定在金融资产标明的期限内让渡给出售者，变成未来的货币收入，并要求所购买的金融资产在限定期限时带来的货币收入高于付出的货币资金，多出的部分作为让渡货币资金的补偿。金融资产的期限越长，要求补偿价值就越大，金融资产的收益就越高。

4. 金融资产的收益。金融资产收益是指金融资产所带来的未来收益，即大于购买金融资产的货币收入。人们购买金融资产的目的就是为了获得未来的收益。若金融资产不能带来未来的收益，即金融资产所代表的资金融通无任何代价或收益，这与资金融通的本质相矛盾。资金的让渡要为资金所有者带来收益，而使用资金就要付出一定的代价。资金融通的代价或收益，体现在各种资产收益水平上。有些金融资产本身标明其收益率，如存款、贷款、债券等要标明利率。随着时间的推移，持有金融资产时间越长，即让渡资金的使用权时间越长，则金融资产的收益就越大。有些金融资产本身并未标明其收益率的大小，如现钞、股票等。但这些金融资产一定会获得收益（也可能会负收益），只不过其收益率不固定而已。现钞的收益主要取决于“内在存款利息”，即我们通常所说的预期价格下跌给持有者带来的收益以及支付方便给持有者带来的效益。股票的收益取决于发售单位经营的好坏、分配状况及市场行情变化等因素。正因为股票没有标明收益的大小，而又带来一定的收益，所以股票成为最有吸引力的投资对象之一。

5. 币种。大多数金融资产都以某种货币发行，如以人民币、美元、港元等货币发行。也有一些发行人为了满足投资者减少外汇风险的要求，发行双重货币证券。例如，有些债券在支付利息时用一种货币，偿还本金时则用另一种货币。另外一些债券还允许投资者选择支付利息和偿还本金时使用的币种。

第二节 金融资产分类的原则

一、金融资产分类的目的

国民经济活动异常复杂，具体的经济活动和金融活动每时每刻都在发生，要对经济活动和金融活动进行统计监测，必须对金融资产进行必要的分类，将繁杂的金融活动按相近的性质“梳理成若干便于研究的辫子”，以便更有效地对金融活动进行计量和分析。

不同的研究目的要求对金融资产作不同方式的分类，在金融统计中对金融资产分类的目的主要有以下几个方面。

（一）正确计量金融资产和金融负债以及货币供应量

金融资产分类有助于准确衡量政府、企业、住户以及金融机构等各部门间金融资产的分布、流转情况，正确分析各部门资产的盈余、短缺，便于针对性制定各项宏观调控政策，正确计量各项存款、贷款、货币供应量以及流动性总量等总量指标，从而便于监测货币政策传导过程与效果，提高货币政策决策的科学性与准确性。计量金融资产和金融负债总量，首先需要把各种资产区分为金融资产和非金融资产，进而按工具特征分门别类。例如存款，金融统计除了对存款按期限如活期存款、定期存款等进行汇总外，还按债权人部门如财政存款、企业存款、住户存款、金融机构存款等进行汇总。这样的分类和汇总统计对了解存款的流动性及存款的部门分布是很有意义的。还比如对货币的统计，需要按不同的口径计算狭义货币、准货币、广义货币等货币供应量，更是需要对各种金融资产按不同的性质特征加以分类。

（二）分析不同流动性和风险性金融资产的结构

计量金融资产的总量并不是货币与金融统计的唯一目的，为了有效地制定金融政策，需要分析各类金融交易活动对整个宏观经济活动的不同影响，这就要求提供分类金融资产的数据。为了有效加强金融活动的监管，还需要分析各种不同流动性和风险特性金融资产的数量和结构，例如金融工具中应收应付型与交易型的结构、债务型与股权型的结构。这也要求按照不同的流动性标准或者各种风险特性标准对金融资产作更为细致的分类。

（三）为规范地编制各类金融公司资产负债表和各种概览提供分类标准

货币与金融统计要编制并汇总各类金融公司的资产负债表，表中应分列各种金融资产、非金融资产和各类负债的项目，这需要对全部金融机构各类金融资产和负债作规范的分类。将各类金融机构的资产负债表加工成各层次概览，要求合并或汇总资产负债表的相关项目，这必须以金融资产的统一分类为前提。

二、分类标志的选择

金融资产的分类首先要合理选择分类标志。由于金融资产具有多方面的特征并且差异显著，从而有多种分类标志可供选择。分类标志的选择取决于研究目的和研究对象的性质特点。一般来说，流动性较强的金融资产对经济活动影响较为直接，常常成为中央银行比较关注的目标。因此，原则上流动性特征是金融资产分类首先应当考虑的分类标志，此外金融资产的法律特征、或有特征、风险特征、期限特征以及持有单位主体特征都与分类标志有关。

（一） 金融资产的流动性

流动性是指金融工具迅速变现而不致遭受损失的能力。流动性通常表现为一些更为具体的特征，例如可流通性、可兑换性、可转让性。这些具体的特征对金融资产的类别确定有重要的作用。

可流通性指金融资产能在机构单位间出售获取现金的能力。可兑换性指在市场上直接换取现金的能力。有的金融资产如某些债券可以不受时间和其他条件的限制随时出售取得现金；有的金融资产例如远期利率要受到一定的限制或要受到一定损失才能出售取得现金；有的金融资产如回购协议甚至在相当一段时间内不能流通，也不能兑换成现金。

可转让性指资产能用于市场交换，或者能用于清偿义务的性质。转让方式包括支票、转账支票、结算卡、电子资金过户（转拨资金）、直接贷款等。例如可转让的活期存款或其他可转让资产可用于交易或偿还债务。这种可转让性在货币分析中是一个重要的因素，以本币形式出现的可转让存款总量被认定为货币性工具，可转让性的程度实际也是金融资产的货币化程度。各种金融资产的可转让性有差异，应当分别将其归入不同的类别。

（二） 金融资产的法律特征

金融资产的法律特征指描述债权者与债务者基本关系形式的法律性质。多数金融资产是当一个机构单位向另一个机构单位提供资金时通过契约关系产生的金融债权，这些契约是债权人与债务人相互关系的法律基础。主要关注资产与负债的对称性、本金的确定性、收益分配权与管理控制权。

资产与负债的对称性。金融工具（除了货币黄金、特别提款权以外）产生于一对机构单位的合同关系，使合同双方产生债权人/债务人的法律关系，也使金融资产和金融负债具有严格的对称性，所以一般在金融工具分类中对金融资产和金融负债并不作严格的区分，分类保持协调一致。而非对称关系的货币黄金、特别提款权只是资产方的金融工具。

本金的确定性。不同的金融工具本金的确定性差异较大，存款可以在任何时候确定其本金金额，即使要提前支取，本金的总额也可以返还。贷款也具有类似的性质，从而根据金融工具本金的确定性将存款、贷款从众多金融工具中区分出来。

收益分配权与管理控制权。收益分配权即所有权中的收益权；管理控制权即所有权中的占有权。根据收益分配权将金融工具划分为权益性金融工具与债务工具；根据是否拥有管理控制权，将权益性工具划分为优先股与普通股。

（三） 金融资产的或有特征

现实社会中的金融活动及工具可分为两类：一是实际的金融活动及工具，具有可表明的价值，一般有明确的计值方法，会引起当期金融资产和负债的实际变动；二是或有的金融活动及工具，必须在一个或多个条件实现后金融交易才发生，这类金融活动和工具并不影响当期金融资产和负债的变动。例如，第三方支付担保就是一种或有工具，因为只有当主要债务人不偿还债务时，才要求第三方支付。或有的金融活动今后可能引起金融资产与负债的变动，也可能不引起金融资产和负债的变动；今后可能多引起变动，也可能少引起变动。或有债务相当大的一部分属于隐性债务。与通过法律或合同确定的显性债务不同，隐性债务是指由于产生债务的原因暂时难以明确，处理成非直接、非公开形式的债务。隐性的或有负债在一定的条件下会显性化，其中有的或有债务会或多或少地演化为直接的债务。由于这类或有的金融活动及工具具有不确定性，按照目前的国际惯例不包括在当期的货币与金融统计中。

（四） 金融资产的期限特征

期限特征可细分为原始期限、剩余期限和存续期限。原始期限是金融工具签订时的初始合同期限；剩余期限是金融工具从目前到被终止或偿还时的期限；存续期是一种金融工具的平均期限，反映金融工具价格对利率变动的敏感度。期限特征的分析有重要意义，原始期限一般作为国家货币资产定义的重要特性；而剩余期限则被用来分析未来资金的需求、金融机构的流动性或者金融工具的价格波动。

（五） 金融资产的主体特征

金融市场的参与者包括经济特性与行为特点迥异的住户、企业、存款性金融公司、非存款性金融公司、非金融性公司和政府部门。不同主体具有不同的行为动机和风险偏好，筹资或投资的金融产品也有相当大的差异，由此金融工具具有显著的主体特征。

（六） 金融资产的风险性

风险性是指购买金融资产的本金遭受损失的可能性。本金受损的风险主要有信用风险和市场风险。信用风险是指债务人不履行合约，不按期归还本金，债权人所承担的风险。信用风险有大有小，但很难保证绝无风险。信用风险不仅对于任何一个投资者都存在，而且也是金融资产的一种重要特性，例如股票中的优先股比普通股风险小。市场风险是指金融资产的市场价格下跌所带来的风险，某些金融资产，如股票、债券，它们的市场价格几乎每时每刻都在变化，价格下跌，就意味着投资者的金融资产贬值。

风险特征寓于流动性特征、期限特征、主体特征之中。一般来说，流动性较强的金融资产具有较小的金融风险，反之流动性较弱的金融资产则具有较大的金融风险；期限较长的金融资产比期限较短的金融资产风险大；不同币种的金融资产受不同国家经济实力、金融状况等因素的影响，因而具有不同的风险；不同的偿还和付息模式的金融资产具有不同的风险，因其具有不同的流动性也可能有不同的金融风险；具有不同发行主体的金融资产就有不同的风险，如国债就比企业债券的风险小等。显而易见，金融资产的风险受多种因素的影响，尽管风险大小在上述若干特征中能够间接反映出来。但是，从金融监管的要求出发，必须明确不同类型金融资产的风险特征、描述其风险的大小。

金融资产的分类还可能涉及一些其他的方面，例如，强调货币单位特征的本币与外币金融工具的分类、强调偿还和付息模式的不同类型金融工具分类，以及包括或有工具的其他分类等。此外金融资产的分类还可与金融机构部门分类的程度有关，还可能与一个国家对货币的定义有关。实际的金融资产分类不可能只从某一个标志出发，往往是这些标志的复合使用，是各个分类标志相互交叉综合考虑的结果，以满足经济和金融分析的不同需要。

三、金融资产分类的国际标准

目前联合国、国际货币基金组织等国际机构制定的《国民账户体系》（SNA）、《货币与金融统计手册》（MFS）、《政府财政统计手册》（GFS）和《国际收支手册》（BOP）等宏观经济统计准则中，均涉及金融工具分类问题。1993 年 SNA 公布以后，其他宏观经济统计手册均作了修订，在基本概念和分类上保持与 SNA 1993 一致。2008 年国民经济核算体系修订后，国际收支统计手册率先修订完成，2016 年《货币与金融统计手册》已修订完。目前从有关账户体系目的和内容来看，SNA 和 MFS 对金融资产的分类最具有代表性（见表 3－1）。

表 3－1　　金融资产的分类

SNA 中金融资产的分类	MFS 中金融资产的分类
货币黄金和特别提款权	货币黄金和特别提款权
货币黄金	货币黄金
特别提款权	特别提款权
通货与存款	通货和存款
通货	通货
可转让存款	存款
其他存款	可转让存款
债务性证券	其他存款
短期	债务性证券
中长期	票据
贷款	债券
短期	大额可转让存单
中长期	资产支持证券
股权和投资基金份额	贷款
股权	贷款
上市股票	回购协议和证券借贷
非上市股票	黄金互换和贷款
其他股份	融资租赁
投资基金份额/单位	信用卡债务
货币市场基金股份/单位	汇票和承担汇票
其他投资基金股份/单位	股权和投资基金份额
保险、养老金和标准化担保计划	股权
非寿险专门准备金	上市股票
寿险和年金权益	非上市股票
养老金权益	其他股份
养老金经理人的养老基金债权	投资基金份额/单位
标准化担保代偿准备金	货币市场基金股份/单位
金融衍生工具和雇员股票期权	非货币市场基金股份/单位
金融衍生工具	保险、养老金和标准化担保计划
期权	非寿险专门准备金
远期	再保险
雇员股票期权	寿险和年金权益
其他应收/应付账款	养老金和非养老金权益
商业信用和预付款	养老金经理人的养老基金债权
其他应收/应付账款	标准化担保代偿准备金
	金融衍生工具和雇员股票期权
	金融衍生工具
	远期
	期权
	雇员股票期权
	其他应收/应付账款
	商业信贷和预付款
	其他

从表3-1中可以看出，SNA和《货币与金融统计手册》中对金融资产的分类方式基本相同。《货币与金融统计手册》是SNA在金融方面的延伸和具体化，除了协助货币政策制定和监测外，还为建立评估金融部门稳定性的统计框架提供基础。SNA 2008在SNA 1993的基础上进行更新，将国民经济核算框架与数据用户的需要紧密结合，综合考量了经济发展、统计估计和测量技术进展以及数据收集手段完善等多方面因素，因此SNA 2008更多反映了近些年金融工具的创新。

为了适应金融统计国际化的要求，一个国家的金融资产分类应该尽可能与国际核算准则保持一致。这一方面是联合国、国际货币基金组织等国际机构的要求，另一方面也是经济全球化、金融国际化的客观需要。特别是在中国加入世贸组织和数据公布通用系统（GDDS）以后，更应该使金融统计的分类体系符合国际标准。

第三节 金融资产的类型

金融资产种类繁多。随着金融创新的不断发展，许多新型复杂的金融工具被开发出来并日益得到应用，以此来满足投资者在期限、收益、风险规避以及其他方面的需求，由此使金融交易的分类变得更加复杂和困难。本节介绍金融资产的主要类型。

一、货币黄金和特别提款权

货币黄金和国际货币基金组织发行的特别提款权是没有对应金融负债的金融资产，一般为中央银行特有的金融工具。

（一）货币黄金

货币黄金是指货币当局或受货币当局有效控制的其他机构所拥有的、并作为官方储备资产而持有的黄金。只有作为官方储备持有的黄金才是货币黄金。因此，除少数体制外，黄金只能是中央银行或中央政府的金融资金。货币黄金交易包括货币当局之间的黄金销售和购买。一般而言，货币黄金实物金通常采用含金量至少为99.5%的金块、金条等形式。不是作为官方储备持有的黄金不具有货币化特征，如工业用、科研用、制作装饰品用的黄金，属于非金融资产。

（二）特别提款权

特别提款权是国际货币基金组织创造的分配给成员国用来补充现有官方储备的国际储备资产，包括国际货币基金组织分配的特别提款权和通过与其他持有者交易获得的特别提款权。只有国际货币基金组织的成员国和有限的国际金融机构才持有特别提款权。获得特别提款权分配的国际货币基金组织成员国并没有归还特别提款权分配的实际义务。持有特别提款权意味着拥有无条件从国际货币基金组织的其他成员国获得外汇或其他储备资产的权利。

二、通货和存款

通货和存款是可以直接用来进行支付、一般包括在广义货币中的金融资产。

（一）通货

通货包括中央银行或中央政府发行或授权的具有固定名义价值的纸币和铸币。通货通常就是用于流通使用的纸币和硬币。通货实际上是发行者的负债。中央银行或政府发行的金银币和纪念币，如果没有作为具有固定名义价值的货币流通，虽然具有货币的形式，但应归为非金融资产，而不是通货。中央银行持有的尚未发行的或已经退出流通的纸币和硬币不是金融资产，也不应作为通货。

通货分为国内通货和国外通货两类。国内通货即本币，是本国中央银行或政府发行的纸币和硬币。国外通货即外币，是指在国内市场流通的，由国内各机构部门持有的外国货币，代表其他国家中央银行或政府发行的负债，是本国居民对非居民的债权。

（二） 存款

存款是指所有机构单位之间的以不可流通的存款凭证为证据的债权或债务。按流动性分，存款可以分为可转让存款和其他存款；按币种分，存款又可以分为本币存款和外币存款。

1. 可转让存款。可转让存款包括如下种类的存款：（1）不存在罚金或限制的可以按面值即期可支付的存款；（2）用可即时支付的票据、汇款或办理转账手续后即可支付的存款；（3）其他支付手段进行支付的存款。可转让存款的流动性仅次于通货，属于高流动性的金融资产。银行本票、银行汇票、存款透支、旅行支票、准备金存款、电子货币等都属于可转让存款。

银行本票。银行本票是一种被存款性公司的客户购买，并以该公司自己为付款行的支票。

银行汇票（或出纳支票）。较少的情况下，存款性公司客户可以购买银行汇票（有时称为出纳支票），这是一种由存款性公司在其存款账户内向另一公司签发的支票或类似工具。

存款透支。一些国家的储户有权透支——通过一种支票或具有一定额度的其他工具透支可转让的存款账户，通过这一方法获得资金。所有未决赔款在透支存款账户中应该被分类为贷款，而不是作为储户的负余额，无论是储户恶意透支或无意中导致账户资金不足。

旅行支票。旅行支票是由金融或非金融机构发行的在货币和可转让存款之间提供的一种交换媒介。旅行支票的一个特征是，它们提供了一个安全的方式携带现金而非货币，由发行方提供一种抵御支票丢失或被盗的安全保障。旅行支票应包括在发行方的可转让存款负债中。

准备金存款。在央行的准备金存款是离岸金融中心用来满足合格负债的储备要求的存款。离岸金融中心的所有满足储备存款准备金率的准备金，包括超额准备金，归类为可转让存款，除非它们缺乏流动性。准备金存款预先确定固定金额或法定准备金（而非平均），包括超额准备金在内，被归类为其他存款（即不可转让的存款）。

电子货币是一种支付工具，其币值是以电子方式存储在一个物理设备或远程服务器中，代表了对发行人的索取权。成为电子货币的支付手段必须能够代表一般购买力（即它可以被用于支付各种各样的其他实体）。可用于直接付款给第三方的电子货币有资格作为一种可转让存款。

与货币相比，电子货币使用密码进行身份验证交易和在处理过程中保护数据的保密性和完整性，具有物理安全的特色。一个常见的电子货币是“电子钱包”，其将少量币值存储在付款卡用于小额支付。其他例子包括预付费卡（除了那些为了满足特定的需求，只能有限地使用的)；基于网络的电子货币和移动支付，其电子货币可以通过手机或移动设备直接支付给第三方。

并不是所有的电子支付都涉及电子货币。例如信用卡或借记卡并不是电子货币，因为没有币值存储在它们里面；储值卡也不是，因为它们是类似于信用卡但使用仅限于发放库存。网络货币，如比特币不是电子货币，因为它不符合货币的定义，它不是由中央银行或政府发行或授权的，另外也并不是被广泛接受的交换媒介。

金融性公司和非金融性公司都可以发行电子货币。不论发行部门，电子货币都被归类为存款而不是货币。封闭循环的电子货币是当资金的接受者在赎回时，被要求向发行者提供的资金所有权证据。不太常见的是开放循环，它允许资金通过一系列卖方对买方的交易进行转移，而没有电子货币发行者的参与。

2. 其他存款。其他存款包括可转让存款以外的有存款凭证的所有债权或债务。这类存款有一些典型形式：（1）即期存款，这种存款允许立即提取现金，但不能直接转让给第三方，如我国现行个人活期储蓄存款；（2）定期存款；（3）不可转让的外币存款，如我国现行个人外币储蓄存款；（4）由储蓄和贷款协会、房屋互助协会、信用合作社和类似机构单位发行的股份或类似存款凭证；（5）限制转让的货币市场共同基金股份，例如限制每一期可签发的支票数目或每张支票的最低金额；（6）与期权和期货合同有关的保证金存款以及包括在本国广义货币中的回购协议，不包括在广义货币中的回购协议应该被归为贷款。

其他存款还包括一些可称为限制性的存款。限制性存款是依据法律、管理或商业要求，提款受到限制的存款。这类存款包括：（1）要求进口商在进口之前存放的进口存款；（2）已经记入存款方账户但还不能提取的可转让存款，必须在接受存款的金融机构收到存款项目（例如支票或汇款）的款项之后才可以提取；（3）强制性的储蓄存款，例如官方要求必须将收入的一部分存入金融机构，在特定的时期以后才能使用，或只能出于特定的目的才可以提款，如住房公积金存款；（4）在清理和重组过程中被冻结的金融性公司的存款；（5）由于实行国家的外汇配额政策而受到限制（如不能提取）的外币存款。

三、债务性证券

债务性证券是作为一种债务证据的可转让的工具。包括票据、债券、大额可转让存单、商业票据、资产支持证券、通过金融市场交易的类似的工具如可交易的存款收据、证券化的抵押贷款和信用卡应收款等。实际上已经可以流通的贷款应该归类为债务性证券。

债务性证券作为反映债权关系的凭证，规定了利息和本金支付的时间。债务性证券通常采取以下销售方式：（1）息票，这种证券规定在其有效期内定期支付利息或息票，本金在到期时支付；（2）分期偿付，这种证券规定在其有效期内分期偿付本金和利息；（3）贴现或零息票，这种证券以低于面值的价格发行，所有的利息和本金都在到期时支付；（4）保值，这种证券的利息或本金的支付与有关指数挂钩，如与价格指数或汇率指数挂钩。

政府债券、公司债券和金融债券同属债券类，是按发行主体不同而划分的。政府债券是政府发行并承诺付息并到期还本的债券，又分为中央政府债券和地方政府债券。中央政府债券又称为国债，地方政府债券又称为市政债券。公司债券又称企业债券，它是指由非金融企业发行并负责还本付息的债券。公司债券按照期限的长短，又分为短期债券和中长期债券。

短期债券期限一般短于一年，有的称为商业票据。金融债券是由银行或非银行金融机构发行的债券。发行金融债券的金融机构，一般资金实力雄厚，资信较高，发行债券所筹集的资金具有特定的用途。

汇票是出票人签发的、委托付款人在见票时或者在指定日期无条件支付确定的金额给收款人或者持票人的票据。经企业承兑的汇票称为商业承兑汇票，经银行承兑的汇票即为银行承兑汇票。银行承兑汇票具有支付功能和融资功能，并可在企业间、银行间自由流通。银行承兑汇票由银行承诺承担最后付款的责任，实际上是银行将其信用出借给企业。这里银行是第一责任人，而出票人则只是第二责任人。银行承兑汇票既代表了持有方无条件的债权，也代表了承兑银行无条件的负债。银行承兑汇票即使并没有发生资金的交换，也被视为实际金融资产，归入非股票证券。

大额可转让定期存单亦称大额可转让存款证，是指商业银行发行的、具有固定面额、固定偿还期限和一定利率，并且在市场上可以转让的凭证。大额可转让定期存单本质上也是一种债券，债务人是金融机构。大额可转让定期存单与定期存款相比，不同之处在于：一是定期存款不可流通转让，而大额可转让存单则可以流通转让。二是定期存款金额可大可小，而大额可转让定期存单金额较大。三是定期存款可以提前支取，提前支取时要损失一部分利息，而大额可转让定期存单不能提前支取，存单到期时，存单持有人在原发行银行支取存款。四是大额可转让定期存单享有比现行同档定期存款高的利率，弥补了其不可提前支取方面的损失。由于大额可转让定期存单具有明显的流通性，且其收益、偿还金额确定，因此将其归入债务性证券。

金融资产的证券化也会产生资产支持证券等债务性证券。所谓资产支持证券是指金融机构用现有的抵押贷款等资产集合为资产池，以其为基础发行证券出售给投资者。证券的本金和利息来自资产池中的基础资产产生的现金流或剩余权益，并直接支付给证券持有者。资产支持证券传统的基础资产是住房抵押贷款，发展到现在，还有信用卡应收款、汽车贷款、工商业贷款以及公司债券等。如美国汽车贷款证券，是以汽车贷款为资产池发行的证券。汽车贷款具有安全性高，现金收入流稳定等特点。汽车贷款证券的收入流主要来自汽车贷款借款人的还贷资金。信用卡资产证券是以信用卡应收款为资产池发行的证券。信用卡持有者信用高，按月支付所欠款项。信用卡资产证券持有者也能按月得到利息收入并按约定的期限得到本金收入。资产证券的利率和期限是与金融资产的利率和期限相匹配的。对于抵押贷款支持证券和金融资产支持证券，通常发起机构会将基础资产从自身的资产负债表中划出，出售给特定目的载体（SPV/SPE）。此外，国际上还有一类资产支持证券（Mortgage Backed Bonds，MBB），证券本金和利息与基础资产没有直接联系，仍在发起金融机构的资产负债表上，只是有一个托管人。国际货币基金组织对资产支持证券的总体统计原则是：无论收益是否与基础资产相关均归为债务性证券工具，并且作为发行机构的负债（发行机构指债务工具的组织者或接受基础债务工具的SPV）。

债务性证券还包括优先股或支付固定收入但在公司解散时不参与残值分配的股票。持有优先股的股东先于普通股股东享受分配，通常为固定股利。优先股收益不受公司经营业绩的影响。其主要特征有：一是在分配公司利润时可先于普通股且以约定的比率进行分配。二是当股份有限公司因解散、破产等原因进行清算时，优先股股东可先于普通股股东分取公司的剩余资产，但优先股股东分取收益和公司资产的权利只能在公司满足了债权人的要求之后才能行使。三是优先股股东一般不享有公司经营参与权，即优先股股票不包含表决权。四是大多数优先股股票都附有赎回条款。优先股的本质特征更接近公司债券而非股票。可转换债券转换权行使之前，也应该归入债务性证券。

四、贷款

贷款是机构单位之间的以不可流通的贷款凭证或类似凭证为证据的债权或债务。贷款的类别包括透支、按揭贷款、分期偿还贷款、分期付款贷款、贷款融资贸易和发薪日贷款。国际货币基金组织的贷款形式也包含在这一类中，如索赔或负债。从可转让存款账户中根据透支额度进行透支被认为是贷款。回购协议、证券出借、金融租赁被认为是融资贷款。

（一） 回购协议

回购协议是资金融入方按特定价格出售资产融入资金，并约定在未来特定日期按指定价格从资金融出方购回相同或类似资产的协议。一般标的资产为票据、债券或贷款。回购协议规定的期限有越来越长的趋势，有的甚至不规定到期日。回购协议是从证券出售获取现金方而言的；若从证券购买支付现金方而言，这种协议被称为逆回购协议。

在回购协议中，现金提供方获得了证券完全和无限制的所有权，其有权再将证券转售给第三方。传统上，证券转售只有在现金接受方违约时才发生，但事实上，非违约的情况下转售已经变得很普遍。虽然从法律上讲，已经将证券的所有权完全或无限制地转移给现金提供方，但从经济角度看，现金的接受方（即证券的提供者）保留了一些所有权。具体而言，现金的接受方保留了市场风险和所有权利益（出售权除外），包括持有证券的损益和证券的利息收入。由于回购协议存在这些特点，它类似于以协议所规定的证券为抵押的贷款，而不是直接的证券出售。因此，回购协议中的证券仍然留在现金接受方的资产负债表上，回购协议应视为贷款，记录为现金提供方的资产和现金接受方的负债。

逆回购协议获得的证券可以再被用于回购。在这种情况下，回购协议下的证券支撑着两笔贷款交易：一笔是现金提供方根据原先的回购协议而对现金接受方拥有债权（贷款）；另一笔是第二个回购协议的买方（即新回购协议的现金提供方）对原先的现金提供方（即新回购协议的现金接受方，也就是第一个回购协议的现金提供方）拥有债权。在这种情况下，通过逆回购协议获得的贷款资产的一方不应将这笔贷款与第二笔回购协议获得的贷款轧差处理，因为两笔交易的交易对手不同。在这种情况下也不会出现对持有证券的双重计算，因为第一笔和第二笔回购协议下的证券继续留在原先现金接受者的资产负债表上。

国际货币基金组织建议，对那些在逆回购协议中获得并直接转售的证券采用特别的统计处理方法。虽然现金提供方不应将逆回购协议中获得的证券记录为证券交易，但如果获得的证券直接转售，那么现金提供方应该记录一笔证券交易。这就是所谓“卖空”——出售目前资产负债表中并没有的金融资产，在转售方记录为负的证券头寸。这样处理既反映了经济现实，又不会造成重复统计。当然，在这种情况下可能需要更充分的信息才能更全面地了解回购市场，并确定谁是金融工具的持有者。

（二） 证券出借

证券出借是证券持有人（贷方）根据协议将证券出借给“借方”，并规定在特定日期或一经要求归还相同或类似证券的业务。在证券出借协议中，虽然证券所有权被完全或无限制地转移给了借方，但与持有证券有关的风险和利益仍归原先的持有人（贷方）。证券持有人（贷方）采用这种做法的目的是提高证券的回报率或减少托管成本。

证券出借根据提供给证券贷方的抵押品现金或证券分为两大类。证券的借方所提供的抵押品的价值通常等于或高于借入证券的价值。以现金为抵押的证券出借与证券回购非常类似，和回购具有一样的经济效果，因此，在统计上采用相同的处理办法。以非现金作为抵押（或没有抵押）的证券出借，应该由贷方和借方做表外记录，而不作为交易处理。

（三） 融资租赁

融资（金融）租赁是一种合同，据此出租人作为一种资产的合法拥有者，将几乎所有风险和资产所有权的回报转让给了承租人。承租人成为资产的经济所有者。融资租赁属于一种贷款。根据融资租赁，相当于出租人贷款给承租人，该承租人将资金用于获得资产。此后，租赁资产显示在承租人的资产负债表上，而不是出租人的资产负债表上，相应的贷款显示为出租人的资产和承租人的负债。融资租赁中的支付被作为利息而不是租金，也可能是作为服务费（间接的金融中介服务费）和本金的偿还。

（四） 信用卡债务

信用卡是作为便捷支付和融资购买的一种手段。如果信用卡购买支付在每个账单周期内平衡，持卡人通常不会承担融资费用，若周期内不平衡持卡人通常会承担融资费用。所有信用卡余额应该被视为贷款。

五、股权和投资基金份额

股权和投资基金份额的显著特征是持有者对发行单位的资产有剩余索取权。股权代表机构单位持有者的资金。与债务不同，股权持有者通常没有获得预定数额或按固定公式计算的数额的权力。投资基金份额是投资在其他资产上的一种集体投资，在金融中介里有特殊作用。

（一） 股权

股权包括证明清偿了债权人的全部债权后的对公司或准法人公司的剩余价值有索取权的所有工具和记录。股权是发行机构单位的负债。

法人权益的所有权通常以股份、股票、参股证、存托凭证或类似的文件为凭证。股份和股票有相同的含义。而存托凭证是方便证券所有权在其他经济体上市的证券，受托者发行的在某一交易所上市的代表了在另一交易所上市证券的所有权。参与优先股是向参与者提供参与注册企业解散后的剩余价值的股份。这些优先股也是权益证券，而无论其收入是固定的或是根据公式计算的。

一家公司的股份（通常称为普通股）可能由很多投资者持有，也可能是少数投资者持有，某个家庭持有或者某个公司或个人持有。公司的股票可以在证券交易所进行交易，亦可在场外交易市场交易，或者选择不交易。

企业有时会在市场上购买自己的股票。购回股份（称为库藏股）不被归类为持有的资产

(即作为公司的自身要求) 而是由所有者从资金在负债占股本的股票和基金投资中扣除。

股权可细分为：(1) 上市股票；(2) 非上市股票；(3) 其他股权。

上市股票和非上市股票都是可转让的，因此属于权益性证券。

上市股票是在交易所上市的权益性证券。它们也被称为挂牌股票。在交易所上市的股票报价意味着可随时得到现行市场价格。

非上市股票是未在交易所上市的权益性证券。它们也被称为私募股权。风险资本通常采用这一形式。非上市股票往往是由附属机构和规模较小的企业发行，通常有不同的监管要求，发行资格也不一定相同。

其他股权是不以证券形式存在的权益。包括准法人公司（如分支机构、信托公司、有限责任公司和其他合伙企业）、非法人基金、拥有房地产和其他自然资源所有权的名义单位的权益。

（二） 投资基金份额或基金单位

投资基金是将投资者的资金集中起来投资于金融或非金融资产的集体投资。购买基金份额的那些单位由此将其风险分散到基金的所有工具上。

投资基金包括共同基金和单位信托基金。投资基金采用公司结构时，发行基金份额；采用信托结构时，发行基金单位。投资基金份额是共同基金发行的股份，而不是共同基金持有的股份。

投资基金可分为货币市场投资基金和非货币市场投资基金两种。两者之间的主要区别是，货币市场投资基金通常投资于不到一年就会到期的国库券、存款证和商业票据等货币市场工具，它通常是可转让的，并且通常被视为最接近存款的替代品。非货币市场投资基金通常投资于长期金融资产以及房地产。它们是不可转让的，通常不视为存款的替代品。

六、保险、养老金和标准化担保计划

保险、养老金和标准化担保计划都是金融机构进行财富调节或收入再分配的形式。再分配可能发生在同一时期各机构单位之间，或同一机构单位不同时期之间，或这两种情况的结合。参与计划的单位向计划缴款，并在同期或后期领取保险金（或得到补偿）。参与者持有资金，而保险公司代表它们将这些资金进行投资。

保险、养老金和标准化担保计划适用的准备金有五种：非寿险专门准备金、寿险和年金权益、养老金权益、养老金经理人的养老金债权及标准化担保代偿准备金。

1. 非寿险专门准备金。非寿险专门准备金包括预付的用于非寿险未决索赔的保费和准备金净额。其中包括未到期但已支付的保费和应付但未付的索赔，金额存在争议或导致索赔的事实尚未汇报的情况也包括在内。

2. 寿险和年金权益。寿险和年金权益显示了投标人对提供寿险或年金的企业所拥有的金融债权。

3. 养老金权益。养老金权益作为雇主与雇员所签订报酬协议的一部分，反映了现有和未来的养老金领取者对其雇主或雇主指定的到期支付养老金的基金拥有的金融债权。

4. 养老金经理人的养老金债权。雇主可能与第三方签订合约，让它为自己的雇员管理养老金。如果雇主一直对养老金计划的条款有决定权，并负责基金的亏损，保留基金的盈余，此时雇主叫作养老金经理人，在养老金经理人指导下进行工作的单位，叫作养老金代管人。如果雇主与第三方的协议是雇主将基金风险与亏损责任全部转让给第三方，同时第三方享有基金盈利权利，此时，第三方既是养老金经理人又是养老金代管人。

5. 标准化担保代偿准备金。标准化担保代偿准备金包括预付的用于标准化担保未付代偿的费用和准备金净额。

七、金融衍生工具和雇员股票期权

（一） 金融衍生工具

金融衍生工具合约是与特定金融工具、指标或商品挂钩的金融工具，通过这种金融工具可以独立地在金融市场上针对特定的金融风险（如利率风险、外汇风险、股票和商品价格风险、信用风险等）进行交易。使用金融衍生工具的目的包括风险管理、对冲、套期保值、市场保值和投机活动。金融衍生工具能够使有关交易方将特定金融风险转嫁给其他更加愿意或更加适合承受或管理这种风险的机构，这些机构通常不从事初级资产或商品交易。金融衍生合约中包含的风险可以通过交易合同本身进行交易，或者可通过建立具有与现存合约风险相对冲的风险特征的新合约进行交易，后者通常被称为对冲性操作。

金融衍生工具的两大类别是远期类合约和期权合约。远期类合约是无条件的，双方同意在规定日期按协商一致的合约价格交换一定数量的标的项目。标的项目可以是实际资产，也可以是金融资产，例如远期利率合同、远期外汇合同以及利率掉期合同。在期权合约中，购买者从出售方那里获得在特定日期或之前按合约价格购买（买入期权）或出售（卖出期权）规定标的项目的权利（不是义务）。期权合同覆盖的项目可以是股权、商品、货币以及利率等。远期和期权的主要区别是，远期合同中的交易双方都是潜在债务人，而期权合同购买人获得资产，出具人形成负债。期权可能在到期后变得毫无价值，只有在对购买人有利的情况下，合同才进行交割。期权购买人可能会获得无限收益，出具人也可能遭受无限损失。

（二） 雇员股票期权

雇员股票期权是雇主与雇员在某日（授权日）签订的一种协议，根据协议，在未来约定时间（含权日）或紧接着的一段时间（行权期）内，雇员能以约定价格（执行价格）购买约定数量的雇主股票。

八、其他应收/应付账款

机构单位之间常发生有应收/应付账款的交易，形成一些由商业信用、预付款和其他延期收付的项目组成的金融资产。

商业信贷和预付款主要是直接提供给公司、政府、非营利机构、住户和国外的货物和服务而发生的商业信用，例如预付货款和应收未收的账款。另一种常发生的是在建工程和拟建工程的预付款，以及商品与服务的预付款。注意金融机构为商业信贷提供融资的贷款已归入前面的“贷款”类别，不包括在作为应收/应付账款的商业信贷和预付款中。

此外还有一些上述类别以外的应收/应付性的账款，这些款项与货币和服务的供应无关，是与应计税收、红利、租金、工资等有关的应收和应付款项，还包括延后收入、贷款损失准备金以及其他准备金。

本章小结

1. 金融工具是资金融通的契约。而资金融通是由于储蓄和投资不平衡所引起的。对资金融出者来说，金融工具形成其金融资产；对资金融入者来说，金融工具形成其金融负债。

2. 金融资产是指对财产或所得具有索取权的、代表一定价值的、与金融负债相对应的无形资产，但股权、特别提款权、货币黄金等也包括在金融资产范围之内。

3. 金融资产的要素包括：金融资产的发售者；金融资产的价格；金融资产的期限；金融资产的收益；币种。

4. 金融资产分类的目的是正确计量金融资产与负债以及货币供应量；分析不同流动性和风险性金融资产的结构；为规范地编制各类金融公司资产负债表和各种概览提供分类标准。

5. 金融分类的标志主要根据流动性、法律特征、或有特征、期限特征、主体特征和风险特征。

6. 《国民账户体系》（SNA）和《货币与金融统计手册》（MFS）是金融资产分类的国际标准。

7. 金融资产分为货币黄金和特别提款权、通货和存款、债务性证券、贷款、股票和投资基金份额、保险养老金和标准化担保计划、金融衍生工具和雇员股票期权、其他应收/应付账款。

本章重要概念

金融工具　金融资产　金融负债　流动性　法律特征　或有特征　期限特征　主体特征　风险特征　货币黄金　特别提款权　通货　存款　贷款　债务性证券　股票和投资基金份额　保险养老金和标准化担保计划　金融衍生工具和雇员股票期权　其他应收/应付账款

复习思考题

1. 金融工具是怎样形成的？
2. 金融资产与负债和金融工具的关系是什么？
3. 金融资产由哪些主要要素构成？
4. 金融资产分类的目的是什么？
5. 金融资产分类的标志如何选择？
6. 金融资产有哪些主要类型？

本章参考文献

1. 国际货币基金组织:《货币与金融统计手册和编制指南》，2016。
2. 联合国等:《国民账户体系（2008）》，中文版，北京，中国统计出版社，2012。
3. 杜金富:《金融市场学》，北京，中国金融出版社，2018。

第四章
金融存量、流量和核算规则

本章讨论货币与金融统计的基本核算规则。主要有金融存量与流量的核算；金融资产和负债的定值；金融交易的记录时间；金融数据的汇总、合并和轧差。

第一节　金融存量与金融流量

一、金融存量和金融流量表述形式

我们从讨论某金融机构的存款（金融负债）和贷款（金融资产）的核算开始，研究金融存量和金融流量的表述形式。某金融机构的存款存量与流量核算如表 4－1 所示。

该金融机构期初的外币存款余额为 10 000 万元，在核算期吸收存款 500 万元，使存款账户增加 500 万元；由于是吸收的外币存款，在核算期间，外币贬值，使其存款的价值减少 12 万元，这样在期末外币存款的余额为 10 488 万元。某金融机构的贷款存量与流量核算如表 4－2 所示。

表 4－1　某金融机构外币存款

单位：万元

期初存量	10 000
交易	+500
定值	
价格变化	－12
汇率变化	
资产数量的其他变化	0
期末存量	10 488

该金融机构期初贷款余额为 7 000 万元，在核算期发放贷款 200 万元，核算期冲销贷款 50 万元，核算期末贷款余额为 7 150 万元。

表 4－2　某金融机构贷款存量与流量　单位：万元

期初存量	7 000
交易	+200
定值	
价格变化	
汇率变化	
资产数量的其他变化	－50
期末存量	7 150

在上面的两个例子中，金融负债和金融资产核算都包括期初存量、交易、定值、资产数量的其他变化、期末存量等概念。

期初存量是某类金融负债（如存款）或资产（如贷款）在核算阶段开始时的总价值。

交易是指机构单位之间根据签订的协议让渡所有权或使用权形成新的资产或负债而产生的金融流量。所谓让渡所有权或使用权指以出售、转移或其他方式放弃与金融资产或负债相关的各种权利、义务和风险。

定值是指金融资产和负债因价格或汇率变化而产生的金融流量。如由于市场利率的下降导致债券价格上升而使金融债权增加的部分。

资产数量的其他变化指由交易和定值之外因素产生的所有金融流量。包括贷款的冲销、资产的重新分类、特别提款权的分配和取消以及其他事件等。

期末存量是指某类金融资产或负债在核算阶段结束时的总价值。

从对上述概念的解释中我们可以看出，金融流量包括交易、定值和资产数量的其他变化三个方面的内容。存量与流量的关系列等式为

期初金融存量 ± 金融流量 = 期末金融存量

金融流量 = 交易 ± 定值 ± 资产数量的其他变化

即　期初金融存量 ± 交易 ± 定值 ± 资产数量的其他变化 = 期末金融存量

假设某金融机构的资产负债简表如表4－3所示。

表4－3　某金融机构资产负债简表　单位：万元

金融资产	期初金额	金融流量			期末金额	金融负债	期初金额	金融流量			期末金额
		交易	定值	资产数量的其他变化				交易	定值	资产数量的其他变化	
贷款	7 000	+200		－50	7 150	存款	10 000	+200	－12		10 688
货币	2 000	+500			2 500						
其他	1 100				1 100	其他	100	+500	+12	－50	62
合计	10 100	700		－50	10 750		10 100	700	0	－50	10 750

该金融机构资产负债简表说明，金融机构和资产负债的流量都可以在交易、定值、资产数量的其他变化三个方面反映出来。之所以把金融流量分为三个方面，主要是因为只有交易产生的流量才反映金融部门与其他部门之间的真实经济交易，对生产、分配、消费、投资具有经济意义；从国民经济核算框架来看，交易与经常账户中的流量相匹配，而定值和资产数量的其他变化则是积累账户的重要组成。但通过这种划分方式反映流量的变化原因，需要较完备的核算基础。因此在现实金融统计中，经常简化定值的变化而采用净发生额来表示，即收支相抵净额来表示。由于期初金融存量、金融流量及期末金融存量之间的等式关系，也可以在资产负债表只反映其中的两个方面，即只反映期末存量和流量的净额。如我国的金融机构资产负债表（如表4－4所示）就采取这种表述形式。

表4－4　中国货币当局资产负债表

资产	期末金额	比上月增减（±）	负债	月末金额	比上月增减（±）
国外资产 对政府债权 : :			储备货币 发行债券 : :		

通过上例可以看出，月末余额 ± 增减额 = 月初余额。中国金融统计目前已经在流量统计

领域开展了一些探索。例如，建立了贷款变动因素专项统计制度和金融机构信贷发放情况专项统计制度，通过对贷款流量的统计，反映贷款存量变动的各种因素，构建了较为完整的存流量分析监测框架。

二、金融交易和资产数量的其他变化统计

如上所述，金融流量统计包括金融交易、定值和资产数量的其他变化三个方面的内容，由于定值的变化较难以通过金融机构的资产负债表取得，一般通过明确金融资产或负债的定值方法，细化金融交易和资产数量的其他变化的统计，进而估算定值的变化。金融资产或负债的定值方法我们要在第二节详细讨论，这里只讨论金融交易和资产数量的其他变化。

（一）金融交易统计

金融交易包括所有权、使用权的产生、让渡、出售、清算、转移所产生的金融流量。

金融资产所有权或使用权形成所产生的金融流量有：通过吸收客户存款或提取在其他金融机构存款等业务而持有的通货；在中央银行和其他金融机构的存款；购买的政府、公司及金融机构的债务证券；发放的各类贷款；购买的股权及投资基金份额；以及金融衍生工具等。金融负债所有权或使用权形成所产生的金融流量有：中央银行发行的通货；吸收客户和金融机构的存款；出售的债务证券；向中央银行和其他金融机构的借款即贷款；出售股权及投资基金份额；以及金融衍生工具等。

金融资产所有权或使用权清算所产生的流量有：在金融机构的存款到期支取；对中央银行或其他金融机构贷款到期收回；持有的债务证券到期收回本金和利息等。金融负债所有权或使用权清算所产生的流量与金融资产所有权产生的流量内容基本相同。

金融资产或负债所有权改变所产生的金融流量有：出售金融资产如出售股票及其他股权或出售金融负债如出售债务证券等；金融资产或负债的转移如债权人与债务人在自愿的基础上对各种债权和各种债务进行相互取消即豁免等；其他方式放弃与金融资产或负债有关的各种权利、义务和风险。

（二）资产数量的其他变化统计

资产数量的其他变化统计的是期初和期末资产负债表的资产和负债发生的变化，变化的来源既不是机构单位之间的交易，也不是由于价值发生了改变。其发生的情况主要有：

1. 无形非生产资产的经济发生。金融性公司可能持有专利并且在资产负债表中以“购入商誉”的形式列出资产。购入商誉是无形非生产资产，也是非金融资产，可以记入资产数量的其他变化账户中。

2. 灾难性损失。作为灾难性损失记入资产数量的其他变化是由可能毁灭任何类别资产的大规模、分散并且可以识别的事件所导致的结果。这些事件包括自然灾害、战争行动以及暴乱。灾难性损失主要涉及非金融资产，但也可能涉及金融资产的损失，特别是货币和其他不记名金融资产的损失。

3. 无偿没收或扣押。政府和监管部门可以以纳税、罚款、收费或类似的理由，占有金融机构的资产而不予全额补偿。如果补偿额大大低于资产负债表上所列资产的价值，则其差额记入资产数量的其他变化账户中。

4. 分类和结构的变化。包括：（1）部门分类和结构的变化。金融机构的业务活动、法

律地位以及组织结构发生改变能够导致部门分类发生变化，从而导致一个部门资产负债表向另一部门转移，这一机构资产负债记入资产数量的其他变化账户中。这一类的变化还包括企业的清算、破产和重组等情况。（2）资产和负债分类的变化。资产和负债的特性或使用目的发生变化可能导致它们在期初和期末资产负债表中的分类发生改变。如黄金被用于国际储备目的，那么非货币黄金就变成了货币黄金。

5. 别处未列出的非金融资产的其他数量变化，包括由预料之外的事件（不包括灾难）对资产的经济利益所造成的影响而产生的数量变化，特别是在为固定资产消耗规定具体补偿时不曾预料到的事件带来的影响。这些事件包括不可预见的对固定资产的废弃，库存的特殊损失（如失火或遭窃）以及其他不属于交易、不应归入持有收益或损失而且也不属于要求在资产数量的其他变化账户入账的其他事件。

6. 别处未列出的金融资产和负债的其他数量变化。主要包括：（1）特别提款权的分配和取消。国际货币基金组织新分配的特别提款权应当记入资产数量的其他变化账户，国际货币基金组织取消特别提款权也作同样的处理。（2）债权人冲销坏账。债权人对由于破产或其他因素而使金融债权无法回收认可以及随后将债权从资产负债表中撤除应当进行统计。（3）为固定福利养老基金所设立的其他应收/应付账户的对应方。对固定福利养老基金计划来说，资产数量的其他变化账户中反映的是经过精算决定的负债发生的变化，这些变化是由福利结构发生改变引起的，如福利公式改变、领取养老金的年龄降低或养老金年度增资水平下降。（4）其他。

第二节　金融资产和负债的定值

金融资产和负债无论作为流量还是作为存量形态都有一个确定价值的问题。本节讨论其价值确定的原则和方法。

一、基本规则

金融资产和负债本身是以货币表示其价值，但是由于以下原因，也存在着定值问题：一是价格发生了变化，会使已持有的金融资产和负债的价值作相应的调整。如汇率的变化使以外汇标价的金融资产和负债的价值也会发生变化；市场上债券的价格发生了变化，持有的债券的价值也会发生变化；市场上的股票价格发生变化，已持有的股票的价值也要作相应的调整。二是不在金融市场交易或交易频率不高的金融资产和负债由于无当日的市场价格，需要研究其价值的确定问题。三是资产的损失如贷款的损失等，需要减记或注销资产的价值。四是债务重组等其他原因。

国际货币基金组织建议，金融资产和负债定值的基本规则是：（1）市场价格定值。对于在金融市场上交易频率较高的金融资产和负债，以市场价格定值。（2）等量价值定值。对于不在金融市场上交易或交易频率不高的金融资产和负债，以市场价格的等量价值或近似值定值（或公允价值）。（3）其他定值规则。对贷款资产以及股权及投资基金份额为表现形式的负债的定值，适用于其他定值规则。

市场价格定值规则适用于在金融市场上交易频率较高的金融资产和负债的定值。金融市场上当日交易按买卖的实际支付额记录其价值。但交易支付中的服务付款、收费、佣金、税收以及相似支付属于收入流量，它们被排除在金融交易和存量定值之外。金融资产和负债的存量按其在资产负债表当日使用的市场价格定值，如同在当日资产负债表上所发生的市场交易。如果金融市场在资产负债表当日关闭，那么定值使用的价格应当是闭市之前最后的市场价格。正如前面所提及的，金融资产和负债存量的市场价值（或公允价值）发生变化带来的持有收益或损失，通过“重新定值”账户表现出来。只要是资产价值上升或负债价值下降，就会产生持有收益；如果资产价值下降或负债价值上升就会产生持有损失。

等量价值定值（或公允价值定值）及其他定值规则将在下面介绍。

二、市场公允价值定值

金融资产和负债的公允价值是指无关联的交易双方在市场交易中所得价值的近似值。在绝大多数无法获得市场价格信息的情形下公平值法（公允价值定值）可应用于为金融资产和负债定价。计算公允价值有两种基本方法，涉及两类数据：一类是与作为公平定价对象的非交易金融资产相类似的那些交易金融资产的市场价格数据；另一类是非交易金融资产未来现金流的贴现数据。

第一种方法是运用类比法，即对某些没有在市场上交易的金融资产的公允价值而言，可直接基于与非交易金融资产类似的可交易金融资产负债市场价格的公允价值类推。例如，一种尚有 5 年才到期的非交易的债券，其公允价值可依据在市场上公开交易的五年期债券的市场价格进行推算，当然五年期交易债券在拖欠风险等方面与非交易债券非常类似。

在采用类似的金融工具市场价格进行类推非交易金融工具的公允价值时，比较适当的做法是对所类推的非交易金融工具公允价值进行调整，以反映非交易与交易金融工具在流动性、风险水平等方面的差异。例如，尚未上市股票的公允价值可基于某些其他公司上市股票的市场价格进行推算，并且考虑股票在经营规模、股票流通规模等存在的差异，以及其他被认为能够对非交易和交易股票价值产生影响的因素，对所推算的公允价值进行调整。

某些情况下，金融资产可能同时具有其他几种金融工具各自的一些特征，但在总体上却与其中任意一种金融工具都不相似。这时，在估计非交易金融工具的公允价值中，需要利用关于交易金融工具市场价格和其他特性的信息。其中，其他特性是指交易金融工具的类别、发行金融工具的机构部门、金融工具的期限、信用等级等。

第二种方法是现值法，即根据未来现金流的折扣现值对金融资产负债定价。即金融资产负债的公允价值等于未来现金流的现值之和：

$$\text{公允价值} = \sum_{t=1}^{n} \frac{(\text{现金流})_t}{(1+r)^t}$$

其中，求和公式的分子代表未来第 t 时刻的现金流量，分母代表依据复利公式计算的贴现因子；r 代表贴现率；n 代表预计将产生现金流量的未来时间段。

在满足下列条件的情况下，采用公允价值的现值法为金融资产和负债定值相对比较容易：（1）未来现金流量已肯定获知或可以判断；（2）可以推断出一种或多种贴现率。由于人们普遍认为市场利率最能代表金融市场的筹资成本，因此通常将当前或预计的市场利率作为贴现率。

三、外币工具的定值

货币与金融统计的标准记账单位是以本币表示的货币单位。在记录一笔国外金融资产的存量和流量价值时，需要按汇率将其兑换成资产所有者常住国家货币价值。应当按照入账时的市场汇率，即交易或其他流量发生时或资产负债表报送时的时点汇率，将外币存量和流量转换成本币价值。在采用时点汇率时，应当使用买卖汇率的中间汇率，以避免将任何服务费用包括在内。

在将外币标价的金融存量和流量转换为本币单位时，所采用的汇率有时不是市场汇率而是单一的官方汇率或者官方多种汇率，这些汇率与市场汇率均存在着一定的差异。这种情形下，统计数据应当按照市场汇率尽可能地进行调整。

四、其他定值

依据当期市场价格定值原则，现有金融资产或负债的获得或处置的价值是其交换价值。但是，并不是所有的金融资产都具有一般意义上的当期市场价格。对于那些不可转让的金融资产（如一些贷款）的价值，我们将专门进行讨论。

（一） 贷款

贷款合同的条款通常要求定期支付，一是支付自前一次定期支付以来累计的所有利息开支，二是偿还原始贷款额的一部分。在两次支付之间，利息累计，并连续加入本金。在实际中，定期支付通常分为两项交易，一项等于自前一次支付以来产生的利息，另一项是原始本金的偿还。因此，对于贷款的定值采用账面价值法，即贷款的本币价值应当是债权人所持有的债权余额，包括本金余额加应计利息。

关于贷款资产的定值，应特别注意以下几种情况的统计处理：(1) 对所有贷款资产的定值，应当按账面价值，一般不需要针对预期损失在贷款定值过程中进行调整。只有在某些特定的情况下，才对贷款资产的价值作出关于预期损失的调整。这些特定情况为：无法收回的贷款实际已被冲销；贷款余额已通过正式的债务重组被削减。出现以上两种情况时，在对贷款资产定值的统计处理中，应将贷款损失作为支出处理。但我国贷款是按发放时的本金计价。(2) 贷款资产的预期可实现价值数据和预期的贷款损失数据（按债务人部门分类）分别为宏观经济管理和监督的重要指标。其中，预期的贷款损失数据应当作为部门资产负债的备忘项目列出。这样，通过贷款的账面价值减去预期的贷款损失，就可计算出贷款的预期可实现价值。(3) 可在二级市场上交易的可转让贷款，应划为债务证券，并如其他债务证券一样按其市场价格（或公允价值）定值。当以金融租赁获得商品时，认为发生了从出租人到承租人的所有权的改变，尽管在法律上被出租的商品仍属于出租人的财产。这种事实上的所有权改变由隐含产生的贷款提供融资。(4) 如果拥有或控制公共公司的政府单位承担了作为该公司负债的贷款，可能没有文件证据来表明政府承担债务是为了购买权益还是资本性转移。如果没有证据证明是资本性转移，那么贷款的承担视为权益的获得，作为金融交易定值。如果作为资本性转移处理，那么持有股票和其他权益的政府单位将记录同一数额的持有收益。(5) 回购协议视为贷款，在这种贷款类型下，法律上出售的标的资产不发生所有权的改变。类似地，根据协议的初始条件结清回购协议视为贷款的偿还。在这种情况下，定值按贷款处理。

（二） 债务重组

债务重组是指由于拖欠债务还款而经债权人和债务人（或及第三方）协商后，正式为现存债务指定的偿还计划，通常规定新的期限。由于重组前后的贷款账面价值不变，所以债务重组并不影响已经定价的贷款价值。但是，由于延长贷款期限和推迟还债预计会削减某种证券的贴现值。也就是说，债务重组通常可能会影响这些证券的市场价值或公允价值。

除了一般的单纯延长贷款期限的方式之外，债务重组通常采用债务再融资、债务承担和债务互换这几种方式。

1. 债务再融资是指一种形式的债务义务（工具）与另一种形式的债务义务（工具）之间所进行的转换。原有债务工具和新债务工具之间的价值差异记为持有收益或损失，应将其记入到重新定值账户中。

2. 债务承担是一种特殊的包含三方的债务再融资形式。这三方是：债权人、原有债务人和承担债务新债务人。债务承担包含两种同时进行的交易：第一种交易取消原有债务人的债务；第二种交易在债权人和新的债务人或承担人之间建立新的债务合同。前一交易与放弃债务相似记录在资本转移项目下，后一项交易涉及债权人购买债务而债务承担人发行新债务工具，可各自记录在相应的项目下。由于债务承担使债务资产价值所产生变动应记入重新定值账户中。

3. 债务互换是指将贷款或债务证券债务转换为新的债务合同（债转债），或将债权转为股权（债转股）。债务互换通常要求在转换成新的债权或股权之前对原始债务的价值进行冲减或折扣处理，这种处理所产生的任何持有损失也应记入重新定值账户。债务互换与债务承担的性质有别：债务互换只涉及原交易双方，而债务承担还要涉及第三方（新的债务人）。

（三） 股权及投资基金份额

依据定义，股权及投资基金份额的内容包括：在所有债权人的债权得到抵偿之后，确认对公司残余价值有索取权的所有票据和记录，其账户具体被划分为实收资本、利润留存、一般及特别准备金、特别提款权分配和定值调整五个部分。

股权及投资基金份额的定值存在不同的统计处理方法。一是将资产负债表中的资产和负债双方的股权及投资基金份额，均按照当期市场价格或公允价值定值；二是对以股权及投资基金份额为表现形式的资产按照市场价格或公允价值定值，而对大多数的股权及投资基金份额负债则是按照账面价值进行定值。这两种不同的定值方法产生了一定的差异。

从货币统计的角度来看，不论是从货币或其他政策目标来考虑，还是对金融系统运行的宏观监控的需要来考虑，以股权及投资基金份额为表现形式的金融资产按市场价格（或公允价值）来定值都是十分有必要的。但问题在于：虽然股权及投资基金份额在总体上可以根据市场价格或公允价值来定值，但对于其各个组成部分却难以找到恰当的市场定价方法。因此，对于部门资产负债表负债方所包含的股权及投资基金份额的不同组成部分，可采用以下的定值方法：

1. 所有者出资按账面价值定值，即应当按照首次发行和增发的所有权股票所获得的名义数额进行定值。

2. 留存利润按保留利润的名义数额定值。

3. 一般及特殊准备金按该种准备金的名义数额定值。

4. 特别提款权分配按交易当日或资产负债表编制当日的市场汇率定值。

5. 定值调整按照市场价格定值，因为根据定义，定值调整是专门设计用来反映资产负债表中资产和负债的市场价值（或公允价值）变动幅度的差额，形成专门用于调整资产与负债差异的平衡项目。

（四） 其他

1. 黄金。黄金可划分为货币黄金和非货币黄金。货币黄金归类为金融资产，非货币黄金归类为非金融资产。货币黄金和非货币黄金都应当根据市场黄金价格定值，而货币与非货币黄金价值变动则应通过重定值账户来反映。

2. 保值利息和本金。保值利息和本金是指将一些存款、贷款和证券的利息及本金的支付与价格的变化进行挂钩的做法。这种保值的做法将利息/本金的支付额与一般价格水平、具体股票价格、汇率的指数变化联系起来。定值过程中，建议将本金保值带来的数量变化作为重新投资于金融资产的利息处理。也就是说，本金保值产生了一种资产收入流量，同时伴随一笔能够扩大本金余额的金融交易（对收入流量的再投资）。这样，本金保值产生的数量变化部分应按金融交易而不按重新定值处理。

第三节　记录时间

所谓金融资产记录时间，是指金融资产的所有权发生改变，即解除所有权利、义务和风险后对交易登录的时间。金融资产因交易方式不同、交易地不同、会计记账方法不同，可能在交易记录时间上存在差异。为使交易登录日期相同，也需要作一些原则规定。

一、基本规则

讨论记录时间，应区分为登录存量数据和登录流量数据时间。依据定义，资产负债表中登录的存量数据是指特定时点的登录，而流量数据的登录则是对分散在某一特定核算期中不同时点的各项交易和其他流量的加总值的登录。

金融资产交易活动的发生，意味着金融资产的所有权发生了改变。这样，金融交易产生的流量一经确定，就必须决定其发生的时间，以便汇编在某一统计期内全部流量的结果。虽然我们的讨论仅涉及确定流量的时间，由于统计上的一致性要求，考虑资产负债是指某一统计时点上的积累，这意味着资产负债表上登录的存量也要受流量记录时间的影响。所涉及交易的双方对流量与存量数据都应在各自的账户和资产负债表上进行登录。登录流量数据所遵循的基本规则是：金融交易双方应当在同一时点登录交易。

金融资产，其记录时间为资产所有权发生转移的时间；当发生现存金融资产销售的交易活动时，则按销售交易时间登录；当交易涉及负债的发生或偿还时，双方都应在负债发生或偿还时登录交易。大多数情况下，由债权人支付给债务人，或由债务人偿还给债权人的货币或某些其他金融资产的交易，按照交易发生的时间登录。

原则上，金融交易的记录时间应当同时对交易进行记录，但在统计实践中，有时并不可能确定所有权的确切变更时间，因为证明发生所有权转移交易的文件可能在不同时间才能获得。产生时间上差异的原因可能是由于结算程序、支票邮寄时间以及不同国家（和地区）所处的不同时区等情况所导致记录时间上的“时滞”现象，在可转让存款和其他应收/应付款情况下，这种“时滞”往往涉及的是数目不小的金额。因此，需要对记录时间进行一致性调整，以便保证交易双方登录的交易日期相同。调整的方法是交易双方均应以所有权变更的日期作为记录时间，如果所有权变更准确日期不能确定，就应以交易全部完成的日期（债权人得到支付的日期）作为交易双方统一的记录时间。

二、其他记录时间核算规则

（一）其他记录时间核算规则的分类

总的来说，可以根据四种核算规则确定记录时间：权责发生制、到期支付制、承诺制和现金收付制。

权责发生制是指机构单位之间的交易必须是在债权债务发生、转换或取消时进行记录；一个机构单位内部的各种交易也同样要求在经济价值创造、转移或清偿时进行记录。

在权责发生制下，流量在经济价值被创造、转换、交换、转移或消失时记录。换言之，经济事件的结果在事件发生的时期被加以记录，而不管是否收到或支付了现金，或者不管是否应收到或支付现金。然而，经济事件发生的时间并不总是明确的。一般而言，事件发生的时间是资产的所有权发生变化的时间、提供货物或服务的时间，或认可其他无条件债权的时间。

如果一个经济事件是实物运动之后发生了现金流动（例如，通过信用购买货物和服务），那么，在权责发生制下确定事件的时间与现金流动的时间之间的那段时期通过记录应收或应付项目过渡。例如，当某个常住单位通过信用购买货物或资产时，在货物或资产的所有权发生变化时，该机构单位借记存货账户并贷记应付账款。当进行现金支付时，这个机构单位借记应付账款并贷记现金。

货币与金融统计体系应以权责发生制登录导致经济价值的创造、转换、交换、转移或消失的所有事件。同时，所有非货币交易也应按照权责发生制登录。

到期支付制是指即时或几乎即时现金支付的流量，在不致产生额外费用或罚款条件下的最晚可支付时间进行登录，或者，在进行现金支付时（如果这更早的话）登录。正如权责发生制一样，如果一笔付款在到期之后支付，那么其间的差距通过登录应收项目过渡。如果一笔付款在到期前支付，则不必登录应收项目。对于非货币流量可按到期支付制登录，也可不登录，这取决于一国核算制度的目标。

承诺制是指流量在机构单位承诺进行一笔交易时进行登录。通常，这一核算规则仅适用于资产、货物和服务的购买（包括雇员报酬）。承诺制的记录时间一般是在机构单位发出购货订单的时刻。若承诺制不适于作为某些流量的记录时间规则，这些流量的时间登录应根据上述其他三种记录时间准则中的一种进行登录。

现金收付制是指流量在现金收到或拨付时加以登录。虽然对于非货币流量的记录时间现金收付制同样适用，但是采用现金收付制的大多数会计制度并不对非货币流量进行登录，因为重点是现金管理，而不是资源流量。

（二） 不同记录时间核算规则的比较

国民经济核算的总原则是，各个机构单位的交易必须在债权和债务创造、转换、交换、转移或消失时加以登录，即遵循权责发生制。一个机构单位内部的各种交易也同样要在经济价值的创造、转移和清偿时加以登录。一般而言，除去自身不同的固有性质，所有的交易在1993年版SNA中都始终被认为是与经济价值相关联的。采用权责发生制的主要原因，是由于在权责发生制规则下的记录时间与资源实际流动的时间保持了一致，最佳地估计了各种宏观经济政策的宏观经济效应和影响。而在现金收付制规则下，记录时间可能与相关的经济活动、行为和交易的时间存在着偏离，有时这种偏离还可能是严重的。例如，在债券到期前不会登录对零息债券支付的利息，而债券可能在这项支出产生后许多年才到期。因此在到期支付制准则下，流量或交易的登录往往在资源流动发生之后进行。但是在大多数情况下，与现金收付制相比较，到期支付制记录时间规则缩短了现金收付制所允许的“时滞”，某些情形下这种“时滞”将是很长的。承诺制规则的记录时间在资源实际流动之前。

由于登录了全部资源流动（包括内部交易、实物交易和其他经济流量），权责发生制提供的信息应当是最全面的。此外，这种登录的全面性使得流量记录与资产负债表的变化保持了一致性。通常情形下，采用到期支付制、承诺制或现金收付制的记录时间准则局限于货币交易。因为在货币交易中，货物、服务或资产的支付与现金支付之间往往是即时同步或几乎即时同步的。

对于任何一个机构单位的经营而言，流动性管理是一个至关重要的管理目标。但是，并非一定要采用现金收付制才能满足机构单位流动性管理的需求，因为在权责发生制中依然可以提供有关现金流动的信息。编制单独的现金流量表就是在权责发生制下提供关于现金流动信息的通常表现形式。此外，在现金收付制下，由于缺乏有关拖欠的信息，对于一个机构单位的评估偿付能力和未来的现金流量可能存在着某些困难。

采用到期支付制、承诺制或现金收付制的账户通常不对非金融资产的支付和获得加以区分。在权责发生制下，单独登录非金融资产的获得，在经营活动中使用这些资产的支付与使用这些资产的时期相匹配，而不是与获得这些资产的时期相匹配。

尽管权责发生制有种种好处，但是它可能比其他核算制度更难以执行，并需要进行更多的估计。例如，一个机构单位可能难以知道它有权享有的税收收入的全部数额，因为这些数额可能取决于一些交易和其他事件，而该机构单位却不是这些交易和事件中的一方。

简言之，现金收付制即是在发生现金收付时，以此收付时间作为记录时间，到期应付制是指在不引起附加费用或罚款的最后支付时刻，承诺制规则的记录时间在资源实际流动之前，而权责发生制是指金融资产的所有权发生改变，即解除所有的权利、义务和风险后对交易进行登记，应当指出，如果没有登录的“时滞”因素影响，上述四种记录时间的核算规则所确定的记录时间在理论上是相同的，但由于事实上“时滞”现象的存在，使得四种记录时间的核算准则确定的记录时间有可能发生差异，故在货币与金融统计中规定，自始至终按权责发生制登录金融资产交易活动的时间。

三、利息及其记录时间

利息是存款、贷款、债务证券、其他应收账款等金融资产的所有者应收的一种财产收入。从实质上讲，利息是债权人对债务的债权。它是按照双方达成的金融契约的条件，债务人在不减少（增加）未偿还本金的给定的时间条件下，有义务支付给债权人的金额。

与其他金融债权不同的是：利息支付的时间和形式是多种多样的。一般来讲，利息需要金融交易发生之后的一段时间才到支付期，或者是等存（贷）款或其他金融工具（手段）到期时才支付。利息可以是一个预先确定的金额，也可以是按存（贷）本金的一个百分比所计算的金额。由于金融工具的多样化，因此利息也可能以各种不同的方式支付，甚至有时并不明显地称为利息。

利息的登录规则是按权责发生制登录。由于金融工具的多样性，其权责发生制登录的核算方法也随之产生一些特殊的处理方法。

1. 存款、贷款和债务证券的应计利息应当纳入金融资产或负债的余额之中，而不应当作为其他应收/应付账款的一部分进行处理。

2. 对于某些金融工具来说，在金融工具到期之前，债务人没有义务向债权人支付任何款项。直到金融工具到期时，才一次性地支付债权人原来提供的资金加上到期前累计的利息，解除债务人的偿债义务。金融工具到期前每一阶段应计的利息都应作为金融交易进行登记，这种交易代表债权人获得更多的金融资产，债务人发生等量的负债。

3. 有些金融工具以低于票面价值的贴现价值发行（如一些票据或类似的短期证券），这种票据或证券的记录数额应随时间的推移而逐渐上升，以便反映到期前的应计利息。记录数额的上升应当作为本金增加的交易，而不能作为构成持有收益的价格变化来处理。

4. 债券作为长期证券，其持有者无条件享有以下权利：（1）到期前领取固定的或根据合同决定的息票付款，和/或（2）证券到期时领取所有款项。这两种现金流量的记录时间的确定，对于大多数债券而言都可遵循权责发生制。

计算应计利息的方法目前有“债务人方式”和“债权人方式”两类。

债务人方式：用 L 表示证券的发行价格，代表购买人（债权人）为发行人（债务人）提供的资金数额并衡量债务人发生负债的原始价值。用 F 表示证券的面值，代表证券到期时付给债权人的款项总额。二者之间的差异（F－L）就是证券的贴现值，代表证券到期前的应计利息。

债权人方式：用 P 表示二级市场上证券的购买价格，代表的是二级市场上证券购买者（债权人）提供给债务人的资金数额，（F－P）就是作为应计利息分配的折扣部分。

计算非交易证券的应计利息时，债权债务双方都能相对容易地采用债务人方式进行计算。对于以贴现方式出售的证券来说，（F－L）表示证券到期前分阶段等量分配的应计利息总和。对于包括利息支付在内的证券来说，其应计利息等于该证券已在到期前分摊了的贴现值部分（F－L）与应提的证券未来利息支付之和。

交易证券的应计利息的计算相对更加复杂一些，目前尚无适当的国际准则。若采用“债务人方式”计算二级市场证券购买人的应计利息，可能比较困难，而采用“债权人方式”计算二级市场证券购买人的应计利息，则相对比较容易，这是因为“债权人方式”本身就是从二级市场证券购买人的角度来计算应计利息的。

证券的市场价格可能时刻都会发生变化。作为应计利息按比例分配的折扣部分（F－P）

也会在每一阶段发生变化。如果按“债权人方式”计算应计利息，那么债权债务双方都要得到每一阶段的市场报价才能计算折扣部分（F－P）并将其按比例分配到各自的应计利息之中。

由于二级市场证券购买人提供给债务人资金数量的信息通常比较匮乏，在计算应计利息时采用“债务人方式”较之“债权人方式”更为容易一些。但人们对于计算应计利息的“债务人方式”有着两种截然不同的意见。批评者认为：“债务人方式”使用的是历史成本概念，而不是反映目前机会成本的市场价格。支持者认为：应当把利息视为一种以证券发行协议条款为基础的历史概念，而不应视为证券的当前市场回报或收益。特别是，1993 年版 SNA 不允许因采用“债权人方式”而将市场价格变化所导致的价值改变纳入交易（计为应计利息）。

四、拖欠及其记录时间

我们所指的拖欠包括支付拖欠和拖欠利息两部分。

支付拖欠。若在支付到期日之前没有对强制性付款进行支付，则出现支付拖欠。由于到期日总是与权责发生制确定流量的记录时间相同，或者比权责发生制确定流量的记录时间要晚，支付拖欠的流量记录时间的确定遵从权责发生制核算规则。

在权责发生制下，若没有补充信息，相对于正常的支付拖欠而言，可能难以估计拖欠在应付账款总额中所占的份额。在到期支付制下，根据定义，到期支付制将明确反映通过信用进行购买带来的拖欠，但若没有补充信息，也并非能够明显地反映因未能按计划偿还债务（例如，贷款和债务证券）造成的拖欠。在承诺制下，拖欠信息的提供与权责发生制下相同。在现金收付制下，当机构单位不对通过信用进行的购买予以付款或不遵守偿还债务的条件时，对账户没有影响。因此，除非编制特别的数据，否则现金收付制没有关于拖欠的信息。

拖欠利息。如果利息已经以应计方式进行记录，拖欠利息（也被称为逾期利息）就已经包括在货币统计所描述的部门资产负债表中相应的资产或负债当中了。换言之，当一笔已经获得但却没有到账的利息（应计利息）转变为一笔拖欠利息（逾期利息）时，应计利息就转化为拖欠利息。

许多国家规定，如果利息支付出现一定时期（60 天或更长）的拖欠，那么这笔利息必须从贷款机构的贷款资产中剔除。在货币统计的部门资产负债表中，以备忘项目的形式列出有关贷款应计利息和拖欠利息的信息，以及常住者按部门划分的贷款拖欠利息和对非常住者贷款的拖欠利息。

第四节　汇总、合并和轧差

一、汇总

汇总是指将某一机构部门或分支部门中所有机构单位的流量、存量数据进行加总，或是将某一类别下的所有资产或负债数据进行加总。将某一机构部门或分支部门中所有机构单位的数据进行汇总，要能够保留这一部门或分支部门中所有机构单位之间的债权和债务数据。

就是说，汇总不会引起各机构单位间有关债权和债务数据的抵消。在这个过程中，不剔除同一类别或有关类别的支出或收入。

对于部门和分部门来说，有关金融资产和负债的数据通常被汇总列入主要的分类。如按债务人部门划分的贷款和按债权人部门划分的存款，在编制主要的金额资产和负债类别时，需要进行进一步的汇总，如将主要类别的货币资产综合起来，形成货币总量，或将对不同部门的主要债权相加，编制信贷总量数据等。

二、合并

合并是指冲销属于一个集团之内的机构单位之间发生的存量和流量。合并能够在经济总体、集团、机构部门和机构子部门层次上进行。不同层次的合并将适合于不同类型的分析目的。例如，经济总体层次上金融账户的合并是强调该经济总体与所有非常住机构部门的融资状况，因为所有常住单位的融资状况都是在合并基础上取得的净额；金融公司层次上的合并导致了金融中介和金融辅助中所有头寸和交易的冲抵，从而发生金融部门与国内其他常住者和非常住者的交易记录，使得有可能追踪净借出机构部门与净借入机构部门之间全部的资金流动情况，并识别其中的金融中介机构；金融公司子部门层次上的合并，将能够提供有关金融中介活动的详细信息，并还有可能弄清楚中央银行与其他金融中介机构的交易。

合并涉及冲销被合并的机构单位间发生的所有交易和债务人/债权人关系。换言之，若同组中一个机构单位的交易与另一个机构单位记录的同一交易匹配，则这两项交易冲销。例如，金融公司的一个子部门拥有另一个子部门发行的债券（其他存款公司拥有中央银行的债券），若将这两个单位的数据合并，则该债券的存量既不在合并后的负债方也不在资产方记录。

三、轧差

轧差或取净值是指在统计数据的记录过程中，某些基本项目的价值与账户另一方的项目相互抵消，或与账户另一方的项目具有相反符号的数据组合。例如，在收入类别中的轧差或取净值是指收入类别中剔除了对有关收入的退款；在支出类别中的轧差或取净值是指支出类别剔除了因错误或未经授权的交易而出现的同一支出的流入。

许多类别的流量和存量可以按总额表示，也可以按净额（轧差）表示。表示方法的选择，与汇总相似，也是取决于若干因素。其中主要应考虑的因素也是：（1）流量或存量的类别；（2）为了得到净额而可能减去的那些项目的性质；（3）表示方法的分析效用。

货币与金融统计中，流量和存量的表示方法的一条基本原则是，以总量形式收集和编制流量存量数据。也就是说，对一特定的交易人或一组交易人的债权不应当与其负债进行轧差或取净值。例如，一家存款性公司可能对某一客户有贷款余额，而该客户又是该公司的存款人，这家金融公司的资产（贷款债权）不应与其负债（借款人存款）进行轧差或取净值。

关于金融资产和负债交易的轧差或取净值，有一个轧差或取净值的程度问题。这意味着，取决于分析的需要来决定轧差（取净值）与否以及轧差（取净值）的幅度。轧差或取净值的程度可被分为以下五种类型：

（1）不进行轧差（取净值）或完全按总量登录，即分别记录资产的购买与出售、负债的发生与偿还。

（2）在某一特定资产内轧差或取净值。例如，从获得的债券中扣除出售的债券；从以债券形式新发生的负债中减去偿还的债券等。

（3）在某类资产中进行轧差或取净值。例如，从购买除股票外证券的总额中减去这类资产的全部销售额。

（4）在同一类别的资产中，将负债交易与资产交易进行轧差或取净值。

（5）在同一组中，一组负债交易与一组资产交易进行轧差或取净值。

货币与金融统计记录的交易是资产的净获得以及负债的净发生。考虑到账户是依据金融资产主要类别进行分类，应当按第（3）种轧差或取净值程度记录和编制数据。显然，当按总量能够收集数据时，任何轧差或取净值程度的数据也都能获取；当按不同程度的轧差或取净值法收集数据时，则有可能不能将其重新变为总量数据。因此，适合的轧差或取净值程度依赖于分析的目的。例如，对于证券交易的分析可以按第（2）种轧差或取净值程度进行编制和表述数据。

四、取单方值

对金融工具的统计遵循权责发生制原则，也就是某一笔交易发生时，必须同时记入有关交易单位双方各自的账户中。也就是说，机构单位之间的交易必须在债权和债务发生、转换或取消时，同时记录在各自的账户上，遵循权责发生制原则。该原则虽然简单清楚，但在实际中由于各种原因，如清算方面的时滞、账务处理方面的时滞以及通信速度等方面的原因，各机构即使在核算中贯彻权责发生制原则，也难免发生在不同时点上记录同一交易的现象，这也是统计体系中存在误差的一个重要原因。

因此在编制金融业资产负债表时，对某些数据要采用取单方值的数据来对部分机构的数据进行调整，从而使统计数据更为一致。一般是用直接报送值来替代汇总值，债权值替代债务值。如保险公司报送的在银行类金融机构的存款和银行报送的保险公司在银行的存款，这两个数据分别是从债权人和债务人角度收集来的同一类交易的两个数据，在编制金融业资产负债表时，应完全合并。但这两个数据往往差异较大，主要在于部分银行分类不清，将保险公司存放在银行的定期存款纳入普通企业存款所导致，所以在编制此类报表时，要进行相应的调整，首先将银行业资产负债表的对保险业负债调整为保险业对银行业的债权，再将差额从银行业对企业的负债中扣除即可。

本章小结

1. 金融资产和负债的数量反映为金融存量和金融流量。金融存量包括期初存量和期末存量。金融流量包括交易、定值和资产数量的其他变化三个方面的内容。存量与流量之间存在着转换的关系。

2. 金融资产和负债定值的基本规则是，以市场价格或市场价格的等量价值（公允价值）为基础。

3. 公允价值是指无关联的交易双方在市场交易中所得价值的近似值。它的计算包括运用类比法和现值法两种方法。

4. 贷款、债务重组、股权及投资基金份额、黄金、保值利息和本金等适用其他定值规则定值。

5. 金融资产记录时间，是指金融资产的所有权发生改变，即解除所有权利、义务和风险后对交易登录的时间，核算的规则是，交易双方同时对交易进行登录。

6. 其他记录时间核算规则包括权责发生制、到期支付制、承诺制和现金收付制。

7. 汇总是指将某一机构部门或分支部门中所有机构单位的流量、存量数据进行加总，或是将某一类别下的所有资产或负债数据进行加总。

8. 合并是指冲销属于一个集团之内的机构单位之间发生的存量和流量。

9. 轧差是指在统计数据的记录过程中，某些基本项目的价值与账户另一方的项目相互抵消，或与账户另一方的项目具有相反符号的数据组合。

本章重要概念

期初存量　金融交易　重新定值　金融资产数量的其他变化　期末存量　当期市场价格　公允价值　账面价值　债务再融资　债务承担　债务互换　权责发生制　到期支付制　承诺制　现金收付制　汇总　合并　轧差　取单方值

复习思考题

1. 简述金融存量和金融流量的表述形式。
2. 简述资产数量的其他变化反映的内容。
3. 金融流量存量定值的基本规则是什么？
4. 如何对一般和特定类型的金融工具进行定值？
5. 金融资产和负债的存量流量记录时间的基本规则是什么？
6. 权责发生制、到期支付制、承诺制、现金收付制各自的特点是什么？
7. 如何对金融存量流量进行汇总、合并和轧差？

本章参考文献

1. 国际货币基金组织：《货币与金融统计手册和编制指南》，2016。
2. 国际货币基金组织：《2014 年政府财政统计手册》，2014。
3. 联合国等：《国民账户体系（2008）》，中文版，北京，中国统计出版社，2012。

第五章
货币、信贷和债务

第二章至第四章主要讨论了货币与金融统计的基本准则。这一章讨论广义货币、基础货币、货币乘数、流动性总量及信贷和债务问题，为货币统计和金融统计打下理论基础。

第一节　广义货币的概念

货币统计的核心是确定货币总量。要统计货币总量必须研究货币总量的组成部分，也就是明确广义货币的概念。关于广义货币的概念我们在第一章已经做了介绍，在第十一章中国货币统计中我们还将对这一问题做详细讨论。这一节我们重点介绍 IMF 对广义货币定义框架的描述。

广义货币一般从三个方面来定义：（1）属于广义货币的金融资产；（2）货币的持有部门；（3）货币的发行部门。第一方面是说明哪些金融资产可以纳入广义货币；第二方面说明哪些部门持有的金融资产可以纳入广义货币；第三个方面说明哪些部门发行被持有者持有的金融资产可以纳入广义货币。这样看来，广义货币的定义是特定部门发行的、由特定部门持有的具有充分的货币性的金融工具的总和。它作为交易媒介在一个经济体中被广泛接受，同时也可以在较短时间内迅速转换成等于或接近其名义价值的其他交易媒介。

一、纳入广义货币的金融资产

哪些金融资产纳入广义货币，哪些金融资产不纳入广义货币，这是确定广义货币组成部分的核心。要解决这个划分标准问题，首先就要解决货币的标准问题，这里我们主要讨论货币的基本职能；其次要解决纳入广义货币的金融资产范围；最后要对主要金融资产的货币性进行讨论。

（一） 货币的基本职能

IMF《货币与金融统计手册和编制指南（2016）》对货币职能的表述为：交易媒介、价值储藏、记账单位、延期支付的标准。

交易媒介指货币是在获得非金融资产（货物、商品、设备等）、服务和金融资产的时候无须以货易货而确保交易正常进行的工具。货币解决了以货易货中必须保证需求和时间巧合的前提，使售买行为分离，大大提高了交易的效率，降低了交易的成本。

价值储藏是指货币作为一般购买力，因此除了作为交易媒介外，也成了价值储藏的方式，即经济学家所说的“购买力的暂栖所”。货币币值越稳定，货币就越成为长期储蓄的工具，发挥价值储藏的功能就越充分。持有货币可以购买任何商品劳务和金融资产，持有货币也就成了持有财富的方式。

记账单位即价值标准或交易的单位，是指在交换过程中货币表示商品、劳务和金融资产的价格，也就是表示金融资产和非金融资产的价值标准，这为价值对比和编制财务表提供了途径。

延期支付的标准是指货币在长期合同交易中作为计价支付的单位，这样货币就把信用交易中的目前价值与未来价值联系起来。

在货币的四个基本职能中，前两个职能是主要的，也是定义广义货币时重点考虑的职能，后两个是次要的。

（二）广义货币组成部分的主要特征

前面我们已经介绍了货币的四个基本职能，但在现实经济中发挥货币职能或不同程度上发挥货币职能的金融资产种类较多。发挥多大程度货币职能的金融资产可纳入广义货币的范围，就成了一个有争论的问题。这一问题的实质是讨论金融资产的货币性问题。在讨论这一问题中，经济学家们首先从实际经济生活中金融资产货币作用的充分性标准来描述，即讨论构成广义货币金融资产的主要特征。

在经济生活中，人们持有货币主要有三个动机：为了应付日常交易需要而持有货币的交易动机；为了应付意外开支所持有货币的预防动机；为了在货币与盈利性金融资产之间选择而保留货币的投机动机。在第二种动机和第三种动机中货币发挥着价值储藏职能。换句话说，人们持有不同形式的金融资产用作货币，无非是用来作为交易媒介或价值储藏手段，或者二者兼而有之。人们持有金融资产用于作为交易媒介应在很短的时间内等于或接近面值的价值出售换得货币以购买其他商品、服务或金融资产，这就是金融资产的流动性。

人们持有金融资产作为价值储藏手段应在持有期内保持其价值或增加其实际价值。实际经济生活中金融资产的流动性和价值储藏作用各不相同。某种金融资产是否纳入广义货币，其法偿货币或普遍接受性、可转让性、可分性、期限性、交易成本、盈利性就成为最基本的决定因素。

1. 法偿货币（法币）或普遍接受性，是指该金融资产是一国的法定货币，在国内交易中必须接受，正因如此，它在国内交易中获得广泛的接受。

2. 可转让性，是指该金融资产能够直接用于第三方支付。

3. 可分性，是指该金融资产可以细分为各种面值，用于支付极为细小的交易。考虑可分性时，既要从广义货币范围的角度，也要从货币层次地位的角度来考虑区分金融工具的面值大小。大面额的金融工具可能会被排除在广义货币之外。其临界值会因为国情不同而不同，主要取决于具体实践。

4. 期限性，是指该金融资产规定的到期支付转让的时间。金融资产的期限越短，货币性越强。在讨论某种金融工具是否纳入广义货币组成部分时，期限是一个重要的决定因素。在某些情况下，货币总量的结构是从期限较短的部分开始，再逐渐上升到将长期存款或债务证券包括在内的。

5. 交易成本，是指该金融资产转换为现钞不以费用或其他收费方式产生显性成本。

6. 盈利性，是指该金融资产是生息资产，或虽不生息，只能赢得很低的利息，但持有它可以弥补因持有其他资产可能产生的利息损失。

（三） 各种金融资产的货币性

金融资产的货币性就是指金融资产具有多大程度上的货币性，是否应包括在广义货币范围之内。这里主要讨论现金、可转让性存款、其他存款、债务性证券、贷款、股权和投资基金份额、保险、养老金和标准化担保计划、金融衍生工具、其他应收/应付款等金融资产的货币性。

1. 现金。现金是最具有流动性的金融资产，包括能直接用作交换工具的纸币和铸币，所有国家都将其纳入广义货币总量。现钞的货币特征为：在国内是法定货币，具有普遍接受性；可直接用于第三方支付，具有完全的可转让性；用现金支付没有任何交易费用，交易成本为零；现金可以支付细小的交易金额，具有充分的可分性；现金可随时用于支付，无任何期限限制；虽然现钞不具有盈利性，需付出一定的机会成本，但由于其具有无可替代的流动性，持有它能带来更高的便利性，由此弥补可能的机会成本。一国的法定现钞构成了一国广义货币最基础、最活跃、最典型的部分。

具有钱币属性和内在价值的纪念币、黄金和贵金属纪念币排除在广义货币外，因为它们被归类为非金融资产。若发行的纪念币达到或者接近面值，仅与流通中的硬币有细微区别，可以被流通中的硬币所替代，并且发行机关有责任赎回它们。这类硬币包含在存款性公司货币以外的广义货币中。

外国发行的现金如果在一国广泛用作交易媒介，那么该国居民单位持有的部分（而不是存款性公司持有部分）在原则上应纳入广义货币的现金部分。居民单位中存款性公司持有的外国现金为什么不纳入广义货币，我们在讨论货币持有部门时再作说明。

2. 可转让存款。可转让存款包括：（1）能够在无任何惩罚或限制的情况下以面值立即交换成纸币和现金的存款；（2）能够以支票、汇票、转账指令、直接借记/贷记或其他直接支付工具直接进行第三方支付的存款。

可转让存款因收款方对其作为交换工具，其货币特征是：可转让存款因收款方对其作为交换工具有信心，并不怀疑不能付款，而为人们普遍接受；可转让存款能够直接用于第三方支付；使用可转让存款通常没有费用或只有相对少的费用；可转让存款也是最能分割的金融资产，其面值可以用来支付极为细小的交易；可转让存款因能够直接用于第三方支付而使其期限为零；可转让存款只能赢得很低的利息，但同样因为它作为直接交换的工具所起的作用弥补了持有人持有其他金融资产可能造成利息的损失。可转让存款的货币特征仅次于现钞，也是世界各国都将其纳入广义货币的金融资产。

有的储蓄存款账户具有自动转账服务的功能，这种功能使存款金额自动转到持有人的可转让存款账户。如果可转让账户出现透支，储蓄存款账户的存款就会自动转账过去。自动转账的功能使储蓄存款账户间接地变得可转让。储蓄存款自动转账账户通常归入可转让存款。

可以直接用作交换工具的外币存款也属于可转让存款。

金融性公司或非金融性公司发行的旅行支票具有可转让存款的特征。如果旅行支票主要用于国内交易则可归入可转让存款。若旅行支票在国外使用，则主要媒介国外的交易，不应纳入国内广义货币范围。非金融性公司发行的用于国内使用的旅行支票，其性质与金融性公司发行的性质一样，归入可转让存款。

存款性公司发行的现钞支票和类似的负债通常划为转让存款。如果这些交换工具在市场上广义被接受，则也可将其归入现钞。如第三章所述，存款性公司发行的可用于直接向第三方支付的电子货币可归入广义货币中的可转让存款。在有些国家，货币市场基金股份可以用支票，或其他用于第三方支付的工具进行转移，而在另外一些国家对这种转移加以限制，如对一段时间内最多开具支票数量或每张支票的最低金额限制。但无论限制如何通常也将货币市场基金股份划入可转让存款。

3. 其他存款。其他存款包括所有不可转让存款，主要有定期存款、储蓄存款、不可转让存单、不能直接用于第三方支付的活期存款、储蓄贷款协会或住房信贷协会等机构吸收的具有特定用途的存款以及其他种类的存款。其他存款的货币性次于现钞和可转让存款，但除特别限制外，它们通常也纳入广义货币范围。

储蓄存款和期限很短的定期存款转换成现金或可转让存款一般没有或很少会拖延或支付罚款，它们具有相对较高的货币性。外币存款的价值随汇率的变动而改变，且一般需要转换成本币之后才具有相应的支付能力，因此其流动性较低。但因为其具有较强的价值贮藏作用，且转换为本币的成本较低，所以一般国家也将外币存款纳入广义货币范围。

如果回购协议流通转让，并已纳入广义货币之类，则它们应视为其他存款。其他回购协议应划分贷款项下。

有些存款因政策原因或商业原因受到了明确的限制。如果这种限制是短暂的（如一些存款账户的提款仅限于一年以内），那么这类存款可能具有充足的货币性，应纳入广义货币的范围；但如果对提款限制时间较长，那么这类存款就不应纳入广义货币范围。

如果一家存款性公司由于缺乏资金或业务被暂停，长期无法满足存款人的提款要求，对存款形成了一种特殊形式的限制（如清算性存款）。在这种情况下，存款人不仅无法了解需要等多长时间才能提取到他们的存款，而且不知道他们最终能否全额或部分收回他们的存款余额，这时这部分存款的流动性已大大降低，甚至丧失了流动性。但理论上讲只要存款性公司存在，它对存款人的负债就将存在，这部分存款应划为限制性存款并从广义货币范围内剔除。

4. 债务性证券。债务性证券包括债券、企业票据和大额存单。视它们的期限、流动性，有的被纳入广义货币范围之内，有的未划入广义货币范围之内。由存款性公司发行的期限较短的债务性证券，如果在期满之前进行交易，能够以合理价格和时滞转换为现金或可转让存款，它们通常归入广义货币总量。

存款性公司发行的可转让存单和企业票据通常能在二级市场上交易，这使得它们在一些国家被纳入货币总量。存款性公司发行的银行承兑票据如能在有效的二级市场上进行广泛的交易，它们被归入广义货币，但银行承兑汇票如仅能在特定市场进行交易或对其流动性有其他限制，则被排除在广义货币之外。

中期证券（如期限为两年或更短的证券）如存在一个高效的流通市场，则可以被归入广义货币。而长期证券则通常都被排除在广义货币之外，主要因为即使它们能够在二级市场进行交易，但其成交价格具有不确定性（价值随利率变化而发生波动），流动性较短期证券要低得多。

5. 贷款。贷款通常在借贷双方之间订立金融合约，合约基本采用一对一形式，贷款人和借款人商定具体的金额、利率、期限与用途，到期偿还本金和利息。这使得大部分贷款不具有流动性，因此它们通常不包括在广义货币之内。不涉及有效改变所有权的证券回购协议一般划为抵押贷款，因而也不包括在广义货币之内。但如果回购协议属于国家定义的广义货币，它们应划为存款。

6. 股权和投资基金份额。股权和投资基金份额可作为价值储藏手段，并且可以在证券交易所或场外交易中转换成现金或可转让存款，但是，转换会拖延时间并增加交易成本，并且交易价格会随着市场行情的变化而变化，流动性有限，这部分金融资产一般也被排除在广义货币之外。

7. 保险、养老金和标准化担保计划。保险、养老金和标准化担保计划因非常不具有流动性，一般不包括在货币总量之内。

8. 金融衍生工具。有的金融衍生工具也能够用来交易，但因其价格的大幅度波动，使得大多数金融衍生工具被排除在广义货币之外。

9. 其他应收/应付账款。其他应收/应付账款本身缺乏归入广义货币所必需的流动性，因此被排除在广义货币之外。

二、货币持有部门

从货币持有部门讨论广义货币构成是要解决哪些部门持有的金融资产可纳入广义货币总量。这主要是分析各部门持有的货币对宏观经济的影响。有的部门持有的货币，易受货币政策的调节和影响，进而对宏观经济产生较大影响，这些部门持有的货币就纳入广义货币的范围，而有些部门持有的货币对宏观经济产生的影响较小甚至没有相关关系，这些部门持有的货币就不纳入广义货币范围之内。

虽然各国货币持有部门之间存在一些差异，但几乎所有国家的主要货币持有部门都一样。这就是货币持有部门包括除存款性公司和中央政府之外的所有居民部门。也就是说，货币持有部门一般包括：（1）所有非金融性公司；（2）中央政府以外的其他政府单位；（3）住户和为住户提供服务的非营利性机构；（4）金融性公司部门中除存款性公司（即中央银行和其他存款性公司）之外的所有机构单位，这些部门持有的货币性金融资产易受货币政策的影响，并且这种影响将会进一步对宏观经济产生影响。广义货币包括了这些持有部门，因此广义货币代表了消费能力或货币持有者潜在的购买力。

被排除在货币持有部门的机构单位有：（1）中央政府。中央政府持有的存款等不包括在广义货币之内，这是因为至少对有些国家来说，中央政府的存款并不像货币持有部门那样易受货币政策的影响，而是由中央政府的融资约束、支出决定以及现金管理技术所决定的。也就是说，中央政府的存款受其发行债券、透支、税收等筹集资金以及这些资金的运用的共同影响，其对经济增长的影响是由相应的财政政策所决定。广义货币中不包括中央政府存款，也可以从制定货币政策和财政政策的分析方法进行理解。这些政策制定过程中一个主要内容就是关注存款性公司提供的中央政府融资，由它们对中央政府的净债权值表示，即中央政府的债权总额减去中央政府的存款和其他负债。（2）存款性公司。存款性公司即中央银行和其他存款性公司持有的货币不包括在广义货币之内，是因为存款性公司是货币发行部门，它可以不受任何约束地发行并持有这些货币，但这些货币在存款性公司手里并不对经济起任何实际作用，只有这些货币在货币持有部门手里，才真正起到货币作用。（3）非居民。非居民持有的本国的金融资产通常排除在广义货币之外。这是因为非居民持有的金融资产服务于国外贸易，而不服务于国内贸易。虽然非居民持有的本币也包括在其持有的金融资产之内，原则上应排除在广义货币之外，但由于非居民持有的本国现钞的数量一般较少，且难以准确统计，因此一般并不进行剔除。但如果大量本币在国外流通，甚至被其他国家作为法定货币使用，那么就需要对非居民持有的本币进行调查判断，并将其排除在广义货币之外。

从原则上讲，非居民持有的存款不包括在广义货币之内，但在国外的劳务人员在本国存款性公司持有的存款可以自由地被指定家庭成员或其他指定方用来在本国进行交易。在这种情况下，这些存款也应纳入广义货币。同样，跨国工人——在国内工作的邻国居民，可能在他们工作的国家拥有存款。如果这种存款在他们工作的国家，而不是在他们居住的国家使用，就应将其归入工作地所在国家的货币量，而不是作为对非居民的负债。

三、货币发行部门

讨论货币发行部门是要解决哪些部门发行的金融资产构成广义货币，哪些部门发行的金融资产不构成广义货币。有时当货币发行部门与国家已定义的货币发生矛盾时，以国家定义货币为准。比如国家定义企业发行的短期票据因其流动性强纳入了广义货币之内，那么在该国发行短期票据的企业事实上已成了货币发行部门。

多数国家将存款性公司划为货币发行部门。有的国家存款性公司是唯一的货币发行部门。这就是说，该国的中央银行发行的通货、吸收的存款和其他存款性公司吸收的存款构成了该国的广义货币。

在有些国家，中央银行可能是通货的唯一发行机关，在有些国家可能不是。例如，在其他一些国家，由财政部发行铸币，有的国家财政部也发行纸币。在这种情况下，事实上财政部发行的铸币或纸币已经构成了该国的广义货币，它们已经成为货币发行部门。

其他存款性公司吸收的存款可看作是其发行的存款凭证，这样其他存款性公司也是货币发行部门。有些国家的公共非金融性公司，如邮政储蓄机构接受的其他负债也归入国家定义的广义货币总量中。这些机构也已成为广义货币的发行部门。

如前所述，一国流通中的外币已经纳入该国的广义货币之内，原则上，将发行外币的国家也看成非居民货币发行者。

综上所述，货币发行部门或发行者可能包括：（1）存款性公司；（2）中央政府；（3）非金融性公司；（4）非居民。被排除在货币发行部门之外的可能有：（1）家庭；（2）不发行票据和债券的非金融性公司；（3）地方政府；（4）该国未把外币纳入广义货币的非居民。各国广义货币构成发行者和持有者见专栏5－1。

专栏 5－1

广义货币及其持有者和发行者：代表性部门和负债①

广义货币持有者
　中央政府（通常仅指其持有的本币）
　其他金融性公司
　州及地方政府
　公共非金融性公司
　其他非金融性公司
　其他居民部门
非居民（所包括内容通常仅指其持有的本币）

广义货币负债
　由存款性公司发行
　　本币现钞
　　可转让存款②
　　　活期存款（可以通过支票、转账指令或其他工具进行转让）
　　　银行本票（如果作为交换工具使用）
　　　旅行支票（如果用于居民交易）
　　　通常用于支付的存款③
　　其他存款④
　　　不可转让储蓄存款
　　　期限存款（如定期或固定存款）
　　　其他⑤
　　债务性证券
　　　大额存单
　　　商业票据
　　　其他
　　其他⑥
　由其他部门发行
　　中央政府发行的本币现钞
　　外币现钞（适用外币作为交换工具流通的国家）
　　可转让存款
　　　中央政府或邮政系统接受的可转让存款
　　　非存款性公司单位发行的旅行支票
　　　其他⑦
　　中央政府或邮政系统接受的其他存款
　　其他

①大部分国家的广义货币都包括“由存款性公司发行”项下的本币现钞、可转让存款和其他存款。债务性证券和存款性公司发行的“其他负债”（或具体分类）属于少数国家的广义货币范畴，“由其他部门发行”项下的现钞、存款和“其他”类只有更少的国家将其纳入广义货币。

续表

②可能包括外币存款。 ③可能包括某些或全部外币可转让存款。 ④包括储蓄贷款协会、建筑协会和信用社等机构发行的股票或类似的可转让存款凭证；提供自动转账服务的储蓄账户，这种系统可以把储蓄账户余额转移到可能出现透支的可转让存款账户；通过卡或其他可转让工具发行的电子货币；以及别处未列出的其他种类存款。 ⑤包括储蓄贷款协会、建筑协会以及信用社等机构发行的股票或类似的非转让存款凭证；属于广义货币的回购协议；可以立即兑现但不可转让的活期存款；以及其他种类的存款。 ⑥包括任何贷款、金融衍生工具、股票或其他属于广义货币的股权。 ⑦包括非存款性公司发行的电子货币。

第二节 货币与流动性总量

前面从定性方面讨论广义货币的定义，接下来我们要从定量方面研究广义货币的总量。主要研究广义货币的构成、形成以及更大范围的流动性总量。

一、广义货币的构成

各种金融工具的流动性不同，即货币性不同，把它们计入广义货币总量，就需要划分为不同的层次。一般来说，划分的层次是从高向低采取叠加的办法。如广义货币划分为三个层次：

M_0 = 流通中货币（现钞 + 硬币）

M_1 = M_0 + 可转让存款（活期存款）

M_2 = M_1 + 其他存款（定期存款）

实际上几乎所有国家中的 M_1 都指的是狭义货币总量，包括诸如国内货币中的现钞和可转让存款等所有交换工具，但 M_2、M_3 等的概念和覆盖范围在不同经济体中不尽相同。在一国经济中，M 的广泛意义指的是广义货币。专栏 5－2 介绍了部分国家广义货币的相关例子，并借用广义货币的三个维度：金融工具（包括到期期限和国内/国外货币）、货币发行者和货币持有者，引出了不同国家确定广义货币的共同特征。

专栏 5－2

广义货币的基本构成和国家汇总（截至 2015 年 9 月）

经济体	货币发行者	货币持有者	金融工具
IMF	中央银行、其他存款性公司、（接收存款的公司和货币市场基金）	其他金融公司、州政府和地方政府、公共非金融公司、其他非金融公司、家庭、为住户提供服务的非营利性组织	存款性公司之外的流通本币； 货币持有者以本外币的形式持有存款性公司的可转换存款和其他存款； 货币持有者持有的货币市场基金份额； 货币持有者持有的由其他存款性公司发行的短期债券

续表

经济体	货币发行者	货币持有者	金融工具
美国 - M_2	所有存款机构：美国联邦储备系统、商业银行、储蓄机构、信用社、货币市场基金	除货币发行者和联邦政府之外的所有其他美国居民。非居民持有（包括现钞）的被排除在外	美国财政部、美联储银行、储蓄公司等非银行发行旅行支票；活期存款储蓄存款和定期存款（在100 000美元以下/较少个人退休账户）；基奥退休计划在储蓄公司的余额；货币市场基金零售股/较少个人退休账户；基奥退休计划在货币市场基金的余额。回购及债务证券被排除在外
英国 - M_4；M_{4ex}	银行机构	英国非货币发行者的私营部门居民。从2009年7月开始，广义货币排除了专门从事银行间业务的其他金融性公司中介（M_{4ex}），例如中央清算所、特殊目的载体资产证券化和所有担保债券主体	仅本国货币——在英国和英国银行之外的流通中的纸币和硬币；英国持有的非银行私营部门英镑存款（含回购）；银行机构；持有的存单和其他持有的含五年原始期限的由银行发行的债务证券。非居民持有的排除在外
日本 - M_3	日本银行和下列存款机构：国内挂牌银行、日本邮政银行、在日本的外国银行、信金银行、信金中央银行、日本中央农林金库、工商组合中央金库、Shinkumi银行、Shinkumi联邦银行、劳动银行、Rokinren银行、农业合作社、全州农业合作社的信贷联合会、渔业合作社、全州渔业合作社的信贷联合会	非金融性公司、个人、地方政府（包含市属企业）。诸如中央政府、中央银行、存款类金融机构、保险公司、银行和保险公司的控股公司、政府下属的金融机构、证券公司和tanshi公司（短期同业拆借经销商）这些实体都不包括在货币持有者内，另外，非居民也被排除在货币持有者外	货币持有者持有的纸币和硬币；货币持有者在储蓄机构的活期存款；货币持有者在储蓄机构的定期存款、储蓄存款和外币存款；货币持有者持有的存款性机构存款
欧盟 - $M_3$①	货币金融机构（欧元体系和位于欧元区的其他存款性公司）和中央银行（邮政系统的储蓄账户和财政部在一些欧元区国家的存款便利）	欧元区内除中央银行外的所有非货币金融机构居民、州和地方政府和社保基金被列入	本外币。流通中的货币和隔夜存款；两年期的到期存款；三个月通知存款；回购协议（清算所的回购协议被排除）；货币市场基金股票和商业票据；两年期债务证券
韩国 - M_2	韩国银行、商业银行（包括在韩国的外国银行分行）、专业银行、韩国进出口银行、互惠储蓄银行、信托公司、信贷协会、信用社、邮政储蓄单位	家庭和为住户提供服务的非营利性机构、非金融性公司、其他金融性公司、和其他	本外币。流通货币（不包括纪念邮票）、活期存款、可转让储蓄存款、少于两年期的定期存款、少于两年期的零存整取、货币市场基金股票、受益凭证、存款证、少于两年期的信托款项、少于两年期的金融债券和其他少于两年期的存款

续表

经济体	货币发行者	货币持有者	金融工具
巴西 – M_4	存款公司和中央政府[②]。存款公司包括中央银行和其他存款性公司。其他存款性公司包括：商业银行、联合银行、联邦储蓄银行、信用社、投资和开发银行、信贷金融与投资公司、储蓄和贷款机构、抵押贷款公司、房地产信贷公司和货币市场类理财投资基金。外汇银行和金融清算机构排除在外	纳入广义货币的不发行金融工具的金融机构、州和地方政府、公共非金融公司和非金融私有部门（企业和家庭）	公众持有的货币和活期存款（M_1）； M_1 加其他存款性公司发行的定期存款、储蓄存款和证券（M_2）； M_2 加货币市场基金股票和货币持有者用于回购交易协议的证券净头寸（M_3）； M_3 加货币持有者持有的由中央政府发行的债务证券（M_4）
印度 – M_3	印度储蓄银行和商业合作银行	私人部门、准政府、指定金融机构、一级交易商、国外央行和政府、国际机构	银行系统之外的货币（商业合作银行持有的少量流通中的纸币和硬币）；银行系统活期存款，其主要包括活期存款和转让债务储蓄存款的一部分；印度储蓄银行的其他存款，其中包括准存款政府、指定的国内金融机构、一级经销商、国外央行和政府以及国际机构。银行系统定期存款，包括定期存款和定期债务储蓄存款的一部分
墨西哥 – M_4，M_{4A}，M_4 本币，M_4 外币	墨西哥银行和其他存款性公司：商业银行、发展银行、信用社、储蓄和贷款机构、投资基金、金融租赁公司和专业贷款机构	私人部门、养老金、非居民。公共部门包括 M_{4A}	本外币 M_4：存款性公司之外纸币和硬币；可以通过借记卡取消的活期账户和支票存款；私营部门在本外币下的活期存款与定期存款；居民持有的公共部门的债务证券；养老基金持有的其他工具；非居民活期与定期存款；非居民持有的公共部门债务证券；居民和非居民在国外其他存款性公司分支机构的存款 M_{4A}：M_4 加公共部门的存款和金融工具 M_4 本币：所有以本币计价的金融工具 M_4 外币：所有以外币计价的金融工具
俄罗斯联邦 – M_2	俄罗斯中央银行和其他存款性公司：商业银行和国有开发银行	其他金融公司、公共非金融公司、私人非金融公司和家庭	本外币 流通货币、以本外币计价的活期存款、定期存款和储蓄存款，包括俄罗斯中央银行和其他存款性公司的存款应计利息
沙特阿拉伯 – M_3	沙特阿拉伯货币权威部门和中央银行	企业、个人和政府机构	本外币 银行外的货币（各商业银行持有的少量由沙特阿拉伯货币权威部门发行的货币和纸币）；商业银行持有的以本币计价的活期存款；外币存款；信用证保证金存款；优秀汇款；银行与私营部门间的回购协议

续表

经济体	货币发行者	货币持有者	金融工具
南非－M_3	南非储蓄银行和其他存款性公司	家庭、地方政府、公共和私人非金融性公司及其他金融公司	存款性公司之外的流通的纸币和硬币。支票存款、可转让存款、其他活期存款以及其他短期、中期和长期存款；本票和可转让存单；邮政银行发行的储蓄凭证
①不属于欧元区成员的欧盟成员国也遵守欧洲央行的概念和定义。 ②中央银行作为货币发行者仅在 M_4 的概念中成立。			

二、基础货币和货币乘数

前面我们已经解释了广义货币的概念，解决了货币的构成问题。接下来我们要研究广义货币的形成即广义货币的创造问题。

（一） 广义货币与基础货币和货币乘数

前面我们已经指出，广义货币主要由通货和存款构成。通货和存款的创造也就是广义货币的创造。下面我们分别对广义货币的两个组成部分进行讨论。

1. 通货的创造。通货即流通中的现金，包括纸币和铸币。通货一般由中央银行发行，也就是说，中央银行创造通货。中央银行发行的货币具有无限法偿权，是一国的法定货币，在交易中被普遍接受。

前面我们已经指出，中央银行和其他存款性公司持有的货币不纳入广义货币之内，也就是说，中央银行和其他存款性公司持有的现金也不属于通货的范围。但通货却是通过这两个机构单位的业务往来被创造出来的。从通货发行的过程看，它是通过其他存款性公司从中央银行提取并支付给客户投放到市场中去的。从我国的实际情况看，通货是由中央银行的发行库支付给商业银行的业务库，再由商业银行通过贷款或对客户进行支付而投放市场进入流通领域的。我们研究通货的创造重点应是通货创造的制度和机制。

从通货创造的制度和机制方面来看，通货首先是建立在中央银行制度的基础上，并通过中央银行与其他存款性公司的存贷关系而被创造出来的。在现代中央银行制度下，其他存款性公司一般都在中央银行开立存款账户，用于核算其他存款性公司上缴的存款准备金、存取的现金以及其他存款性公司间的资金清算。在实际操作中，提取和回缴现金是与存款的核算一起进行的。也就是说，其他存款性公司从中央银行提取现金，反映为其存款减少；反之反映为其存款增加，这也就是说，其他存款性公司要从中央银行提取现金，一定在中央银行账户有存款，否则，它不可能提取现金，通货创造也就无从谈起。当然，其他存款性公司在中央银行账户没有存款也可以通过透支或向中央银行贷款等途径获得现金。其他存款性公司在中央银行的存款起到如此重要的作用，以致下面讨论中我们把它称之为高能货币或基础货币。这是通货从中央银行转移到其他存款性公司的过程。

通货从中央银行转移到其他存款性公司后，还构不成广义货币的通货，还需要支付给客户投放到市场才真正是货币创造出来。这中间需在银行和客户间建立信贷业务途径。与其他存款性公司在中央银行建立存款账户一样，客户在其他存款性公司也需要建立存款户。当客户需要现金时，从其他存款性公司提取时，反映其账户存款的减少。客户从其他存款性公司提取现金，才真正使货币创造出来。

综上所述，通货是建立在现代金融制度基础上，通过中央银行与其他存款性公司及其他存款性公司与客户间的信贷关系而被创造出来的。

2. 存款的创造。为了说明存款的创造过程，我们把其他存款性公司的存款分为原始存款与派生存款两部分。所谓原始存款是指其他存款性公司接受客户的现金所形成的存款。这部分存款不会引起货币量的变化，仅仅是流通性的现金变成了银行的存款，存款的增加正好抵消了流通中现金的减少。从理论上分析，原始存款是其他存款性公司从未使用它放贷的存款，它是货币的表现形式。如果中央银行不增加基础货币供应量，则其他存款性公司的原始存款就难以增加。

派生存款是相对原始存款而言的，是由其他存款性公司通过贷款等资产运用业务而创造的存款。其他存款性公司面对众多客户，其存款总是有进有出，有存有取、川流不息。在正常情况下，众多客户不会同时向银行提款。因此，其他存款性公司在获得存款后，除去按法定准备率向中央银行缴存一部分准备金外，其余部分可用于发放贷款等资产运用。在现代货币制度下，其他存款性公司的贷款等资产运用业务又会形成新的存款，这些新的存款就是派生存款。

派生存款的创造过程是：其他存款性公司吸收客户的原始存款后，除按法定存款准备金要求保留部分法定准备金外，其余部分运用于贷款等，获得贷款的客户不用或很少提取现金，而将全部或大部分贷款存入自己的存款账户，这时就存款银行系统而言，在原始存款之外，又出现了一笔新存款。接受这笔新存款的银行除了保留部分法定准备金外，剩余部分可以用来发放贷款等，取得贷款的客户将这部分收入再存入银行，又形成新的存款。上述过程依次持续下去，众多银行通过自己的资产业务，对原始存款连续地运用，从而创造出数倍于原始存款的派生存款。

假定不考虑现金流出银行系统外，所有获得贷款的客户都在银行开户，通过账户清偿债权债务，又假定银行把所有的超额准备金全部贷出。现假设法定准备率为10%：

甲银行吸收原始存款　10 000 万元

　　法定准备金　1 000 万元（10 000 × 10%）

　　超额准备金　9 000 万元（10 000 − 1 000）　贷给 A 客户

　　A 客户将 9 000 万元存放乙银行

乙银行吸收存款 9 000 万元

　　法定准备金　900 万元（9 000 × 10%）

　　超额准备金　8 100 万元（9 000 − 900）　贷给 B 客户

　　B 客户将 8 100 万元存入丙银行

丙银行吸收存款 8 100 万元

　　法定准备金　810 万元（8 100 × 10%）

　　超额准备金　7 290 万元（8 100 − 810）　贷给丁企业

依此类推下去，列表如下：

存款总额与派生存款计算表　　单位：万元

银行名称	存款额及增加额	按10%提留准备金	贷款度增加额
甲	10 000	1 000	9 000
乙	9 000	900	8 100
丙	8 100	810	7 290
……	……	……	……
银行系统合计	100 000	10 000	90 000

存款创造过程的基本模型，是一个逐步递减最终趋于0的等比数列，其和可用等比数列代数和表示：

$$S_n = \frac{a_1(1 - q^n)}{1 - q}$$

式中，a_1 为原始存款；S_n 为 n 项等比数列和；n 为项数。

当 $n \to \infty$ 时，q^n 必趋向于0：

$$\therefore \quad S_n = \frac{a_1}{1 - q}$$

又$\because q = 1 - r$

$$\therefore S_n = \frac{a_1}{1 - (1 - r)} = \frac{a_1}{r}$$

上例的存款总额为

$$S_n = 10\ 000 \times \frac{1}{10\%} = 100\ 000(\text{万元})$$

3. 广义货币与基础货币和货币乘数的关系。如果我们把原始存款追溯到其他存款性公司在中央银行的存款，因为原始存款或来自流通中的现金，这是中央银行发行的通货，而现金投放也来自存款货币银行在中央银行的存款或来自其他存款性公司的贷款。从中央银行宏观调控的角度看，其他存款性公司在中央银行的存款是中央银行调控的工具之一。我们把它称为基础货币。存款的创造有个乘数的作用，如上例存款的乘数为10，如果把这个乘数相对于整个基础货币而言，我们把它称之为货币乘数。这样广义货币的创造可概括为

广义货币 = 基础货币 × 货币乘数

（二） 基础货币

1. 基础货币的基本特征。基础货币或货币基数是创造广义货币的基础。它流入银行体系后，通过货币乘数的作用，使货币供应量成倍增长。

基础货币是中央银行的负债，广义货币是存款性公司的负债；前者大部分是其他存款性公司的资产，后者则全部是除存款性公司之外所有机构的资产。基础货币对现代信用货币的创造起到扩大倍数的基数作用。基础货币是中央银行的负债，这是基础货币的第一个特征。

广义货币无论是作为交换工具还是作为价值储藏手段，都必须具有相对稳定的购买力。而要保持货币购买力的稳定，关键是要保持货币供给的相对稳定。如果货币供给没有约束，

货币购买力就不可能稳定。在完全的信用货币条件下，由于货币本身没有价值，因此必须借助于经济之外的力量约束，才能保证货币供给的稳定。这种经济之外的力量可能来自政府的行政管理，也可能是由政府来维持的某种资产。这种资产就是基础货币。而其他存款性公司的负债因为是它们相互间的负债，这种负债没有约束，因而它们不构成基础货币。基础货币是其他存款性公司负债产生的基础和货币供给的制约力量，这是基础货币的第二个特征。

基础货币具有放大货币供应的特点。我们在前面介绍存款创造时已经指出，在基础货币的基础上其他存款性公司可以创造出超过其自身规模的数倍存款。基础货币被其他存款性公司运用，能创造出多倍于其自身数量的存款货币，这是基础货币的第三个特征。

基础货币是中央银行的负债，这种负债与一般其他存款性公司的负债有着显著区别。前者是社会当局强制地提供给社会的。这种负债无论供应给多少，社会都必须接受它。因此中央银行不仅能减少它，而且也能增加它。我们知道，在现代信用货币的条件下，广义货币的绝大部分（约占 80% 以上）是存款货币。而存款货币的这一部分是中央银行所不能直接控制的。中央银行能够控制的是其他存款性公司在中央银行的存款，即基础货币。而中央银行对基础货币的控制，则是对广义货币控制的基础。基础货币为中央银行所直接控制，是基础货币的第四个特征。

2. 基础货币的定义与构成。基础货币是中央银行为广义货币和信贷扩张提供支持的负债。基础货币因其变化而导致货币与信贷成倍增长而又称为“高能货币”。

基础货币是支持货币总量的资金基础，其本身并不是一种货币总量。从基础货币的定义我们会发现，它是针对广义货币总量扩张的基础而言的。正是因为基础货币资金的支持，货币信贷总量才会成倍增长。广义货币是对社会公众持有而言，它不应包括中央银行和其他存款性公司所持有的货币。基础货币是对广义货币而言，但基础货币却把计入广义货币的通货和一部分存款包括进来。这是因为这两部分货币量起着双重作用，它们既作为基础货币起着支撑广义货币扩张的作用，又是社会公众的资产，发挥交换工具和价值储藏手段的功能，本身就是货币总量的一部分。但基础货币至少包括两个未纳入广义货币的组成部分：其他存款性公司在中央银行的存款和其他存款性公司持有的国家货币。这两部分我们在研究广义货币概念时，从货币持有部门的角度已将其他存款性公司持有的金融资产排除在广义货币之外。但这两部分却是基础货币的主要组成部分。

各个国家对基础货币的定义不尽相同，就是在一个国家之内，根据基础货币的分析用途不同，也对基础货币作出不同的定义。基础货币的广义定义包括中央银行对金融性公司和国内其他部门的所有负债，但不包括中央政府持有的除货币以外的负债。关于中央政府持有的金融资产为什么不纳入广义货币之内，我们在前面从货币持有部门的角度已经进行了论述。同样，这种解释也适用于基础货币。基础货币的狭义定义不包括中央银行对其他存款性公司、其他金融性公司和其他部门的某些负债。有较长时间提款限制的存款一般不包括在基础货币之内。其他存款性公司持有的以下中央银行的负债不包括在基础货币之内：（1）不能用来满足准备金要求；（2）限制使用，专门用于其他目的。

基础货币通常包括中央银行对其他金融性公司、非金融性公司和其他居民部门的负债，一般包括三个部分：（1）流通中的货币；（2）其他存款性公司在中央银行的存款；（3）包括在广义货币中的中央银行负债。

IMF通过专栏（详见专栏5－3）介绍了具有代表性的基础货币的构成情况。

专栏5－3

基础货币：代表性构成①

流通货币②
中央银行对其他存款性公司的负债
　可转让存款（法定准备金和清算余额）
　其他存款
　中央银行发行的债务性证券③
属于广义货币的中央银行负债
　可转让存款
　其他存款
属于广义货币的中央银行证券

①各国采用的基础货币定义可以更广或更窄。

②通常包括除中央银行之外所有分支部门持有的货币。特别是，中央政府、中央银行之外的所有金融性公司以及非居民持有的货币与其他部门持有的通货通常一起包括在内。

③如果持有的这种证券可以用来满足法定准备金需要，它们就可以归入基础货币。否则，就要根据基础货币的具体构成和分析用途将这种证券归入或排除在外。

（三） 货币乘数

除基础货币外，决定广义货币量的另一个基本要素是货币乘数。

1. 货币乘数的定义。乘数这个概念最早由英国著名经济学家卡恩（R. F. Kahn）提出①，英国著名经济学家凯恩斯（J. M. Keynes）吸收了卡恩的乘数理论并加以发展，在《通论》中提出投资乘数论；此后新古典综合派又将乘数理论引用到货币金融领域，提出了货币乘数论。

所谓货币乘数，简单地说，就是指货币扩张或收缩的倍数，反映广义货币量与基础货币的倍数关系。由于广义货币量是根据基础货币和货币乘数计算出来的，货币乘数只能从其他存款性公司存款派生过程中推导得出。如果说前面我们论述派生存款创造时，已经指出存款的乘数是相对原始存款而言，那么货币乘数是相对基础货币而言，是基础货币扩张的倍数。货币乘数的计算公式是

$$k = \frac{M}{B}$$

① 卡恩于1931年6月在英国《经济学家》杂志上发表了《国内投资与失业的关系》一文，系统地论述了乘数原理，并提出就业乘数的计算公式。参见Kahn, R. F.,“The Relation of Home Investment to Unemployment”, Economic Journal 41,(June 1931), 173－198。

式中，K 为货币乘数；M 为广义货币量，B 为基础货币。

2. 货币乘数的影响因素。在介绍存款的创造过程时，我们虽然假定三个条件：不存在超额准备金、现金不外流、定期存款和活期存款的比例不变。在现实经济生活中，这三个条件几乎是不存在的。对于每一家其他存款性公司来说，为了保证其资产的流动性，在法定存款准备金外，或多或少还要保留一点超额准备金，其他存款性公司发放贷款时，也不可能完全没有现金流出银行，客户取得贷款使用时，可能会将其中一部分以现金方式提走；在存在利率收益差异的情况下，出于生利，客户也可能将部分活期存款转化为定期存款。上述三种情况属于贷款等资产运用创造派生存款过程中的货币漏出，从而影响派生存款的扩张倍数。所以我们为了更准确地计算货币乘数，需要在派生存款乘数的基础上作相应的修正。

三、流动性总量

前面我们从金融资产的货币性、货币发行部门和货币持有部门定义了广义货币，但在实际操作过程中，对某些金融资产货币性强弱的判断较为困难，也可能并不完全准确。这样可能使一些具有一定流动性，但还不足以纳入广义货币的金融资产被排除在统计监测之外，在流动性大幅变动的时候，可能会影响广义货币的准确性，这时就需要扩大货币监测的范围。因此有些国家除了统计监测广义货币外，还统计监测流动性总量，流动性总量除了广义货币外，还包括其他一些具有一定流动性的金融资产。世界上有些国家比如美国、日本已开始统计流动性总量。

IMF 提供了一个流动性总量的构成要素（见专栏 5－4），这为我们了解流动性总量提供了重要的资料。

专栏 5－4

流动性总量：代表性部门和负债

流动性持有部门①②
中央政府（通常仅指其持有的本币）
其他金融性公司
州及地方政府
公共非金融性公司
其他非金融性公司
其他居民部门
非居民（通常仅指其持有的本币）
广义货币负债——见专栏 5－1
加
以下部门发行的负债：
存款性公司
长期存款和长期储蓄计划
债务性证券

续表

商业票据
银行承兑汇票
长期证券
可交易股份
其他金融性公司
长期存款和长期储蓄计划
商业票据
其他债务证券
可交易股份（包括非货币市场投资基金份额）
中央政府
国家财政等单位接受的长期存款
短期证券（如国库券）
储蓄债券
其他证券
州及地方政府
地方证券
其他证券
公共非金融性公司
邮政系统接受的长期存款
商业票据
其他证券
可交易股票
其他非金融性公司
商业票据
其他证券
非居民③
可转让存款
其他存款
债务证券
可交易股份（包括货币市场投资基金份额和非货币市场投资基金份额）
其他④
①各国对流动性总量的定义可能有很大不同。 ②这些单位接受的短期存款一般纳入流动性总量中的基础货币。 ③属于居民流动性持有者持有的、由非居民部门发行的上市交易的金融工具。 ④别处未列的负债。

四、货币计量方法

货币的计量方法是指一国依据列入广义货币范围内的金融资产“货币性”的强弱所选择的计量货币总量的计算方法。由于各国经济和金融制度背景的差异，选择的计量方法也有所不同。下面对几种主要的货币计量方法进行介绍。

（一） 叠加法

叠加法是一种有关货币总量计量的简单加总方法，其基本思路是以“搭积木”的方式将具有货币性的金融工具纳入不同的货币层次中，分别以 M_0（现金）、M_1（M_0 + 可转让存款）、M_2（M_1 + 其他存款）、M_3（M_2 + 其他金融资产）……表示，处在该序列中的位置越低，其货币性越强，相反，处在该序列中的位置越高，其货币性越弱。图 5－1 表现了不同层次的货币总量与“货币性”的简明关系。

狭义货币	→	广义货币	→	最广义货币
（M_0、M_1）		（M_2、M_3…）		（L…）
流动性强		……		收益高
可分割性强		……		交易成本高
可转让性强		……		可转让性弱
交易成本低		……		可分割性差
收益低		……		流动性弱

图 5－1　不同层次货币总量与“货币性”的关系

由于用叠加法计量货币较为简明，因此也为大多数国家所采纳。但是，除确定哪些成分应包括在货币总量之内这个问题外，这种简单相加的做法也受到了批评，因为对于“流动性”程度或者按通常的说法是提供的货币服务等级不同的资产而言，简单相加不是一种合适的方法。

（二） 加权汇总法

顾名思义，加权汇总法是一种有关货币总量计量的加权汇总方法。其基本思路是以相应金融工具的细分为基础，选择一定的方法对各种金融工具的“货币性”强弱进行测定，再以测定的结果作为权数，对每一种金融工具进行加权汇总，其实质是一种加权平均数形式的货币总量。显然，在该方法中对每类金融工具“货币性”强弱的判断是关键，由于判断货币性强弱的具体方法较多，且在理论与实践上尚难以达成共识。本章仅介绍其中两种主要的方法。

一种是建立在经验分析基础上的专家判断法。例如，假设货币由现金和储蓄存款构成，其中现金为 500，储蓄存款为 2 000，通过判断可以把现金的权数定为 1（意为有 100% 的货币性），把储蓄存款的权数定为 0.3（意为有 30% 的货币性）。其加权货币总量 = 500 × 1 + 2 000 × 0.3 = 1 100。该结果与简单加总的货币总量 2 500 差异很大，相比而言，加权的货币总量可能更准确地反映了金融工具的货币性测度要求。

另一种是由巴内特（Barnett，1980）和斯宾德（1985）先后提出的依靠指数和加总理论计算的各种货币总量指标。主要介绍巴内特的旨在计量货币服务的加权货币总量方法。

巴内特方法的基本思想是根据每种金融工具放弃的货币资产利息的大小来衡量其“货币性”的强弱，即放弃的利息越多，则意味着更具备货币特点；反之亦反是。基本公式如下：

单个金融工具的单位货币服务量：$MS_t^i = r_t^b - r_t^i$ (5.1)

式中，MS_t^i 是第 i 种工具的货币服务量；r_t^b 是第 t 期作为参照物的金融工具的基准利率；r_t^i 是第 i 种工具的收益率。

式（5.1）是对单个金融工具单位货币服务量的一种测算，其作为参照物的金融工具通常为一年期国债或公司债券，货币服务量的数值越大，意指投资该工具所放弃的收益越多，货币性更强；反之亦反是。

货币服务总量：$TMS_t = \sum_i (r_t^b - r_t^i) m_t^i$ (5.2)

式中，TMS_t 是第 t 期的货币服务总量；m_t^i 为第 i 种金融工具的数量。

式（5.2）是对所有金融工具货币性的一个总的衡量，即将每一种金融工具的服务加总的结果。

拉式加权货币服务总量：$LWMS_t^i = \sum_i (r_0^b - r_0^i) m_t^i$ (5.3)

式中，$LWMS_t^i$ 是第 i 种工具在第 t 期的拉式加权货币服务总量；r_0^i 是第 i 种工具在基期的收益率；r_0^b 是作为参照物的某种金融工具在基期的基准利率。

式（5.3）是以基期的单位单个金融工具货币服务测定为基础，对 t 期金融工具数量进行加权汇总的结果。它是计算拉式货币服务指数的基础。

拉式货币服务指数：$LMSI_t = \dfrac{\sum_i (r_0^b - r_0^i) m_t^i}{\sum_i (r_0^b - r_0^i) m_0^i}$ (5.4)

式中，$LMSI_t$ 是第 t 期的拉式货币服务指数；m_0^i 是第 i 种金融工具基期的数量。

式（5.4）是一个统计指数，它反映的是所有货币服务总量的动态及平均变化程度。

等价现金量：$CEM = \sum_i \dfrac{r_t^b - r_t^i}{r_t^b} m_t^i$ (5.5)

式（5.5）实际上是对金融工具现金性（完全流动性）总量的一种测量。反映了一国（包括货币联盟）在一定时期内的“纯”货币的数量。

需要说明的是，根据货币服务指数这样一种方法，可以计算很多相关的货币总量指标。比如货币服务指数的计算，根据统计指数理论就有多种选择。既可以把同度量因素固定在基期（拉式指数），也可把同度量因素固定在报告期（派式指数），还可以采用理想指数公式。上述选择各有利弊，从而多样化的尝试可能是一种较好的选择。

在美国，联邦储备委员会制定了很多这类指标，并每月进行公布。货币总量按费雪指数公式计算，为

$$\frac{M_t}{M_{t-1}} = \left[\frac{\sum m_{it} a_{it}}{\sum m_{it-1} a_{it}} \frac{\sum m_{it} a_{it-1}}{\sum m_{it-1} a_{it-1}} \right]^{\frac{1}{2}}$$

式中，m_{it}为第 i 种资产的数量，a_{it}是该资产的权重。

（三） 分解法

分解法是衡量货币总量的一种特殊方法。其核心是用理论和实证的分析方法，研究每一种金融工具的需求函数关系，进而可以得到每一种金融工具的数量。该方法的思想是建立在对前述两种方法进行批判的基础之上的。

该方法认为，找出“恰当”的加总是把对异质资产的需求模型化的方法之一，比方说，即便是在可开出支票存款的范围相对较明确的情况下，现金和可开出支票存款是否应被视为完全替代品也是不清楚的（将两者视为完全替代品的观点暗示可将二者简单相加而得到货币总量）。因为现金和可开出支票存款可能在交易成本、损失风险以及从事非法或避税活动的容易程度等方面存在差别。因此，分别估计现金和可开出支票存款的需求函数可能更好一些。

一旦认识到可开出支票存款可能包括一些性质不同的组成部分，我们就又多一个进行分解分析的理由。此外，另一个进行分解分析的理由，即同一种资产可能会被行为各不相同的群体所持有。这意味着分解分析能提供一条捷径，使我们绕开货币界定中的种种困难，而同时还允许使用经济计量工具考察各个需求函数间的相关性质。分解方法业已取得了不少有意义的实证结果，但和恰当的货币加总方法一样，分解方法也不能解决关键的实证研究难题。①

第三节　信贷和债务

信贷和债务是同一事物的两个方面，信贷是从资产方面来看，债务是从负债方面来看。存款性公司提供信贷是导致货币总量扩张的一种机制，通常信贷和债务具有与货币总量相同的发行、持有者范围。正因为信贷和债务与货币总量如此的联系，在介绍广义货币、基础货币和货币乘数之后，我们需要讨论信贷和债券。

一、信贷

信贷是这样创造的，即一家机构单位（债权人或贷款人）向另一家机构单位（债务人或借款人）提供资源。从资产方面来看，债权单位获得了金融债权，是信贷；从负债方来看，债务单位产生支付负债，是货币总量。

信贷与货币总量一样从三个方面来定义：（1）纳入信贷范围之内的金融资产；（2）发行部门（贷款人）；（3）持有部门（借款人）。第一方面说明在信贷活动中哪些反映债权债务关系的金融资产纳入信贷总量中；第二方面说明哪些部门发行的金融资产纳入信贷总量中；第三个方面说明哪些部门持有的金融资产纳入信贷范围之内。这样看来，信贷总量是特定部门发行、由特定部门持有的纳入信贷范围之内的金融资产。

（一） 纳入信贷的金融资产

信贷有广义与狭义之分。广义信贷包括所有金融资产，虽然存款通常不被看作是提供贷

① 有关该问题的详细论述可参见弗里德曼与哈恩主编的《货币经济学手册》（第一卷），北京，经济科学出版社，2002 年。

款的一种基本方式，但在有些情况下这种存款也被视作贷款。如当政府出于为金融性公司的具体活动提供直接融资这种特定目的而在金融性公司保留存款时，这种金融资产法定表现形式是存款，但其经济实质是贷款。狭义信贷仅包括以贷款、债务性证券、贸易信贷以及预付款等形式的债权。狭义信贷将存款、股票和其他股权、金融衍生工具以及保险技术准备金等金融资产排除在外。

广义信贷总量包括一个单位对另一单位的大部分或所有债权，因此也包括持有的股票和其他债权，购买股票和其他股权是以类似于其他发放信贷的方式提供融资，但是它与其他信贷资产又有很大不同，因为以股票和其他股权形式持有的金融资产享有对剩余价值的分配权。

信贷金融资产可按不同的分析目的进行分类：（1）按信贷的工具可分为：有担保贷款、无担保贷款、证券等；（2）按信贷投放的部门和目的分为：商业贷款、消费贷款、住房抵押贷款、汽车贷款、市政债券等；（3）按到期日和还款种类分为：短期贷款、分期付款贷款、债券等；（4）按信贷标明的币种分为：本币贷款和外币贷款等。

（二） 贷款人

贷款人可以从狭义定义，也可以从广义定义。狭义定义的信贷总量只包括存款性公司对其他部门的债权。我们在第六章中将要介绍的编制存款性公司概览就是从狭义角度来定义信贷的发行部门的。从狭义角度定义信贷发行部门，最能反映信贷与货币之间的关系。狭义的信贷发行部门发行的信贷，成为货币传导过程中的一个主要环节。存款性公司提供的信贷为生产、消费和投资进行融资。在这个过程中，信贷发挥着乘数的作用。广义的信贷总量可以包括所有金融性公司的债权。在第六章我们将介绍的金融性公司概览反映金融性公司对国内部分和非居民发放的信贷。广义信贷总量与狭义信贷总量在发行部门上的最主要区别是：其他金融性公司不是货币的发行者，而存款性公司是广义货币的发行者。其他金融性公司可以通过发行不属于广义货币的负债而获得资金，比如通过发行非股票证券，从其他存款性公司借款、发行股票和其他股权等形式。

必须指出，以上从发行部门的角度定义的信贷都是从金融部门作为信贷发行部门来定义的，这种定义为我们在第六章编制存款性公司概览和金融性公司概览提供了理论基础。但在实际经济生活中，一些重要的信贷发行主要由非金融部门提供的，比如非金融性公司提供的贸易信贷就是其中一例。也有相当部分来自家庭，比如家庭购买债券等，也构成了债权的发行者。再如，政府也可能提供信贷给金融性公司和非金融性公司，因此广义定义的信贷可包括政府贷款。

（三） 借款部门

通常借款部门主要有非金融部门，包括政府部门、非金融公共部门、商业部门、私人部门等。虽然非金融部门在金融部门的存款，实质也是一种借贷关系，即金融部门是借款者，而非金融部门是贷款者。但从分析信贷特别是广义货币对经济的影响的角度，我们把金融部门排除在借款部门之外。

除了与非金融部门有存款关系外，金融部门内也存在着借贷关系，如金融机构之间的拆借，中央银行在公开市场买卖有价证券等。但从货币调控的角度，金融部门内的借贷通常不包括在信贷总量之内。

除了国内非金融部门是借款部门外，非居民也是借款部门。通常在计算信贷总量时，需要将为非居民提供的信贷考虑在内，但分析通常集中在对居民的债权（也就是国内居民的债权）上，这是因为居民借款能够对国内经济活动产生直接影响。

二、债务

债务是相对债权而言，在有借有还的信用活动中，贷款人向借款人提供了资源，贷款人成为了债权人，借款人就成为了债务人。债务对机构单位来说，就是举债或借款。

债务也有广义和狭义之分。广义债务是指除金融性公司以外的其他部门的债务。狭义债务是指除存款性公司之外的其他部门的债务。这种划分主要是分析的需要。金融部门是信用部门，它应该是最大的债务者。与信贷相适应，哪些金融工具应该属于债务，哪些金融工具不应该纳入债务，这如同广义货币和信贷一样，是一个有争议的问题。这种争论还要继续下去。出于分析的需要，一国会给债务下一个定义，并且出于不同分析的需要，这个定义可能不只是一个。

在金融资产中，存款、贷款、债务性证券以及其他应收账款等都属于债务工具，它们都要求在未来支付本金和利息。

债务是对未来支付的义务，是由于流动性、持续性等多方面原因而产生的。到期能否偿还，是债务分析的一个重要内容。为了易于期限分析，债务至少应分为短期和长期两大类，有的分为短期、中期、长期三大类。短期债券一般指债务的偿还期在1年以下，中期债务一般指债务的偿还期在1~3年之内，长期债务指债务的偿还期在3年以上。出于对短期债务管理的需要，一般还要细分，如1个月之内、3个月、6个月、9个月等。

债务按举债的主体分为：住户债务、商业债务、公共部门债务、外债等。

（一） 住户债务

住户部门借债的原因较为复杂，通常是为了购买资产等目的而进行的融资，但可能是购买耐用消费品、用于教育或医疗支出、为企业筹措流动资金或长期资金以及为购买股票或其他金融资产等。

住户债务通常又分为抵押债务和消费债务两大类。抵押债务是指住户举债要提供抵押品，而消费债务则无须提供抵押品。消费债务包括：（1）金融部门直接提供给住户部门的消费贷款；（2）产品和服务的销售方提供给住户的贷款；（3）信用卡债务，主要是信用卡透支；（4）保险公司提供的贷款；（5）购买耐用品的融资租赁。

（二） 商业债务

商业债务是公司和其他商业机构的举债。公司及其他商业机构借债的原因较为复杂，可能是因经营过程中流动资金周转困难而举债，比如购买原材料，支付一些经常费用等；也可能是为形成资本而借债。

商业债务可以从金融公司取得，如从金融性公司借款；也可以从非金融部门取得，如发行证券筹措资金；还可以从国外取得，如从国外金融机构借款或在外发行证券等。

（三） 公共部门债务

公共部门债务是指中央政府或广义政府的债务。政府债务形成的原因或是经济的需要，如实施财政政策的需要；或是军事的需要，如发生战争等；或其他需要。

政府部门借债，有的国家禁止从金融部门特别是中央银行取得。政府部门借款主要采取发行国债等证券形式，可分为对居民债务和对非居民债务。

（四） 外债

外债是指一个国家、部门或单位对非居民的债务，这部分内容，我们将在第九章国际收支统计中详细介绍。

三、信贷和债务数据的收集

信贷和债务是一个问题的两个方面，从理论上讲，信贷的数据应与债务的数据相等。但实际操作中由于种种原因，仅从一个方面去推另一个方面的数据可能会遇到困难。由于分析的需要，信贷是收集资产方面的数据，债务是收集负债方面的数据，两方面收集数据的侧重点不同，定义范围不同，收集数据的方法也不同。

（一） 信贷数据的收集

狭义信贷的数据只包括存款性公司对非金融部门提供的债权，可以通过编制存款性公司概览获得；广义信贷数据即金融性公司对非金融部门提供信贷的数据，可以通过编制金融性公司概览获得。存款性公司概览和金融性公司概览详细地列出了中央银行、其他存款性公司、其他金融性公司对政府部门、商业部门和住户部门提供的信贷，通过这两个统计框架，可以直接获得对国内部门的信贷数据。

对国外的信贷数据也部分反映在存款性公司概览和金融性公司概览中，但更详细的数据反映在国际收支统计中，通过编制国际收支统计表，可获得对非居民提供信贷的数据。

上述信贷数据因涉及金融部门，可以通过金融部门的记录及在资产负债表的基础上编制概览而获得。如要扩大信贷的范围，即编制全社会信贷，则要把非金融部门提供的信贷也纳入数据收集，但这些非金融部门信贷数据获得较困难。第八章资金流量与存量核算将介绍在编制资金流量表过程中如何获得这些数据。

（二） 债务数据的收集

从金融部门获得借款的数据可以从金融部门的债权（信贷）获得，这在编制金融部门概览中反映出来。也就是金融部门对住户部门、商业机构、公共部门的信贷分别等于住户、债务、公共部门对金融部门的债务。

对外债务可在国际收支统计表中获得。

此外的所有债务数据可在资金流量表的编制过程中获得。

本章小结

1. IMF 从属于广义货币的金融资产、货币持有部门、货币发行部门三个方面来定义广义货币。

2. 流动性总量除广义货币外，还包括了其他具有一定流动性的金融资产。

3. 广义货币与基础货币和货币乘数的关系是：广义货币 = 基础货币 × 货币乘数。

4. 基础货币是广义货币的基础，它可以使广义货币成倍扩张，流通中的货币和金融性公司在央行的存款是其基本组成部分。

5. 货币乘数是基础货币扩张的倍数，受存款准备率、现金漏损率、定期存款占活期存款比率等因素的影响。

6. 信贷和债务是借贷过程中的两个方面，信贷是从贷方来看，债务是从借方来看。

7. 信贷也是从形成信贷的金融资产、贷款部门和借款部门三个方面来定义信贷的。

8. 债务按举债主体分为住户债务、商业债务、公共部门债务和外债。

9. 信贷和债务数据分别反映在金融部门编制的概览和资金流量核算表中。

本章重要概念

广义货币　金融资产的货币性　货币发行部门　货币持有部门　货币职能　原始存款　派生存款　法定准备率　超额准备率　现金漏损率　基础货币　货币乘数　流动性总量　信贷　广义信贷　狭义信贷　债务　住户债务　商业债务　公共部门债务　外债

复习思考题

1. IMF 是如何定义广义货币的?
2. 广义货币是如何被创造出来的?
3. 简述广义货币与基础货币和货币乘数的关系。
4. 基础货币通常包括中央银行哪些负债?
5. 影响货币乘数的因素有哪些?
6. 流动性总量包括哪些金融资产?
7. IMF 是如何定义信贷的?
8. 债务按举债主体分类，通常包括哪些类型?

本章参考文献

1. IMF:《货币与金融统计手册和编制指南》，2016。
2. 杜金富:《金融市场学》，北京，中国金融出版社，2018。
3. 张亦春:《货币银行学》，厦门，厦门大学出版社，1998。
4. 林继肯:《货币供应管理学》，北京，中国金融出版社，1995。

第六章
货币统计框架

货币统计是货币与金融统计的核心内容。在第十一章“中国货币统计”中我们结合中国的实际还将对货币统计进行讨论。本章主要介绍IMF的货币统计框架，即编制金融性公司及其分次部门的资产负债表和几个概览。

第一节　货币统计框架概述

在所有的机构部门中，金融性公司部门在货币与金融统计中占有最为重要的地位：货币统计的机构部门对象就是金融性公司部门；金融统计是针对所有部门的金融资产和负债的统计，但是鉴于金融部门的金融资产和负债占全部金融资产和负债的主要部分，因此金融性公司在金融统计中也处于最为重要的位置。货币统计是对金融性公司部门资产和负债的统计，并按统计基本准则采取编制部门资产负债表和概览的表述方式。

一、货币统计的基本方法

货币统计的对象——金融性公司是由不同的金融机构所构成。按金融性公司的特点将其分为相应的分部门和次部门，并编制不同分部门和次部门的资产负债表，再将各分部门的资产负债表合并成概览，这就是货币统计的基本方法。

（一） 金融性公司的分类体系

金融性公司是一个由多层次的分类体系构成的整体。有关金融性公司的分类体系我们在第二章已经做了介绍。金融性公司通常分为三个层次：第一层次，金融性公司分为中央银行、其他存款性公司和其他金融性公司三个分部门。第二层次，金融性公司的每个分部门又分为若干个次部门：中央银行分部门一般又分为中央银行、货币委员会或独立的货币当局、特别基金和信托账户、发挥央行职能的独立机构、区域性中央银行的国家分行等次部门；其他存款性公司子部门包括除中央银行以外的存款吸收机构和货币市场基金。最主要的是商业银行，还包括储蓄银行（包括信托储蓄银行、储蓄与贷款协会）、离岸银行、旅行支票公司、信用合作社、货币市场基金等次部门；其他金融性公司分部门又分为非货币市场投资基金、保险公司、养老基金、保险公司和养老基金以外的其他金融中介、专属金融机构和贷款人、金融辅助机构等次部门。第三层次，金融性公司分部门下的次部门又分为若干个金融机构单位。比如其他存款性公司分部门下的次部门——商业银行，可能是由甲商业银行、乙商业银行等独立法人单位所构成。金融性公司部门分类层次是可变化的，它取决于统计分析的需要。

（二） 货币统计汇并层次

货币统计的基本方法是在金融性公司分类的基础上对报表数据逐级汇总、合并和轧差。通常包括以下几个层次：第一个层次是将单个金融单位的存量和流量数据汇总成为次部门资产负债表。比如其他存款性公司分部门下的次部门包括商业银行、商人银行、离岸银行、专业银行、旅行支票公司等。而商业银行又是由甲银行、乙银行等独立的法人组成。这些独立法人的资产和负债的流量和存量汇总编制商业银行资产负债表。再将次部门资产负债表汇总成为分部门资产负债表，即中央银行资产负债表、其他存款性公司资产负债表、其他金融性公司资产负债表。第二个层次是将分部门资产负债表的数据合并，编制中央银行、其他存款性公司和其他金融性公司概览。中央银行概览是合并中央银行资产负债表编制而成；其他存款性公司概览是合并其他存款性公司部门的资产负债表编制而成；其他金融性公司概览是合并其他金融性公司资产负债表编制而成。第三个层次是编制存款性公司概览。它是由中央银行概览与其他存款性公司概览合并而成。第四个层次是编制金融性概览。它是由存款性公司概览与其他金融性概览合并而成。货币统计分层次汇并如图 6 – 1 所示。

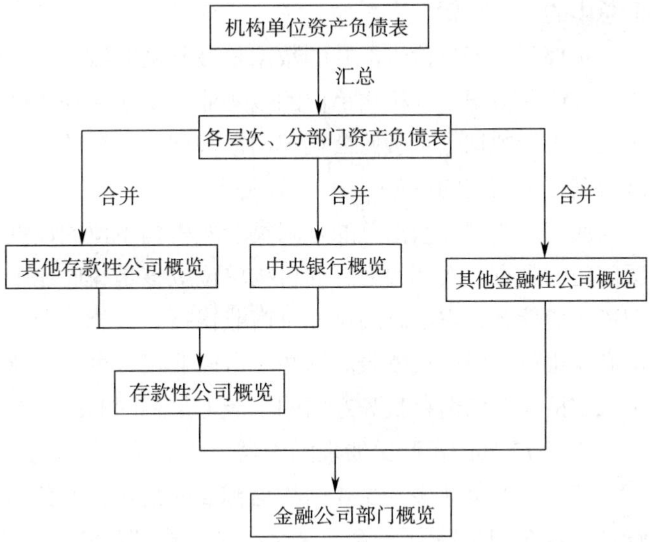

图 6 –1 货币统计分层次汇并图

需要指出，货币统计数据分层次汇总与合并，给我们提供了一个基本的统计方法，而具体的汇并层次的划分是可变化的，可以划分为三个层次，也可以划分为四个层次，或更多层次，这取决于统计分析的需要。

（三） 货币统计分层次汇并的特点

从货币统计数据分层次汇并构架来看，它具有以下三个特点：一是以塔积木的方式形成其特有的建筑模块结构，这有利于全面反映金融性公司的业务构成情况；二是层次分明，这种汇并结构以叠加的方式从金融性公司的基本统计单位——金融机构单位开始到金融性公司总体，既有利于广义货币数据的系统性收集，又便于货币的分层次分析；三是体现了对广义货币数据的完整性要求，通过金融性公司概览显示的数据，不仅是一个金融机构单位的数据，也不仅是一个分部门的数据，而是金融性公司部门的数据。

（四） 货币统计分层次汇并的作用

货币统计的四个层次有其特定的目的和作用。第一个层次汇总形成的各部门的资产负债表，提供了如商业银行、保险公司以及投资基金等部门的信息。这些信息既可能对货币政策的制定和实施产生影响，也有利于金融的分业管理和分析。第二层次将部门资产负债表分别合并编制中央银行概览、其他存款性公司概览和其他金融性公司概览。中央银行概览显示了基础货币的构成；其他存款性公司概览反映了占广义货币绝大部分的存款构成；其他金融性公司概览反映了非存款金融机构的资金融通情况。第三个层次存款性公司概览是货币统计的主要内容，也是宏观分析的核心数据。存款性公司概览的负债构成了广义货币。第四个层次金融性公司概览显示了所有金融机构的资产和负债，也为统计全社会流动性总量奠定了基础，是货币统计中顶级的汇并层次。

二、部门资产负债表

（一） 部门资产负债表的含义

部门资产负债表是在金融机构单位存量和流量的基础上汇总编制的，它也可分为次部门资产负债表、分部门资产负债表等。金融性公司分部门下的次部门资产负债表，是货币统计汇总中的一个重要层次。

次部门资产负债表汇并的数据是最基础的数据。这些数据来自次部门所包括的机构单位的会计或业务记录。机构单位的金融业务反映为其资产或负债流量和存量的变化，而这些变化表现出的数据是金融性公司部门最基层的核算单位的数据。在部门资产负债表的基础上可以编制三个层次的概览。

次部门资产负债汇总的是同类金融机构单位的数据。分部门资产负债表汇并的是其中的次部门的数据。次部门汇总的机构单位应该是在职能上相近的。比如我国的城市商业银行部门资产负债表，它汇总的是北京商业银行、天津商业银行、上海商业银行等全国100余家城市商业银行的资产负债表。这些城市商业银行可能在业务范围上有些区别，但在服务于城市金融、接受并创造存款等方面的职能上是相同的。

（二） 部门资产负债表的内容

部门资产负债表其表式结构与标准的公司资产负债表是相似的，包括资产、负债和资本账户，表6-1展示了一个有关金融性公司部门资产负债表的样式。

表6-1　　部门资产负债表

资产（按金融工具和债务人分类）	期初存量	交易	定值变化	其他数量变化	期末存量	负债（按金融工具和债权人分类）	期初存量	交易	定值变化	其他数量变化	期末存量
货币黄金和特别提款权 通货与存款 债务性证券 贷款 股权和投资基金份额 保险、养老金和标准化担保计划 金融衍生工具 其他应收账款 非金融资产						流通中货币 纳入广义货币的存款 不纳入广义货币的存款 纳入广义货币的债务性证券 不纳入广义货币的债务性证券 贷款 股权和投资基金份额 保险、养老金和标准化担保计划 金融衍生工具及雇员股票期权 其他应付账款					
总资产						总负债					

部门资产负债表运用会计复式记账法，按每笔交易的内容，以相等的金额分别在两个（或两个以上）项目的借方（左方）和贷方（右方）平行进行登录。表内各项目本身存在平衡关系，即资产 = 负债 + 净值。表 6 – 1 中负债方虽未明确列出净值项目，但根据金融公司的特点划分的"股权和投资基金份额"项目就是对净值项目的反映。

部门资产负债表反映了资产和负债的存量和流量，它不仅反映了金融的存量，而且从存量与流量的关系（期末存量 = 期初存量 + 期内交易 + 重新定值 + 其他数量变化），分别列出了期初存量和期末存量以及特定时期内的交易、定值变化和资产数量的其他变化中产生的金融流量。货币统计既包括存量核算，也包括流量核算。

部门资产负债表中的金融资产和负债首先对工具分类，再按债务人/债权人进行分类。我们在前面列出的 IMF 关于金融性公司部门资产负债表（见表 6 – 2）中，无论是资产还是负债，每一种金融资产如债务性证券都分为中央银行、其他存款性公司、其他金融性公司、非居民债务人部门；而在负债方面，每一种负债比如债务性证券同样列出了上述各债权人部门。

有些国家对部门资产负债表的项目作进一步划分，以便更详细反映资产负债的有关情况。IMF 通过专栏 6 – 1 列出了这种细划的主要分类，并通过部门资产负债表表式（表 6 – 2）列出详细的统计项目。

专栏 6 – 1

部门资产负债表的进一步分解

资产
存款 　按期限划分的其他存款（短期、长期或其他细分期限） 　按发行国家划分的在非居民部门的存款 债务性证券 　按期限划分（短期、长期或其他细分期限） 　按种类划分（大额存单、商业票据、银行承兑汇票、本票和债券等） 　回购协议下的证券 　按债务国划分的非居民证券 贷款 　按期限划分（短期、长期或其他细分期限） 　回购协议产生的贷款，按债务部门或分支部门划分 　按（1）债务国，和（2）债务人种类（基金组织、其他国际组织、中央银行、外国政府等）划分的非居民贷款 　金融衍生工具 　根据主要类别（如期货合同、其他远期合同或掉期合同）和分支类别划分
负债
存款 　按期限划分的其他存款（短期、长期或其他细分期限）

续表

按持有人国别划分的非居民存款 债务性证券 按期限划分（短期、长期或其他细分期限） 按种类划分（大额存单、银行承兑汇票、商业票据等） 贷款 按期限划分（短期、长期或其他细分期限） 回购协议产生的贷款，按债权部门或分支部门划分 按（1）债权国，和（2）债权人种类（基金组织、其他国际组织、中央银行、外国政府等）划分的非居民贷款 金融衍生工具 根据主要类别（如期货合同、其他远期合同或掉期合同）和分支类别划分

表 6－2　　金融性公司分次部门资产负债表

资产（按债权和债务人分类）	期初存量	交易	定值变化	其他数量变化	期末存量
货币黄金与特别提款权					
货币黄金					
特别提款权					
通货与存款					
通货					
本币					
外币					
可转让存款					
本币存款					
中央银行					
其他存款性公司					
其他金融性公司					
非居民					
外币存款					
中央银行					
其他存款性公司					
其他金融性公司					
非居民					
其他存款					
本币存款					
中央银行					
其他存款性公司					
其他金融性公司					
非居民					
外币存款					
中央银行					
其他存款性公司					
其他金融性公司					
非居民					

续表

资产（按债权和债务人分类）	期初存量	交易	定值变化	其他数量变化	期末存量
债务性证券					
中央银行					
其他存款性公司					
其他金融性公司					
中央政府					
州及地方政府					
公共非金融性公司					
其他非金融性公司					
其他居民部门					
非居民					
贷款					
中央银行					
其他存款性公司					
其他金融性公司					
中央政府					
州及地方政府					
公共非金融性公司					
其他非金融性公司					
其他居民部门					
非居民					
股权和投资基金份额					
中央银行					
其他存款性公司					
其他金融性公司					
中央政府					
州及地方政府					
公共非金融性公司					
其他非金融性公司					
其他居民部门					
非居民					
保险、养老金和标准化担保计划					
其他金融性公司					
非居民					
金融衍生工具和雇员股票期权					
中央银行					
其他存款性公司					
其他金融性公司					
中央政府					
州及地方政府					
公共非金融性公司					
其他非金融性公司					
其他居民部门					
非居民					

续表

资产（按债权和债务人分类）	期初存量	交易	定值变化	其他数量变化	期末存量
其他应收账款 商业信贷和预付款 中央银行 其他存款性公司 其他金融性公司 中央政府 州及地方政府 公共非金融性公司 其他非金融性公司 其他居民部门 非居民 其他 居民部门 非居民					
非金融资产					
总资产					

负债（按债务和债权人分类）	期初存量	交易	定值变化	其他数量变化	期末存量
流通中的货币					
纳入广义货币的存款 可转让存款 本币存款 其他金融性公司 州及地方政府 公共非金融性公司 其他非金融性公司 其他居民部门 外币存款 其他金融性公司 州及地方政府 公共非金融性公司 其他非金融性公司 其他居民部门 其他存款 本币存款 其他金融性公司 州及地方政府 公共非金融性公司 其他非金融性公司 其他居民部门 外币存款 其他金融性公司 州及地方政府 公共非金融性公司 其他非金融性公司 其他居民部门					

续表

负债（按债务和债权人分类）	期初存量	交易	定值变化	其他数量变化	期末存量
不属于广义货币的存款					
可转让存款					
本币存款					
中央银行					
其他存款性公司					
其他金融性公司					
中央政府					
州及地方政府					
公共非金融性公司					
其他非金融性公司					
其他居民部门					
非居民					
外币存款					
中央银行					
其他存款性公司					
其他金融性公司					
中央政府					
州及地方政府					
公共非金融性公司					
其他非金融性公司					
其他居民部门					
非居民					
其他存款					
本币存款					
中央银行					
其他存款性公司					
其他金融性公司					
中央政府					
州及地方政府					
公共非金融性公司					
其他非金融性公司					
其他居民部门					
非居民					
外币存款					
中央银行					
其他存款性公司					
其他金融性公司					
中央政府					
州及地方政府					
公共非金融性公司					
其他非金融性公司					
其他居民部门					
非居民					

续表

负债（按债务和债权人分类）	期初存量	交易	定值变化	其他数量变化	期末存量
纳入广义货币的债券性证券					
以本币计					
其他金融性公司					
州及地方政府					
公共非金融性公司					
其他非金融性公司					
其他居民部门					
以外币计					
其他金融性公司					
州及地方政府					
公共非金融性公司					
其他非金融性公司					
其他居民部门					
不纳入广义货币的债券性证券					
以本币计					
中央银行					
其他存款性公司					
其他金融性公司					
中央政府					
州及地方政府					
公共非金融性公司					
其他非金融性公司					
其他居民部门					
非居民					
以外币计					
中央银行					
其他存款性公司					
其他金融性公司					
中央政府					
州及地方政府					
公共非金融性公司					
其他非金融性公司					
其他居民部门					
非居民					
贷款					
中央银行					
其他存款性公司					
其他金融性公司					
中央政府					
州及地方政府					
公共非金融性公司					
其他非金融性公司					
其他居民部门					
非居民					

续表

负债（按债务和债权人分类）	期初存量	交易	定值变化	其他数量变化	期末存量
金融衍生工具和雇员股票期权					
中央银行					
其他存款性公司					
其他金融性公司					
中央政府					
州及地方政府					
公共非金融性公司					
其他非金融性公司					
其他居民部门					
非居民					
其他应付款项					
商业信贷和预付款					
中央银行					
其他存款性公司					
其他金融性公司					
中央政府					
州及地方政府					
公共非金融性公司					
其他非金融性公司					
其他居民部门					
非居民					
其他					
居民部门					
非居民					
股权和投资基金份额					
货币市场基金					
非货币市场基金					
总负债					

（三）部门资产负债表的编制

部门资产负债表是汇总金融机构单位金融资产和负债的存量和流量编制而成的。编制部门资产负债表一般要经过以下环节：

一是对机构单位的数据进行审核、评估和调整。（1）对那些采用不同会计和报告标准的机构单位的有关数据进行评估；（2）对未按市场价格计价的数据要进行再估计；（3）对未按统一分类和核算准则计量的数据进行调整；（4）对以外币计价头寸应采用统一的计价方法；（5）对误报的数据予以调整；（6）对遗漏的数据进行评估等。

二是按部门资产负债表所列资产和负债的分类项目对机构单位的项目（或指标）进行归类。比如编制其他存款性公司分部门中商业银行次部门资产负债表，就需要根据商业银行次部门资产负债表所列的项目，对各商业银行机构单位报上的资产负债项目进行归类，把它们归入到相应的项目中去。机构单位哪些项目归入到部门资产负债表中哪些项目中去，我们在第三章金融资产中已经做了介绍。

在部门资产负债表中，对单个金融性公司次部门的资产和负债作为单独项目列出，因为金融性公司次部门的金融资产和负债项目较为特殊，它不像其他存款性公司的资产和负债分类较为清晰。随着金融业务的发展，金融创新的金融产品品种的不断增多，一方面要修订部门资产负债表中所列项目，以便全面反映机构单位的业务活动；另一方面在归类中把不易清楚归类的项目可单列出来。

三是对次部门各机构单位数据进行汇总，填到相应的统计项目中去，编制分部门资产负债表。对次部门内机构单位间的债权和负债，即次部门内某机构单位对本部门内其他机构单位的交叉资产和负债数据，要汇总反映在分部门资产负债表中，不进行对冲，在编制概览时对其进行合并。

（四） 特定种类机构单位的资产负债表

部门资产负债表是货币统计的标准组成部分。此外在一些国家，按其他口径汇总的其他存款性公司或其他金融性公司的资产负债表在分析特定类别机构之行为时也常常用到。例如根据规模或所有制类型将属于其他存款性公司的机构单位分类汇总，可以得到大银行和小银行的资产负债表、内资银行和外资银行的资产负债表以及公立银行和私立银行的资产负债表。

同样的方法亦可用于其他金融性公司。例如可以加总得到保险公司资产负债表、其他金融中介公司资产负债表、金融辅助机构资产负债表等。

尽管特定类别机构的汇总资产负债表在分析中常常被用到，但是却不能被用于合并得到概览。因为在部门资产负债表项目中并没有列示对上述特定类别机构的资产和负债，因此不能进行合并轧差。

三、概览

（一） 概览的含义

概览是把一个或多个金融性公司分部门的资产负债表数据合并的资产和负债的类别。

概览可以看成是一种资产负债表。不论概览采取什么表述形式，其反映的内容都是金融性公司资产和负债的流量和存量。因为金融性公司的机构单位上报的也是资产负债表，部门资产负债表只是对机构单位资产负债表的汇总，而概览是对部门资产负债表的合并，其实质仍然是资产负债表。

概览是对资产负债表合并的层次。概览是在部门资产负债表的基础上合并而成的。如果我们把中央银行概览、其他存款性公司概览、其他金融性公司概览看成是第一合并层次，那存款性公司概览和金融性公司概览就是第二和第三汇并层次。

（二） 概览的内容

概览包括金融性公司三个分部门的概览，即中央银行概览、其他存款性公司概览和其他金融性公司概览，并在此基础上形成的两种更高层次的概览：存款性公司概览和金融性公司概览。

概览也都是围绕支撑部门资产负债表的会计等式“资产 = 负债 + 资本”而编制的，这种表式结构为所编制的金融性公司分部门的中介作用提供了分析性表述方式。每种概览的资产方都主要表示为对非居民和国内其他部门所提供的金融资产。中央银行概览和其他存款性公司概览的负债显示了广义货币的组成部分，其中的中央银行概览的负债显示了基础货币的构成。金融性公司概览的负债方单独列出了保险、养老金和标准化担保计划，因为这种准备金已经成为许多国家其他金融性公司负债的重要组成部分。

分部门概览的共同特征是：(1) 对国外资产以总量和净额表述，净国外资产的变化能够体现分部门与世界其他各国进行交易对国内经济直接造成的影响。(2) 对中央政府的债权以净额和总量表述，对中央银行净债权的表述有利于分析金融性公司为中央政府运作提供的融资。(3) 把对中央政府之外的国内其他部门的债权分解为：①对州及地方政府的债权；②对公共非金融性公司的债权；③对其他非金融性公司的债权；④对其他居民部门的债权，包括住户和为住户服务的非营利性机构。(4) 负债主要根据金融工具种类进行细分。在中央银行概览和其他存款性公司概览对广义货币组成部分及非广义货币负债都进行了进一步的划分。(5) 对股权及投资基金份额既没有进行部门划分，也没有在合并过程中对冲，相反，它们作为单独的类别列示，这样可以全面说明每一分部门中机构单位的资本基础。

（三） 概览的编制

随着概览合并范围的扩大，其部门内交叉资产和负债的对冲范围也在扩大。编制金融性公司概览，对金融性公司部门内部所有的往来业务都要冲销掉，它所反映的是金融性公司部门与其他部门的债权和债务。编制概览的方法我们将在后面的讨论中详细介绍。

第二节　中央银行概览

中央银行概览是对中央银行履行职能过程中所形成的资产和负债业务的综合反映。

一、中央银行职能

各国中央银行制度建立的情况不同，所履行的职能也不完全一样。其基本职能有：

（一） 发行货币的银行

各国中央银行最基本的职能是享有国家赋予的货币发行权，目前世界上几乎所有国家的现钞都由中央银行发行。一般辅币的铸造、发行，有的由中央银行经营，有些国家则由财政部负责。中央银行垄断货币发行权使其成为一国发行货币和创造信用货币的机构，负有保持币值稳定的重要职责。

（二） 国内银行的银行

中央银行是国内银行的银行，是指中央银行的业务对象不是公司、私人，而是金融性公司。具体职能表现为：(1) 集中存款准备金。为了保障金融机构的支付和清偿力，金融性公司特别是其他存款性公司必须按存款的一定比例向中央银行缴存存款准备金。(2) 充当其他存款性公司等金融性机构的最后贷款人。当存款性公司发生支付困难时，中央银行为其提供资金支持。(3) 组织、参与和管理全国的清算。

（三） 政府的银行

中央银行具有政府的职能主要体现在：(1) 经理国库；(2) 代理政府债券的发行；(3) 为政府融通资金提供贷款或透支；(4) 代表国家持有和经营管理包括外汇、黄金和其他资产形式的国际储备；（5）代表国家参加国际金融组织和各项国际金融活动；（6）制定和实施货币政策；（7）有的国家的中央银行对金融业实施监督管理。

二、中央银行的业务与资产负债表

这里的中央银行业务是指中央银行履行发行的银行、银行的银行和政府的银行职能所从事的形成其资产和负债的业务，包括资产业务和负债业务。

（一） 资产业务

中央银行的资产业务主要包括再贴现业务、再贷款业务、证券买卖业务、黄金外汇储备业务及其他资产业务。

1. 再贴现业务。它是指其他存款性公司通过贴现业务所持有的以尚未到期的商业票据向中央银行申请转让，中央银行据此以贴现方式向其他存款性公司融通资金的业务，它也是中央银行重要的货币政策工具之一。中央银行通过提高或降低再贴现利率或规定申请再贴现的资格等办法，影响其他存款性公司从中央银行获得再贴现贷款和超额准备，达到减少或增加货币供应量的目标。

2. 再贷款业务。它是指中央银行通过回购协议、再贷款等形式提供给其他存款性公司等机构的贷款业务。中央银行再贷款业务也是中央银行货币政策工具之一，其作用与再贴现基本相同。

3. 证券买卖业务。它是指中央银行在公开市场上通过回购等形式买进或卖出证券的业务。中央银行在公开市场上买进证券直接投放基础货币，而卖出证券直接回笼基础货币。中央银行在公开市场上买卖证券业务也是中央银行调控货币供应量的重要货币政策工具之一。

4. 黄金外汇储备业务。由于黄金和外汇是国际间进行清算的手段，各国都把它们作为储备资产，由中央银行保管和经营，这项业务对中央银行稳定币值和汇价，调控货币供应量具有重要意义。

5. 其他资产业务。如向财政借款、各种应收款等。

（二） 负债业务

中央银行的负债业务主要由存款业务、货币发行业务、其他负债业务和资本业务构成。

1. 存款业务。中央银行存款包括其他存款性公司的存款、政府存款、其他金融性公司存款、非居民存款等。其他存款性公司的存款通常是基础货币的组成部分。

2. 货币发行业务。货币发行业务通常指狭义的现金发行业务。发行现金包括流通中的货币及其他存款性公司持有的现金，通常也是基础货币的组成部分。

3. 其他负债业务。中央银行的其他负债业务包括发行证券、对非居民的债务及各种应付款等业务。

4. 资本业务。资本业务是指筹集、维护和补充自有资本金的业务，包括实收资本、留存收益、特别提款权分配等。

（三） 中央银行部门资产负债表

中央银行部门资产负债表是对中央银行业务以报表形式的描述。中央银行部门资产负债表表式如表 6－3 所示。

表 6－3　　中央银行部门资产负债表

资产	期初存量	交易	定值变化	其他数量变化	期末存量
货币黄金 特别提款权 外币（按货币种类）					
存款 　居民（按种类、部门和期限等） 　非居民（按种类和期限等） 贷款 　居民（按部门和期限等） 　非居民（按种类和期限等） 债务性证券 　居民（按种类和部门） 　非居民（按种类和期限等） 股权和投资基金份额 　居民（按种类和部门） 　非居民（按种类等） 保险、养老金和标准化担保计划 金融衍生工具 　居民（按种类和部门） 　非居民（按种类等） 其他应收账款 非金融资产					
总资产					
负债与资本	期初存量	交易	定值变化	其他数量变化	期末存量
流通中的货币 存款 　居民（按种类、部门和期限等） 　非居民（按种类和期限等） 贷款 　居民（按部门和期限等） 　非居民（按种类和期限等） 债务性证券 　居民（按种类和部门） 　非居民（按种类和期限等） 保险、养老金和标准化担保计划 金融衍生工具 　居民（按种类和部门） 　非居民（按种类等） 其他应付款项 资本 　实收资本 　留存收益 　呆账准备 　其他准备 　其他					
总负债与资本					

需要指出的是，中央银行部门资产负债表的有关数据应与其他部门的数据相一致，如中央银行部门资产负债表资产方对其他存款性公司贷款和负债方的其他存款性公司存款，应该与其他存款性公司部门资产负债表资产方在中央银行存款和负债方的中央银行贷款相一致。但由于在途或记账时间的不同，这些数据往往可能不一致。

三、中央银行概览的编制

（一） 中央银行概览的内容

中央银行概览是根据记录中央银行业务的部门资产负债表编制的，是中央银行金融资产和负债的一种分析性报表，重点反映中央银行负债与净国外资产、对国内其他部门的债权等之间的关系。

中央银行概览框架如表6－4所示。

表6－4　　中央银行概览框架（CBS）

资产	负债与资本
净国外资产	基础货币
对非居民的债权	流通中的货币
减：对非居民的负债	对其他存款性公司的负债
国内信贷	可转让存款
对其他存款性公司的债权	其他存款
对中央政府的净债权	广义货币证券
对中央政府的债权	其他广义货币证券
减：对中央政府的负债	其他广义货币负债
对其他部门/次部门的债权	其他负债与资本
其他资产	

通过表6－4我们可以看出，中央银行概览是在中央银行部门资产负债表的基础上编制的，它比部门资产负债表更综合。

中央银行概览的项目与部门资产负债项目的关系，可以通过介绍中央银行概览项目得以解释清楚。

1. 资产。资产方包括净国外资产、国内信贷、其他资产等。

（1）净国外资产。净国外资产是国外资产减去国外负债的差额。国外资产是中央银行持有的可随时被用于国际收支的储备资产，是中央银行对非居民的总债权。包括货币黄金、持有特别提款权、在国际性金融机构的存款、对非居民的贷款等。

国外负债是中央银行对非居民的总债务。包括外国政府和外国中央银行的存款、其他非居民存款、向非居民发行的证券、在回购协议和货币掉期中产生的向非居民贷款、国际货币基金组织的存款和向国际货币基金组织的贷款。

（2）国内信贷。国内信贷等于对其他存款性公司的债权、对中央政府的净债权和对其他部门的债权之和。对其他存款性公司的债权是中央银行对其他存款性公司的融资，主要包括在债务性证券和贷款等资产项目中。对中央政府的净债权是中央银行对中央政府的债权与对中央政府债务的差额。对中央政府的债权包括持有中央政府的债务和贷款等债权，对中央政府的债务包括中央政府的存款等负债。对其他部门的债权包括对州和地方政府的债权、对非金融性公司的债权、对其他金融性公司的债权和对其他居民部门的债权。

（3）其他资产。其他资产包括其他金融资产和非金融资产。所有其他金融资产包括保险养老金和标准化担保计划、金融衍生工具以及单独列出的其他应收账款等。非金融资产包括固定资产（场地、设备）、贵重物品和各种非金融资产。

2. 负债。中央银行负债主要由基础货币、其他负债和资本项目构成。

（1）基础货币（储备货币）。主要由流通中的货币和对其他存款性公司负债所组成。

流通中的货币是中央银行发行的硬币和纸币，其中包括由其他存款性公司持有的现金。它一般只包括对居民的负债。对其他存款性公司的负债主要指其他存款性公司在中央银行的存款。有些对其他存款性公司的负债（如债券）可能不包括在基础货币之中。

基础货币除以上两项外，还包括可转让存款、其他存款、中央银行发行的广义货币证券等。这些中央银行负债，有的国家把其中某些项目列入基础货币，有的未列入基础货币。其原则是，只要中央银行的某种负债构成了国家定义的广义货币，则该负债也是基础货币的组成部分。

（2）其他负债。其他负债包括取得的贷款、债务性证券、保险、养老金和标准化担保计划、金融衍生工具和其他应付账款等。

（3）资本。包括实收资本、留存收益、呆账准备、特别提款权分配和价值调整等项目。

（二）中央银行概览的编制

中央银行概览的编制是根据其分析框架的项目从部门资产负债表的有关项目中重新归类而组成的。有关编制的环节与部门资产负债表基本相同，我们在第一节已经做了介绍。更详细的中央银行概览如表 6－5 所示。

表 6－5　　中央银行概览

资产	期初存量	交易	定值变化	数量的其他变化	期末存量
净国外资产					
对非居民债权					
货币黄金和持有特别提款权					
在基金组织的储备头寸					
外币					
存款					
债务性证券					
贷款					
股权有投资基金份额					
金融衍生工具					
其他					
减：对非居民的负债					
存款					
债务性证券					
贷款					
金融衍生工具					
其他					
国内信贷					

续表

资产	期初存量	交易	定值变化	数量的其他变化	期末存量
对其他存款性公司的债权					
对中央政府的净债权					
对中央政府的债权					
债务性证券					
其他债权					
减：对中央政府的负债					
存款					
其他负债					
对其他部门债权					
对：其他金融性公司					
州和地方政府					
公共非金融性公司					
其他非金融性公司					
其他居民部门					
非金融资产					
负债和资本	**期初存量**	**交易**	**定值变化**	**数量的其他变化**	**期末存量**
基础货币（广义）					
流通中的货币					
对其他存款性公司的负债					
纳入广义货币的存款					
可转让存款					
来自：州和地方政府					
公共非金融性公司					
其他非金融性公司					
其他金融性公司					
其他居民部门					
其他存款					
来自：州和地方政府					
公共非金融性公司					
其他非金融性公司					
其他金融性公司					
其他居民部门					
纳入广义货币的债务性证券					
不纳入广义货币的存款					
不纳入在广义货币之内的债务性证券					
贷款					
金融衍生工具					
保险、养老金和标准化担保计划					
其他应付账款					
资本					
实收资本					
留存收益					
呆账准备					
特别提款权分配					
价值调整等项目					

四、中央银行概览分析

中央银行是创造基础货币的部门，因此中央银行概览分析的重点是基础货币的构成及基础货币形成两个方面。

1. 基础货币构成的分析。重点分析其他存款性公司的存款所占比重及其变动原因。其他存款性公司是创造存款的机构，它们在中央银行的存款与其存款扩张是呈反向变动的。

2. 基础货币与国内信贷关系的分析。重点分析其他存款性公司和中央政府的国内信贷对基础货币形成的影响。

3. 基础货币与净国外资产关系的分析。重点分析基础货币的增幅与净国外资产的增幅变动情况，判断净国外资产对基础货币形成的影响。

4. 基础货币形成总量的分析。这是根据资产负债表的平衡关系，分析基础货币与其他资产负债项目的数量关系。具体计算公式是

基础货币 = 净国外资产 + 国内信贷 − 其他负债和资本

根据这一等式可以分析各项目对基础货币形成的影响。

第三节 其他存款性公司概览

一、其他存款性公司的概念

其他存款性公司是指除中央银行以外的所有存款性公司。其他存款性公司最早指商业银行，即接受活期存款并主要为工商企业和其他客户提供短期贷款并从事短期投资业务的金融机构。但随着商业银行的发展，它们早已不再是融通短期性商业资金的银行，不仅发放短期贷款，也发放长期性投资贷款以及消费贷款。20 世纪 80 年代后随着西方各国对金融管制的放松，各国商业银行又纷纷开办了较长期限的证券投资业务。但商业银行吸收存款发放贷款和创造存款的性质并未改变。

随着金融管制的放松和金融创新，出现了一些新的金融机构，这些机构也从事与货币创造有关的金融业务。主要有：（1）商人银行，它的传统业务是承兑票据，但也从事一些商业银行的业务；（2）离岸银行，是主要从事为非居民提供金融服务的金融机构；（3）专业银行，即专门主要从事某项金融业务的金融机构，如储蓄银行、农业银行、进出口银行、信用合作社等；（4）主要从事金融活动的旅行支票公司；（5）包括货币市场基金在内的共同基金和投资基金；等等。

通过其他存款性公司的演变，我们可以看出，其最基本的特征是：在主要从事金融中介活动中，具有包括存款及近似于存款的金融负债，并且这些金融负债包括在广义货币中。

二、其他存款性公司的业务及资产负债表

（一）其他存款性公司的业务

其他存款性公司的业务一般分为负债业务、资产业务和中间业务三大类。

1. 负债业务。负债业务是指其他存款性公司组织资金来源业务。包括存款、借贷、发行证券和资本等方面。

（1）存款。包括活期存款、定期存款、储蓄存款、证券回购协议等。

（2）借款。包括向同业的借款、向中央银行的借款，向其他部门借款等。

（3）发行证券。包括发行大额可转让存单等证券。

（4）其他负债。如应付款等。

（5）资本业务。

2. 资产业务。其他存款性公司的资产业务是指资金运用业务，主要是贷款和证券投资业务。

（1）贷款。包括信用贷款、抵押贷款等。

（2）证券投资。包括购买政府债券、公司债券和股票。

（3）在中央银行存款。包括按规定上存在中央银行的法定准备金存款等。

（4）其他资产运用。如应收款等。

3. 中间业务。中间业务是代客办理金融业务，从中收取手续费的业务。包括结算业务、信托业务、票据承兑业务、租赁业务等。

（二）其他存款性公司部门资产负债表

其他存款性公司部门资产负债表是对其他存款性公司业务以报表形式的描述。其他存款性公司部门资产负债表如表 6－6 所示。

表 6－6　　其他存款性公司资产负债表

资产	期初存量	交易	定值变化	其他数量变化	期末存量
通货 　本币 　外币					
存款 　居民（按种类、部门和期限） 　非居民（按种类和期限）					
债务性证券 　居民（按种类、部门和期限） 　非居民（按种类和期限）					
贷款 　居民（按部门和期限） 　非居民（按种类和期限）					
股权和投资基金份额 　居民（按种类和部门） 　非居民（按种类）					
保险、养老金和标准化担保计划					
金融衍生工具 　居民（按种类和部门） 　非居民（按种类）					

续表

资产	期初存量	交易	定值变化	其他数量变化	期末存量
其他应收账款 居民（按种类和部门） 非居民（按种类）					
非金融资产					
总资产					
负债与资本	**期初存量**	**交易**	**定值变化**	**其他数量变化**	**期末存量**
存款 居民（按种类、部门和期限） 非居民（按种类和期限）					
债务性证券 居民（按种类、部门和期限） 非居民（按种类和期限）					
贷款 居民（按部门和期限） 非居民（按种类和期限）					
保险、养老金和标准化担保计划					
金融衍生工具和雇员股票期权 居民（按种类和部门） 非居民（按种类）					
其他应付账款（其他所有负债） 居民（按种类和部门） 非居民（按种类）					
资本 实缴资本 留存收益 呆账准备金 其他准备 定值调整					
总负债与净值					

三、其他存款性公司概览的编制

其他存款性公司概览是根据其他存款性公司部门资产负债表编制的反映其货币与信贷活动的分析性报表。

其他存款性公司概览的框架如表 6－7 所示。

表 6－7　　其他存款性公司概览的框架

资产	负债与资本
净国外资产	对中央银行的负债
对非居民的债权	纳入广义货币的存款
减：对非居民的负债	可转让存款
国内信贷	其他存款
对中央银行债权	纳入广义货币的债务性证券
对中央政府净债权	纳入广义货币的其他负债
对中央政府债权	
减：对中央政府的负债	
对其他部门债权	
其他资产	其他负债与资本

其他存款性公司概览的资产项目有：

（1）净国外资产，它是对非居民的债权减去对非居民负债的差额。

（2）对中央银行债权，指其他存款性公司持有的现金、准备金存款和其他债权。

（3）对中央政府的净债权，指对中央政府的债权减去对中央政府的债务的差额。

（4）对其他部门的债权，包括对其他金融性公司、州及地方政府、公共非金融性公司、其他非金融公司和其他居民部门的债权。

（5）其他资产，包括金融衍生工具、应收账款、非金融资产等。

负债项目有：

（1）对中央银行的负债，包括向中央银行贷款、再贴现等。

（2）纳入广义货币的负债，包括可转让存款、其他存款、属于广义货币的证券。

（3）其他负债，包括不属于广义货币的存款、证券、贷款、其他应付款等。

（4）资本。

其他存款性公司概览的详细内容见表 6－8。

表 6－8　　其他存款性公司概览（ODCS）

资产	期初存量	交易	定值变化	其他数量变化	期末存量
国外净资产					
对非居民债权					
外币					
存款					
债务性证券					
贷款					
金融衍生工具					
其他					
减：对非居民负债					
存款					
债务性证券					
贷款					
金融衍生工具					
其他					
国内信贷					

续表

资产	期初存量	交易	定值变化	其他数量变化	期末存量
对中央银行债权					
货币（持有现金）					
准备金存款和清算余额					
其他债权					
对中央政府净债权					
对州政府债权					
减：对中央政府负债					
对其他部门债权					
其他金融性公司					
州政府和地方政府					
公共非金融性公司					
其他非金融性公司					
其他居民部门					
保险、养老金和标准化担保计划					
金融衍生工具					
其他金融资产（其他应收账款）					
非金融资产					

负债和净值	期初存量	交易	定值变化	其他数量变化	期末存量
对中央银行负债					
纳入广义货币的存款					
可转让存款					
其他金融性公司					
州政府和地方政府					
公共非金融性公司					
其他非金融性公司					
其他居民部门					
其他存款					
其他金融性公司					
州政府和地方政府					
公共非金融性公司					
其他非金融性公司					
其他居民部门					
纳入广义货币的债务性证券					
其他属于广义货币的负债					
不纳入广义货币的存款					
不纳入广义货币的债务性证券					
贷款					
保险、养老金和标准化担保计划					
金融衍生工具及雇员股票期权					
其他负债（其他应付账款）					
资本					

编制其他存款性公司概览最重要的是根据部门资产负债表及其补充报表资料，划分为广义货币负债和非广义货币负债。这部分内容我们已经在第五章做了介绍。

第四节　存款性公司概览

一、存款性公司概览的内容

存款性公司概览是合并中央银行概览和其他存款性公司概览并反映存款性公司货币与信贷活动的分析性报表，重点反映广义货币。

存款性公司概览如表 6 – 9 所示。

表 6 – 9　　存款性公司概览

资产	负债
国外净资产	广义货币负债
国内信贷	存款公司之外货币
	可转让存款
	其他存款
	纳入广义货币的债务性证券
	不纳入广义货币的存款
	不纳入非广义货币的其他负债
	其他项目

二、存款性公司概览的编制

存款性公司概览是中央银行概览与其他存款性公司概览的合并。

编制存款性公司概览的主要原则有：居民标准、按市场价值重新定值、部门分类标准，金融工具分类标准，存量和流量（交易、重新定值、资产数量其他变化）等。这些我们在前几章都已经做了介绍。

存款性公司在汇并过程中，对以下三个项目进行调整：

（1）存款性公司之外的货币应是中央银行发行的货币与存款性公司持有的货币之差。

（2）中央银行资产中的对其他存款性公司债权与其他存款性公司对中央银行负债冲销。

（3）中央银行负债中的其他存款性公司存款与其他存款性公司资产中的在中央银行存款冲销。

编制存款性公司概览的重点是确定广义货币，可根据国家广义货币定义确定广义货币的范围及结构。有时根据部门资产负债表难以完成编制所要求的分类，还需要详细地补充报表。关于广义货币的结构，各个国家相应地划分了不同的货币层次。如广义货币分为 M_0（流通中的现金）、M_1（狭义货币 = M_0 + 活期存款）、M_2（M_1 + 其他存款）等。这部分内容我们在第十一章“中国货币统计”中还将详细讨论。

三、存款性公司概览的分析框架

存款性公司是根据以下会计等式编制的：

广义货币负债(BML) = 净国外资产(NFA) + 国内债权(DA)
　　　　　　　　　　　　－ 其他项目净额(OIN)(不属于广义货币的负债也纳入其他项目净额中)

则

$$BML = NFA + NDA$$

根据这个等式我们可以从外部因素（NFA）、内部因素（NDA）对货币影响及货币构成情况（BML）进行分析。具体可以进行如下分析：

1. 广义货币（BML）的构成。即 M_0、M_1、M_2 所占比重及其变化分析。

2. 净国外资产（NFA）对广义货币（BML）影响的分析。从上述等式可以分析 NFA 对 BML 的影响程度。而净国外资产又是由国外资产（FA）、储备资产（RA）、非储备性国外资产（NRA）之和减去净国外负债（NFL）而得。

我们还可继续分析 NFA 中哪些主要项目变化影响 BML。

3. 净国内债权（NDA）对广义货币（BML）的影响分析。从上述等式可以分析 NDA 对 BML 的影响。而 NDA 又是由对中央政府的净债权（NCG）和对其他部门的债权（CORS）构成。

即

$$NDA = NCG + CORS$$

我们还可进一步分析 NCG 和 CORS 对 BML 的影响。

4. 根据中央银行概览和存款性公司概览，分析中央银行基础货币、广义货币和货币乘数的关系是

$$广义货币 = 基础货币 \times 货币乘数$$

我们可根据第五章中对基础货币、货币乘数影响因素的分析，并结合其他统计资料进一步分析基础货币及货币乘数变化的主要因素。这样可以对整个广义货币变化情况有一个总的了解，以便为制定和调整货币政策提供数据支持。

关于对广义货币的具体分析我们在第十一章“中国货币统计”中还将详细介绍。

第五节　金融性公司概览

金融性公司概览是由存款性公司概览与其他金融性公司概览合并而成。前面我们已经介绍了存款性公司概览的编制。接下来我们介绍其他金融性公司概览及金融性公司概览的编制。前面我们讨论存款性公司概览编制时，已经掌握了编制概览的基本原理，这里不再介绍其他金融性公司资产负债表及其部门资产负债表。

一、其他金融性公司概览

其他金融性公司概览是根据其他金融性公司资产负债表编制的更综合的分析报表，主要内容如表 6－10 所示。

其他金融性公司概览的资产项目有：

（1）国外净资产，它是对非居民的债权减去对非居民负债的差额。

（2）对存款性公司债权，是指其他金融性公司持有的现金、在存款性公司的存款和其他债权。

（3）对中央政府净债权，是指对中央政府的债权减去对中央政府的债务的差额。

表 6-10　　　　　　其他金融性公司概览（OFCS）

资产	期初存量	交易	定值变化	其他数量变化	期末存量
国外净资产					
对非居民债权					
外币					
存款					
债务性证券					
贷款					
金融衍生工具					
其他					
减：对非居民负债					
存款					
债务性证券					
贷款					
金融衍生工具					
其他					
对存款性公司债权					
货币					
其他债权					
对中央政府净债权					
对中央政府债权					
债务性证券					
其他债权					
减：对中央政府负债					
存款					
其他负债					
对其他部门债权					
州及地方政府					
公共非金融性公司					
其他非金融性公司					
其他居民部门					
负债	**期初存量**	**交易**	**定值变化**	**其他数量变化**	**期末存量**
存款					
其中：存款性公司					
债务性证券					
其中：存款性公司					
贷款					
其中：存款性公司					
保险、养老金和标准化担保计划					
金融衍生工具					
其中：存款性公司					
股权和投资基金份额					
所有者出资					
留存利润					
一般和特殊准备金					
定值调整					
其他项目（净值）					
其他负债					
减：其他资产					
加：合并调整					

（4）对其他部门的债权，包括对州及地方政府、公共非金融性公司、其他非金融公司和其他居民部门的债权。

负债项目主要按金融工具类别进行列示，包括存款，债务性证券，贷款，金融衍生工具，保险、养老金和标准化担保计划，股权和投资基金份额，以及其他项目的净值。其中，各类金融工具的含义已在第三章中介绍，其他项目的净值为其他负债减去其他资产加上合并调整后的结果。需要指出，其他金融性公司概览的负债方中“股权和投资基金份额”项是通过汇总而非合并得到。其他非金融性公司之间相互持有的股权并没有被轧差掉。之所以不做合并是因为在负债方往往记录的是历史成本，而在资产方往往记录的是市场价格，因此无法合并。

其他金融性公司概览的资产方项目与其他存款性公司概览大致相同，主要区别在于列示“对存款性公司债权”；负债方项目与存款性公司概览差别较大，不显示广义货币的构成，并且单独列示“保险、养老金和标准化担保计划”项目以反映该类金融工具对其他金融性公司负债总量的贡献。

二、金融性公司概览

其他金融性公司概览与存款性公司概览合并便得到金融性公司概览，金融性公司概览在部门层次显示了所有金融机构的资产和负债，是货币统计中顶级的汇并层次。其主要内容如表6－11所示。

表6－11　　金融性公司概览（FCS）

资产	期初存量	交易	定值变化	其他数量变化	期末存量
国外净资产					
对非居民债权					
减：对非居民负债					
国内债权					
对中央政府净债权					
对中央政府债权					
减：对中央政府负债					
对其他部门债权					
州及地方政府					
公共非金融性公司					
其他非金融性公司					
其他居民部门					
负债	**期初存量**	**交易**	**定值变化**	**其他数量变化**	**期末存量**
金融性公司以外的货币					
存款					
债务性证券					
贷款					
保险、养老金和标准化担保计划					
金融衍生工具及雇员股票期权					
股权和投资基金份额					
其他项目（净值）					
其他负债					
减：其他资产					
加：合并调整					

金融性公司概览是存款性公司概览与其他金融性公司概览的合并。其编制原则与存款性公司概览相同，已在本章第四节介绍。

金融性公司概览在合并过程中，有以下几个方面的调整：

1. 存款性公司对其他金融性公司的债权与其他金融性公司对存款性公司的负债冲销。

2. 存款性公司对其他金融性公司的负债与其他金融性公司对存款性公司的债权冲销。

3. 金融性公司概览的负债方不显示广义货币的构成。

4. 金融性公司之外的货币等于存款性公司之外的货币与其他金融性公司持有的货币之差。

金融性公司概览编制时，除了对非居民和中央政府的资产和负债以及“其他项目（净值）”以外，其他项目按总量原则编制。对非居民和中央政府的资产和负债在资产方采用净值反映，并在其下分别列示总资产和总负债。“其他项目（净值）”为一个综合项目，包括所有没有列示的负债项目，可以为正（净负债）也可以为负（净资产）。

金融性公司概览列示金融性公司的存款和债务性证券负债，而不管该负债是否包含在广义货币中。金融性公司概览中的负债部分与存款性公司概览也有所不同，其中保险、养老金和标准化担保计划在负债项目中单独列出。这种表述方式能够反映这种准备金在许多国家中对金融性公司部门负债总量的重大贡献，以及这种数据在分析整个部门活动中所起的作用。

三、金融性公司概览分析

金融性公司概览全面反映了金融性公司部门对国内其他所有部门和非居民部门的债权及负债流量和存量，为分析金融性公司部门与其他部门的经济联系，评估金融性公司部门对实体经济的支持以及全社会的整体流动性状况提供了更广阔的视角。

从资产方看，有三个指标度量金融性公司的三个子部门相对于GDP的规模：中央银行资产占GDP的比重；其他存款性公司资产占GDP的比重；其他金融性公司资产占GDP的比重。

通过这三个指标，可以分析它们对经济的支持度。

此外，还有两个指标关注对私人部门的债权：其他存款性公司对私人部门贷款占GDP的比重；其他存款性公司和其他金融性公司对私人部门的贷款占GDP的比重。

这两个指标都区分了对私人部门（住户、私人非金融性公司）和对公共部门（政府、公共非金融性公司）的金融支持，也关注了中央银行以外的金融中介发放的贷款，是衡量金融中介的主要活动——将储蓄转化为投资——的指标。

从负债方看，金融性公司概览可以得出总流动性（也称流动负债）指标。关于总流动性，我们在第五章第二节已经做了介绍。

本章小结

1. 货币统计的基本方法是，编制金融性公司部门资产负债表，再将部门资产负债表合并编制概览；部门资产负债表是在金融机构单位存量和流量的基础上汇总的金融性公司分次部门资产负债表。

2. 概览是把一个或多个金融性公司部门资产负债表合并的类别和层次。

3. 中央银行概览是根据记录中央银行业务的部门资产负债表编制的重点反映基础货币的一种分析报表。

4. 其他存款性公司概览是根据其他存款性公司部门资产负债表编制的反映其货币与信贷活动的分析性报表。

5. 存款性公司概览由中央银行概览和其他存款性公司概览合并而成，是重点反映广义货币的分析性报表。

6. 金融性公司概览由存款性公司概览和其他金融性公司概览合并而成，是重点反映总流动性的分析性报表。

本章重要概念

部门资产负债表　中央银行概览　其他存款性公司概览　存款性公司概览　净国外资产　国内信贷　国外资产　国外负债　对中央政府净债权

复习思考题

1. 简述货币统计的基本方法。
2. 简述编制部门资产负债表的基本环节。
3. 简述中央银行概览的基本内容。
4. 如何分析中央银行概览？
5. 简述其他存款性公司概览的基本内容。
6. 简述存款性公司概览的基本内容。
7. 如何分析存款性公司概览？

本章参考文献

1. IMF：《货币与金融统计手册和编制指南》，2016。
2. IMF：Monetary and Financial Statistics Compilation Guide，2008.

第七章
金融统计框架

我们在第五、第六章介绍了货币统计问题，这一章讨论金融统计问题，主要讨论金融统计的概念、基本框架、基本报表的编制等问题。

第一节　金融统计的概念

什么是金融统计？它有哪些特点，采取何种表述方式？这是我们这一节讨论的主要内容。

一、金融的含义

要清楚金融统计的含义，必须首先清楚金融的含义。金融是指现金或资金的融通，简言之，金融是指货币资金的融通。它由融资的工具、融资的形式、融资的主体、融资的中介机构和融资的网络场所等要素构成。

一是金融作为货币资金融通活动，需有融资工具。比如某企业缺少资金，向银行借款，它必须出具借款契约即借据。借款契约或借据就是融资工具或称金融工具。企业出具借据，得到借款；银行得到借据，贷出货币资金。金融工具在融资双方的借贷中起到了媒介工具的作用。金融工具对借款者或资金融入者来说是金融负债，对贷款者或资金融出者来说是金融资产。有关金融资产的内容我们已在第三章中做了详细介绍。

二是融资采取一定的形式。融资形式大体分为借贷融资和买卖融资两种。借贷融资是以偿还为条件的融资形式，到期偿还本金和利息。如贷款和债券都属于借贷融资形式。这种融资形式又称为债权融资。融资的另一种形式是买卖融资，如企业为筹集资金在市场上发售股票，企业出卖股票后获得资金，购买者用货币资金买到股票而成为投资者。这种融资形式又称为股权融资。每种融资具体形式又有差别，同样是债权融资，又分为债券融资、同业拆借等，买卖融资又可分为股票融资、投资基金融资等。另外随着金融创新的不断发展，又产生出新的融资形式，如资产证券化融资等。

三是融资的主体，即融资各方借贷者或买卖者——企业、住户、政府、金融机构和国外。无论是企业、住户、政府，还是金融机构和国外，在日常经济活动中，有的先收后支，有的先支后收；在一定时期内，有的收大于支，有的支大于收，不可能都是收支刚好相等。这就要求货币资金在企业、住户、政府、金融机构和国外间相互融通。货币资金的盈余部门或单位成为资金的供应者，它们往往是金融资产的购买者；而货币资金的短缺部门或单位成为资金的需求者，它们往往是金融资产的出售者。这部分内容我们已经在第二章做了介绍。

四是融资的中介机构——金融机构。在市场上融资双方必须彼此了解，这是融资的基本前提。为解决融资信息不对称问题，随着社会的发展，出现了专门从事借贷的中介机构——银行及其他信用中介机构。资金的盈余部门或单位把盈余的货币资金存入银行等信用中介机构，资金的短缺部门或单位在资金不足时到银行等信用中介机构去借款。这样银行等信用中介机构成了最终借款人和最终贷款人的中介人。随着股票、债券等有价证券的发展，也出现了证券公司、证券交易所等媒介机构，它们在出售和购买有价证券的交易中起金融辅助媒介作用。但它们不是最终购买者和最终出售者的中介人，只起辅助媒介作用。金融机构除了起到金融媒介作用外，它们也在市场上融资，也是融资的主体。

五是融资的网络场所——金融市场。金融市场是融资的领域。在这个领域融资可能有固定的场所，如银行、证券公司、证券交易所等，也可能没有固定的场所，采用电话、传真、计算机等手段实现资金的融通。一般把通过银行等中介机构的融资称为间接融资；不通过银行等中介机构，融资双方直接融资称为直接融资。广义的金融市场既包括直接融资，也包括间接融资。狭义的金融市场只包括直接融资。

二、金融统计的含义

（一）　金融统计的定义

金融统计是对上述构成金融诸要素的统计，统计整个经济体中非金融性公司、金融性公司、政府、住户、为住户服务的非营利机构和国外等部门之间所有的资金存量和流量。融资涉及主体、工具、形式、场所等诸多的要素，且这些要素之间有着密切的联系。如融资的形式决定着融资的工具。融资的形式又决定于融资的性质。但构成金融的要素主要是融资主体和融资工具，即谁融资和融什么资。融资主体一般划分为非金融性公司、金融性公司、政府、住户、为住户服务的非营利机构、国外等部门。融资工具也分为许多类别，有的是某部门的金融资产，有的是某部门的金融负债。金融统计是对经济中所有部门的金融资产和金融负债的流量和存量的统计。

金融统计可以反映：一是货币资金量在部门间的流动情况。金融资产和金融负债是融出和融入资金的反映，若某部门金融资产多，则该部门融出资金多，若某部门金融负债多，则该部门融入资金多。二是融资结构。金融资产和金融负债的不同种类，代表着不同的融资形式。金融资产和金融负债的结构反映出融资的结构。三是部门的资金存量。金融资产和金融负债的存量，也就是资产和负债表上的结余额。金融资产和金融负债的结余额表示为融出和融入货币资金的存量。

（二）　金融统计的特点

与国民经济其他统计相比较，金融统计具有以下特点：

1. 金融统计是对整体经济的金融资产和负债的统计。金融统计也属于宏观经济统计，因为统计所涉及的交易主体涵盖国民经济各部门和国外，这一点上它与国民经济统计范围是相同的。但金融统计交易是金融工具，而国民经济统计的交易产品是金融和非金融工具。这样看来，在交易产品统计范围上，金融统计比国民经济统计要窄，金融统计是国民经济统计体系的一部分。金融统计与国民经济统计的关系我们在第二节还将详细介绍。

货币统计也是统计金融资产和负债，但它统计的机构部门范围为金融性公司部门及其子部门，而不是国民经济各部门和国外（这部分内容我们已经在第五、第六章做了介绍）。从统计的机构部门范围来看，金融统计又比货币统计要宽。

2. 可以提供不同程度的详细信息。一是金融统计既可同时涵盖金融的存量和流量，也能单独反映金融存量，或者单独反映金融流量。既可以统计资金流量，也可以统计资金存量。而货币统计一般只统计存量。

二是金融统计对机构部门和金融工具的分类可以调整。为了了解更为详细的融资情况，金融统计根据需要对机构部门和金融工具既可以进行重新分类，也可进行详细的分类。如为了了解广义政府的控制情况，可以把机构部门划分为政府控制的机构和非政府控制的机构；如为了了解债务融资情况，可以将债务性证券细分为短期债券和长期债券等。而货币统计一般对机构部门和金融工具的分类相当长一段时间是稳定的，否则便不利于比较。

3. 可以进行二维或者三维的统计。金融统计既可以统计哪些部门购买了哪些金融资产，也可以统计哪些部门购买了哪些部门发行的哪些金融资产。前者就是二维矩阵金融统计，后者就是三维矩阵金融统计。而货币统计不需要三维矩阵统计。

（三）金融统计的范围

以上我们是从分析宏观经济和国民经济核算的角度定义金融统计范围的。从微观管理的角度，对金融市场风险和金融机构内部管理风险的监测如证券市场的统计、金融机构内部管理统计，以及某项金融活动的专项统计，如外汇统计等，也都属于金融统计的范围。

三、金融统计的表述方式

金融统计的表述方式即反映形式，也就是围绕“谁，用什么方式融资，对谁”，展示统计结果的方式。金融统计表述方式决定金融统计数据的获得等其他统计工作。金融涵盖面广，专项统计比较多，如证券市场统计、外汇市场统计、监管统计等，每项或每种金融统计展示的方式都不一样。我们这里所说的金融统计表述方式是指展示整个机构部门金融资产和负债的流量和存量的方式。如前所述，金融统计既可以采用二维矩阵统计方式，即记录并反映哪些部门购买了哪些金融资产；也可以采用三维矩阵统计方式，即记录并反映哪些部门购买了哪些部门发行的哪些金融资产。这部分内容，在第三节我们还将详细介绍。

第二节　金融统计的基本框架

在明确了金融统计概念之后，在讨论金融统计数据的收集和编制之前，我们还要研究金融统计框架，即金融统计的理论基础。金融统计框架就是要说明金融统计的金融存量和流量在整个经济核算中是如何被反映出来的。《国民账户体系》（SNA）全面覆盖了整个经济体及其各部门的存量与流量。金融统计是在《国民账户体系》的框架内发展起来的。金融统计框架就是国民账户体系中的资产负债表、金融账户和资产数量的其他变化等账户的核算。

一、国民账户体系的含义

国民账户体系是由联合国等国际机构制定的一整套国民经济核算的标准或原则。这些标准或原则表现为一套完整的概念、定义、分类和核算规则。如机构单位和机构部门、交易和其他流量、资产和负债、存量和流量的核算等，这些我们在第二、第三、第四章已经做了部分介绍。

《国民账户体系》是运用一定的核算规则记录所有国民经济的主体及活动内容的账户体系。

首先，《国民账户体系》是一个账户体系，账户按交易主体分为非金融性公司账户、金融性公司账户、广义政府账户、住户账户、为住户服务的非营利机构账户、国外账户；按国民经济运行的生产、收入分配、消费使用到投资的循环环节分为生产账户、收入分配账户、收入使用账户、资本账户、金融账户等；按交易规模和核算分为交易账户、资产数量的其他变化账户、重估价值账户及流量账户、存量账户等。这套体系系统地描述了交易主体是谁、交易的对象是什么、交易的规模如何核算等国民经济运行的立体画面。

其次，《国民账户体系》是所有国民经济的主体及活动内容的记录系统。它采用四分式记账，就是同时运用纵向和横向记账，其中每一个交易结果在系统中都被记做四个项目。纵向复式记账法——也被简称为复式记账——交易结果被记录在通常称为贷方项目、借方项目的两个项目中。横向复式记账反映了两个单位之间的相互经济关系。当交易发生时，两对项目被记录：第一对项目以记录商品、服务的供给，或单位资产以及商品、服务的获得，或因其他产生的负债；第二对项目通常出现在金融账户中，并记录一方提供付款方式（通过承担负债或减少资产）和另一方接受付款的方式。第二对交易可能因实物形式的无偿交易或交易而出现在经常账户或资本账户中。此外，假使交易是基于改变核算账户资产或负债组合结构，这两对项目都将出现在金融账户中。四式记账法体系的运用意味着从横向和纵向扩展了账户记录，使得国民账户体系成为一个封闭的系统。所有的交易都有对应的横向和纵向项目。从理论上讲，单个部门和子部门的所有交易总和为零，就像交易贯穿所有部门一样；并且所有的负债存量除了作为储备资产的黄金外，都有对应的金融资产存量。表 7 – 1 提供了产生“自上而下”的数据例子。像这样“自上而下”的账户，能够用于包括金融性公司部门在内的每一个经济体部门。

表 7 – 1　　　　全序列账户，整个经济体资产负债表

	使用	交易及平衡项目	来源
经常账户		生产账户	
		按基本价格计算的产出	3 604
	1 883	中间消费	
	1 721	按基本价格计算的总增加值	
		产品税收减补贴	133
	1 854	国内生产总值	
	222	固定资本消耗	

续表

	使用	交易及平衡项目	来源
	1 632	国内生产净值	
		收入初次分配账户	
		国内生产总值	1 854
	1 150	雇员报酬	
	191	产品税费减补贴、进口税	
	513	经营盈余总额/混合收入	
		基本收入的分配账户	
		经营盈余总额/混合收入	513
		雇员报酬	1 154
		产品税费减补贴、进口税	191
经常账户	391	财产收入	397
	1 864	国民收入总额	
		收入再分配账户	
		国民收入总额	1 864
	1 212	经常转移	1 174
	1 826	可支配收入总额	
		收入使用账户	
		可支配收入总额	1 826
	1 399	最终消费支出	
	11	养老金权益调整变化	11
	427	储蓄总额	
	222	固定资本消耗	
	205	储蓄净额	
	资产变化	交易及平衡项目	负债及净值变化
		资本账户	
		储蓄净额	205
	192	资本形成净值	
		资本净转移	12
		储蓄、资本转移引起的净值变化	217
累积账户	25	净贷款（+）/净借款（−）	
		金融账户	
		净贷款（+）/净借款（−）	25
	120	获得的金融净资产/负债	95
		资产数量的其他变化账户	
	10	非金融性公司资产	

续表

	资产变化	交易及平衡项目	负债及净值变化
累积账户	3	金融资产/负债	3
		资产数量的其他变化引起的净值变化	10
		重新定值账户	
	280	非金融资产	
	-9	金融资产/负债	-9
		持有收益/损失引起的净值变化	-10
资产负债表		资产负债表期初资产存量及变化	
	4 621	非金融性资产	
	14 342	金融资产/负债	14 471
		净值	4 492
		资产及负债的总变化	
	482	非金融性资产	
	114	金融资产/负债	89
		净值总变化	25
		资产负债表期末	
	5 103	非金融性资产	
	14 456	金融资产/负债	14 560
		净值	4 999
		备忘录：商品和服务账户	
	使用		资源
		产出	3 604
		进口	499
		产品税费减补贴	133
	1 883	中间消费	
	1 399	最终消费支出	
	414	资本形成总额	
	540	出口	
	4 236	总计	4 236

二、国民账户体系的结构

国民账户体系由一系列账户组成。这里只介绍描述国民经济运行循环的账户体系。它们被分为三大类：经常账户、累积账户和资产负债表。图 7－1 显示了这些账户的内在关系。

经常账户中记录的交易通常都需要在资本和金融账户中有一个对应的项目。与经常账户

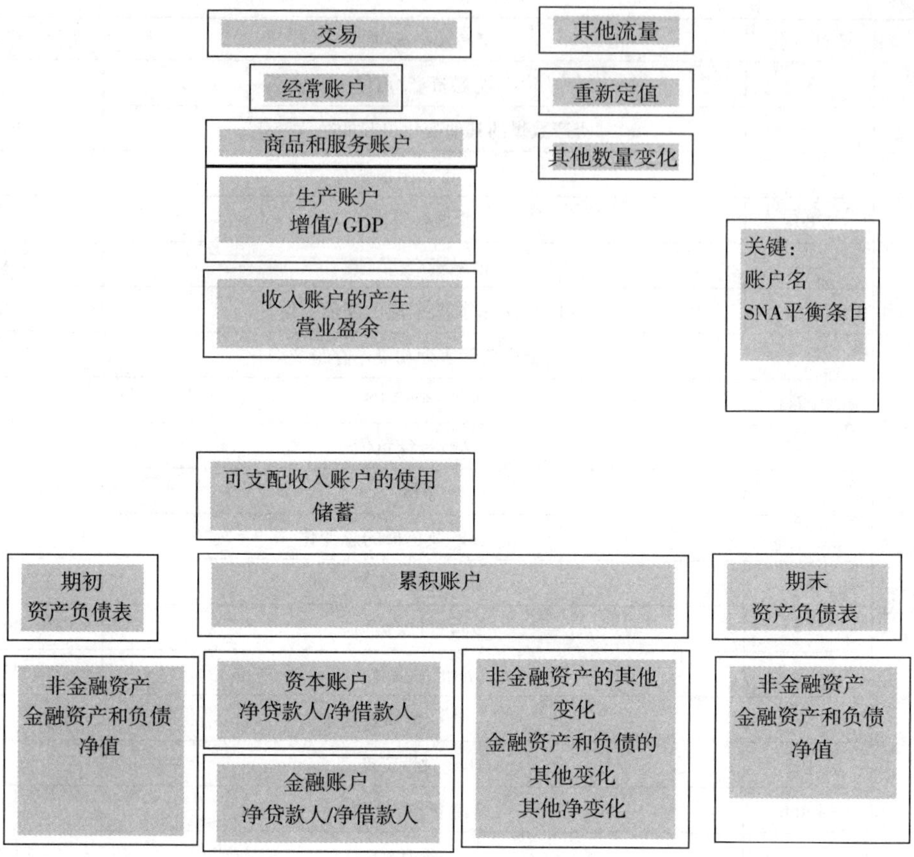

图7-1　国民账户体系框架

中的每一来源相对应的是拥有单位可得经济价值的增加，而与每一使用对应的则是减少。因此，来源增加一个单位的净值，使用则减少净值。经常账户的最终平衡项目——储蓄——是收入中未用于最终消费支出的部分。储蓄是累积账户的起点，它和资本转移净额一起代表可用于资本形成的来源，增加金融资产并减少负债。累积账户包括因交易和其他事件形成的在非金融和金融资产的存量、负债以及净值的变化。资产负债表包括非金融和金融资产和负债的存量以及机构部门和经济体的净值。

（一） 经常账户

商品和服务账户不是账户序列中的账户，但是反映了由机构单位承担的商品和服务的交易。该账户反映了输出（国内生产）和进口商品和服务的总供给如何被用于资本形成、中间消费、最终消费以及出口。经常账户包括生产账户、收入分配账户（初次分配、再分配和实物收入再分配），以及收入使用账户。

1. 生产账户。该账户记录了生产（输出）和在该生产（中间消费）中的商品和服务使用的结果。生产中使用的资本的磨损不被记录为中间消耗，而是作为固定资本的消耗。一个给定部门或单位的生产账户的平衡项目是增加值。增加值既可以是总额也可以是净额。整个经济体生产账户的平衡项目是国内生产总值或国内生产净值。

2. 收入分配账户。由于收入的分配和收入的过程非常重要，因此有必要区分收入分配的不同步骤，并在不同的账户中分别反映这些步骤。收入分配被分为三个步骤：收入初次分配、收入再分配和实物收入再分配。

（1）收入初次分配账户。这个账户显示了通过生产过程形成的增加值是如何分配给劳动力、资本、政府的，必要时还要反映来自国外的流量和流向国外的流量。收入的初次分配账户包含两个子账户：①一般收入账户；②基本收入的分配账户。收入形成账户显示了增加值在劳动（如雇员应得报酬）、政府（税费减补贴）和资本中是如何分配的。资本的分配不直接预计，但其作为账户平衡项目下的经营盈余。在住户中拥有非法人企业的情况下，平衡项目可能包括业主或家庭成员在非法人企业工作的应得报酬。这种平衡（包括部分补偿）被称为混合收入。第 2 个子账户——收入初次分配账户将营业盈余或混合收入以资源的形式反映，并反映住户的雇员应得报酬，政府的税费减应得补贴和机构部门的应收、应付收入。

收入初次分配账户的平衡项目是机构部门的初次收入。由初始收入可以导出国民核算中的另一个重要指标——国民收入。

（2）收入再分配账户。该账户记录了通过转移完成的收入再分配。除了从以前账户中获取资源的初始收入平衡外，收入的再分配账户记录相同类型的资源及使用。这是因为这种交易可能是对一个部门来说是来源，也可能对另一个部门来说是使用。此账户的平衡项目是可支配收入。

（3）实物收入再分配账户。由于涉及的交易的特殊性质，该账户仅对政府、住户和为住户服务的非营利机构才有意义。在收入再分配过程中，实物社会转移包括两部分内容，一是由政府和为住户服务的非营利机构提供的个人服务的非市场生产，二是由政府和为住户服务的非营利机构购买并免费或以经济意义价格向住户转移的货物和服务。实物社会转移的记录方式是：住户记录为来源，政府和为住户服务的非营利机构记录为使用。实物收入再分配账户的平衡项目是调整后的可支配收入。

3. 收入使用账户。该账户可作为可支配收入使用账户、调整后可支配收入使用账户单独显示。该账户显示可支配收入（或调整后可支配收入）是如何在最终消费和储蓄之间进行分配的。公司不承担最终消费，因此最终消费只登录在政府、为住户服务的非营利机构和住户部门。养老金福利调整后的变化同时登录在可支配收入使用账户和调整后可支配收入使用账户。本次交易在住户方作为来源记录，在金融性公司或者其他养老金提供机构作为使用记录。

收入使用账户的平衡项目是储蓄，它也是经常账户的最终平衡项目。如果没有最终消费（即与公司交易的情况下），储蓄将等于可支配收入（在养老金福利调整的变化之后）。储蓄可能是正的（当可支配收入超过最终消费支出）或负的（当最终消费支出超过可支配收入）。

（二） 积累账户

积累账户记录了资产和负债的变化以及净值（任一机构单位或一批机构单位的资产与负

债的差额）的变化，它包括资本账户、金融账户、资产数量的其他变化账户和重估价值账户。积累账户与资产负债表一起为金融统计提供了涵盖所有经济部门中金融资产和负债的存量和流量的框架。

1. 资本账户。资本账户是记录资产价值变化的第一个账户。它记录了因交易而引起的非金融性资产的价值变化以及涉及财富再分配的资本转移。非金融资产包括生产和非生产的非金融性资产。生产资产包括以下几部分：（1）固定资产—— 在生产过程中反复或持续使用超过 1 年的资产（住房、其他房屋或建筑、机械和设备、栽培和养殖资产，如饲养的家畜和农场，以及知识产权）。（2）库存（材料和物资、在制品、完成品和再销售产品）。（3）贵重物品（主要是作为价值储藏而获取和持有的资产）。

非生产资产包括以下部分：（1）自然资源——自然存在的资源，例如土地、水资源、野生森林。（2）合同、租赁和许可证——合同、租赁和许可证上详细规定了资产的使用价格（或提供服务），不同于在没有合同、租赁或许可证的价格，并且合同的一方可以察觉到价格的不同。（3）商誉和销售资产：只有当一个单位被购买或者一个可被识别的销售资产被售出时记录。

资本账户记录由从事交易活动（包括固定资产消耗）的居民机构单位的非金融性资产获得或处置价值，反映了由于储蓄和资产转移引起的净值变化。

净贷款/净借款是资本账户的平衡项目。它是通过储蓄和资本转移减获取的非金融性资产净额的净值变化来计算的。从储蓄和净资产转移获取的（一般不用于获取非金融资产），提供给一个经济体或者部门的净资源，反映了获取的金融资产净额的来源，也就是净贷款。盈余来源（通过储蓄和资本转移）超过资本累积的机构部门就是净贷款人。资本支出超过这些资源的机构部门是净借款人。

《国民账户体系》定义资本转移为无偿转移，资本转移或者转让方通过处置资产涉及的资金，放弃债权或甲方收到必须获得资产的转让。

2. 金融账户。金融账户是记录由交易引起的流量的序列账户中的最终账户。它记录用金融工具产生的交易。“工具”一词的使用只涉及金融资产负债表上的项目，与货币统计中其用于包括一些非资产负债表项目的所有金融工具有所不同。

在金融账户中净借款或贷款与其在资本账户中相等。当它在资本账户中反映资产变化时，它在金融账户中反映负债和净值的变化。由于金融账户是系统中记录交易的最终账户，所以它没有平衡项目结转。当考虑所有部门的交易——包括国外部门的交易——获得的金融资产净值（不含黄金）等于发生的负债净值。平衡体现为金融账户中的每一部门的净贷款或净借款，相当于（与符号相反）资本账户的每一个部门净贷款或净借款。

金融账户显示了一个机构部门如何将其盈余的来源通过净贷款平衡提供给其他部门。该部门可以获得金融资产净额或减少负债净额。同样，金融账户也反映了一个净借款部门是如何能够通过减少其持有资产净值或增加负债净值来获得金融来源。

3. 资产数量的其他变化账户。资产数量的其他变化账户记录了在一段时期内（在资产负债表期初与期末之间）资产负债的变化，这些变化不是导致资产负债的价值变化，而是导致资产负债的价值变化。

资产数量的其他变化账户记录了以下五种变化：（1）资产在经济上的发生与消失，包括自然存在的资产获得了经济价值或者失去了经济价值，以及被机构单位建立了所有权的新发现的地下资产；（2）灾难性的损失，当外部事件的影响是特殊的和不可预见的，可能影响资产的整体价值，包括因自然灾害或战争的损失；（3）资产的无偿取得；（4）别处未分类的其他数量变化；（5）机构单位和资产分类的变化，以及机构单位的结构变化。

资产数量的其他变化账户中所有资产的增加和负债的减少都将增加净值；同样地，资产数量的其他变化账户中所有资产的减少和负债的增加都将减少净值。

4. 重估价值账户。重估价值账户登录非金融和金融资产及负债的持有者因资产和负债价格变化以及汇率变动而产生的持有收益和损失，它记录名义持有收益和损失，可以进一步细分为中性持有收益和实际持有收益。

非金融性资产的名义持有收益是资产所有者受益于其资产的时间价值的变化而获得的价值。金融资产的名义收益是该项资产在资产交易（包括一段时间内的利息的自然增长）和资产物量其他变化之外的价值增加。负债的名义持有收益是该项负债在交易或其他物量变化之外发生的价值减少。

在同一时间内，名义持有收益或损失和中性持有的收益或损失之间的差别是实际持有收益或损失。如果资产价值增值的速度快于中性持有的收益，就存在实际持有收益。如果资产价值的升值没能和价格同步上升，或者根本没有上升，资产所有者将会有实际持有损失。

（三） 资产负债表

资产负债表记录了一个部门、整体经济体或者国外部门的非金融、金融资产和负债的存量。整个经济体的资产负债表反映了国家的财富，也就是非金融资产和国外部门净债权的总和。资产负债表的平衡项目是净值，它是资产总值减去总负债。它反映了部门的经济价值存量的现值。

对于全套账户序列而言，其中要包括期初和期末资产负债表。对于一个给定的资产，资产负债表的期初和期末是通过如下的交易和其他流量联系起来的：

期初存量价值（资产负债表期初）+交易获得价值－交易处置价值+数量净变化价值+会计期间发生的持有收益的价值（或减持有损失）=期末存量价值（资产负债表期末）

对于国外部门而言，此账户反映了来源于国民经济中非居民持有资产存量和居民持有的国外资产存量。非金融资产不反映在国外部门账户中。生产资产不包括在国外部门的资产负债表中因为产品的最终使用——作为资本形成或最终消费，都只是国民经济关注的部分。

对于非生产资产，土地和其他自然资源并没有被包含，这是因为这些资产总是包含国民经济资产。因此，如果在国民经济中一个非居民购买了土地或者自然资源，名义居民单位以准法人形式设立的账户作为该资产的所有者。这样才能使非居民被认为是该资产名义上的所有者。

住户部门的资产负债表包括住宅。耐用消费品（汽车、家电）不包括在资产负债表中，因为它们不是固定资产，这些都是消费品。如果住户拥有非法人企业，该企业用于生产过程的资产比例价值计入资产负债表。

三、金融统计框架

金融统计是计量经济体中各部门之间以及这些部门和世界其他地方之间所有金融存量和流量。如前所述国民经济账户体系中的资产负债表和累积账户为金融存量和流量纳入完整的账户体系中提供了一套国际认可的指导原则。金融统计框架覆盖了金融账户、资产负债表和资产数量的其他变化账户。让我们从国民账户体系的资产负债表、累积账户和资产数量的其他变化账户中分析它们是如何反映金融流量和存量的。

（一） 流量账户

流量账户包含金融账户以及金融资产和负债的其他变化。因此，金融流量账户包含了经济体中各部门之间以及这些部门和世界其他地方之间的金融资产和负债的流量。

原则上经常账户最后一项的储蓄（可支配收入账户的使用）应该与资本账户相匹配。净贷款表明特定部门借给其他部门的资金，净借款表明特定部门从其他部门借来的资金。与此对应，金融账户记录金融资产的净获得和金融负债的净发生，并展示了净贷款或净借款是如何反映金融资产交易的。金融账户的净贷款（净借款）原则上等于资本账户的净贷款（净借款）。但在现实情况中，无论是统计误差还是因为分配每个金融工具给剩余部门的具体操作，都可能造成两者的不相等。

（二） 存量账户

存量账户包括本国所有部门和国外部门的资产负债表。资产负债表展示了国家所有部门从开始到结束的资产负债的存量。

（三） 金融统计框架的概括

金融统计的金融流量和存量，就是金融资产和负债的流量和存量。作为融资工具的金融资产和负债的流量和存量，实质反映了储蓄转化为投资（详见第三章第一节“金融资产的概念”）的过程和结果。金融统计框架是用统计语言描述在整个经济体运行的国民账户体系中，金融资产和负债的流量和存量是如何反映储蓄转化为投资的过程和结果的。在国民账户体系中，经常项目账户反映了金融资产的物质基础——储蓄是如何形成的；积累账户的金融账户反映了净贷出或净借入，而各种金融交易的记录与经常账户和累积账户中的资本账户的记录是相对应的；资产负债表反映了整个经济体的金融资产、非金融资产和负债的存量。国民账户体系的资产负债表、金融账户和资产数量的其他变化账户反映了整个经济体的金融流量和存量。

第三节 金融统计基本报表的编制

金融统计基本报表的编制也就是金融统计基本报告的编制，这涉及报表的表述形式即报表的设计、数据的搜集整理及填录等问题。本节主要讨论报表的反映形式及数据的搜集。

一、金融统计的表述形式

金融统计的表述形式依据内容不同而有差异，如对金融机构的间接融资的统计，可以采取编制信贷收支表的形式，对股票和债券融资的统计也可以采取编制股票和债券统计表的形式。这些形式或适用于某一部门如金融机构，或适用于某一金融资产或金融负债如股票和债券。要全面反映经济中所有部门的金融资产和金融负债的流量和存量，可采取二维、三维矩阵的表述形式。

（一）二维矩阵金融统计

二维矩阵金融统计分为交易、存量和交易存量三种表式。

1. 交易的二维金融统计。交易的二维金融统计（见表 7－2）每个部门有两列：一列为金融资产的净获得，另一列为负债的净发生。值得注意的是，金融工具的交易可直接测量，净资金投资可直接使用（而不是净贷款/借款），其计算公式是：金融资产的净获得减去负债的净发生。

纵向看，从理论上来讲，如果所有交易都被涵盖，那么对每一个部门来说，金融资产交易所有列之和等于金融负债、净值交易的所有列之和。如表 7－2 了反映整个经济体的金融资产的总变化［104.1＝120.1＋（－16.0）］等于其负债的总变化（104.1＝94.9＋9.2）。

横向看，对一个部门来说，一个金融工具可能同时引起金融资产与金融负债的变化，比如当一个部门既发行股票又购买股票时，就会出现金融资产与金融负债同时变化。对每一类金融工具来说，所有部门的资产变化之和等于负债变化之和。如果这个等式不成立，部门与工具的资产与负债就会在表中出现差异。表 7－2 反映了一个独立时期内交易的二维金融统计的例子。比如债券的二维统计，金融资产的总变化［5.1＝40.8＋（－35.7）］等于部门间负债的总变化［5.1＝8.4＋（－3.3）］。

2. 存量的二维金融统计。存量的二维金融统计（见表 7－3）与流量资产负债表类似。对每个部门来说，资产、负债是单独列出的。净金融头寸等于金融资产减负债。

3. 交易存量的二维金融统计。交易存量的二维金融统计（见表 7－4）期初存量、交易、其他流量以及期末存量的综合表述能够在一个表中反映。金融统计是在《国民账户体系》框架中发展起来。从理论上和分析上来讲，资本账户与金融账户之间的内在联系允许非金融账户与金融账户通过净贷款/净借款平衡项目联系起来，其可以是同时来自资本账户和金融账户。表 7－5 显示了一个季度合并的资本和金融账户的例子，反映了净贷款或净借款在金融账户中是如何与其在资本账户中相等的。它参考了表 7－1 中资本账户产生的负债净额（95，整个经济体）、获取的金融资产净额（120，整个经济体）、获取的非金融资产净额（192），以及由储蓄、资本转移引起的净值变化（217）。表 7－5 并没有反映储蓄和资本转移以及投资总净额之间的统计差异，尽管实践中这种差异是可能发生的。

表 7－2　　交易的二维金融统计

交易	非金融性公司		金融性公司		中央政府		住户及为住户服务的非营利性机构		国内总计		国外部门	
一段时期内	金融资产变化	负债变化	金融资产变化	负债变化	金融资产变化	负债变化	金融资产变化	负债变化	金融资产变化	负债变化	金融资产变化	负债变化
A. 货币黄金与特别提款权			0.4	-0.0					0.4	0	0	0.4
B. 通货与存款	16.9		41.1	29.1	-4.1		25.8		79.6	29.1	-14.7	35.8
C. 债券	27.9	-6.7	12.7	-0.8	1.6	15.8	-1.4		40.8	8.4	-35.7	-3.3
D. 贷款	-1.3	-1.4	-19.8	4.6	0.5	-7.7	0.1	-19.7	-20.4	-24.2	-2.4	1.4
E. 股权和投资基金份额	14.4	28.6	9.7	52.4	1.0		-2.2		22.9	81.1	37.6	-20.6
F. 保险、养老金及标准化担保计划	0.7		1.6	15.3	0		12.8		11.9	15.3	-0.3	-3.7
G. 金融衍生品及员工股票期权	0	-2.0	2.4	4.6			1.5	0.9	3.9	3.6	-0.3	0
H. 其他应收/应付账款	-40.5	7.5	12.6	-40.8	5.0	12.0	4.0	3.0	-18.9	-18.3	-0.2	-0.8
合计	18.1	26.2	57.5	64.4	4.0	20.2	40.5	-15.9	120.1	94.9	-16.0	9.2
金融投资净额（获取的金融资产净值减产生的负债净值）		-8.1		-6.9		-16.2		56.4		25.2		

表 7－3　　存量的二维金融统计（金融资产负债表）

交易	非金融性公司		金融性公司		中央政府		住户及为住户服务的非营利性机构		国内总计		国外部门	
期末存量	资产	负债	资产	负债	资产	负债	资产	负债	资产	负债	资产	负债
A. 货币黄金与特别提款权			34.7	6.7					34.7	6.7	6.7	7.0
B. 通货与存款	658.5		527.6	2 658.3	241.9		1 484.0		2 911.9	2 658.3	54.1	307.7
C. 债券	497.8	485.4	2 305.0	680.1	25.6	1 110.7	140.0		2 968.4	2 276.2	89.8	782.0

续表

交易	非金融性公司		金融性公司		中央政府		住户及为住户服务的非营利性机构		国内总计		国外部门	
期末存量	资产	负债	资产	负债	资产	负债	资产	负债	资产	负债	资产	负债
D. 贷款	102.7	1 483.9	3 093.3	668.9	174.1	307.1	3.6	1 351.9	3 373.8	3 811.7	503.9	65.9
E. 股权和投资基金份额	569.0	2 219.5	897.7	2 038.3	28.4		2 260.7		3 755.7	4 257.8	600.3	98.2
F. 保险、养老金及标准化担保计划	11.8	0	13.6	632.1	24.2	0	594.1		643.7	632.1	18.6	30.3
G. 金融衍生品	14.2	9.2	35.8	56.8	0	0	15.6	9.3	65.6	75.3	14.7	5.0
H. 其他应收/应付账款	251.3	112.6	195.4	523.0	45.3	25.1	210.0	181.6	702.0	842.3	203.1	62.8
合计	2 105.4	4 310.6	7 103.0	7 264.2	539.5	1 442.9	4 707.9	1 542.7	14 455.8	14 560.4	1 491.3	1 359.1
金融净头寸（金融资产减负债）		-2 205.2		-161.2		-903.4		3 165.2		-104.6		132.2

表 7-4　存量、交易及其他流量的二维金融统计

交易	非金融性公司		金融性公司		中央政府		住户及为住户服务的非营利性机构		国外部门	
期初存量	资产	负债	资产	负债	资产	负债	资产	负债	资产	负债
A. 货币黄金与特别提款权			33.8	6.6					6.6	6.6
…										
H. 其他应收/应付账款	290.9	102.1	182.6	565.0	40.3	18.9	205.2	180.7	209.3	61.6
合计	2 096.5	4 279.8	7 037.7	7 192.6	536.3	1 431.9	4 671.3	1 566.7	1 486.7	1 330.1
净金融头寸（金融资产减负债）		-2 183.3		-154.9		-895.6		3 104.6		156.6
一段时期内的交易	使用	资源	使用	资源	使用	资源	使用	资源	使用	资源
A. 货币黄金与特别提款权			0.4	0					0	0.4
…										

续表

交易	非金融性公司		金融性公司		中央政府		住户及为住户服务的非营利性机构		国外部门	
一段时期内	使用	资源	使用	资源	使用	资源	使用	资源	使用	资源
H. 其他应收/应付账款	-40.5	7.5	12.6	-40.8	5.0	12.0	4.0	3.0	-0.2	-0.8
合计	18.1	26.2	57.5	64.4	4.0	20.2	40.5	-15.9	-16.0	9.2
金融投资净额（使用减资源）		-8.1		-6.9		-16.2		56.4		-25.2
一段时期内的其他流量	资产变化	负债变化	资产变化	负债变化	资产变化	负债变化	资产变化	负债变化	资产变化	负债变化
A. 货币黄金与特别提款权			0.5	0.1					0.1	0.1
…										
H. 其他应收/应付账款	0.9	3.0	0.1	-1.2	0.0	-5.8	0.8	-2.1	1.9	-6.0
合计	-9.1	4.6	7.8	7.2	-0.8	-9.2	-3.9	-8.1	20.6	19.7
其他净流量（资产变化减负债变化）		-13.7		0.6		8.4		4.2		0.9
期末存量	资产	负债	资产	负债	资产	负债	资产	负债	资产	负债
A. 货币黄金与特别提款权			34.7	6.7					6.7	7.0
…										
H. 其他应收/应付账款	251.3	112.6	195.4	523.0	45.3	25.1	210.0	181.6	203.1	62.8
合计	2 105.4	4 310.6	7 103.0	7 264.2	539.5	1 442.9	4 707.9	1 542.7	1 491.3	1 359.1
净金融头寸（金融资产减负债）		-2 205.2		-161.2		-903.4		3 165.2		132.2

表 7－5　　合并的资本及金融账户

资产						交易	负债及净值变化					
国外部门	国内经济总计	住户及为住户服务的非营利性机构	中央政府	金融性公司	非金融性公司		非金融性公司	金融性公司	中央政府	住户及为住户服务的非营利性机构	国内经济总计	国外部门
						储蓄及资本转移	136	－11	－3	95	218	－25
						净储蓄	71	2	－48	80	221	－28
						净资本转移	65	－13	45	15	－3	3
－25	217	95	－3	－11	136	投资总净额（获取的非金融资产净额加金融投资净额）						
	192	39	13	－4	144	获取的非金融资产净额						
	154	27	8	－4	123	固定资本形成净额						
	28	2	0	0	26	库存变化						
	10	5	3	0	2	贵重物品的获取减去处置						
	0	5	2	0	－7	非生产非金融性资产的获取减去处置						
－25	25	56	－16	－7	－8	净贷款/净借款＝金融净投资＝获得的金融资产减产生的负债						
－16	120	41	4	57	18	获得的金融净资产/产生的负债	26	64	20	－16	95	9
0	0		0	0		货币黄金及特别提款权		0				
－15	80	26	－4	41	17	通货及存款	0	29	0	0	29	36

续表

资产						交易	负债及净值变化					
国外部门	国内经济总计	住户及为住户服务的非营利性机构	中央政府	金融性公司	非金融性公司		非金融性公司	金融性公司	中央政府	住户及为住户服务的非营利性机构	国内经济总计	国外部门
-36	41	-1	2	13	28	债券	-7	-1	16	0	8	-3
-2	-20	0	1	-20	-1	贷款	-1	5	-8	-20	-24	1
38	23	-2	1	10	14	股权及投资基金份额	29	52	0	0	81	-21
0	12	13	0	-2	1	保险、养老金及标准化担保计划	0	15	0	0	15	-4
0	4	2	0	2	0	金融衍生品	-2	5	0	1	4	0
0	-19	4	5	13	-41	其他应付/应收账款	8	-41	12	3	-18	-1
						统计差异（储蓄及资本转移减投资总净额）						
						备忘项目：总资源/总使用						
						资源 = 储蓄及资本转移 + 产生的负债净值						
						使用 = 资本累积 + 获取的金融资产净值 + 统计差异						

（二）三维金融统计

三维金融统计是在二维金融统计上增加了交易对手部门，可进行由谁到谁（from - whom - to - whom）的分析。图7-2显示了三维金融统计的概念，它通过对应部门提供了一个可以反映所有部门或子部门全部工具类型流量和存量的框架。在这个框架中，依据金融工具类别、融资数量追踪谁给谁提供了资金。对于交易而言，三维的表述同时反映了交易的双方以及被使用的金融工具——这也被称为资金流量统计。对于存量而言，类似三维的表述反映了每一种金融工具的债权人和债务人——这也被称为资产负债表法（BSA）。

分析双边跨境存量及流量时，三维表述方式可通过将国外部门按照国家甚至部门划分来进一步延伸。如此一来，像这种延伸涉及了很多国家使得有必要在全球层面构建双边金融统计。因此“全球资金流量”数据有很高的分析价值。

存量三维表述方式如表7-6所示，它反映了每一类金融工具的债权人和债务人部门以及每一部门的资产和负债。为方便起见，每一类金融工具金融净头寸在表7-3、表7-4中类似于部门的金融净头寸。表7-7是两部门三维金融统计的简例。

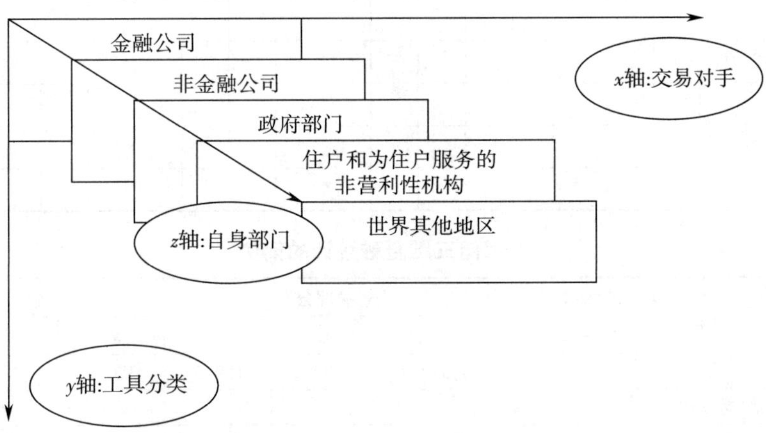

图7-2　三维金融统计示意图

表7-6　　存量的三维金融统计

<table>
<tr><td rowspan="2">发行者/债务人
持有者/债权人</td><td colspan="3">金融性公司</td><td colspan="3">中央政府</td><td colspan="3">非金融性公司</td><td colspan="3">住户和为住户服务的非营利机构</td><td colspan="3">国外部门</td><td colspan="3">所有债务人</td></tr>
<tr><td>A</td><td>L</td><td>NP</td><td>A</td><td>L</td><td>NP</td><td>A</td><td>L</td><td>NP</td><td>A</td><td>L</td><td>NP</td><td>A</td><td>L</td><td>NP</td><td>A</td><td>L</td><td>NP</td></tr>
<tr><td>金融性公司</td><td></td><td></td><td></td><td></td><td></td><td></td><td></td><td></td><td></td><td></td><td></td><td></td><td></td><td></td><td></td><td></td><td></td><td></td></tr>
<tr><td>货币黄金及特别提款权</td><td></td><td></td><td></td><td></td><td></td><td></td><td></td><td></td><td></td><td></td><td></td><td></td><td></td><td></td><td></td><td></td><td></td><td></td></tr>
<tr><td>…</td><td></td><td></td><td></td><td></td><td></td><td></td><td></td><td></td><td></td><td></td><td></td><td></td><td></td><td></td><td></td><td></td><td></td><td></td></tr>
<tr><td>其他应付/应收账款</td><td></td><td></td><td></td><td></td><td></td><td></td><td></td><td></td><td></td><td></td><td></td><td></td><td></td><td></td><td></td><td></td><td></td><td></td></tr>
<tr><td>中央政府</td><td></td><td></td><td></td><td></td><td></td><td></td><td></td><td></td><td></td><td></td><td></td><td></td><td></td><td></td><td></td><td></td><td></td><td></td></tr>
<tr><td>货币黄金及特别提款权</td><td></td><td></td><td></td><td></td><td></td><td></td><td></td><td></td><td></td><td></td><td></td><td></td><td></td><td></td><td></td><td></td><td></td><td></td></tr>
<tr><td>…</td><td></td><td></td><td></td><td></td><td></td><td></td><td></td><td></td><td></td><td></td><td></td><td></td><td></td><td></td><td></td><td></td><td></td><td></td></tr>
<tr><td>其他应付/应收账款</td><td></td><td></td><td></td><td></td><td></td><td></td><td></td><td></td><td></td><td></td><td></td><td></td><td></td><td></td><td></td><td></td><td></td><td></td></tr>
</table>

续表

发行者/债务人 持有者/债权人	金融性公司			中央政府			非金融性公司			住户和为住户服务的非营利机构			国外部门			所有债务人		
	A	L	NP	A	L	NP	A	L	NP	A	L	NP	A	L	NP	A	L	NP
非金融性公司																		
货币黄金及特别提款权																		
…																		
其他应付/应收账款																		
住户及为住户服务的非营利性机构																		
货币黄金及特别提款权																		
…																		
其他应付/应收账款																		
国外部门																		
货币黄金及特别提款权																		
…																		
其他应付/应收账款																		
所有债权人																		

表 7－7　　两部门三维金融统计的简例

发行者/债务人 持有者/债权人	金融性公司			中央政府		
	A	L	NP	A	L	NP
金融性公司	1 852.4	1 692.9	159.5	320.3	717.9	－397.6
货币黄金与特别提款权						
通货与存款	240.2	161.9	78.3	241.9	0	241.9
债券	498.2	528.2	－30.1	25.6	610.7	－585.1
贷款	473.1	471.9	1.2	24.1	107.1	－83.0
股权和投资基金份额	595.0	486.6	108.4	28.4	0	28.4
保险、养老金及标准化担保计划	13.3	8.3	5.1	0	0	0
金融衍生品	30.8	34.7	－4.0	0	0	0
其他应收/应付账款	1.9	1.2	0.6	0.3	0.1	0.3
中央政府	717.9	320.3	397.6	106.0	240.0	－134.0
货币黄金与特别提款权						
通货与存款	0	241.9	－241.9	0	0	0
债券	610.7	25.6	585.1	6.0	150.0	－144.0
贷款	107.1	24.1	83.0	65.0	70.0	－5.0
股权和投资基金份额	0	28.4	－28.4	0	0	0
保险、养老金及标准化担保计划	0	0	0	0	0	0
金融衍生品	0	0	0	0	0	0
其他应收/应付账款	0.1	0.3	－0.3	35.0	20.0	15.0

二、金融统计数据来源

（一） 主要数据来源

货币统计通常是金融统计的主要数据来源。这是因为在一个经济体中金融性公司的金融中介作用以及货币统计的良好覆盖率。金融性公司部门往往是金融交易的对手，要么是一个金融工具的债权人/持有者，要么是其发行者/债务人。

从概念上讲，金融统计数据的来源可以由双方在每一次金融交易/位置中获得。在实践中，编制者可能需要依赖于只有一方报告的金融交易/位置的数据。例如，住户部门由许多小单位组成，通过金融公司部门渠道搜集金融交易数据，金融公司部门拥有比住户少很多数量的机构、可靠的数据记录和报告渠道。因此从金融公司而不是直接从住户部门中提取住金融资产和负债数据是可行的。

表 7－8 描述了搜集数据的相对可靠性。高度可靠的数据是那些可以从金融公司、国际投资头寸和国际收支统计中直接获得的数据。中度可靠的数据是那些涉及估算，但一些数据源可通过年度或不频繁的途径获取，或包含在调查中。较不可靠的数据是那些难以获取或数据来源通常不存在。这一类数据的许多估计是基于剩余的计算。非阴影部分是指那些负债通常不存在。例如，住户和为住户服务的非营利性机构既不发行货币也没有存款。

表 7－8　　　　数据来源的可靠性

	金融公司				广义政府		非金融公司				住户和为住户服务的非营利性机构		其他部门	
	存款类公司		其他金融公司				公共非金融公司		其他非金融公司					
	资产	负债	资产	负债	资产	负债	资产	负债	资产	负债	资产	负债	资产	负债
流通中的货币与存款	高	高	高	高	中		中		低		低		高	高
流通中的货币	高	高	高		低		中		低		低		中	中
存款	高	高	高	高	中		中		中		低		中	中
贷款	高	高	高	高	中	高	中	高		中		中	高	高
债券	高	高	高	高	中	高	中	高		中	低		高	高
中央政府债券	高		高		中	高	中	低	中		低		中	
其他债券	高	高	高	高		中		高		中	低		中	中
股票和投资基金份额	高	高	高	高	中		中	高	中	中	低		高	高
金融衍生品	中	中	中	中	低	低	低	低	低	低	低	低	中	中
保险、养老金及标准化担保计划	中		中	高	中	中	低		低		中		中	中
其他应收/应付账户	高	高	高	高	低	低	低	低	低	低	低	低	低	低

■ 高　■ 中　■ 低

金融统计数据的编制者需要使用多种数据来源。编制通常从确定每一个部门和剩余其他部门的存量开始。表 7－9 列出了存量和流量数据最常见的来源。

表 7－9　　主要数据来源

数据来源	可能的应用
1. 货币统计（标准化报告格式）	金融公司部门/子部门和交易对手方部门持有的机构发行的股票
2. 国际投资头寸和国际收支	居民部门与其他部门通过机构持有的股票与开展的交易。BPM6 的附属文件 BPM6 编制指南提供了数据来源
3. 非金融公司资产负债表数据	机构发行的股票
4. 政府财政统计	广义政府或其子部门的负债以及通过机构与其对手方开展的交易
5. 金融市场/管理人	发行和持有部门的债券和股票

（二）其他补充数据来源

其他补充数据来源包括行政记录、调查数据和宏观经济数据集常规编制外的市场数据。这些原始数据可用来改善数据估计以及填补主要数据来源的空白。某些类型的补充数据在表 7－10 中进行了说明。

表 7－10　　补充数据来源

数据来源	可能的应用
1. 调查	非金融部门的金融活动数据，如家庭储蓄、借贷或者企业的融资
2. 缴税记录	非金融公司和非营利性机构的资产负债表数据
3. 贸易协会出版物	货币统计中不包括的其他金融公司的股票和活动，以及在不同类型的金融工具交易
4. 市场数据，包括汇率和价格指数（如股票价格指数）	具体的金融市场活动的数据（包括私人供应商），如资产证券化、证券交易和金融衍生产品。市场汇率和价格指数，从价值重估中分开交易
5. 公司会计记录，包括盈利和亏损声明	从资产和负债数量其他变化中分离交易，如贷款核销
6. 非国家数据来源	使用数据源作为镜像统计，比如协调的证券投资调查和协调的直接投资调查，或国际清算银行的银行统计

本章小结

1. 金融统计是对经济中所有部门的金融资产和金融负债的流量和存量的统计。主要特点有：是对整体经济的金融资产和负债的统计；可以提供不同程度的详细信息；可以进行二维或者三维的统计。

2. 金融统计框架是说明金融统计的金融存量和流量在整个经济核算中是如何被反映出来的。《国民账户体系》（SNA）全面覆盖了整个经济体及其各部门的存量与流量。金融统计是在《国民账户体系》的框架内发展起来的。金融统计框架就是国民账户体系中的资产负债表、金融账户和资产数量的其他变化等账户的核算。

3. 国民账户体系是由联合国等国际机构制定的一整套国民经济核算的标准或原

则。这些标准或原则表现为一套完整的概念、定义、分类和核算规则。

4. 国民账户体系由一系列账户组成，描述国民经济运行循环的账户体系被分为三大类：经常账户、累积账户和资产负债表。

5. 经常账户包括生产账户、收入分配账户，以及收入使用账户。

6. 积累账户包括资本账户、金融账户、资产数量的其他变化账户和重估价值账户。

7. 资产负债表记录了一个部门、整体经济体或者国外部门的非金融、金融资产和负债的存量。

8. 金融统计要全面反映经济中所有部门的金融资产和金融负债的流量和存量，可采取二维、三维矩阵的表述形式。

本章重要概念

国民账户体系　经常账户　积累账户　资产负债表　生产账户　收入分配账户　收入使用账户　资本账户　金融账户　二维金融统计　三维金融统计

复习思考题

1. 简述金融统计的含义。
2. 简述国民账户体系的内容。
3. 简述金融统计与国民账户体系的关系。
4. 如何编制二维和三维金融统计表？

本章参考文献

1. IMF：《货币与金融统计手册和编制指南》，2016。
2. 联合国等：《国民账户体系（2008）》，中文版，北京，中国统计出版社，2012。

第八章
资金流量与存量核算

资金流量核算所涉及的统计范围比货币统计、国际收支统计、金融市场统计等范围更广。反映金融交易的资金流量核算的是经济体中各机构部门以及这些部门与世界其他地方之间所有的金融交易。本章讲述资金流量与存量核算的基本原理，即资金流量核算的概念、内容和基本原则，本章还将简要介绍一下资产存量核算的基本原理。

第一节　资金流量核算的基本概念

资金流量核算，也称为资金流量循环账户，是国民经济核算体系的重要组成部分。它从社会资金运动这一侧面，系统地反映和描述社会各部门的资金来源和使用，以及部门间资金的流量、流向和余缺调整的一种社会资金核算方法。

一、资金流量核算的形成和发展

第二次世界大战后，金融业的发展十分迅速，金融活动在将储蓄有效地转化成投资的过程中，起到了一种中枢作用，几乎每一种经济单位都在不同层次上参与了不同的金融活动。如何全面、综合地反映国民经济各种金融交易，成为金融统计面临的一个重要任务之一。

1947 年和 1952 年，美国经济学家 M. A. 科普兰发表了《通过美国经济跟踪货币流通》以及《美国货币流量研究》，书中用资金流量的方法对美国主要经济部门的金融活动做了全面的研究，构造了资金流量表的最初表式。这标志着资金流量核算体系的诞生。书中的方法很快得到美国联邦储备委员会的重视，并采纳了书中的表式，于 1955 年编制了美国的资金流量账户。

20 世纪 50 年代后期，金融活动在世界经济中的地位越发突出，金融机构和金融工具不断创新，金融对经济发展的作用也不断提高。在这种背景下，许多国家都认识到要全面地分析和把握金融活动对国民经济的影响，必须要编制资金流量账户。资金流量账户作为一种金融统计工具，开始在一些发达的市场经济国家推广。

1968 年，联合国在修订国民经济核算体系（SNA）时，把资金流量账户正式纳入国民经济核算账户体系之中。这是资金流量核算发展历史上的重要进步，因为含有资金流量账户后的国民经济核算体系能够十分清晰地反映国民经济的实物运行与金融交易之间的关系。此后，资金流量核算的普遍性更有所提高。许多国家在贯彻 SNA 时，都根据本国的具体国情建立了自己的资金流量账户，并逐渐形成制度，定期发表有关数字。

二、资金流量账户与国民账户的关系

资金流量核算是整个国民账户体系的一部分。图 8－1 反映了资金流量核算与国民经济其他账户的关系。

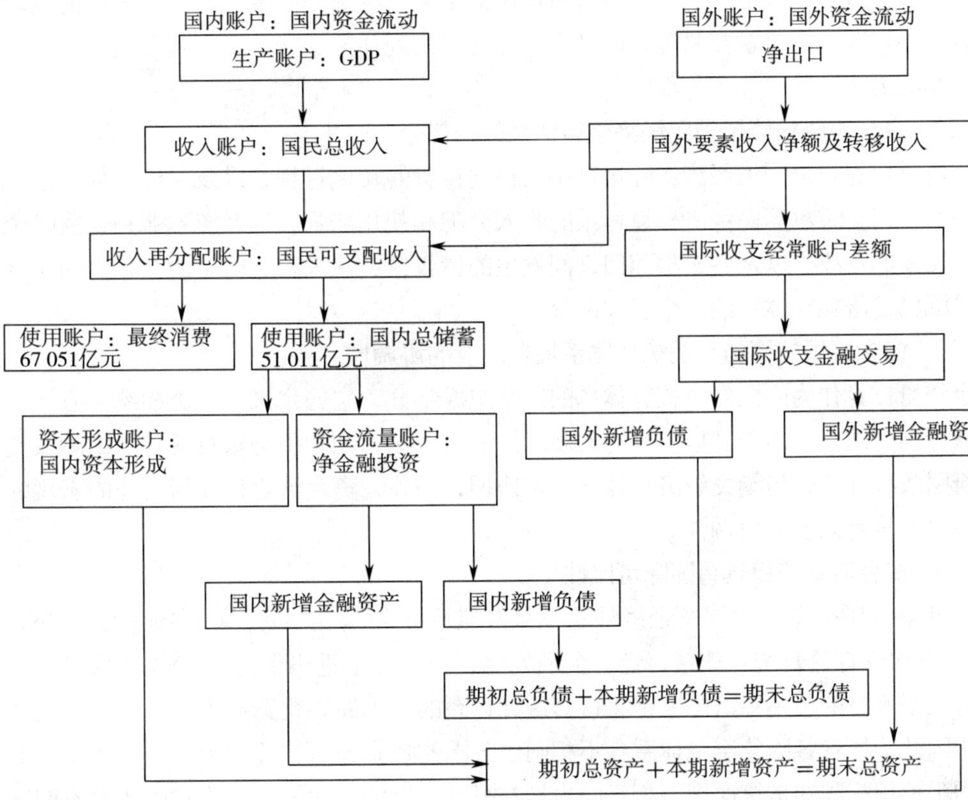

图 8－1　国民经济资金流动情况图示

从国内资金流动的过程看，国内经济主体通过生产活动得到 GDP，加上国外要素收入为国民总收入，再加上国外转移收入为国民可支配收入。国民可支配收入用于最终消费后，形成国内总储蓄。国内总储蓄在用于投资的过程中，各机构部门的特点有所不同。住户部门主要是资金盈余部门，也就是说它的储蓄大于投资，因此住户部门需要通过金融交易把多余的资金提供给资金短缺的部门。非金融企业和政府部门主要是资金赤字部门，也就是说它的储蓄小于投资，因此这两个部门需要通过金融交易融入资金弥补资金短缺。金融机构部门的作用就是通过各类金融交易起到资金融通的中介作用。资金流量表国内的资金流动规模反映了各机构部门为实现其资金融通所发生的金融交易的数量，体现交易主体之间的债权债务关系，同时也反映了金融交易是如何将储蓄转化为投资的。

三、资金流量核算的特点

资金流量核算作为一个统计体系，它具有以下特点。

（一）资金流量核算范围广、覆盖面宽

资金流量核算账户记录了国民经济机构部门之间，以及机构部门与国外之间的所有金融

交易。反映了所有机构部门的资产负债以及净金融投资状况。它不像货币与银行统计、国际收支统计等金融统计体系，只以某个部门为主，统计某些特定的金融交易。它是一个由各个机构部门的金融交易账户所共同构成的统计账户体系。通过资金流量账户，不仅可以观察到已在货币与银行统计和国际收支统计中有所反映的金融机构部门的金融资产与负债的变动状况，或者国外与国内的金融交易等，而且，还可以观察到住户、非金融企业以及政府等部门的金融交易行为。

（二） 资金流量核算是国民经济核算体系的一部分

资金流量核算根据国民经济实际运行中储蓄向投资的转化过程，以及金融交易在这个转化过程中的作用，秉承国民经济核算体系的收入分配和使用账户，以及资本账户，反映全社会的金融交易的规模，以及各机构部门之间发生的债权债务往来。它既是一个独立的统计体系，又是国民经济核算体系的一个组成部分。

（三） 资金流量核算与其他统计体系具有高度的协调性

资金流量核算作为国民经济核算体系的一个组成部分，它的定义、分类和统计方法与国民经济核算高度统一。由于其他重要的宏观经济统计体系，如货币与银行统计、国际收支统计、政府财政统计等，与国民经济核算体系相协调，因此，资金流量核算与其他的宏观经济统计体系之间具有高度的协调性。

（四） 资金流量核算具有国际可比性

1953 年联合国公布了“国民经济核算体系及其附属表”，随后分别于 1968 年、1993 年和 2008 年三次修订这套统计体系，经济金融发展、统计技术进步促进了 SNA 的改进。到目前为止，几乎所有的市场经济国家都将这套统计体系的基本原则贯彻到本国的国民经济统计工作中。因此，尽管各国的金融体系各不相同，各国的资金流量核算作为国民经济核算的一部分，由于使用相同的核算原则，相互间也具有很高程度的可比性。这为对比研究不同国家金融发展与经济发展之间的关系提供了数据基础。

第二节　资金流量核算的内容

一、资金流量核算的层次

从核算内容看，资金流量核算有两个层次（见表 8－1），一是实物交易部分，其资金流动对应国民经济中的实物交易；二是金融交易部分，其资金流动对应国民经济中的债权债务关系。

表 8－1　　资金流量表简要表式

机构部门 / 交易项目	住户		非金融企业		政府		金融机构		国内合计		国外		合计	
	运用	来源	运用	来源	运用	来源	运用	来源	运用	来源	运用	来源	运用	来源
实物交易部分														
1. 可支配总收入														
2. 最终消费														

续表

交易项目 \ 机构部门	住户		非金融企业		政府		金融机构		国内合计		国外		合计	
	运用	来源	运用	来源	运用	来源	运用	来源	运用	来源	运用	来源	运用	来源
3. 总储蓄（=1-2）														
4. 资本转移														
5. 资本形成总额														
6. 其他非金融资产的获得减处置														
7. 净金融投资（=3+4-5-6）														
8. 统计误差														
金融交易部分														
9. 净金融投资（=10-11）														
10. 资金运用合计														
11. 资金来源合计														
12. 货币黄金和特别提款权														
13. 通货和存款														
14. 债务性证券														
15. 贷款														
16. 其他（股票及投资基金，保险及养老金和标准化担保计划，金融衍生工具和雇员股票期权，其他应收/应付账款，备忘项目等）														

实物交易部分的资金流量核算，主要反映国民经济及其各机构部门的国民收入分配、国民收入使用（包括投资和消费），以及储蓄投资差（即净金融投资）。

金融交易部分的资金流量核算，主要反映国民经济各机构部门之间，以及国内与国外之间发生的各种金融交易。

国民经济各部门的可支配总收入首先可用于该部门的消费，剩余的部分为储蓄。一个部门的储蓄加上来自其他部门的资本转移，与资本形成总额和其他非金融资产的获得（或处置）的差额，为该部门的储蓄投资差，也称为净金融投资。储蓄大于投资，表明该部门为资金盈余部门，净金融投资为正；储蓄小于投资，表明该部门为资金短缺部门，净金融投资为负。这一部分为实物交易部分的资金流量核算。

各部门的储蓄和投资往往是不等的。一般来说，住户部门的储蓄大于投资，是资金盈余部门；企业部门的储蓄小于投资，是资金短缺部门。金融市场和金融中介机构为部门之间的资金融通起到了调节作用，各类债权债务关系通过以各类金融工具为基础的金融交易得以实现，从而使国民经济各部门资金需求和资金供应得以平衡。

一个部门在金融市场上的各类资金的运用，形成该部门在核算期内新增的金融资产。一个部门在金融市场上的各类资金来源，形成该部门在核算期内的新增负债。新增资产和新增负债的差额，为该部门在金融市场上的净金融投资。如果净金融投资为正，表明该部门为资金盈余部门；反之，为资金短缺部门。不考虑统计误差，通过储蓄投资差计算的净金融投资与通过新增金融资产和负债差额计算的净金融投资，二者在数量上是一致的。

二、资金流量核算的分类

资金流量表主要由两个部分组成：金融交易和机构部门。该表反映了每一个机构部门所发生的各种金融交易的情况。要进行资金流量核算，首先要对部门和交易进行定义和分类。

（一） 机构部门分类

资金流量核算采用的机构部门概念和定义与国民经济核算是完全一致的。资金流量核算将经济总体的所有机构单位分为五个大的机构部门：

住户部门。住户向其他部门提供劳动，并获得劳动者报酬，或者以家庭为单位从事生产活动，并获得混合收入。住户部门是消费活动的主要承担者，其大部分可支配收入都用于消费，剩余部分少量用于住宅和其他实物投资，其余用于储蓄存款、债券、股票和其他金融投资。它是资金盈余的主要部门。

非金融企业部门。由所有从事非金融活动，并以营利为目的的常住法人企业组成。非金融企业部门是从事货物和服务生产的主要部门，它在生产过程中创造的原始收入，通过初次分配，将劳动者报酬付给劳动者，将生产税缴纳给政府，自己获得营业盈余和固定资产折旧。非金融企业部门是进行实物投资的主要部门，因而也是资金需求最大的部门，其不足的资金通过国内外金融交易取得。

政府部门。由各种行政单位和事业单位组成。政府部门的主要职能是利用征税和其他方式获得的资金向社会公众提供公共服务；通过税收和转移支付，对社会收入和财产进行再分配；通过公共投资活动，为社会经济发展提供基础设施。政府部门在分配、调剂和运用社会资金中发挥重要作用。

金融机构部门。由从事金融中介以及与金融中介密切相关的辅助金融活动的各类金融机构，如中央银行、商业银行、其他金融机构和保险公司组成。金融机构在调剂社会资金中处于特殊地位，在筹集和调剂社会资金过程中起着核心作用，是社会资金运动的中枢。

国外部门。与本国常住者（包括住户、非金融企业、政府和金融机构）发生各种经济往来活动的外国常住者归并在一起，就形成国外部门。在资金流量核算中国外部门反映本国对外经济往来中的收支和借贷关系。

（二） 金融交易分类

当一个机构单位与另一个机构单位缔结了有关有偿提供资金的契约时，金融债权和债务便得以产生，这也就意味着发生了一笔金融交易。大部分金融交易形成了金融资产和负债。但也有一部分金融交易虽然形成了金融资产，却没有对应的负债。股权是最典型的例子。尽管股票或股权的持有人对接受资金的一方没有金融债权，但是，接受资金的一方有义务让股东参与剩余价值的分配。因此，在核算时可将股权类金融交易看作是提供资金一方的金融资产，接受资金一方的负债。

基本的资金流量表应该包括以下主要的金融交易：货币黄金和特别提款权、通货和存款、非股票证券、贷款、股票和其他股权、保险技术准备金、金融衍生工具、其他应收/应付账款。这些概念在第二章有所介绍，这里不再重复。

资金流量表中金融资产和机构部门的分类完全符合国民经济核算中金融资产和机构部门的分类，与其他主要金融统计关于金融资产和机构部门的分类是协调的（见第二章和第三章）。需要指出的是，表8－1是一种比较简单的资金流量表。各国的金融交易和机构部门，尤其是金融部门都有各自的特点，因此，它们在编制资金流量表时，应在这个基本框架下，结合本国情况进行金融交易和机构部门的进一步划分。

三、资金流量核算的表现形式

资金流量核算有两种表现形式：账户（见表8－2）和矩阵（见表8－1）。账户是借用企业会计丁字账户形式，直接表现复式记账的结果。丁字账户的右端称为来源方，反映负债的变动；左端称为使用方，反映资产的变动。账户分机构部门账户和交易账户。机构部门账户反映某个机构部门金融资产负债的变化情况；交易账户反映某类交易在各部门形成的债权和债务。表8－3和表8－4分别以住户和贷款例示。矩阵表是由机构部门为列（宾栏）与金融交易项目为行（主栏）构成的。宾栏在每个机构部门之下都分别列出："运用"与"来源"两栏，相当于账户的来源方和使用方。账户和矩阵本质上是一致的。账户的表现形式有助于了解某个部门或某个交易的具体情况；矩阵的形式有助于了解各部门和各交易之间的关系。

表8－2　　资金流量账户

使用	来源
金融资产的变动 　金融资产的增加 　金融资产的减少（－）	负债的变动 　负债的增加 　负债的减少（－）
净金融投资	

表8－3　　住户部门账户

资金运用	资金来源
资金运用合计 　通货 　存款 　证券 　其他（净）	资金来源合计 　贷款
净金融投资（＝资金运用合计－资金来源合计）	

表8－4　　贷款账户

资金运用	资金来源
资金运用合计 　金融机构	资金来源合计 　住户部门 　非金融企业部门 　国外

第三节 资金流量核算的基本原则

一、复式记账方法

如同工商会计一样，资金流量核算以复式记账原则为基础。每一笔金融交易必须记录两次，一次作为资金来源，记录核算期内负债的变化；同时作为资金运用，记录核算期内金融资产的变化。记录的资金来源总额与资金运用总额必须相等，保证资金流量金融账户的一致性。图 8－2 是关于复式记账的图解。

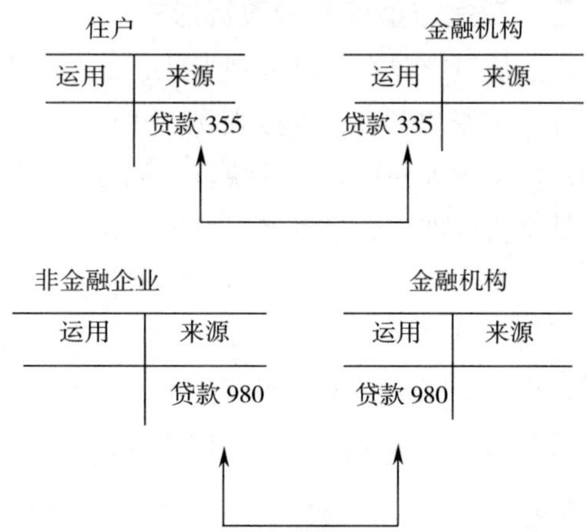

图 8－2 复式记账图解

二、权责发生制原则

复式记账原则要求某一笔交易在发生时，必须同时记入到有关交易单位双方各自的账户中。也就是说，机构单位之间的交易必须是在债权和债务发生、转换或取消时同时记录在各自的账户上，遵循权责发生制原则。

该原则原理虽然简单清楚，但在实际中由于各种原因，如清算方面的时滞、实物交易和相应的资金收讫付讫的时滞，以及通信速度等方面的原因，各机构单位即使在核算中贯彻权责发生制原则，也难免发生在不同时点上记录同一交易的现象。这也是核算体系存在误差的一个重要原因。以表 8－1 中的统计误差项为例，这些误差中有相当一部分是由于不同机构单位在记账时存在时滞带来的。

三、估价原则

复式记账的原则还要求对一笔交易在有关的部门中以相同的价值记录。由于交易是按交易者双方商定的实际价格发生的，因此，交易发生时点上的市场价格是资金流量核算选择的估价标准。

四、项目合并与轧差

由于资金流量核算范围的广泛性特点，使得数据采集和统计技术很难达到编制非常详细的金融账户的要求。所以，各国在编制金融交易账户时，与其他专门统计相比，可能采用的是比较粗的口径。进而，在编制时，经常将反映不很重要的经济现象的交易项目，或是数据来源有困难的项目做合并或轧差处理。

五、资金流量核算的基础数据

由于资金流量核算具有广泛性的特点，使得它对基础数据的要求，非常不同于货币与银行统计、国际收支统计或某些其他证券统计等针对专门领域的统计体系，即它没有一套专门的、由基本经济单位直接上报的数据搜集系统，它只能利用已有的各种统计体系以及统计调

表 8－5　　资金流量表（2015）　　单位：亿元

部门 交易项目	住户		非金融企业		政府		金融部门		国内合计		国外		总计	
	运用	来源	运用	来源	运用	来源	运用	来源	运用	来源	运用	来源	运用	来源
净金融投资	81 185		－10 807		11 508		－61 245		20 641		－20 641		0	
资金运用合计	122 682		130 106		65 901		290 968		609 657		－17 996		591 661	
资金来源合计		41 497		140 913		54 393		352 213		589 017		2 645		591 661
通货	2 101		266		59		353	2 957	2 780	2 957	177		2 957	2 957
存款	46 818		67 002		23 972		30 346	155 584	168 138	155 584	－7 056	5 498	161 083	161 083
活期存款	20 768		31 202		11 522			63 491	63 491	63 491			63 491	63 491
定期存款	24 932		21 601		7 102			53 635	53 635	53 635			53 635	53 635
财政存款					－914			－914	－914	－914			－914	－914
外汇存款	1 148		7 049		107		－2 086	1 045	6 218	1 045	325	5 498	6 543	6 543
其他存款	－30		7 149		6 155		32 433	38 327	45 708	38 327	－7 381		38 327	38 327
证券公司客户保证金	4 232		3 715		1 837		1 313	11 201	11 096	11 201	104		11 201	11 201
贷款		41 497		82 667			144 190	15 781	144 190	140 145	－897	3 147	143 293	143 292
短期贷款与票据融资		11 074		35 650			46 723		46 723	46 723			46 723	46 723
中长期贷款		30 523		35 406			65 929		65 929	65 929			65 929	65 929
外汇贷款		－7		－7 182			－3 130	14	－3 130	－7 174	－897	3 147	－4 027	－4 027
委托贷款				15 913			15 913		15 913	15 913			15 913	15 913
其他贷款		－92		3 080			18 754	15 766	18 754	18 754			18 754	18 754
未贴现的银行承兑汇票			－10 569	－10 569			－10 569	－10 569	－21 137	－21 137			－21 137	－21 137

续表

部门 交易项目	住户		非金融企业		政府		金融部门		国内合计		国外		总计	
	运用	来源	运用	来源	运用	来源	运用	来源	运用	来源	运用	来源	运用	来源
保险准备金	14 446		970			7 025		8 391	15 416	15 416			15 416	15 416
金融机构往来							-8 167	-18 134	-8 167	-18 134	-10 461	-494	-18 628	-18 628
准备金							-17 471	-17 513	-17 471	-17 513	-42		-17 513	-17 513
证券	8 156		7 191	37 097	4 093	47 252	110 432	44 111	129 872	128 460	1 063	2 475	130 934	130 935
债券	4 938		3 529	29 340	2 695	47 252	107 795	42 416	118 957	119 008	50		119 007	119 008
国债	2 112		25		-6	47 252	45 121		47 252	47 252			47 252	47 252
金融债券			381		331		41 654	42 366	42 366	42 366			42 366	42 366
中央银行债券							0	50	0	50	50		50	50
企业债券	2 826		3 124	29 340	2 370		21 020		29 339	29 340			29 339	29 340
股票	3 218		3 662	7 757	1 397		2 637	1 695	10 914	9 452	1 013	2 475	11 927	11 927
证券投资基金份额	8 927		7 837		3 876		2 770	23 630	23 410	23 630	220		23 630	23 630
库存现金							-208	-222	-208	-222		14	-208	-208
中央银行贷款							-1 038	-1 038	-1 038	-1 038			-1 038	-1 038
其他（净）	38 001		38 273	32 000	32 064		62 433	138 772	170 772	170 772			170 772	170 772
直接投资			11 298	15 169					11 298	15 169	15 169	11 298	26 467	26 467
其他对外债权债务			4 123	-3 910		116	-2 2026	-738	2 097	-4 532	-4 532	2 097	-2 435	-2 435
国际储备资产							-21 390		-21 390			-21 390	-21 390	-21 390
国际收支错误与遗漏				-11 742						-11 742	-11 742		-11 742	-11 742

查中的数据，按照资金流量核算的要求，进行加工，满足资金流量核算的数据需要。对于上述所列举的各个专门领域的统计，它们都有各自一套完整的基础数据来源系统。如，金融机构单位定期向中央银行按规定报送用于编制货币与银行统计的基础报表；全国多数涉及与国外经济往来的经济单位要填报用于编制国际收支平衡表的申报单。也就是说，这些专门领域统计体系的基础数据来源于专门为其服务的、由基层单位直接负责填报的数据搜集系统，而资金流量核算没有专门的上报系统，它直接取数于这些已有的各类经济统计。所以资金流量核算的基础数据的质量，非常取决于它所要从中取数的统计体系与资金流量核算体系的协调程度。二者的协调性越高，资金流量核算的基础数据的质量就越高。

获取资金流量基础数据的方法有两种：一是直接通过其他统计体系获得，二是通过调查取得经验数据和比例，依此对某些数据进行推算分解。

1. 直接从其他统计体系中获取。一是从其他部门统计获取。资金流量核算的基础数据主要来源于货币与银行统计、国际收支统计、政府财政统计、税收统计和登记、征信体系登记、保险和养老基金业统计、证券基金以及其他从事辅助性金融活动的金融机构统计。它们是资金流量核算的主要数据来源。二是通过市场统计获取，如债券、股票的数据。

2. 统计调查法。直接通过其他专门统计体系取得的数据存在一个问题，就是这些数据往往仅从交易的一方面反映金融交易。可以通过相关调查，取得在编制资金流量表时，有时我们能够掌握某类金融交易的全体数据，并对其在各部门之间的分配比例有经验数据。这时，可利用经验比例即对数据进行部门分解。

六、资金流量核算的数据处理方法

编制资金流量数据有两种方法。一是流量法，即直接取得金融交易的流量数据，具有代表性的例子是有关国外部门金融交易的数据可以直接取自国际收支平衡表中的金融账户；二是存量轧差法，即根据能够得到的期初期末金融资产与负债的存量数据，计算当期发生的流量数据。

第四节　资产存量核算介绍

从存量、流量角度看，金融交易部分的资金流量核算是金融交易流量核算，与之相对应的资产存量核算是国民资产负债表中的金融资产与负债核算。事实上，要更好地说明社会融资活动、金融结构变动等重要经济现象，只有将存量数据和流量数据相互结合使用，才能掌握完整的分析数据基础。

一、资产存量核算

资产存量核算由两部分组成：一部分是非金融资产存量，具体包括固定资产、存货等；另一部分是金融资产与负债存量，是反映一个国家或一个部门在某一时点上资产、负债的存量账户。资产存量核算反映了生产账户、收入的分配和使用账户以及积累账户中登录的最终结果。

金融资产存量核算账户对金融资产与负债的部门和交易分类、核算表式、核算原则和数据来源，与金融资金流量核算账户是基本一致的。

在测算金融资产存量时，可以将各种类型的资产和负债进行汇总，得到某一机构单位资产减负债的净值；也可以得到经济中所有单位持有的某一类资产的总价值。金融资产存量核算账户要反映那些在一个核算期内记录的交易和其他流量情况，以说明核算期期初到期末之间存量的价值变化。

表 8－6　　经济总体资产账户

	期初资产负债表	资本和金融账户	资产物量其他变化账户	重估价账户			期末资产负债表
				名义持有损益	中性持有损益	实际持有损益	
非金融资产	4 621	192	10	280	198	82	5 103
生产资产	2 818	175	－7	126	121	5	3 112
固定资产	2 579	137	－2	111	111	0	2 825
存货	114	28	－3	7	4	3	146
贵重物品	125	10	－2	8	6	2	141
非生产资产	1 803	17	17	154	77	77	1 991
自然资源	1 781	17	11	152	76	76	1 961
合约、租约和许可	22	0	6	2	1	1	30
商誉和营销资产	0	0	0	0	0	0	0
金融资产	8 231	436	3	84	136	－52	8 754
货币黄金和 SDRs	770	－1	0	12	16	－4	781
通货和存款	1 482	89	0	0	30	－30	1 571
债务性证券	1 263	86	0	40	25	15	1 389
贷款	1 384	78	0	0	28	－28	1 462
股票和投资基金份额/单位	2 614	107	2	32	26	6	2 755
保险、养老金和标准化担保计划	470	48	1	0	7	－7	519
金融衍生工具和雇员股票期权	21	14	0	0	0	0	35
其他应收/应付账款	227	15	0	0	4	－4	242
金融负债	7 762	426	3	76	126	－50	8 267
货币黄金和 SDRs	0	0	0	0	0	0	0
通货和存款	1 471	102	0	0	30	－30	1 573
债务性证券	1 311	74	0	42	26	16	1 427
贷款	1 437	47	0	0	29	－29	1 484
股票和投资基金份额/单位	2 756	105	2	34	28	6	2 897
保险、养老金和标准保障计划	471	48	1	0	7	－7	520
金融衍生工具和雇员股票期权	14	11	0	0	0	0	25
其他应收/应付账款	302	39	0	0	6	－6	341
净值	5 090	202	10	288	208	80	5 590

二、期初期末金融资产存量相关账户

期初期末资产负债表中资产存量价值存在如下等式：

期末存量 = 期初存量 + 金融交易 + 资产物量其他变化 + 重估价变化

其中，金融交易指在核算期间内通过交易获得的同类资产的全部价值，减处置同类资产的全部价值，记录在金融账户中；资产物量其他变化，记录既非交易也非价格变化导致的非金融资产和金融资产价值的变化，这些变化记录在资产物量其他变化账户中；重估价变化指在核算期间内因为资产价格变化而产生的正负名义持有收益价值，这些变化反映在重估价账户中。这三个账户通过记录机构单位或部门所持有资产的所有价格和物量变化（不论其是否由交易引起），即可显示资产净值从期初到期末的变化，并能够按照构成项目对其进行分解。

资产物量其他变化账户包括三个方面，一是允许某些资产不通过交易进入和退出SNA。进入和退出资产负债表的行为被分别称为经济出现和经济消失。一旦自然形成的资产如地下资产获得了经济价值或者变得没有经济价值，进入和退出就产生了。当机构单位与自然之间发生相互作用时，就会出现这种进入和退出现象，由此就会与由交易造成的进入和退出现象形成对比——交易一般是通过机构单位之间的共同协议达成的。还有一些进入和退出可能与人类活动创造的资产有关，如贵重物品、外购商誉或者黄金。二是记录那些意外的、不可预测的事件给得之于资产（和相应的负债）的经济利益所带来的后果。这类意外事件属于外部事件影响，包括一个机构单位未经资产所有者同意，便从资产所有者那里实际取走资产的行为。这种行为不是交易，因为不存在双方同意这一前提条件。此外还包括那些诸如自然灾害或战争等损坏资产的事件。三是记录因机构单位和资产的分类变化以及机构单位结构变化而引起的资产变化。

重估价账户记录持有损益。涉及三个定义，包括名义持有损益、中性持有损益和实际持有损益。名义持有损益被分解为中性持有损益和实际持有损益两个组成部分。第一部分是与一般价格水平同比例的重估价，它是通过运用同一时期的一般价格水平变化指数对全部资产或负债的初始价值进行重估而得到的重估价，那些货币价值固定的资产或负债也要包括在内。由于所有资产和负债的购买力在重估后都保持不变，因此这个重估价结果被称为中性持有损益。第二个部分是名义持有损益与中性持有损益之差，这个差值被称为实际持有损益。如果某些资产的名义持有损益大于中性持有损益，则产生实际持有收益，原因在于平均来说，资产的相对价格提高了，这些资产的实际价格比一般价格水平提高得更快（或下降得更慢）。同理，资产相对价格的下降会导致实际持有损失。

三、金融资产存量核算的意义

与流量相比，在相邻两个时期之间流量可能波动相当大，而存量水平则会显得比较稳定，因此，存量水平的波动程度可以传达出特别有用的额外信息。

运用金融资产存量账户，可以分析各个部门的金融资产和负债存量的总额、净额及其变化，通过测算各个部门的资产负债结构、预测变化趋势，可以进行有效的风险监控。金融资产存量账户在经济分析和政策分析方面得到广泛的运用，如通过进行经济预测为制定经济计划提供支持，评估当前经济政策或经济政策变化对经济未来走向和对各个部门以及各种交易的影响。

本章小结

1. 金融交易的资金流量核算是概括性很强的金融统计。它不仅连接国民收入的分配和使用统计，而且涵盖了国内外各机构部门的全部金融交易。这也使得它必须建立在国民经济核算和货币统计、金融市场统计、国际收支统计等都健全的基础上。

2. 资金流量核算的核算基础、核算原则、核算方法、金融交易和机构部门的分类与国民经济核算、货币金融统计、国际收支统计都是相互协调的。

3. 资金流量表的使用价值表现在它通过储蓄投资差，将金融交易和实物交易的关系连带起来，为研究实物活动与金融活动的关系，以及各部门的融资结构提供了统计数据。

4. 期初期末资产负债表中资产存量价值存在如下等式：期末存量 = 期初存量 + 金融交易 + 资产物量其他变化 + 重估价变化。

本章重要概念

资金流量核算　储蓄投资差　净金融投资　复式账户　矩阵账户　融资总量　融资结构

复习思考题

1. 什么是资金流量核算？
2. 简述资金流量核算的两个层次。
3. 简述资金流量核算与国民收入分配和使用统计的关系。
4. 简述资金流量核算与国民资产负债账户中金融资产和负债的关系。
5. 简述资金流量核算与货币金融统计、国际收支统计的关系。
6. 如何对净金融投资指标进行分析？
7. 如何利用资金流量表分析全社会的融资活动？
8. 金融资产存量核算的意义。

本章参考文献

1. 联合国：《国民账户体系（2008）》，中文版，北京，中国统计出版社，2012。
2. IMF：《货币与金融统计手册和编制指南》，2016。

第九章
国际收支统计

本章主要讲述国际收支和国际投资头寸统计的基本原理、编制原则和方法。

第一节　国际收支统计的基本概念

一、国际收支统计的定义

国际收支统计记录的是居民与非居民之间发生的各项经济交易，具体包括货物和服务交易、收入的产生和分配、资本形成及转移，以及金融交易。国际收支统计由国际收支平衡表（Balance of Payments，BOP）和国际投资头寸表（International Investment Position，IIP）组成（见表9－1、表9－2）。其中，国际收支平衡表是从流量的角度反映各项交易；国际投资头寸表是从存量的角度反映国内与国外之间发生的金融资产与负债。国际投资头寸表没有包括实物资产的原因在于，除个别情况，一般来说，存在于一国的经济领土之内的多数实物资产是该国的经济资产，不具有跨经济国界的所有权。而金融交易体现的资产负债关系可跨经济国界存在。

二、国际收支统计的内容

国际收支统计包括以下内容：对经常交易、资本交易、金融交易、储备资产的统计以及对金融资产的重估价。国际收支统计采用的是与国民经济账户体系一致的概念和方法，国际收支账户转换为平衡表的形式即为国际收支平衡表和国际投资头寸表。国际收支平衡表一般包括四类账户：经常账户、资本账户、金融账户和储备资产账户。

经常账户统计对象是货物、服务、收入和经常转移等经济交易。资本账户主要包括居民和非居民之间的资本转移和非生产、非金融资产的收买或放弃。其中，资本转移主要包括实物资产所有权的无偿转移和债务的无条件取消。非生产、非金融资产的收买或放弃主要包括无形资产的交易以及使馆在相互国家购买或出售的土地。金融账户反映一国对外金融资产和负债所有权的交易，主要包括直接投资、证券投资和其他投资。储备资产账户是国际收支统计的重要组成部分，所谓的储备资产是指货币当局随时可利用并控制的外部资产，是货币当局对非居民的金融债权。当一国国际收支失衡时，货币当局可利用储备资产改善国际收支状况；货币当局也可利用外汇储备干预外汇市场，影响汇率。储备资产通常包括货币当局持有的货币黄金、特别提款权、在基金组织的储备头寸、外汇资产（包括货币、存款和证券）及其他对外债权。

实际中，由于各种原因，会产生统计误差。因此，实际的国际收支平衡表除上述四个账户外，还包括误差与遗漏。

表 9－1　　国际收支平衡表　　单位：百万美元

项目	差额	贷方	借方
一、经常项目			
A. 货物和服务			
a. 货物			
1. 出口差额			
2. 进口差额			
b. 服务			
1. 对他人拥有的实物投入的制造服务（加工服务）			
2. 维护和维修服务			
3. 运输			
4. 旅游			
5. 建筑服务			
6. 保险和养老金服务			
7. 金融服务			
8. 知识产权使用费			
9. 电信、计算机和信息服务			
10. 研究、开发、咨询、技术及商贸服务			
11. 个人、文化、娱乐服务			
12. 别处未提及的政府服务			
B. 初次收入			
1. 雇员报酬			
2. 投资收益			
2.1 直接投资			
2.2 证券投资			
2.3 其他投资			
2.4 储备资产			
3. 其他初次收入			
3.1 生产税和进口税			
3.2 补贴			
3.3 租金			
C. 二次收入			
1. 广义政府征收的所得税、资产税，收缴的社会保障款、社会福利款等，以及政府的其他经常转移			

续表

项目	差额	贷方	借方
2. 金融和非金融公司、住户和为住户服务的非营利机构缴纳的所得税、资产税、社会保障款、社会福利款、非寿险的保费和索赔，以及其他经常转移			
3. 养老金权益变化调整			
二、资本项目			
A. 非生产、非金融资产的取得/处置			
B. 资本转移			
1. 广义政府			
1.1 债务减免			
1.2 其他转移			
2. 其他部门			
2.1 债务减免			
2.2 其他转移			
三、金融项目			
A. 直接投资			
1. 股权和投资基金份额			
1.1 除收益再投资外的股权			
1.1.1 直接投资者对直接投资企业			
1.1.2 直接投资企业对直接投资者（逆向投资）			
1.1.3 联属企业之间			
1.2 收益再投资			
2. 债务工具			
2.1.1 直接投资者对直接投资企业			
2.1.2 直接投资企业对直接投资者（逆向投资）			
2.1.3 联属企业之间			
B. 证券投资			
1. 股权和投资基金份额			
1.1 中央银行			
1.2 除中央银行以外的存款性公司			
1.3 广义政府			
1.4 其他部门			
2. 债务证券			
2.1 中央银行			
2.1.1 短期			
2.1.2 长期			

续表

项目	差额	贷方	借方
2.2 除中央银行以外的存款性公司			
2.2.1 短期			
2.2.2 长期			
2.3 广义政府			
2.3.1 短期			
2.3.2 长期			
2.4 其他部门			
2.4.1 短期			
2.4.2 长期			
C. 金融衍生工具（储备除外）和雇员认购股权			
1. 中央银行			
2. 除中央银行以外的存款性公司			
3. 广义政府			
4. 其他部门			
D. 其他投资			
1. 其他股权			
2. 货币和存款			
2.1 中央银行			
2.2 除中央银行以外的存款性公司			
2.3 广义政府			
2.4 其他部门			
3. 贷款			
3.1 中央银行			
3.1.1 国际货币基金组织信贷和贷款（储备除外）			
3.1.2 短期			
3.1.3 长期			
3.2 除中央银行以外的存款性公司			
3.2.1 短期			
3.2.2 长期			
3.3 广义政府			
3.3.1 短期			
3.3.2 长期			
3.4 其他部门			
3.4.1 短期			
3.4.2 长期			

续表

项目	差额	贷方	借方
4. 保险、养老金和标准化担保计划			
4.1 中央银行			
4.2 除中央银行以外的存款性公司			
4.3 广义政府			
4.4 其他部门			
5. 贸易信贷和预付款			
5.1 中央银行			
5.1.1 短期			
5.1.2 长期			
5.2 除中央银行以外的存款性公司			
5.2.1 短期			
5.2.2 长期			
5.3 广义政府			
5.3.1 短期			
5.3.2 长期			
5.4 其他部门			
5.4.1 短期			
5.4.2 长期			
6. 其他应收/应付账款			
6.1 中央银行			
6.1.1 短期			
6.1.2 长期			
6.2 除中央银行以外的存款性公司			
6.2.1 短期			
6.2.2 长期			
6.3 广义政府			
6.3.1 短期			
6.3.2 长期			
6.4 其他部门			
6.4.1 短期			
6.4.2 长期			
E. 储备资产			
1. 货币黄金			
2. 特别提款权			
3. 在基金组织的储备头寸			

续表

项目	差额	贷方	借方
4. 其他储备资产			
4.1 货币和存款			
4.1.1 对货币当局的债权			
4.1.2 对其他实体的债权			
4.2 证券			
4.2.1 债务证券			
4.2.1.1 短期			
4.2.1.2 长期			
4.2.2 股权和投资基金份额			
4.3 金融衍生工具			
4.4 其他债权			
四、误差与遗漏			

第二节　国际收支统计原理

一、国际收支统计的经济原理

作为反映一个国家对外交易的统计框架，国际收支统计所包括的经济交易与国内经济之间，以及它们自身之间，存在着内在的经济联系，表现为以下几个重要等式。

1. 一国在一定时期内生产最终产品和服务的价值为国内生产总值。一方面，本国生产的产品和服务中的一部分出口到国外，成为非居民的投资品和消费；另一方面，居民通过进口获得部分国外生产的投资品和消费。因此，一国的 GDP 为居民实际获得的最终产品和服务，加上从国外获得的产品和服务，扣除向国外提供的产品和服务，即 GDP = 总投资 + 最终消费 + 净出口。

2. 净出口形成居民通过贸易从非居民处得到的净收入，该收入与居民和非居民之间的财产净收入以及经常转移净收入一并，形成居民对非居民的储蓄。这个储蓄从国际收支的角度看，是经常账户差额，也是居民对非居民的净投资，即资本和金融账户的差额。经常账户差额 = 资本和金融账户差额。

3. 国内生产总值经过多次分配，形成本国的国民可支配收入；国民可支配收入用于最终消费支出后的差额为国民总储蓄。如果总储蓄大于总投资，则该国发生资本净流出；如果总储蓄小于总投资，则该国发生资本净流入。体现的经济关系为，一国的总储蓄与总投资差额即为国际收支资本和金融账户的差额，考虑到经常账户差额和资本和金融账户差额的关系，有连等式：一国总储蓄与总投资差额 = 该国国际收支经常账户差额 = 该国国际收支资本和金融账户差额。

4. 前面讲到，储备资产账户在国际收支统计中具有重要的地位。在分析国际收支平衡状况时，经常使用国际收支总差额指标。所谓的国际收支总差额即经常账户差额、资本账户差额、金融账户差额和错误与遗漏差额之和。该差额为正，表示国际收支顺差，储备资产增加；该差额为负，表示国际收支逆差，储备资产减少。有等式：储备资产增（减）=国际收支顺（逆）差。

5. 国际投资头寸表是居民与非居民之间金融交易（包括储备资产）的存量。因此，有等式：期初国际投资头寸表+本期金融与储备资产账户+本期金融与储备资产的重估价=期末国际投资头寸表。

二、国际收支统计的核算原则

（一）交易确认

国际收支统计记录的交易是居民与非居民机构单位之间的相互行为。在交易确认时，以下典型情形需要进一步明确。

1. 居民之间交换其持有的非居民资产不影响一国对外资产总量，只影响一国持有国外资产的结构。反之，非居民之间交换其持有的居民资产，也不影响非居民对居民的资产存量。这些均不在国际收支中记录。

2. 有些交易的共同协议涉及第三方当事人，如金融交易中的担保人、服务交易中的代理人等。国际收支统计与国民经济核算在这些方面原则一致：对第三方与交易双方的关系作为另外交易进行核算，该交易只记录交易双方的交换。例如，某国内公司通过机票代理机构购买国外航空公司的机票，这项服务交易是某国内公司与国外发生的交易，而非机票代理机构与国外发生的交易。国内公司向机票代理机构支付的服务费会在国内机构部门账户中核算，而不体现在国际收支中。金融交易中担保的记录也是同理。交易双方为担保人支付的费用记录在服务交易项下，与被担保的金融交易无关；若或启动担保，即由担保人履行债务时，原先担保人转变为债务人，而原先的债务人则消失，交易继续保持双方关系。

3. 有些交易需要国际收支统计对其进行重新安排，以明晰其经济性质。其一，改变路线。最常见的是由于行政安排，实际会计记录中没有显示交易的一方，这时需要国际收支统计按照交易实质另建记录。以雇主代雇员缴纳社会保险为例。实际经济生活中，这个交易反映在雇主和社保机构的会计账户中。在国际收支和国民经济核算中，则将其改为：雇主向雇员支付劳动报酬，由雇员向社保机构缴纳社会保险。其二，分割。有些交易组合在实际生活中被认为是一笔交易，在国际收支统计中要进行拆分。例如，货物交易按船上交货价（FOB价）记录，运费和保险费则单独记录到服务项下的运输和保险交易中。其三，推定。有些交易的有关单方没有对交易进行确认，需要国际收支统计为其确认。例如，直接投资企业的留存收益，要首先记录为将它们按比例分配给直接投资者，再记录为直接投资者再次投资于直接投资企业。

（二）记账方法

国际收支统计采用复式记账原则，即每笔交易要同时分别记录在交易双方（居民和非居民）的借、贷方下。记入贷方的交易有：居民对非居民的出口、来自非居民的收入、居民对非居民资产的减少和负债的增加，用“+”表示；记入借方的交易有：居民对非居民的进口、向非居民转移的收入、居民对非居民资产的增加和负债的减少，用“-”表示。每项交易的借贷差额，反映了该项交易的净发生额。

（三） 记录时间和计价原则

国际收支根据权责发生制的原则，按照交易发生、改变、转换、转移和消失时的实际交易价格，在交易双方同时计价。国际收支的计价方法与国民经济其他重要统计体系的计价方法是一致的，保证了宏观经济分析在数据上的一致性。

三、国际收支统计中的分类

国际收支统计的是居民与非居民之间的交易。因此，国际收支的分类涉及交易者的分类和交易本身的分类。

（一） 交易者分类

交易者分类主要是对居民中与非居民发生交易的机构单位进行分类。至于对非居民机构单位的分类，一是统计技术上难以做到，二是经济意义不大。

国际收支统计对机构单位的分类原则与国民经济核算的分类原则是一致的，但是，在具体定义机构部门时，侧重点有所不同。国际收支统计将国内的机构单位划分为：货币当局、各级政府、银行和其他部门。其中，各级政府既包括中央政府，也包括地方政府；银行即为除中央银行外的其他存款性公司；其他部门包括非金融企业、住户以及非存款性公司的金融机构。

（二） 交易分类

详细的国际收支统计中，交易分类最多（主要是金融账户）至六级。

第一级将交易按其性质分为：经常交易、资本交易、金融交易。

第二级是对以上三类交易作出进一步划分。经常交易项下有：货物和服务、初次收入、二次收入；资本交易项下有：资本转移以及非生产、非金融资产的取得/处置；金融交易项下有资产和负债。

第三级分类的内容是对第二级内容的更进一步划分。货物项下有：一般货物、转手买卖货物、非货币黄金等。服务项下有：对他人拥有的实物投入的加工制造、维护维修、运输、旅行、建设、保险和养老金、金融、知识产权使用费、电信和计算机及信息、其他商业服务、个人和文化及娱乐、政府货物和服务等。初次收入项下有：雇员报酬、投资收入、租金、生产和进口税及补贴。二次收入项下有：汇款等个人转移、税和补贴的转移、社会缴款和福利的转移、非寿险和标准化担保净保费、非寿险索赔和标准化担保下的偿付要求、经常性国际合作等。资本交易项下主要有：自然资源、契约租约和许可、营销资产和商誉、债务减免、非人寿保险索赔（一般情况下在二次收入转移项下，异常大额索赔则记入资本转移项下）、投资捐赠、一次性担保及其他债务负担、资本及其转移税、移民的转移等。金融交易的资产和负债项下分别有：直接投资、证券投资、金融衍生品（储备除外）及雇员认股权、其他投资、储备资产。另外，对特殊融资可建立备忘项目，如拖欠债务。

第四级分类主要与金融账户有关。直接投资进一步区分：股权和投资基金份额、债务工具等。证券投资进一步区分：股权和投资基金份额、债务证券。其他投资进一步区分：其他股权投资、货币和存款、保险和养老金及标准担保计划、贷款、贸易信贷和预付款、其他等。储备资产进一步区分：货币黄金、特别提款权、在国际货币基金组织的储备头寸、其他储备资产。

国际收支关于金融交易的统计经常设计交叉分类，即一交易项下既要反映交易的内容，又要反映交易的主体，形成了金融交易的第五级分类。有些金融交易甚至有六级分类，即表明该类交易的长短期限。

第三节 国际收支平衡表中经常账户和资本账户的核算

一、经常账户的核算

（一） 货物交易

货物交易指居民和非居民之间的进出口交易，这类交易一般伴随着货物所有权在居民和非居民之间的变更。货物交易的主要内容有：一般商品、转手买卖的货物、非货币黄金。货物交易的实际交易价格以离岸价为准。货物的出口记录在居民（除非有特别说明，以下均以居民作为国际收支报告国）货物账户的贷方，进口记录在借方。贷方大于借方，差额用“-”号表示，表明出口大于进口；反之，差额用“+”号表示，表示进口大于出口。

一般来说，货物的所有权会伴随着货物进出口在空间的变化而变化。但是，转手买卖的货物是个例外。所谓转手买卖（也称“转口贸易”），是指居民（以“A”表示）从非居民（以“B”表示）处购买货物，随后向另一非居民（以“C”表示）转售同样货物，但被买卖的货物未经过居民 A 的领土。在这种情况下，A 无须拥有实体，这个交易在海关也没有登记，转手买卖的差价主要是货物批发价差，以及 A 作为全球性生产和贸易组织者所体现的规划管理、专利品牌、营销融资能力等要素价值。

对于经济体 A 上述转手买卖的核算如下：

（与经济体 B 之间）转手买货物　　贷记“负出口”　　（1）

（与经济体 C 之间）转手卖货物　　贷记“出口”　　（2）

经济体 A 转手买卖货物差额　　贷记“转手买卖货物净出口”　　（2）-（1）

对于经济体 B 和 C，货物经过它们的领土，并在海关登记，是一般商品的出口的进口。注意，在第五版《国际收支统计手册》中，转手买卖记录在服务贸易项下。数据使用人员在使用一国贸易和服务数据时，要辨认其编制背景，确认口径来源于第五版还是第六版，做好比较分析。

（二） 服务交易

服务交易包括对他人拥有的实物投入的加工制造，维护维修，运输，旅行，建设，保险和养老金，金融，知识产权使用费，电信、计算机和信息，其他商业服务，个人、文化和娱乐，政府货物和服务等。

对他人拥有的实物投入的制造服务（加工制造），包括由不拥有相关货物的企业承担的加工、装配、贴标签和包装等服务。

维护维修包括居民对非居民（反之亦然）拥有的货物所提供的维护维修服务。

运输服务包括所有居民和非居民之间发生的利用各类运输工具所进行的货物和人员的运

输、相应的辅助性服务，以及邮政邮递服务。所谓辅助性服务包括货物的装卸、仓储、导航等。

旅行服务包括居民和非居民之间发生的、旅行者因公和因私原因在对方经济领土停留时（不超过一年）所获得的货物和服务。通常指旅游者在旅游国家购买的衣、食、住、行、娱乐以及纪念品等方面的货物和服务。

建设服务包括居民和非居民之间相互提供的建筑和安装活动。

保险和养老金服务包括居民和非居民之间相互提供的各类保险和养老金服务，其中，同保险相关的代理商服务也包括在内。

金融服务包括除保险和养老金服务之外的居民和非居民之间相互提供的金融中介和辅助服务。

知识产权使用服务包括知识产权使用费和复制、传播原作或原型中的知识产权和相关权利时所涉及的许可费。

电信、计算机和信息服务包括居民和非居民之间的国际通信交易，居民和非居民之间发生的计算机数据传输、新闻、互联网等有关的服务交易。

其他商业服务包括发生在居民和非居民之间的研究和开发服务，法律、会计等专业和管理咨询服务，广告，技术服务，贸易相关服务，环保咨询服务以及经营租赁等。

个人、文化和娱乐服务包括视听、医疗卫生、教育、体育、博物馆、博彩等服务。

政府货物和服务包括由飞地（使馆、军事基地和国际组织）或向飞地提供的货物和服务、外交官和使领馆工作人员以及在海外的军事人员及其家属从东道国购买的货物和服务、由政府或向政府提供的未计入其他服务类别的服务。

向非居民提供的服务记录在居民服务账户的贷方，非居民向居民提供的服务记录在借方。贷方大于借方，差额用“－”号表示，表明服务出口大于进口；反之，差额用“＋”号表示，表示服务进口大于出口。

（三）初次收入

初次收入包括雇员报酬、投资收益、租金、生产和进口税及补贴等内容。

雇员报酬是指居民支付给非居民雇员的报酬，包括其所得到的现金或实物形式的工资、薪水和福利。所谓非居民雇员是指在本国短期工作（期限在一年以下）的雇员。本国从非居民得到的雇员报酬，记在居民收入账户的贷方，非居民的借方；本国向非居民支付的雇员报酬，记在居民收入的借方，非居民的贷方。若本国从非居民得到的雇员报酬大于向非居民支付的雇员报酬，则贷方大于借方，差额用“＋”号表示；反之，差额用“－”号表示。

投资收益，也是财产收入，指由债权债务关系产生在居民与非居民之间的收入，主要有直接投资收入和证券收入。直接投资收入是直接投资者对非居民企业拥有资本的所有权而获得的收入，具体包括得到的已分配收入、用于再投资的收益、未分配利润和长期债券利息收入。要注意，用于再投资的收益和未分配利润在实际中并没有汇回给直接投资者，直接投资者直接将它们作为再投资，计入企业的股本。尽管直接投资者没有得到这笔收入，但这笔收入的确产生过。根据权责发生制的原则，必须在投资收入项下记录这笔交易。

证券投资收入是居民和非居民之间由于相互持有股票、债券、货币市场工具和其他金融资产而产生的红利收入或支出、利息收入或支出。有些金融交易的利息，如存、贷款利息，由于其利息的现金流量较为确定，比较容易核算。但是，与指数挂钩的债务证券，其偿付额与交易双方商定的指数相联系，而指数值只能在到期时才可知。也就是说，这种债务证券的利息现金流在到期前是不确定的，只能用指数的变动来计算应计利息。另外，对于不良债务在其没有取消之前，在法律上债务人仍要向债权人支付利息，应继续记应计利息。为有利于数据分析，可单独增加补充项目或备忘项目，以便更好地判断收入多少。

居民从非居民处得到红利、利息及其他财产收入，记在居民收入账户的贷方；向非居民支付的红利、利息等记在居民的借方。若居民的投资收入大于非居民的投资收入，则贷方大于借方，差额用“+”表示；反之，差额用“-”表示。

租金包括为使用土地、矿藏、捕鱼、林业和放牧等自然资源而支付的款项。

一国对非居民征收生产和进口税或给予生产和进口补贴，主要发生在经济联盟的国家和地区之间。个别情况下，出口商同意为进口商支付进口税。但这不属于初次分配范畴，而应是进口商对出口商的债务。若进口商同意为出口商支付出口税，处理原则也是将其视为出口商对进口商的债务。

居民从非居民处得到租金、生产和进口税及补贴记在居民收入账户的贷方；向非居民支付租金、生产和进口税及补贴等记在居民收入账户的借方。

（四） 二次收入

二次收入主要包括居民与非居民的经常转移，主要内容有以下两部分。一是居民与非居民之间出于援助、馈赠等目的，发生的现金和物品转移（主要是食品、衣物、医药等消费品），具体项目有汇款等个人转移、经常性国际合作。这种转移不要求接受一方有所回报。经常转移只改变接受转移一方的可支配收入水平和消费水平，不改变接受转移一方的资产水平（如果某类现金和物品的转移成为接受转移一方的资产，则视为资本转移，资本转移在资本账户中介绍）。二是居民与非居民之间相互缴纳的各种税、费、非人寿保险等，具体项目有税和补贴的转移、社保缴款和社会福利的转移、非寿险和标准化担保净保费、非寿险索赔和标准化担保下的偿付要求等。

有些情况下，实物转移的价值不易确定。因为转移不是交易，没有交易价格。通常情况下，提供和接受转移的双方会利用该物品的市场价值对其进行估价。

居民从非居民处得到的转移，记录在居民经常转移账户的贷方；向非居民提供的转移，记录在借方。若居民从非居民处得到的转移大于向非居民提供的转移，则贷方大于借方，差额用“+”表示；反之，差额用“-”表示。

二、资本账户的核算

资本账户主要记录居民和非居民之间资本转移和非生产、非金融资产的获得或出让（自然资源、契约租约和许可、营销资产和商誉、债务减免、异常大额非人寿保险索赔、投资捐赠、一次性担保及其他债务负担、资本及其转移税、移民的转移等）。

资本转移主要包括五项内容：与资本形成相关的现金转移；固定资产所有权的转移；债权债务双方根据协定无偿减免债务人的债务；对转移资产价值征收的税款，如继承税、遗产税和赠与税，以及向非居民提供的补偿资本损失的非保险赔偿等，如由于原油泄漏、战争等造成的损害支付；土地及无形资产的无偿转让。

在实际编制国际收支平衡表时，有几种情况要仔细加以区别。一是区别经常转移项下的现金转移和资本转移项下的现金转移。资本项下的现金转移必须与接受转移一方固定资产的形成相联系，或与提供转移一方固定资产所有权的放弃相联系。例如，A 国政府向 B 国政府提供一笔现金捐赠，捐赠的条件是 B 国政府必须用这笔现金购买医疗设备，那么，这笔现金转移为资本转移；如果捐赠的条件是 B 国政府用这笔现金向受灾地区的人民提供食品，则这笔现金捐赠为经常转移。二是要区别债务减免和债务拒偿。债务减免是在居民和非居民之间达成了减免债务协议的前提下，债权人对债务人部分或全部减免的债务。如果双方没有达成减免债务协议，债务方由于各种原因拒偿或无力偿还债务，则视为债权人资产的损失，记录在重估价而非资本转移账户中。

资本转移会发生在非居民与居民的各个机构部门之间。其中，与政府部门有关的资本转移是资本转移的重要内容，其意义比较突出；对于其他部门的资本转移则没有必要做单独反映。因此，一般情况下，资本转移账户下只区分两个部门，一是政府部门，二是其他部门。其他部门包括住户、企业、银行和货币当局。

与经常转移一样，由于不是市场交易，被转移资源的价格不易确定。一般来说，被转移资源的价值以捐赠国确定的价值为计价基础。

居民接受的非居民资本转移记录在贷方，居民发生的向非居民的资本转移记录在借方。若居民接受的资本转移大于出让的资本转移，贷方大于借方，资本转移差额用“+”表示；反之，用“-”表示。

第四节　国际收支统计中金融账户和储备资产的核算

一、金融账户

金融账户反映居民与非居民之间的债权债务关系，主要有五个层次的分类（见第一节国际收支统计的分类），相对于其他账户复杂一些。需要重申的是居民对非居民资产的减少和负债的增加，在贷方反映，用“+”表示；居民对非居民资产的增加和负债的减少，在借方反映，用“-”表示。或者说，资产项下的借方反映居民对非居民资产的增加，贷方反映居民对非居民资产的减少；负债项下的贷方反映居民对非居民负债的增加，借方反映居民对非居民负债的减少。

（一）直接投资

直接投资指某一经济体内的居民投资者通过投资对另一经济体内的居民实施管理上的控制或重要影响。直接投资包括居民和非居民之间的股本投资、再投资收益和其他资本投资。与其他投资不同的是，直接投资能给投资者带来持久性利益。所谓的持久性利益，不仅包括直接投资者和企业之间在收益方面存在着长期关系，而且，直接投资者对企业的经营管理可以施加相当大的影响，也就是说直接投资者对企业有相应的股权和投票权。国际上通行的反映这种影响的量化指标为：直接投资者对企业拥有 10% 及以上的普通股或投票权。

股本投资可采用现金形式，但更多的是以机器设备甚至无形资产作价进行的投资，形成直接投资者在直接投资企业的股份。再投资收益包括归直接投资者所有的作为红利分配的收益和未汇回直接投资者的收益，由于这些收益是直接投资者权益的一部分，因此，应记录在直接投资项下。由于永久性债务也能为投资者提供持久性收益，因此，直接投资项下还包括直接投资企业的永久性债务。

对直接投资的统计要特别关注直接投资企业股权的变化。例如，如果非居民通过证券投资购买某一企业的股份不足10%，但随后又在市场上购进该企业更多的股票，并且购买的全部股份达到10%及其以上，则随后购进的那部分股票要作为直接投资进行统计。

由于直接投资一般发生在居民与非居民的企业（包括金融企业）之间，因此，对直接投资的核算不再进行更多的部门划分。

非居民对居民发生的直接投资，以及非居民对居民直接投资的撤资和资金汇出，分别记录在居民直接投资负债项下的贷方和借方，差额为非居民对居民直接投资净额。若非居民对居民发生的直接投资大于撤资和资金汇出，则净额记录在贷方，用“+”反映；反之，则净额记录在借方，用“-”反映。

居民对非居民发生的直接投资，以及居民对非居民直接投资的撤资和资金汇回，分别记录在居民直接投资资产项下的借方和贷方，差额为居民对非居民直接投资净额。若居民对非居民发生的直接投资大于撤资和资金汇回，则净额记录在借方，用“-”反映；反之，则净额记录在贷方，用“+”反映。

（二）证券投资

证券投资包括居民与非居民之间股本证券和债券的交易。

股本证券包括一切表明在全部债权人的债权得到清偿以后对公司型企业剩余资产拥有所有权的凭证。股票、参股文件、参与分红的优先股以及在互助基金和投资信托机构的投资都包括在内。

债券交易包括中长期债券、货币市场工具以及衍生金融工具。注意，在直接投资和储备资产项下的债券不包括在内，如构成企业资本金的永久性债券，以及组成储备资产的各类债券。

中长期债券指期限在一年以上的债券，它们给债券持有者不带任何附加条件的权利收取固定的货币收入或契约所规定的可变收入，并且在确定日期收回本金。不参与分红的优先股、可转换债、一年以上可转让的大额存单等都包括在中长期债券中。

货币市场工具一般是期限在一年以下的各类短期债券、商业票据和融资票据、银行承兑汇票、一年以下的大额可转让存单、可转让的回购协议等。

从居民的资产方角度出发，居民对非居民发生的证券投资，以及居民对非居民减少的证券投资，分别记录在居民证券投资资产项下的借方和贷方，差额为居民对非居民证券投资净额。若居民对非居民发生的证券投资大于减少的证券投资，则净额记录在借方，用“-”反映；反之，则净额记录在贷方，用“+”反映。

从居民负债方角度出发，非居民对居民发生的证券投资，以及非居民对居民证券投资的减少，分别记录在居民证券投资负债项下的贷方和借方，差额为非居民对居民证券投资净额。若非居民对居民发生的证券投资大于撤资，则净额记录在贷方，用“+”反映；反之，则净额记录在借方，用“-”反映。

（三）金融衍生产品（储备除外）和雇员期权

金融衍生产品（储备除外）是通过与在未来某日某项金融工具的买卖、某类指数的水平、某些商品的买卖联系在一起，而产生的新的金融工具。它可赋予持有者在未来某日收取现金或被联系的金融工具等形式的经济利益。金融衍生工具有两种情况：一是不能在市场上交易，作为或有资产和负债存在；二是可以在市场上交易，记录在资产负债表中。可以在市场上交易的金融衍生工具是国际收支金融账户的统计对象，包括远期交易和期权交易。

远期是交易双方统一在规定的日期以合约价格交换一定数量的标的项目（实物资产和金融资产），具体产品主要有期货和掉期。远期交易的价值变化要分“一个时点、一个阶段”看。第一，在签订远期合同的时点上，由于标的物价格没有变化，因此这个合约的价值为零；第二，在交易发生时点到结束时点的这一阶段，标的物的价格会发生变化，合约双方的身份也开始发生变化，处于资产头寸的一方为债权人，处于负债头寸的一方为债务人，由于价格是波动的，该时期内头寸的状况会发生变化，所以债权、债务人的关系也会发生变化。因此，在交易起始的“第一时点”上，居民和非居民均在国际收支金融交易账户上记零资产或零负债，涵盖在国际收支平衡表内。但是，在“第二阶段”中的任一核算时点，要根据标的物价格的变化对合约估值，确认头寸状况和债权、债务身份，记录在金融资产和负债的其他变化账户中，不涵盖在国际收支平衡表内，但要作为分析补充项目单列，在编制国际投资头寸表时反映在存量中。

期权合同的购买人付给期权出具人一笔溢价；作为回报，购买人获得了在规定日期或之前以合同价格购买或出售的权利。与远期的区别是，在“第一时点”上，购买人获得资产，出具人获得负债，因此，在交易起始的“第一时点”上，居民和非居民按购买人或出具人，在国际收支金融交易账户上记资产或负债，价值按当时市价或期权持有人为拥有权利而付出的成本计算，涵盖在国际收支平衡表内。到“第二阶段”，购买人和出具人的资产、负债身份不像远期那样可能会发生反向变化，但期权合约的价格会在市场上波动，其处理方式也是记录在金融资产和负债的其他变化账户中，不涵盖在国际收支平衡表内，但要作为分析补充项目单列，在编制国际投资头寸表时反映在存量中。

雇员期权是雇员在既定时间或其后的一段时间内，以既定价格购买雇主特定数量的股票。雇员在行权时，雇员为资产方，雇主为负债方，按照股权市场价格与股权实际支付的买价差额记入金融交易账户，涵盖在国际收支平衡表内。

（四）其他投资

其他投资主要指居民和非居民之间发生的其他股权、货币和存款、贷款、保险及养老金和标准担保计划、贸易信贷、其他应收/应付账款等金融交易。

其他股权是未列入直接投资、股权和投资基金份额以及储备资产的股权交易，例如，参与某些国际组织等可列入其他投资。

货币和存款主要包括居民和非居民之间在各自国家流通的对方国家的纸币和硬币（在有些国家，法律上允许流通它国货币；在有些国家，即使法律上不允许，但实际上有外国货币流通），以及相互间的各类存款、可支付的支票、可转让的汇票等。

贷款包括所有的贷款、垫款、金融租赁以及不可转让的回购协议等。其中，回购协议是近年来新创造出的金融工具，它是指借款人向贷款人出售证券时，借款人和贷款人之间同意借款人在未来的某一时间按照同一价格加上利息重新购回出售证券的协议，其实质上是质押贷款，记录在贷款项下。

保险及养老金和标准担保计划指非人寿保险技术准备金、人寿保险和年金权益、养老金权益、启动标准化担保的准备金。

贸易信贷指居民和非居民的买卖双方相互直接提供的信用、在建工程的预付款以及其他的应收/应付账款。

从居民的资产方角度出发，居民对非居民发生的其他投资，以及居民对非居民减少的其他投资，分别记录在居民其他投资资产项下的借方和贷方，差额为居民对非居民其他投资净额。若居民对非居民发生的其他投资大于减少的其他投资，则净额记录在借方，用“－”反映；反之，则净额记录在贷方，用“＋”反映。

从居民负债方角度出发，非居民对居民发生的其他投资，以及非居民对居民其他投资的减少，分别记录在居民其他投资负债项下的贷方和借方，差额为非居民对居民其他投资净额。若非居民对居民发生的其他投资大于撤资，则净额记录在贷方，用“＋”反映；反之，则净额记录在借方，用“－”反映。

二、储备资产的核算

（一）储备资产的定义和一些特殊情形

储备资产是由货币当局控制，并随时可供货币当局用来满足国际收支资金需求，用于干预汇兑市场，影响货币汇率，以及用于其他目的（如维护对货币和经济的信心，作为向国外借款的基础）的对外资产。储备资产的增加记在账户的借方，减少记在贷方。储备资产的增加大于减少，差额用“－”表示；反之，用“＋”表示。

对储备资产进行统计时，对货币当局资产是否对某类资产拥有有效的控制权需要仔细甄别。一般情况下，根据该类资产的法律特征确定货币当局对该类资产是否拥有所有权。但实际中并不是这样简单。一种情况是，某类金融资产法律上的所有权并不是货币当局，而是某个金融机构，但是，只有在货币当局明确批准后，这个金融机构才能对这笔金融资产按货币当局的具体要求进行交易。在这种情况下，该笔金融资产应视为置于货币当局的有效控制之下。另一种情况正相反，如果货币当局对某类对外金融资产只有临时权力，则不能认为货币当局对该类资产拥有有效控制权。因此，所有权不是货币当局对某类资产是否具有有效控制权的必要条件。货币当局对其没有有效控制权的对外资产不是储备资产。

（二）储备资产的分类

储备资产主要包括货币黄金、特别提款权、在基金组织的储备头寸和其他储备资产。其中，其他储备资产包括存款、证券、金融衍生产品和其他债权。

货币黄金指货币当局（或受货币当局有效控制的其他机构）拥有，并作为储备资产拥有的黄金。具体包括金块（纯度至少为99.5%），以及在非居民处开立的、能够赋予黄金交割要求权的未分配黄金账户。

特别提款权是由国际货币基金组织创造，分配给成员国补充现有官方储备的国际储备资产。

在国际货币基金组织的储备头寸。成员国参加国际货币基金组织要认缴份额。认缴份额由两部分组成。一是用特别提款权和基金组织能够接受的外币认缴，这部分占全部份额的25%，在国际货币基金组织的账户中被称为“储备档”，是成员国的储备资产。二是其余75%用成员国本币支付，在国际货币基金组织的账户中被称为普通资金账户。普通资金账户中只有对基金组织的贷款可计入成员国的储备资产。所以在国际货币基金组织的储备头寸等于“储备档”加上普通资金账户中成员国随时可用的对基金的债务。

存款是货币当局在外国中央银行、国际清算银行、其他非居民存款性公司以及国际货币基金组织信托账户存放的、一经通知便可即时使用，或在很短时间内可赎回并不会造成价值损失的存款。实践中，货币当局向这些机构提供的短期贷款与存款的性质非常接近，也应视为存款类储备资产。

证券包括货币当局持有的、非居民发行的、可流通的股本证券和债务证券。原则上，不可流通的不能计入储备资产。

计入储备资产的金融衍生产品必须与储备资产管理相关并由货币当局有效控制的衍生品。

其他债权包括货币当局向非居民非存款性公司提供的贷款、在国际货币基金组织信托账户的长期贷款以及因逆回购产生的贷款等。

三、国际收支平衡表的误差与遗漏

根据国际收支统计的经济核算原理和复式记账原则，理论上，国际收支平衡表的贷方合计总额与借方合计总额应是一致的。但在实际中，由于各方面原因，所有交易的贷方总额和借方总额有差距，这个差距被称为误差与遗漏项。误差与遗漏是一个平衡项，当贷方大于借方时，在借方记录一笔数目相同的误差与遗漏，用“-”反映；反之，记在贷方，用“+”反映。根据经验，只要误差与遗漏的绝对值与贸易进出口总额的比值小于5%，误差与遗漏的水平就基本上被认为是合理的。

第五节　国际投资头寸统计

国际投资头寸表是一个经济体在某个时点上对外金融资产和负债的存量统计，资产反映一经济体的对外债权和作为储备资产持有的金块等，负债反映一经济体的对外债务，对外金融资产和负债的差额为该经济体的净国际投资头寸，头寸为正表明对外债权大于债务，为负则是债务大于债权。

一、国际投资头寸表的表式

国际投资头寸有两种表式：一是按职能类别和金融工具划分的国际投资头寸表（见表9-2），二是按机构部门和职能类别划分的国际投资头寸表（见表9-3）。

第一种表式重点展示期初国际投资头寸、当期金融交易账户以及金融资产和负债的其他

变化对期末国际投资头寸的影响。四者之间的数量关系是

期末国际投资头寸 = 期初国际投资头寸 + 金融账户交易
+ 金融资产和负债账户的其他变化

其中，金融账户交易就是国际收支统计中的金融账户部分；金融资产和负债账户的其他变化是非交易因素引起的金融资产和负债的变化，由其他变化账户单独核算，具体内容在本节“二”中专门介绍。

第二种表式将一国的对外资产和负债按机构部门持有、借出、借入情况加以分解，强调国内各机构部门在国际投资头寸构成中的角色（见表9－3）。

国际投资头寸表是资产负债表，上述两个表式全面反映了一个经济体对外的金融总量、投融资结构、金融工具结构、金融市场参与者结构。为了进一步利用国际投资头寸表分析一国金融体系的连续性和稳定性，发现结构上的缺陷和脆弱环节，还可以编制国际投资头寸补充信息表，如按币种和剩余期限对国际投资头寸表中的债务工具进行分解，监测货币和期限是否有累积的错配（见表9－4、表9－5）。对资产负债的币种结构表（见表9－4）可以开展汇率的压力测试，以观察因汇率变化产生的损益，及早对冲汇率风险。对非居民债务类债务的剩余期限表（见表9－5），可高度关注短期债务履约情况，与资产流动性相匹配，监测短期资产负债差额，控制流动性风险；同时也可以开展利率压力测试，为利率敞口对冲分析提供依据。

表9－2　　国际投资头寸表

	期初国际投资头寸	金融账户交易	金融资产和负债的其他变化账户（其他数量变化及重新定值）			期末国际投资头寸
			数量的其他变化	汇率变化	其他价格变化	
资产						
按职能类别						
直接投资						
证券投资						
金融衍生产品和雇员认股权						
其他投资						
储备资产						
按金融工具						
股权和投资基金份额						
债务工具						
特别提款权						
货币和存款						
债务证券						
贷款						
保险、养老金和标准化担保计划						
其他应收/应付账款						

续表

	期初国际投资头寸	金融账户交易	金融资产和负债的其他变化账户（其他数量变化及重新定值）			期末国际投资头寸
			数量的其他变化	汇率变化	其他价格变化	
其他金融资产和负债						
货币黄金						
金融衍生产品和雇员认股权						
资产总额						
负债						
按职能类别						
直接投资						
证券投资						
金融衍生产品和雇员认股权						
其他投资						
按金融工具						
股权和投资基金份额						
债务工具						
特别提款权						
货币和存款						
债务证券						
贷款						
保险、养老金和标准化担保计划						
其他应收/应付账款						
其他金融资产和负债						
金融衍生产品和雇员认股权						
负债总额						
净国际投资头寸						

表 9－3　　国际投资头寸概览

资产						负债				
整体经济	住户	广义政府	金融机构	非金融性公司		非金融性公司	金融机构	广义政府	住户	整体经济
					直接投资					
					证券投资					
					金融衍生产品和雇员认股权					
					其他投资					
					储备资产					
					资产/负债总计					
					净国际投资头寸					

表 9－4　　对非居民债务类债权负债

债权								债务						
			其他部门						其他部门					
中央银行	广义政府	其他存款性公司	小计	其他金融性公司	非金融性公司	合计		合计	非金融性公司	其他金融性公司	小计	其他存款性公司	广义政府	中央银行
							合计							
							本币							
							外币							
							美元							
							欧元							
							日元							
							其他货币							
							未分配							
							其中等于或少于一年							
							本币							
							外币							
							美元							
							欧元							
							日元							
							其他货币							
							未分配							

表 9－5　　对非居民剩余期限等于或少于一年的债务类债权负债

债权								债务						
			其他部门						其他部门					
中央银行	广义政府	其他存款性公司	小计	其他金融性公司	非金融性公司	合计		合计	非金融性公司	其他金融性公司	小计	其他存款性公司	广义政府	中央银行
							合计							
							债务证券							
							贸易信贷和预付款							
							贷款							
							货币和存款							
							其他债务类							

二、金融资产和负债其他变化的核算

（一） 金融资产和负债其他变化的定义和核算表式

金融资产和负债其他变化是指因非交易引起的资产、负债变化。有价格因素引起的，如资产价格的变化、汇率的变化，称作重新定值；也有非价格因素引起的，如资产被无偿没收、债权人单方面撤销债务、资产负债的分类发生变化等，称作数量的其他变化。这些非交易流量单独在金融资产和负债其他变化账户中核算（表式见表9-6）。由于交易流量（在国际收支账户中核算）、非交易流量和期初金融资产负债存量之和构成期末的金融资产负债存量，因此，国际投资头寸的核算离不开金融资产和负债其他变化账户（见如下等式）。

期末其他变化头寸 = 期初其他变化头寸 + 期间数量的其他变化 + 期间的重新定值

其中，重新定值是由于汇率变化和其他价格变化。

从统计技术操作看，也可用期末金融资产负债存量与国际收支、期初存量轧差，笼统地得到非交易流量的变化。但是，这不利于认识金融资产和负债其他变化核算的经济性质和意义，特别是不能认识资产负债的重新定值，在核算中丢失金融市场价格、债务豁免、债务重组等重要信息，影响国际收支和国际投资头寸表的分析应用。

表9-6　　金融资产和负债其他变化账户

	数量的其他变化	重新定值	
		汇率变化	其他价格变化
金融资产其他变化			
直接投资			
证券投资			
金融衍生产品和雇员认股权			
其他投资			
储备资产			
其中：			
股权和投资基金份额			
债务工具			
其他金融资产和负债			
负债其他变化			
直接投资			
证券投资			
金融衍生产品和雇员认股权			
其他投资			
储备资产			
其中：			
股权和投资基金份额			
债务工具			
其他金融资产和负债			
其他变化导致的净国际投资头寸的变化			

（二）金融资产和负债数量的其他变化

交易和价格之外的金融资产和负债数量变化主要有以下三种。

1. 撤销和注销。债务人破产或清算导致债务无法收回，出现债务部分减少或全部注销，若债权人同意放弃债权，则可从债权人资产负债表上移除该债权，债务人的资产负债表也移除相应负债，双方移除的流量在数量的其他变化账户中核算。

2. 重新分类。引发重新分类的因素较杂，常见的有五种。一是贷款被交易流通，成为证券。则在数量其他变化账户中，减少名义价值的原贷款，增加按市场价格估值的新证券。二是根据合约条款，在发生某些事件的情况下，如违约、信用评级下降等，原金融交易的期限、利率等发生变化，变为其他性质的金融交易。这个转换在数量其他变化账户中核算。三是一经济体内各机构部门之间交换各自持有的对外资产和债务，引起国际投资头寸在国内部门结构上的变化，记录在数量的其他变化中。四是交易双方关系发生变化。如过去双方是证券投资关系，现在因投资增加变为直接投资关系。以前证券资产就要重新分类为直接投资。五是货币与非货币金块的转换。

3. 公司的跨境迁移和个人移民引起的资产负债变化记录在资产负债数量的其他变化中。

（三） 重新定值

价格水平或结构发生变动会导致金融资产或负债的货币价值发生变动，这时需要对金融资产和负债进行重新定值。资产价值增加或负债价值减少被称为持有收益；资产价值减少或负债价值增加被称为持有损失。

由于国际投资头寸是跨境交易的结果，因此，在重新定值时，除一般价格因素变动外，要单独反映因汇率变化引起的持有损益。具体核算时分三个步骤。

第一步，各类交易工具均按交易发生时的货币计价，计算因收益率变化、信用变化等因素导致各类交易工具价格发生的变化，估算汇率之外的其他价格变化引发的持有损益。

第二步，各类金融工具期初、期末存量按期初、期末时点日期汇率折算，因交易引发的流量以及因其他价格变化引发的持有损益用流量发生期间的平均汇率折算。

第三步，用下式计算汇率变化引发的持有损益。

$$
\begin{aligned}
\text{期间汇率变化的重新定值} = & \text{货币转换后的期末头寸} \\
& - \text{货币转换后的期初头寸} \\
& - \text{货币转换后的期间交易流量} \\
& - \text{货币转换后的期间其他数量变化流量}
\end{aligned}
$$

本章小结

1. 国际收支统计记录的是居民与非居民之间发生的各项经济交易，国际收支统计由国际收支平衡表和国际投资头寸表组成。

2. 国际收支平衡表是流量统计，包括四类账户。经常账户记录的是居民与非居民之间的货物和服务交易、收入以及经常转移。资本账户记录的是居民与非居民之间的资本转移和非生产、非金融资产的转让。金融账户记录的是居民与非居民之间的金融交易，具体方式有：直接投资、证券投资和其他投资。储备资产账户记录的是货币当局储备资产的变动。

3. 国际投资头寸表是存量统计，反映某个时点上一个经济体对外金融资产和负债的存量。

4. 以下几个重要等式是理解国际收支活动经济意义的关键：(1) GDP = 总投资 + 最终消费 + 净出口。(2) 一国总储蓄与总投资差额 = 该国国际收支经常账户差额 = 该国国际收支资本和金融账户差额。(3) 储备资产增（减）= 国际收支顺（逆）差。(4) 期初国际投资头寸表 + 本期金融与储备资产账户 + 本期金融和储备资产的重估价 = 期末国际投资头寸表。

5. 国际收支统计的分类和核算原则与国民经济核算是一致的，记账也是采用复式记账原则。记入贷方的交易有：居民对非居民的出口、来自非居民的收入、居民对非居民资产的减少和负债的增加，用“+”表示；记入借方的交易有：居民对非居民的进口、向非居民转移的收入、居民对非居民资产的增加和负债的减少，用“-”表示。每项交易的借贷差额，反映了该项交易的净发生额。

6. 重要或新出现的特殊交易的确认、重新定值等是国际收支统计的难点。

本章重要概念

国际收支统计　国际投资头寸表　金融资产和负债其他变化核算　借方　贷方　借贷差额　顺差　逆差　国际收支经常账户　国际收支资本账户　国际收支金融账户　储备资产账户　经常账户差额　资本和金融账户差额　国际收支总差额　国际收支错误与遗漏　出口差额　进口差额　服务差额　直接投资　再投资收益　证券资产　贸易信贷　重新定值

复习思考题

1. 什么是国际收支统计？什么是国际投资头寸表？什么是金融资产和负债的其他变化核算？
2. 简述经常账户的核算内容。
3. 简述金融账户的组成部分。
4. 简述国际收支金融账户、储备资产账户与国际投资头寸表的关系。
5. 简述四种主要国际收支差额的情况。
6. 简述直接投资的核算内容。
7. 简述证券投资的核算内容。
8. 简述金融账户中其他项目的核算内容。
9. 什么是储备资产？
10. 简述重新定值的核算过程。

本章参考文献

1. 国际货币基金组织：《国际收支和国际投资头寸手册（第六版）》，中文版，华盛顿，国际货币基金组织，2009。

2. 联合国等：《国民账户体系（2008）》，中文版，北京，中国统计出版社，2012。

3. 国际货币基金组织：《国际收支手册（第五版）》，中文版，北京，中国金融出版社，1995。

第十章
金融稳健统计

金融稳健统计指通过一系列统计指标，反映一个国家金融市场的健康状况以及金融机构、非金融企业乃至住户部门金融活动的稳健状况。金融稳健统计的目的是帮助中央银行、监管当局、其他决策机构和社会公众评价、监测宏观经济环境及金融体系自身的系统性风险，评估金融体系对抗这些风险的能力，以提高金融体系的稳定性，防范金融体系的崩溃。

第一节　金融稳健统计的基本概念

一、金融稳健统计产生的背景

伴随着经济和金融全球化的迅猛发展，20 世纪 90 年代以来，国际性的金融危机频繁爆发：先是在 1992 年爆发了英镑危机，然后是 1994 年爆发的墨西哥金融危机，接着是 1997—1998 年东南亚金融危机以及其后 2002 年的阿根廷金融危机，最近的是 2007—2009 年由美国次贷危机引起的全球金融危机及 2010 年以来不断发酵的欧洲国家主权债务危机。目前，欧洲经济仍未走出困局。2007 年次贷问题诱发的国际金融危机导致 2009 年绝大多数 OECD 国家经济萎缩，造成几十个国家国民收入下降、失业率高企、贫困人口增加、公共服务业萎缩、教育和卫生条件恶化、犯罪率上升。危机中，脆弱的银行部门往往是危机产生的突破口。金融体系是否稳健，能否防御宏观经济条件恶化和国际资本流动所带来的冲击，成为各国政府和国际金融机构关注的重要问题。

2007 年美国次贷危机以来，国际社会在推动金融稳健统计和系统性风险监测方面做了大量工作。金融稳定理事会和国际货币基金组织 2009 年 10 月发布的《金融危机与数据缺口》报告提出 20 条改善数据缺口的建议，分别从如何完善对金融部门的风险监测、如何改进对金融机构往来的监测和如何推进部门账户统计等角度提出意见，其中多数内容都和金融稳健统计有关。2015 年 9 月启动数据缺口倡议（DGI）第二阶段工作，主要目标定位于为政策制定提供准确而及时的统计数据。DGI 第二阶段提出的 20 条数据缺口建议主要包括三个部分：一是金融体系风险监测；二是脆弱性、关联性和传染性监测；三是数据共享和交流。除此以外，金融稳定理事会受 G20 委托牵头开展影子银行体系研究，从定义分类、数量规模、风险评估和政策工具等方面初步构建了统一的影子银行监测框架，在成员国范围内按年度进行影子银行统计并发布监测报告。2011 年欧洲系统性风险理事会（European Systemic Risk Board,

ESRB）设立以来，该机构在欧央行的协助下，着手完善欧盟地区的金融稳健统计工作。中国在近年来推进金融业综合统计工作时，也充分考虑了金融稳健统计工作的需要，通过构建协调、可比的统计体系，强化金融稳健统计监测工作。

金融稳健统计是通过一系列指标实现的，其数据来源既包括各个经济部门资产负债表、损益表、货币统计、财政统计、产品统计、国际收支统计和国际投资头寸统计等宏观数据，也包括以国际会计准则和各国会计标准为基础的公司财务数据和金融监管数据。本节将对国际货币基金组织的金融稳健指标体系和欧盟的金融稳健统计工作进行简要介绍。

二、金融稳健指标体系

在成员国配合下，自20世纪90年代的东南亚金融危机之后，国际货币基金组织（以下简称IMF）着手构建金融稳健指标体系，于2003年推出了《金融稳健指标编制指南》（以下简称《指南》），并于2006年修订了《指南》，作为成员国开展金融稳健统计工作的指导。当前，IMF正在密切跟踪《巴塞尔资本协议Ⅲ》的实施情况，随着这一协议逐步落实，IMF将对现有指标作进一步的调整。2012年起，IMF将核心资本充足率、不良贷款率等7项金融稳健指标纳入数据公布特殊标准（Special Data Dissemination Standard，SDDS），要求加入这一体系的国家按季度报送。目前，IMF在其网站上披露了各国金融稳健指标的信息，并在《全球金融稳定报告》中使用了这些指标。

金融稳健统计指标体系包含40项指标（见表10－1）。出于分析的需要，金融稳健指标多为相对比率指标。关于金融稳健指标的详细内容，我们在本章第三节和第四节还要详细介绍。

金融稳健统计要反映宏观经济运行对金融体系产生的系统性风险，因此存款吸收机构部门是金融稳健指标监测的重点。此外，其他金融公司部门、非金融公司部门、住户部门、金融市场和房地产市场也是该指标体系关注的内容。

表10－1　　金融稳健指标

核心指标	
存款吸收机构 资本充足	监管资本/风险加权资产 核心资本/风险加权资产
资产质量	不良贷款/全部贷款总额 （不良贷款－专项准备及特种准备）/资本金 部门贷款/全部贷款总额 大额贷款风险暴露/资本金
收益与利润	净收入/平均总资产（资产收益率） 净收入/平均资本金（资本收益率） 利差收入/总收入 非利息支出/总收入
流动性	流动资产/总资产（流动资产比率） 流动资产/短期负债
对市场风险的敏感程度	外汇净敞口头寸/资本金

续表

鼓励类指标	
存款吸收机构	资本金/全部资产（杠杆比率） 大额风险暴露/资本金 地区贷款/全部贷款 金融衍生工具资产方总头寸/资本金 金融衍生工具负债方总头寸/资本金 交易收入/总收入 人力支出/非利息支出 存贷款参考利差 银行间拆借最高与最低利差 客户存款/全部贷款（不包括银行间借款） 外汇贷款/全部贷款 外汇负债/全部负债 股权净敞口头寸/资本金
其他金融公司	非银行金融机构资产/金融体系总资产 非银行金融机构资产/ GDP
非金融公司	全部债务/资本金 利润/资本金（资本收益率） 利润/利息和本金支出（偿还债务能力） 外汇风险暴露净额/资本金 进入破产流程的企业数量
住户	住户部门债务/GDP 住户部门还本付息支出/住户部门可支配收入
市场流动性	证券市场平均买卖价差
房地产市场	住宅房地产价格 商用房地产价格 住宅房地产贷款/全部贷款 商用房地产贷款/全部贷款

存款机构部门是整个指标体系的核心，该部门的指标设置服从银行监管的 CAMELS 原则，体现了其中的 C、A、E、L 和 S，即从资本充足状况、资产质量、收益状况、流动性和对市场风险的敏感程度五个方面加以监测。按照指标的重要性和统计的可行性，这一部门的指标又分为核心指标和鼓励类指标两部分。一般来说，核心指标不仅在重要性方面更加突出，而且各国普遍编制这些指标，统计的可行性较高；鼓励类指标的应用不如核心指标广泛，有些国家甚至不具备编制某些鼓励类指标的统计基础。

随着新型金融机构、金融工具不断涌现，以保险公司、养老基金和对冲基金为代表的其他金融公司在金融体系中的作用不断增强，对存款吸收机构经营活动的影响力日益提高。监测这个部门，有助于决策者和社会公众及时了解这一领域的潜在风险。目前，金融稳健指标对这一领域的监测还处在比较初期的发展阶段，主要通过监测这个部门的相对规模来说明它在金融体系和国民经济中的重要性。

非金融公司部门的财务状况直接影响该部门的偿债能力，进而影响金融机构的资产质量。例如，非金融公司部门的债务水平过高或是现金流不足，都意味着一旦这个部门遇到宏观经济衰退或银根紧缩等冲击，其债务违约的概率将提高。因此，金融稳健指标从负债水平和偿债能力等角度监测这个部门。

住户部门是金融机构的重要客户，也是重要的消费主体。这个部门财务状况的变化，既会影响到其当前的偿债能力，也会影响到其未来消费各种产品和服务的能力。因此，金融稳健指标也监测这个部门的负债水平和债务负担。

金融市场是金融机构获得流动性、交易风险的重要场所。金融市场的深度、密度和弹性都会影响到金融机构的流动性。在监测这一领域时，金融稳健指标侧重考察证券市场的流动性。

房地产价格的迅速上升往往是由扩张性的货币政策或大规模的资金流入带动的。如果随后发生急剧的经济衰退，会影响到金融部门的贷款质量和抵押物的价值。因而，金融稳健指标分别从房地产价格和房地产贷款的相对规模两个方面监测这一市场。

三、衡量存款机构健康稳定的标准

尽管金融稳健统计服务于宏观上对金融风险的管理和监测，而金融监管统计服务于微观上对金融风险的管理和监测，但二者都坚持审慎的原则，在对存款机构部门风险的监测方面，二者都遵循《巴塞尔协议》中提倡的CAMELS标准，从资本充足状况、资产质量、收益和利润状况、流动性和对市场风险的敏感程度五个方面判断风险状况。对个别重要指标的具体判断标准，二者也都一致遵循《巴塞尔协议》中的标准，最有代表性的就是要求银行的资本充足率必须达到8%，核心资本充足率必须达到4%，以及金融机构对单个机构贷款与其监管资本的比率不应超过10%等。

第二节　金融稳健指标的基本编制方法

一、存款吸收机构部门金融稳健指标的数据来源

存款机构部门金融稳健指标的基础数据主要来源于该部门的资产负债表、损益表（见表10－2）以及备忘序列（见表10－3）。

（一）存款吸收机构损益表

损益表反映了银行收入和支出的状况。对于存款吸收机构来说，利息是收入的主要来源和支出的主要去向。利息收入为总利息收入扣减不良资产应计利息准备金，利息收入减利息支出为净利息收入。

表 10－2　　存款吸收机构的损益表和资产负债表

损益表	资产负债表
1. 利息收入	14. 总资产（＝15＋16＝31）
（1）总利息收入	15. 非金融资产
（2）减去不良资产应计利息的准备金	16. 金融资产（＝17＋18＋19＋20＋21＋22）
2. 利息支出	17. 通货和存款
3. 净利息收入（＝1－2）	18. 贷款（扣减特殊准备金后）
4. 非利息收入	（1）总贷款
（1）手续费和佣金收入	（1.1）银行间贷款
（2）金融工具的损益	（1.1.1）居民
（3）其他收入	（1.1.2）非居民
5. 总收入（＝3＋4）	（1.2）非银行间贷款
6. 营业支出	（1.2.1）中央银行
（1）人员支出	（1.2.2）广义政府
（2）其他支出	（1.2.3）其他金融公司
7. 准备金（净）（扣减项）	（1.2.4）非金融公司
（1）贷款损失准备金	（1.2.5）其他国内部门
（2）其他金融资产准备金	（1.2.6）非居民
8. 净收入（在特别事项和税前）	（2）专项准备和特种准备（扣减项）
[＝5－（6＋7）]	19. 债券
9. 特别事项	20. 股票和其他股本
10. 所得税	21. 金融衍生工具
11. 税后净收入 [＝8－（9＋10）]	22. 其他资产
12. 应付股利	23. 负债（＝28＋29）
13. 留存收益（＝11－12）	24. 通货和存款
	（1）客户存款
	（2）银行间存款
	（2.1）居民
	（2.2）非居民
	（3）其他通货和存款
	25. 贷款
	26. 债券
	27. 其他负债
	28. 债务（＝24＋25＋26＋27）
	29. 金融衍生工具
	30. 资本和储备
	（1）其中：狭义资本和储备
	31. 资产负债表总和（＝23＋30＝14）

非利息收入是除利息收入以外的其他收入，包括手续费和佣金收入、金融工具（包括持有和买卖的各类本外币金融资产、金融负债）的损益和其他收入。

净利息收入与非利息收入之和为总收入。总收入扣除净增的贷款损失准备金和其他金融资产准备金后得到在特别事项和税前的净收入。其中，贷款损失准备金既包括贷款损失一般准备，也包括贷款损失专项准备和贷款损失特种准备。从总收入中扣除这些准备金符合金融监管的审慎原则，能够更加直观地看出资产损失对银行收益的影响。

特别事项是指相对企业的正常生产经营活动而言，比较特殊的事件。这类事件不经常发生，具体的例子包括自然灾害或者其他灾害引起的损失等。特别项目可以是收入，但通常是支出。扣除特别项目和所得税后的收入为税后净收入。

税后净收入的一部分作为应付股利派发给股东，另一部分作为留存收益计入资产负债表的资本和储备项下。

（二） 存款吸收机构的资产负债表

存款吸收机构的资产由非金融资产和金融资产构成。非金融资产包括固定资产、存货、贵重物品、土地以及专利权等。

金融资产包括通货和存款、扣除专项准备和特种准备后的贷款、债券、股票和其他股权、金融衍生产品和其他金融资产。这些金融资产中概念比较独特的是扣除专项准备和特种准备后的贷款。从贷款余额中扣减专项准备和特种准备符合金融监管的审慎原则，将已经能够确认的贷款损失扣除，可避免高估贷款的价值。

负债由一般金融工具债务和衍生金融工具负债两部分组成。一般金融工具债务包括由货币和存款、贷款、债券、其他金融工具产生的负债。

资本和储备包括实收资本、留存收益、一般和特殊储备、扣除专项准备金后的损益表中的准备金（因为专项准备金已从相应的资产项目余额中扣除）以及估值调整。

负债与资本和储备之和等于全部资产。

（三） 存款吸收机构的备忘序列

计算金融稳健指标所需要的一些数据不能直接从上述财务报表中获得，这些数据源被统一称做备忘项目。备忘项目可分为两类：第一类是监管数据；第二类是通过分析资产负债表可以获得的数据。

表 10－3　　存款吸收机构的备忘序列

监管数据	其他数据
1. 一级资本	8. 流动性资产（狭义）
2. 二级资本	9. 流动性资产（广义）
3. 三级资本	10. 短期负债
4. 监管允许的扣除额	11. 不良贷款
5. 监管资本总额（=1+2+3−4）	12. 住宅房地产贷款
6. 风险加权资产	13. 商业房地产贷款
7. 大额风险暴露的数目	14. 贷款的地理分布
	15. 外汇贷款
	16. 外汇负债
	17. 股本的净敞口头寸
	18. 表内科目的外汇净敞口头寸

1. 监管数据。这类数据可以从监管信息中获得，各项指标的定义与监管要求一致。

（1）《巴塞尔资本协议Ⅱ》对监管资本的定义。巴塞尔银行监管委员会定义了监管资本，用来衡量资本充足状况。除资产负债表中的资本和储备外，监管资本还包括一些特殊类型的债务工具。当银行需要保持最低资本水平时，这些纳入监管资本的债务工具不需偿还。

巴塞尔委员会规定，监管资本分为三级，即一级资本、二级资本和三级资本。这三级资本的总和减去监管扣除项目后，即监管资本。

一级资本包括已支付对价的股份和普通股，主要构成项目有发行并已支付价款的普通股和永久非累积性优先股，和因未分配利润或其他盈余而形成的公开储备。后者包括股票溢价、未分配利润、一般公积和法定公积。

二级资本包括：①未公开储备，是累积的未分配利润的一部分，在一些国家允许银行保留未分配利润作为未公开储备；②资产重估储备，指在资产负债表中以历史成本计价的固定资产和长期持有的股份，它们具有潜在的重估增值；③一般储备和普通呆账准备金；④可以用来弥补损失的、兼有债务和权益特征的混合工具；⑤没有担保的、初始发行期限超过 5 年的次级债务和年限有限的可赎回优先股。二级资本和次级债务分别不能超过一级资本的 100% 和 50% 。

三级资本包括两年或更长期限的有“锁定条款”的中期债务，它规定如果偿还这类债务会使银行总体的资本水平低于最低的资本要求，则该债务的本息就无须偿还。三级资本只用于抵御市场风险，数量不能超过一级资本的 250% 。

根据监管要求产生的扣减项包括商誉以及对未并表银行和金融子公司的股权投资。

（2）《巴塞尔资本协议Ⅲ》对资本监管框架的主要调整。2007 年美国次贷危机以来的经验表明，当前监管资本中包括的部分金融工具，在危机到来时表现出流动性弱、变现能力差等问题。鉴于此，巴塞尔委员会重新定义了监管资本，并把交易对手方信用风险纳入资本覆盖的风险范围。按照新的定义，监管资本仅包括一级资本和二级资本两部分，其中一级资本又可进一步分成普通股一级资本和其他一级资本，三级资本被取消。

普通股一级资本是流动性最强、变现能力最高的资本，主要包括普通股、资本公积、未分配利润、少数股东权益可计入部分和监管调整项目。普通股一级资本充足率不得低于 4.5% 。

其他一级资本包括其他一级资本工具及其溢价、并表子公司发行的一级资本工具可计入部分和监管调整项目。普通股一级资本和其他一级资本合称一级资本，一级资本充足率不得低于 6% 。

二级资本包括二级资本工具及其溢价、并表子公司发行的二级资本工具可计入部分、贷款损失准备可计入部分和监管调整项目。一级资本和二级资本合称监管资本，资本充足率不得低于 8% 。

除了上述调整，新协议还引入了杠杆率、流动性覆盖率、净稳定融资比率、资本留存储备和逆周期资本储备等概念，完善现有的资本监管框架。

（3）中国银行业监督管理机构对监管资本的定义。银监会 2012 年颁布的《商业银行资本管理办法（试行）》规定，监管资本包括核心一级资本、其他一级资本和二级资本。该办法自 2013 年 1 月 1 日起执行。

核心一级资本包括实收资本或普通股、资本公积、盈余公积、一般风险准备、未分配利润、少数股东资本可计入部分。核心一级资本扣除相应扣减项后，不得低于风险加权资产的5%。

其他一级资本包括其他一级资本工具及其溢价和少数股东资本可计入部分。核心一级资本和其他一级资本合称一级资本，一级资本扣除相应扣减项后，不得低于风险加权资产的6%。

二级资本包括二级资本工具及其溢价、超额贷款损失准备和少数股东资本可计入部分。其中，计入二级资本的超额贷款损失准备不得超过信用风险加权资产的一定比例（权重法下不得高于1.25%，内部评级法下不得高于0.6%）。一级资本和二级资本合称总资本，总资本扣除相应扣减项后，不得低于风险加权资产的8%。

资本扣减项主要包括商誉、土地使用权以外的其他无形资产、由经营亏损引起的净递延税资产、贷款损失准备缺口、资产证券化销售利得、确定受益类的养老金资产净额、直接或间接持有本银行的股票等。

2. 通过分析资产负债表可以获得的数据。这些指标是根据需要对资产负债表中的一些指标进行细化得到的。

第一类是根据流动性对资产和负债按期限进行分类，目的是得到流动资产和短期负债。

流动资产是有能力随时变现的资产。狭义的流动资产包括现金、存款和三个月内可变现的其他金融资产。要注意，银行间相互存放的存款不计入流动资产。因为尽管对于单家银行来说，它们是流动资产，但是对于整个银行部门来说，在数据合并时，它们相互抵减。广义流动资产包括狭义流动资产和能在货币市场上经过交易，在没有损失的前提下，方便变现的证券。短期负债是期限在1年以内的负债。

我国对狭义流动资产的监管要求更为严格，指现金、存款和一个月内可变现的其他金融资产。

第二类是对贷款的各种分类，以满足计算金融稳健指标的需要。

（1）不良贷款。本金和利息逾期90天以上没有偿还的贷款为不良贷款。凡超过90天界限，即使该笔贷款被展期、借新还旧或将利息计入本金，也仍属不良贷款。这是不良贷款的基本定义。各个国家根据自己国家的情况，在掌握这个标准的基础上，往往对不良贷款的性质作进一步的划分。最有代表性的是贷款的五级分类法，即监管当局根据贷款归还的可能性，将贷款划分为五类：正常、关注、次级、可疑、损失。五级分类各个档次分别定义如下。

正常：借款人能够严格履行合同，有充分把握偿还贷款本息。

关注：尽管目前借款人没有违约，但存在一些可能对其财务状况产生不利影响的主客观因素。如果这些因素继续存在，可能对借款人的还款能力产生影响。这类贷款的损失概率不超过5%。逾期90~180天的贷款，至少要被划分到关注类。

次级：借款人的还款能力出现了明显的问题，依靠其正常经营收入已无法保证足额偿还贷款本息。次级贷款的本息损失概率在30%~50%。从期限上考察，逾期181~360天的贷款，至少要被划到次级类。

可疑：借款人无法足额偿还本息，即使执行抵押或担保，也肯定要发生一定的损失。可疑类贷款的损失概率在50% ~75%。从期限上考察，逾期361 ~720天的贷款，至少要被划到可疑类。

损失：采取所有可能的措施和一切必要的程序后，贷款仍然无法收回。这类贷款的损失概率达95% ~100%。如果逾期720天以上，肯定要被划为损失类贷款，并在履行必要的内部程序后立即冲销。

1998年以前，我国金融监管当局根据财政部1988年《金融保险企业财务制度》和《贷款通则》中的规定，把贷款划分为正常、逾期、呆滞、呆账，后三者合称不良贷款（简称“一逾两呆”）。根据“一逾两呆”标准，未到期贷款中，除呆滞贷款以外，都为正常贷款。逾期贷款指借款合同约定到期（含展期后到期）未归还的贷款。呆滞贷款指贷款逾期两年以上，以及虽未逾期或逾期未满两年，但借款人有下列三个情形之一的贷款：借款人终止法人资格；借款人虽未终止法人资格，但借款人经营活动已停止；借款人经营活动虽未停止，但产品无市场，企业资不抵债，亏损严重。呆滞贷款中确认已经无法收回的贷款为呆账贷款。

1998年以后，中国人民银行按照国际惯例，逐步推广贷款五级分类方法，制定了《贷款风险分类指导原则》。

（2）居住用房地产贷款是对住户部门的住房抵押贷款。商业用房地产贷款包括商业用房地产抵押贷款和房地产开发建设贷款。

（3）地区贷款是按行政地理区划划分的银行贷款。

第三类是对资产和负债的本外币分类，以方便计算金融稳健指标中与外汇资产负债相关的指标。

金融统计要求对存款机构的资产负债表作本外币分类，以便得到外汇贷款、外汇负债以及可以用来计算外币净敞口头寸的数据。其中，外币净敞口头寸由资产负债表内外币债务工具的净头寸、金融衍生工具的净名义头寸和股本资产三部分组成。

第四类是对股本计算净敞口头寸。股本净敞口头寸是资产负债表内的股本持有项目和股本衍生工具名义头寸的总和。如果净头寸是多头，则为正值；如为空头，则为负值。

二、数据汇总与合并

（一）汇总与合并

金融稳健统计需要使用部门或是机构分类组的数据计算各项指标。使用的汇总、合并方法不同，可能得到不同的计算结果。因此，在编制金融稳健指标时，要注意汇总、合并单家机构数据时使用的具体方法。

汇总是把存量和流量数据相加。在汇总方法下，任何报送机构的存量和流量数据之和都应该等于该机构所有成员单位数据的简单相加，各成员单位的债权、债务数据能够予以保留。成员单位包括子公司和联营公司。

合并是对报送机构之间的往来头寸进行轧差处理后得到的存量或流量数据，可以避免重复计算。合并可以发生在同一报送机构内部的成员单位之间，也可以发生在不同报送机构之间。

在编制金融稳健指标时，可以结合使用汇总和合并两种方法处理相关数据。例如，报告机构可以向编制金融稳健指标的机构报送合并数据，然后由编制机构对这些数据进行汇总，以获得部门或同类组数据。

（二） 合并方法

按照地域和控制权划分，合并方法主要有国内控制的跨境合并法、国内控制的跨部门合并法、国外控制的跨境合并法和国内合并法四种。

1. 国内控制与国外控制。国外控制的存款吸收机构指国外母存款吸收机构的子公司或分支机构。其他各种存款吸收机构都归类为国内控制。1983 年 5 月公布的巴塞尔协议建议，国外控制的存款吸收机构除了接受东道国监管当局的监管，也应当接受母国监管机构的监管。

2. 跨境合并。图 10 – 1 中的框 1a、1b、1c、2a、2b 和 2c 代表跨境合并的数据。跨境合并把国内注册公司与其分支机构（国内和国外）及从事存款吸收业务的子公司（国内和国外）的存量和流量数据进行合并，被称为银行监管的单独监管法（Solo Supervision，仅限于银行）。

这种合并方法重在全面了解存款吸收机构的经营是否稳健，但是不能反映风险是源于国内业务还是国外业务。

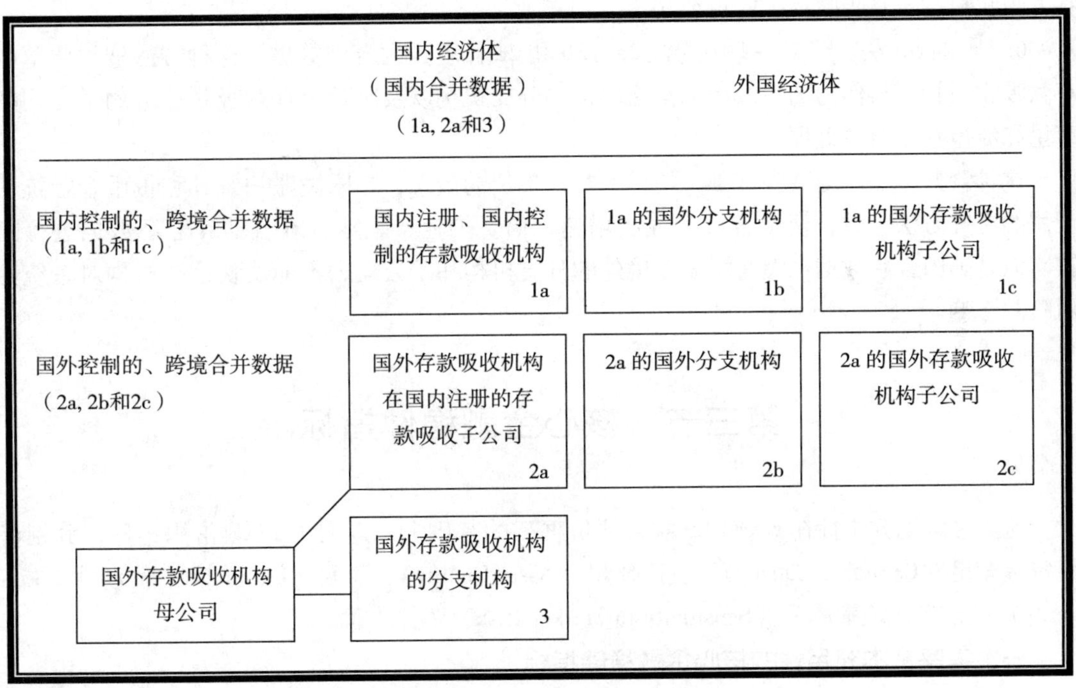

图 10 – 1　合并水平示意图

3. 国内控制的跨境合并法。图 10 – 1 中的框 1a、1b 和 1c 代表国内控制的跨境合并数据。这种方法将国内控制、在国内注册的存款吸收机构与其分支机构（国内和国外）及从事存款吸收业务的子公司（国内和国外）的存量和流量数据进行合并。

国内控制的存款吸收机构一旦出现问题，往往需要国内当局提供资金救助。如果国内控制的存款吸收机构在国外有分支机构或从事存款吸收业务的子公司，而且这些分支机构在东道国影响力较大，东道国的金融风险可能通过这些境外分支机构影响到国内的总公司，并在国内诱发系统性风险。

4. 国内控制的跨部门合并法。在国内控制的跨境合并数据的基础上，如果把国内控制的存款吸收机构从事非存款吸收业务的分支机构和子公司的数据都合并起来，就可以得到国内控制的跨部门合并数据。需要注意的是，在这样的合并处理过程中，从事保险活动的子公司的数据不在合并范围内。

跨部门合并数据可以将所有业务种类考虑在内，能够突出一个集团的整体财务健康状况。和只考察存款吸收机构的合并方法相比，这种方法能更全面地反映金融部门的系统性风险，但也可能导致存款吸收部门的系统性风险不能被尽早识别。

5. 国外控制的跨境合并法。图 10 - 1 中的框 2a、2b 和 2c 代表国外控制的跨境合并数据。这种方法将分支机构（国内和国外）及从事存款吸收业务的子公司（国内和国外）与其在国外注册的国外控制的母公司的数据合并处理。

在由外国金融机构主导本国金融体系的国家，外国金融机构母公司的经营决策有可能影响到东道国的经济环境，因而东道国监管当局认为有必要按照不同的国籍来监管国外控制的存款吸收机构及其吸收存款的母公司。

6. 国内合并法。图 10 - 1 中的框 2a、2b 和 2c 代表国内合并数据，这种方法把常住单位存款吸收机构、其作为国内经济体常住单位的分支机构以及其从事存款吸收业务的子公司的存量和流量数据合并处理。

这种合并方法以地域为基础，使用了常住单位的概念，与国民账户统计和货币金融统计使用的合并方法一致，便于直接和经济增速、信贷增速、国际资本流动等宏观数据进行比较。但是国内合并数据中没有涵盖在境外的分支机构和子公司，不能反映这些机构对系统性风险的影响。

第三节　核心金融稳健指标

这类金融稳健指标在 CAMELS 监管评价框架的基础上，选取了 12 项常用指标，分别考察资本充足（Capital Adequacy）、资产质量（Asset Quality）、盈利（Earnings）、流动性（Liquidity）和市场风险敏感度（Sensitivity to Market Risk）五个方面。

一、考察资本充足性的核心金融稳健指标

1. 监管资本与风险资产的比率。该指标的计算方法为：（1）用报告单位监管资本的汇总数据作为分子；（2）报告单位风险加权资产的汇总数据为分母；（3）用（1）/（2）。在巴塞尔协议Ⅲ正式生效前，国际上对该指标的判断标准仍为不能低于 8%。

2. 核心资本与风险资产的比率。该指标的计算方法为：（1）用报告单位核心资本的汇总数据作为分子；（2）报告单位风险加权资产的汇总数据为分母；（3）用（1）/（2）。在巴塞尔协议Ⅲ正式生效前，国际上对该指标的判断标准仍为不能低于 4%。

指标 1 和指标 2 是衡量存款机构资本充足率的首要指标，它们不仅考虑资本与资产之间

的关系，而且考虑到不同层次上抗衡资产损失能力的资本与资产风险之间的关系。在分析这两个指标时要注意，对于整个存款机构部门来说，这两个指标值很高并不意味着风险水平较低，因为整个部门指标值反映的是部门平均水平，可能掩盖了某类金融机构或某些金融机构资本充足率较低的事实。因此，对这两个指标的分析必须深入到存款机构部门的子分类以及具有系统重要性的单家存款机构。

3. 扣除准备金后的不良贷款净额与资本的比率。该指标的计算方法为：（1）用报告单位在报告期内扣除专项准备金后的不良贷款净额的汇总数据作为分子；（2）报告单位在报告期内核心资本的汇总数据为分母；（3）用（1）/（2）。

设立这项指标，是为了比较扣除准备金后不良贷款对资本的潜在影响。只要不良贷款确认得当，这个比率就能反映银行资本消化由不良贷款引起的相关损失的能力。不过，在银行的日常经营中，出于各种各样的原因，不良贷款对资本的影响并不确定。例如，当贷款机构预期能够挽回一部分不良贷款引起的潜在损失时，或是当借款人已经向贷款机构提供了抵押品、质押品或是保证金等可以部分抵补信用风险损失的产品时，资本消化不良贷款损失的能力有可能比指标值反映的情况更高。

二、考察资产质量的核心金融稳健指标

1. 不良贷款率。这个指标的计算方法为：（1）用报告单位在报告期内不良贷款的汇总数据作为分子；（2）报告单位在报告期总贷款的汇总数据为分母；（3）用（1）/（2）。这里的不良贷款和总贷款没有扣除特殊准备金。

这个指标反映的是贷款资产的质量，其前提是不良贷款确认得当。当不良贷款比率上升时，表明信贷资产质量有所恶化，风险增加。这时，要结合扣除准备金后的不良贷款与资本金的比率指标，进一步分析资本消化信贷风险的能力。同时，要特别关注企业部门的财务状况，企业部门财务状况的恶化往往是造成存款机构不良贷款上升的原因。这方面的内容可见下一节。

2. 各部门贷款占总贷款的比重。这个指标的计算方法为：（1）用报告单位在报告期内按部门汇总的贷款数据作为分子；（2）报告单位在报告期总贷款的汇总数据为分母；（3）用（1）/（2）。这里的部门既可以是机构部门也可以是产业部门。

这个指标反映贷款的部门分布，可用来分析部门经济活动对贷款质量的影响。

三、考察盈利能力的核心金融稳健指标

1. 资产收益率。这个指标的计算方法为：（1）用报告单位在报告期内净收入的汇总数据作为分子；（2）报告单位在报告期平均总资产的汇总数据为分母；（3）用（1）/（2）。

在该指标中，收入与总资产进行对比时，总资产用该时期内的平均值比较合适，计算报告期内总资本平均值一般用期初和期末两个时点值进行算术平均。

这个指标反映的是存款机构的资产使用效率。

2. 资本收益率。该指标的计算方法为：（1）用报告单位在报告期内特别项目和税前净收入的汇总数据作为分子；（2）报告单位在报告期内核心资本平均值的汇总数据为分母；（3）用（1）/（2）。

收入是一段时期内发生的流量，而与它对比的核心资本是时点上的存量指标，二者进行

对比时，存量指标用该时期内的平均值比较合适。计算报告期内核心资本平均值一般用期初和期末两个时点值进行算术平均。

这个指标反映资本使用的效率以及资本对存款性机构盈利的支持作用。在分析时，注意要将这个指标与资本充足率一同分析，因为资本收益率高有可能是资本水平低造成的，资本水平低就意味着资本充足率低，这时较高的资本收益率反而表明存款机构有经营风险；反之，资本收益率低有可能是资本水平比较高造成的，这时银行盈利能力的相对低水平，并不说明银行抵御风险的能力较低。

3. 利息收入占总收入的比重。这个指标的计算方法为：（1）用报告单位在报告期内净利息收入的汇总数据作为分子；（2）报告单位在报告期总贷款的汇总数据为分母；（3）用（1）／（2）。

这个指标反映利息收入的相对规模。在分析时，要与存款机构的杠杆比率相结合。如果存款机构资本金水平比较高，资产的规模则会降低，因此，利率收入也会下降。反之，较高的利息收入，也可能意味着较低的资本金水平。

4. 非利息支出与总收入的比率。这个指标的计算方法为：（1）用报告单位在报告期营业支出汇总数据作为分子；（2）报告单位在报告期总收入的汇总数据为分母；（3）用（1）／（2）。

这个指标反映存款机构管理支出的相对规模。

四、考察流动性的核心金融稳健指标

1. 流动资产比率。这个指标的计算方法为：（1）用报告单位在报告期内狭义流动资产的汇总数据作为分子；（2）报告单位在报告期总资产的汇总数据为分母；（3）用（1）／（2）。

这个指标反映的是存款机构为满足可预见和不可预见的现金需求而准备的流动性的大小。该比率越高，表明存款机构的流动性越强。

2. 流动资产与短期负债的比率。这个指标的计算方法为：（1）用报告单位在报告期内狭义流动资产的汇总数据作为分子；（2）报告单位在报告期短期负债的汇总数据为分母；（3）用（1）／（2）。

这个指标反映的是资产和负债在流动性方面的匹配状况。它可以表明当存款机构遭遇流动性问题时，用于满足短期资金提取的能力。

五、考察市场风险敏感度的核心金融稳健指标

外汇净敞口头寸比资本。该指标的计算方法为：（1）用报告单位在报告期内按一种外币折算后的外汇净开放头寸汇总数据作为分子；（2）报告单位在报告期内资本的汇总数据为分母，成员国可以自行选择是使用财务上的资本作分母，还是使用监管资本作分母；（3）用（1）／（2）。

这个指标是用来反映存款机构的外汇风险，并衡量存款机构的资本金对抗外汇风险的能力。在分析这个指标时，要注意观察存款机构各子类甚至单家存款机构的情况，因为即使整个存款机构部门的该比率比较低，并不说明外汇风险小，只有外汇资产和负债规模较大的存款机构的该指标才能反映外汇风险的真正状况。

第四节　鼓励类金融稳健指标

鼓励类金融稳健指标共有28个项目，涉及存款吸收机构、其他金融公司、非金融公司、住户、金融市场和房地产市场等多个部门。

一、考察存款吸收机构部门的鼓励类金融稳健指标

考察存款吸收机购部门的鼓励类指标共有13项。和核心类指标类似，鼓励类指标也是以CAMELS监管评价框架为基础设计的。13项指标中，有1项考察资本是否充足，6项考察资产质量，3项考察盈利能力，2项考察流动性，1项考察市场风险敏感度。鼓励类指标的数据源同样来自存款吸收部门的资产负债表、损益表和备忘序列。

（一） 考察资本充足情况的鼓励类指标

这类指标只有杠杆比率一项。该指标的计算方法为：（1）分子是报告单位核心资本的汇总数或资产负债表中资本的汇总数；（2）分母是报告单位资产的汇总数；（3）用（1）/（2）。该指标反映财务杠杆效应，即资产中利用自有资金以外的资金取得资产的比例有多高，同时也能从资本支持资产扩张的能力方面衡量资本充足状况。

（二） 考察资产质量的鼓励类指标

这类指标共有6项，分别是大额风险暴露与资本的比率、各地区贷款占总贷款的比重、金融衍生工具资产方总头寸与资本的比率、金融衍生工具负债方总头寸与资本的比率、外汇贷款占总贷款的比重和外汇负债占全部负债的比重。

1. 大额风险暴露与资本的比率。该指标的计算方法为：（1）用最大的五家或十家存款机构在报告期内对其最大五家或十家客户贷款的汇总数据作为分子；（2）这些存款机构在报告期内核心资本的汇总数据为分母；（3）用（1）/（2）。

这个指标反映由于信贷集中而产生的风险。如果该比率超过监管当局的规定标准，这些大额信贷则存在风险。

2. 各地区贷款占总贷款的比重。这个指标的计算方法为：（1）用报告单位在报告期内按地区汇总的贷款数据作为分子；（2）报告单位在报告期总贷款的汇总数据为分母；（3）用（1）/（2）。

这个指标反映贷款总额按国家的地区分组的分布情况。通过这个指标，可以监控在某组国家的风险暴露可能带来的信用风险，并评估发生在这些国家的负面事件对国内金融体系的影响。如果贷给某些国家或特定地区的贷款量特别大，最好按照国家或次地区进一步细分。IMF建议按照《世界经济展望》的地区分组作为分组依据。

3. 金融衍生工具资产方/负债方总头寸与资本的比率。这两个指标的计算方法为：（1）用报告单位在报告期内按市场价计算的金融衍生工具资产方/负债方头寸的汇总数据作为分子；（2）用报告单位在报告期内核心资本的汇总数或资产负债表中资本的汇总数作为分母；（3）用（1）/（2）。

这两个指标衡量资本金对抗存款机构金融衍生工具风险暴露的能力。分子使用总头寸而

不是资产方和负债方轧差后的净头寸，是为了充分体现交易对手方风险的规模。

4. 外汇贷款占总贷款的比重。这个指标的计算方法为：

（1）用报告单位在报告期内外汇贷款的汇总数据作为分子，外汇贷款包括用外币计算本金和利息后折合成本币、用本币归还的贷款；（2）报告单位在报告期总贷款的汇总数据为分母；（3）用（1）/（2）。

这个指标反映全部贷款中外汇贷款的规模，有助于分析汇率波动对本地借款人偿还外汇债务的能力的影响。例如，本币大幅贬值时，借款人如果无法及时筹得足够的外汇偿还贷款，则存款机构的外汇贷款也会暴露在汇率风险之下。

5. 外汇负债占全部负债的比重。这个指标的计算方法为：（1）用报告单位在报告期内外汇负债的汇总数据作为分子；（2）报告单位在报告期总负债的汇总数据为分母；（3）用（1）/（2）。

这个指标反映存款机构的外汇资金来源在全部资金来源中的规模。汇率波动，尤其是本币贬值，会导致存款机构暴露在汇率风险之下。

（三） 考察盈利能力的鼓励类指标

这类指标共有3项，分别是交易收入占比、人力费用支出占非利息支出的比重和存款机构存贷款参考利差。

1. 交易收入占比。这个指标的计算方法为：（1）用报告单位在报告期内金融工具损益的汇总数作为分子，交易收入包括资产负债表中按照市值或公允价值估值的金融工具的损益，但不包括关联企业、子公司及任何逆向股东投资的股权；（2）报告单位在报告期总收入的汇总数据为分母；（3）用（1）/（2）。

这个指标反映存款机构通过参与金融市场所取得收入的相对规模，可用来分析收入的稳定性。

2. 人力费用支出占非利息支出的比重。这个指标的计算方法为：（1）用报告单位在报告期人力费用支出汇总数据作为分子；（2）报告单位在报告期营业支出的汇总数据为分母；（3）用（1）/（2）。

这个指标反映存款机构的人力成本占管理成本的比重，并由此衡量经营效率。

3. 存款机构存贷款参考利差。计算存款机构的存贷款参考利差，首先要分别计算存、贷款的参考利率，然后计算二者的差额。参考利率是存（贷）款的加权平均利率。以贷款为例，参考利率的权重是核算期内各类利率的贷款余额与该时期内全部贷款的比重，计算公式为

$$\text{贷款参考利率} = \frac{\sum_{n=1}^{n} n\text{类贷款利率} \times n\text{类贷款余额}}{\text{全部贷款余额}} \tag{10.1}$$

存款机构的存贷款参考利差可用来分析存款机构净利息收入的变化，是与盈利性相关的指标。利差还能提供存款机构的定价行为信息。由于金融稳健指标关注的是存款机构作为一个整体的盈利能力，因此，计算存贷款利差不包括同业间存贷款。

（四） 考察流动性的鼓励类指标

这类指标有两项，分别是银行间拆借的最高最低利差和客户存款与总贷款的比率。

1. 银行间拆借的最高最低利差。银行间拆借是一种短期行为，编制银行间拆借的最高最

低利差可选择原始期限和到期日都相同的同一交易品种（如隔夜或7天）的最高和最低拆借利率计算利差。

拆借利息是存款机构在国内拆借市场上的融资成本。一般来说，经营状况好的、资本雄厚的大银行，拆借资金的价格比较低；经营状况差、资本薄弱的小银行拆借资金的价格高。利差越大，说明拆借的风险收入越高，这可能会导致弱小银行难以在拆借市场上融通资金。严重时，会影响部分存款机构的流动性。

这项指标有一定的局限性。例如，拆借市场流动性短缺时，所有机构的融资成本都会提高，但是最高最低利差不一定会相应扩大。因此，开展分析时，要把这项指标和拆借市场上相应交易品种的最高最低利率水平结合起来使用。

2. 客户存款与总贷款的比率。这个指标的计算方法为：（1）用报告单位在报告期内客户存款（不含同业间存款）的汇总数据作为分子；（2）报告单位在报告期总贷款（不含同业间借款）的汇总数据为分母；（3）用（1）/（2）。

这也是一个衡量流动性的指标。客户存款是存款机构稳定的资金来源，是支持存款机构贷款的基础。如果存款机构客户存款相对其贷款来说水平较低，那么，部分贷款的增加是建立在一些不稳定的资金来源基础之上的。这时，如果产生流动性压力，发生流动性不足风险的可能性则较大。

（五）考察市场风险敏感度的鼓励类指标

这类指标只有股权净敞口头寸比资本一项。这个指标的计算方法为：（1）用报告单位在报告期内股权类资产净敞口头寸的汇总数据作为分子；（2）报告单位在报告期内核心资本或监管资本的汇总数据作为分母；（3）用（1）/（2）。

这个指标衡量资本吸收存款机构股权类资产风险暴露的能力。这项指标大于零，说明报告单位在报告期内持有多头头寸，报告单位在股权类资产价格下降时会损失资本；指标小于零，则说明报告单位在报告期内持有空头头寸，报告单位在股权类资产价格上升时会损失资本。和“外汇净敞口头寸比资本”这项指标一样，对该指标的分类或个体分析非常重要。在有些情况下，从存款机构部门整体的角度看，尽管该指标的水平并不高，但部门整体数据有可能掩盖某类或某些存款机构股权类资产风险暴露水平较高的情况。

二、考察其他金融公司部门的鼓励类金融稳健指标

其他金融公司泛指除存款吸收机构以外的从事金融中介或辅助金融活动的金融机构。典型的例子包括保险公司、养老基金、证券交易商和投资基金等。在金融机构多元化发展较快的今天，其他金融公司对一国金融稳定的影响虽然不像银行部门那么大，但其影响也不能低估。这类机构从事的业务差异比较大，也很难用统一的指标来描述这些机构的系统性风险。当前，金融稳健指标仅从资产规模的角度描述这个部门对金融体系和金融稳定的影响。同时，国际货币基金组织也在研究如何根据各类其他金融公司的业务内容，分别设计能反映保险公司、投资基金等机构系统性风险的指标。

其他金融公司的金融稳健指标有两项，分别是其他金融公司资产与金融体系总资产的比率和其他金融公司资产与GDP的比率。其他金融公司部门金融稳健指标的主要基础数据是非银行金融机构资产负债表中的金融资产，具体内容有：货币和存款、贷款、债券、股票和其

他股权、保险技术准备金、金融衍生工具和其他金融资产。

1. 其他金融公司资产与金融体系总资产的比率。这个指标的计算方法为：（1）用报告单位（非银行金融机构）在报告期内金融资产的汇总数据作为分子；（2）报告单位（全体金融机构）在报告期内金融资产的汇总数据为分母；（3）用（1）/（2）。

这个指标用来衡量非银行金融机构在国内金融体系中的重要性。

2. 其他金融公司资产与 GDP 的比率。这个指标的计算方法为：（1）用报告单位在报告期内金融资产的汇总数据作为分子；（2）报告期内一国的 GDP 数据为分母；（3）用（1）/（2）。

这个指标用来衡量非银行金融机构在一个经济体中的重要性。

三、考察非金融公司部门的鼓励类金融稳健指标

作为全社会的主要生产和实物投资部门，非金融公司部门是实物经济运行中最重要的部门，同时也是对金融机构稳健运行影响最大的部门。一般来说，一个社会中对存款机构负债规模最大的部门是非金融公司部门，该部门的偿债能力和偿债意愿直接决定金融机构的资产质量将如何变化。因此，监测非金融公司部门的财务状况、债务负担和偿债能力，有助于提前了解金融机构未来资产质量的变化趋势。

（一）基础数据

非金融公司金融稳健指标的基础数据主要来自该部门的损益表、资产负债表以及其他辅助性指标。非金融公司损益表、资产负债表以及其他附注项目的内容见表 10－4。这里不再就损益表和资产负债表的全部内容作出解释，重点解释其中与计算金融稳健指标相关的指标。

表 10－4　　非金融公司的损益表、资产负债表以及其他附注项目

损益表	资产负债表
1. 因销售商品和提供劳务所获得的收入（不包括间接销售税）	13. 总资产（＝14＋17） 14. 非金融资产
2. 销售成本	15. 有形资产
3. 营业收入（＝1－2）	（1）固定资产
4. 利息收入	（2）存货
5. 利息支出	16. 无形资产
6. 其他收入（净额）	17. 金融资产
7. 净收入（在特别事项和税前）（＝3＋4－5＋6）	18. 货币和存款 19. 债券
8. 特别事项	20. 股票和其他股权
9. 公司所得税	21. 贸易信贷
10. 税后净收入［＝7－（8＋9）］	22. 金融衍生工具
11. 应付股利	23. 其他资产
12. 未分配利润（＝10－11）	24. 负债（＝29＋30）
	25. 贷款
	26. 债券
	27. 贸易信贷
	28. 其他负债
	29. 债务（＝25＋26＋27＋28）
	30. 金融衍生工具
	31. 资本和储备
	32. 资产负债总和

续表

损益表	资产负债表
附注项目 33. 应向其他非金融公司收取的利息 34. 息税前收入（=3+4+6-33） 35. 偿债支出（本金和利息） 36. 公司资产负债表内项目的外汇风险暴露净额 37. 公司的外汇风险暴露净额 38. 应向其他非金融公司收取的本金和利息 39. 投资非金融公司的股票和其他股权 40. 流动资产（核心） 41. 流动资产（广义） 42. 浮动利率债务	

1. 债务（表10-4中29项）包括：贷款、债券、贸易信贷和其他负债。

2. 资本和储备（表10-4中31项），即资产负债表上资产和负债的差额。在计算非金融公司金融稳健指标时，常用来代表资本金。

3. 息税前收入（表10-4中34项），包括营业收入、利息收入和其他净收入。

4. 公司的偿债支付（表10-4中35项），指在核算期内报告单位应偿还的债务本金和利息之和。

5. 公司的外汇风险暴露净额（表10-4中37项），指报告单位没有套期保值的外汇净头寸。

（二）非金融公司的金融稳健指标

非金融公司的金融稳健指标有5项，分别是全部债务与资本金的比率、资本收益率、偿还债务能力、外汇风险暴露净额与资本金的比率和进入破产流程的企业数目。

1. 全部债务与资本金的比率。这个指标的计算方法为：（1）用报告单位在报告期末全部债务的汇总数据作分子；（2）用报告单位在报告期末资本金的汇总数据作分母；（3）用（1）/（2）。

这是个杠杆指标，反映企业的经营活动在多大程度上是依靠负债来支持。财务杠杆越高的企业，面对经济冲击或金融市场震荡带来的负面影响时，应对能力越有限，出现债务违约的概率也就越高。

2. 资本收益率。这个指标的计算方法为：（1）用报告单位在报告期内息税前利润的汇总数据作为分子；（2）报告单位在报告期资本金平均值的汇总数据为分母；（3）用（1）/（2）。资本金平均值为期初和期末两个时点上资本金的算术平均值。

这个指标用来衡量公司使用资本的效率，也可以用来评价企业发展的持续性。

3. 偿还债务能力。这个指标的计算方法为：（1）用报告单位在报告期内息税前利润和应向其他非金融公司收取的利息的汇总数据作为分子；（2）报告单位在报告期内应偿还的本金和利息的汇总数据为分母；（3）用（1）/（2）。

这个指标用来衡量企业的债务偿还能力，反映企业的违约风险。

4. 外汇风险暴露净额与资本金的比率。这个指标的计算方法为：（1）用报告单位在报告期内表内项目外汇风险暴露净额的汇总数据或全部外汇风险暴露净额的汇总数据作为分子；（2）报告单位在报告期内资本金的汇总数据为分母；（3）用（1）/（2）。

这个指标用来衡量企业的资本相对其外汇风险的规模。

5. 进入破产流程的企业数目。这个指标反映全社会企业破产的趋势，是报告期内进入破产清算流程的企业数目的简单汇总。

四、考察住户部门的鼓励类金融稳健指标

住户部门是全社会主要消费部门和住房投资部门。进入20世纪80年代以来，不少发达国家住户部门的消费信贷和住房抵押贷款发展很快。在美国，有些年份住户部门甚至成为一个赤字部门。在我国，住户部门负债的增长速度也很快。2011年，我国住户部门的贷款余额达13.6万亿元，占各项贷款的23.4%。住户部门的债务状况是影响金融稳定最直接和最重要的方面，因此，住户部门的金融稳健指标主要有两项，分别是住户部门债务与GDP的比率和住户部门还本付息额与可支配收入的比率。

1. 住户部门债务与GDP的比率。这个指标的计算方法为：（1）用报告期内住户部门的债务作为分子；（2）报告期内经济体的GDP为分母；（3）用（1）/（2）。住户部门的债务主要是向金融机构的贷款。

这个数据反映住户部门债务的相对水平。住户部门债务水平过高，一方面会削弱其偿债能力，另一方面会抑制其未来的消费支出。

2. 住户部门还本付息额与可支配收入的比率。这个指标的计算方法为：（1）用报告期内住户部门应偿还的债务本金和利息之和作为分子；（2）报告期内住户部门的可支配收入为分母；（3）用（1）/（2）。住户部门的可支配收入可通过国民经济账户的数据获得。

这个数据反映住户部门偿还债务的能力。在分析时，可以与住户部门消费支出的变动结合起来：该比率持续上升，可能意味着消费支出的下降。

五、考察金融市场流动性的鼓励类金融稳健指标

金融市场包括货币市场、证券市场、外汇市场、衍生工具市场，每类市场又由若干个子市场组成（见表10-5）。这些市场对金融稳定的影响程度有所不同。根据市场规模和各国经验，对金融稳定影响最为重要的是银行间同业拆借市场和外汇现货市场，短期国债市场、大额存单市场、证券回购市场、长期国债市场、股票市场、外汇的期货和掉期市场也比较重要。

证券市场为金融中介投融资的多元化提供了渠道，可供分析人员更全面地观察存款机构的风险。监测金融市场变化对系统性风险的影响从证券市场入手，重点考察这一市场的流动性，共有两项指标：证券市场日均换手率和证券市场买卖价差。

1. 日均换手率。换手率是每日证券的成交数量与当日流通证券的平均数量的比率。一个市场换手率比较高，表明交易比较活跃，流动性也比较好。

2. 买卖价差。这个指标的计算方法为：（1）用报告期内证券平均卖价和平均买价的差额作分子；（2）报告期内证券平均卖价和平均买价的中间价为分母；（3）用（1）/（2）。

一般来说，买卖价差越大，市场上的风险收入就越高，市场交易成本也越高，市场的流动性下降；反之，市场流动性会提高。

表 10－5　　金融市场对金融稳定的影响程度

金融市场分类	金融市场对金融稳定的影响程度
货币市场	
银行间同业拆借	重要
短期国债	比较重要
大额存单	比较重要
商业票据	一般
银行承兑汇票	一般
证券回购	比较重要
证券市场	
长期国债	比较重要
企业债	一般
资产担保证券	一般
股权	比较重要
外汇市场	
现货	重要
期货	比较重要
掉期	比较重要
其他衍生工具市场（外汇衍生工具除外）	
期货	一般
期权	一般
掉期	一般

六、考察房地产市场的鼓励类金融稳健指标

由于存款机构在房地产市场上的信贷风险暴露较大，房地产价格波动可以通过以下渠道影响金融机构：(1) 金融机构拥有房地产；(2) 贷款给顾客，用来购买、建设或开发利用房地产；(3) 申请贷款的客户以房地产作抵押；(4) 向有房地产风险的其他金融机构提供借款，或者为房地产租赁提供融资；(5) 在其他经济体中的附属公司或分支机构有房地产借贷风险；(6) 由于房地产及房地产借款在住户和企业部门的总资产与总负债中占有重要地位，因此，当与房地产有关的借贷成本发生变动时，会改变金融机构面临的风险；(7) 一些特殊地段（如旅游设施或城市办公中心区）房地产市场价格发生波动，会影响部分金融机构的风险暴露。

因此，有必要监测房地产市场对金融稳健的影响。这类指标共 4 项，可分为两组：一组是监测房地产价格的指标，包括住宅房地产价格指数和商用房地产价格指数；另一组是监测房地产贷款规模的指标，包括住宅房地产贷款占总贷款的比重和商用房地产贷款占总贷款的比重。下面将分别介绍。

（一） 房地产价格指数

构造一个有代表性的房地产价格指数是个全球性难题。这主要是因为房地产市场几乎不具备任何流动性，房地产市场的同质性太差，不同地区、同一地区不同地段的房地产价格相差悬殊。再加之对建筑物质量标准认同的不统一，使得编制统一的房地产价格指数成为一件

非常困难的工作。甚至，由于同质性太差，最后编制出来的价格指数意义非常有限。

比较实用的做法是，对房地产开发有代表性的城市的重点地区，分别编制住宅房地产价格指数和商用房地产价格指数。价格指数的编制可采用拉氏公式，称为拉斯贝尔斯房地产指数。

拉斯贝尔斯房地产价格指数计量的是对基期一揽子房地产计算加权平均价格指数。它是基期一揽子房地产在报告期购买的总成本与在基期购买的总成本的比较。基期一揽子房地产在报告期购买的总成本用报告期价格计算，基期一揽子房地产在基期购买的总成本用基期价格计算，二者的比值为拉斯贝尔斯房地产价格指数。计算公式为：

$$L = \left[\frac{\sum_{i=1}^{K} q_{0i}p_{ti}}{\sum_{i=1}^{K} q_{0i}p_{0i}}\right] \times 100 \tag{10.2}$$

式中，K 为房地产的种类数，q_{0i} 为基期第 i 种房地产的数量，p_{0i} 为基期第 i 种房地产的价格，p_{ti} 为当期第 i 种房地产的价格。

下面以表 10－6 的数据举例说明：

表 10－6　　房地产数量及其价格

房地产类别 k_i	基期数量 q_0	基期价格 p_0	报告期价格 p_t
A（$i=1$）	160	50	60
B（$i=2$）	30	70	90
C（$i=3$）	10	100	110

（1）在基期购买 A 类、B 类和 C 类房地产的总成本为：$160\times50+30\times70+10\times100=11\ 100$。

（2）用当前价格购买与基期相同数量房地产的总成本为：$160\times60+30\times90+10\times110=13\ 400$。

（3）由此，报告期的拉斯贝尔斯指数为：$100\times(13\ 400/11\ 000)=121.8$。

计算拉斯贝尔斯房地产指数需要以下数据：（1）基期的分类房地产供应量；（2）与基期相比的报告期分类房地产价格。最好的做法是进行一次房地产普查，以确定基期时每种房地产的供应量和价格。对房地产类型的确定，应使用基期时具有普遍代表性的房地产规格进行定义（例如两居室是指基期时面积在 80～100 平方米的中心城市街区的零售公寓）。拉斯贝尔斯指数十分适合衡量宏观价格变化，其优点是它是纯粹的标量数字，可以用来在不同的经济、地区之间进行比较房地产价格的变动幅度。潜在的问题是，它不反映当前的各类房地产的交易成本情况。

（二）监测房地产贷款规模

许多国家金融危机的经验都表明，银行信贷快速增加往往会引导或者伴随房地产市场的价格快速上升，当货币政策由扩张转入紧缩或是房地产市场价格崩溃后，金融部门都会出现问题，因此需要监测房地产贷款的变化情况。考虑到商用房地产市场的借款人范围有限，这一市场的兴衰对经济的影响没有住宅房地产市场显著，在监测中有必要对住宅房地产贷款和商用房地产贷款加以区分。

1. 住宅房地产贷款占总贷款的比重。这个指标的计算方法为：（1）用报告单位在报告期内住宅房地产贷款的汇总数据作为分子；（2）报告单位在报告期总贷款的汇总数据为分母；（3）用（1）/（2）。

这个指标用于反映存款吸收机构住宅用房地产贷款的风险暴露状况。

2. 商用房地产贷款占总贷款的比重。这个指标的计算方法为：（1）用报告单位在报告期内商用房地产贷款的汇总数据作为分子；（2）报告单位在报告期总贷款的汇总数据为分母；（3）用（1）/（2）。

这个指标用于反映存款吸收机构商用房地产市场中的风险暴露状况。

第五节　影子银行统计监测

2008 年国际金融危机后，影子银行（Shadow Banking）成为各国监管当局和国际组织广泛关注的焦点。金融稳定理事会（Financial Stability Board, FSB）认为影子银行是金融危机的重要风险源和影响金融稳健的重要因素，影子银行统计是反映金融稳定和系统性风险的重要内容。FSB 将影子银行定义为游离于正规银行体系监管之外，容易导致系统性风险和监管套利的信用中介机构或业务。影子银行在不同的信用中介环节，以不同的金融工具，通过期限转换、流动性转换、不完全信用风险转移或杠杆交易等方式，强化金融风险的传导，损害金融监管的效力。

2010 年以来，FSB 受 G20 委托牵头开展影子银行体系研究，从定义分类、数量规模、风险评估和政策工具等方面初步构建了统一的影子银行监测框架。本文以 FSB 的统计监测模板和系列官方文件为基础，对 FSB 关于影子银行的统计监测和风险评估框架进行了较系统的梳理和归纳。总体看，FSB 对影子银行的统计监测主要有以下特点：一是根据“机构统计”和“业务统计”并重的统计理念，强调从经济功能角度来识别显性和隐性的影子银行；二是根据从“广覆盖”到“窄聚焦”的三步法思路，界定可能引发系统性风险的影子银行统计范围；三是根据从“规模测算”到“风险评估”的统计完整性要求，突出影子银行监测的政策效应。

一、影子银行的定义

影子银行[①][②]，是指游离于正规银行体系监管之外，可能导致系统性风险和监管套利的信用中介机构或业务。

影子银行一般具有四个特征：一是从形式上看，既包括信用中介机构，也包括机构开展

① 关于影子银行的定义和特征，详见 2011 年 FSB 发布的两份官方文件——《影子银行体系：范围问题（2011 年 4 月）》和《影子银行体系：强化观测和监管（2011 年 10 月）》。

② “影子银行”在有些国家又被称为“非银行信用中介”（Non - Bank Credit Intermediation）或“基于市场的融资”（Market - Based Financing）。FSB 根据 G20 相关文件，使用了“影子银行”这一名称。

的影子银行业务。二是游离于正规银行体系之外，没有受到类似于银行的严格的审慎监管（如资本、流动性要求等），因此可能进行监管套利，损害金融监管的有效性。三是具有信用中介功能，是常规银行体系为实体经济提供融资支持的重要补充。四是通过期限转换、流动性转换、不完全信用风险转移或杠杆交易等行为，产生类似于银行的金融风险，并通过信用中介链条向传统银行体系传导，从而引发系统性风险。

二、影子银行的统计理念和统计分类

为厘清影子银行的边界和范围，确定系统性风险的潜在来源，2015 年，FSB 改变了过去单纯以法律形式或机构名称作为影子银行统计识别标志的传统做法，引入了经济功能（Economic Functions，EF）概念，转向注重从“机构”和“业务”并重的角度来识别和判断影子银行，以使决策者能够更好地捕捉所有进行期限转换、流动性转换、不完全信用风险转移或杠杆交易的影子银行活动，加强对可能产生系统性风险的金融创新工具的监测和分析。

按照经济功能方法，影子银行主要包括五种类型①。

（一）具有“挤兑”风险②的集合投资工具（EF1）

EF1 是影子银行的最主要组成部分，指在开展信用中介活动时，具有期限转换、流动性转换或杠杆交易等行为，可能引发“挤兑”风险的集合投资工具，目前约占全球影子银行的 65% 以上。从各国统计实践看，EF1 主要包括货币市场基金（MMFs）和非货币市场基金③（不包括无信用中介行为的股权投资基金和无流动性风险的封闭式基金）。但需注意的是，若封闭式基金有明显的杠杆④、期限转换或流动性转换行为，则其仍归类于 EF1。

（二）依赖短期融资提供贷款服务的机构或业务（EF2）

EF2 指在特定市场上依赖短期融资⑤为非金融性公司和住户提供专业化贷款服务的机构或业务，如贷款公司、租赁公司、汽车金融公司、专业金融公司、典当行等。它是传统银行业的重要补充。

判断是否依赖短期融资有两个标准：一是短期负债占总资产的比重超过 10%；二是当短期负债占总资产的比重小于或等于 10% 时，如果短期负债为该机构普通权益的两倍或两倍以上，则该机构存在依赖短期融资的行为。

（三）依赖短期融资或客户资产抵押融资提供交易中介服务的机构或业务（EF3）

EF3 指在证券市场上依靠短期融资为买卖双方提供中介服务的机构或业务（不包括证券承销服务和证券交易服务），如证券经纪商、证券金融公司等。

（四）提供增信服务的机构或业务（EF4）

EF4 指为金融机构发行金融工具提供担保或信用增级服务的机构或业务，如融资担保公

---

① 除了五类经济功能之外，还有部分无法识别其经济功能的影子银行，暂归类入“其他影子银行”中。

② “挤兑”风险是指因投资标的市场价值下降、投资载体信誉受损等因素可能出现投资者集中、大量赎回的情况。

③ 在具体判定是否属于影子银行或属于某一类影子银行时，还需结合影子银行的定义、特征、风险等定性和定量因素，同时充分考虑各国金融发展和监管实践，因此本文在各个经济功能下分别列举的机构，仅是根据前期全球监测结果统计出的可能包括的机构范围，并不表示必然是影子银行或必然产生系统性风险。

④ 包括发行优先级证券、从银行借款、投资衍生品工具或从事回购业务。

⑤ 短期融资是指剩余期限为一年及以下的负债，如现金或短期债券等。

司、信用保险公司、信用增级公司等。

这主要是由于信息不对称和市场失灵，担保或保险定价水平与借款人和担保人的资信水平往往不匹配，使得这类机构在担保和增信业务上过于激进，由此引发社会信用过度扩张和杠杆水平提高，在高压市场环境下，可能引发严重的系统性风险。

（五） 提供证券化融资服务的机构或业务 （EF5）

EF5 指通过结构化融资或存量资产证券化的形式来提供融资服务的机构或业务，如住房抵押贷款证券化（MBS）和资产支持证券化（ABS）等。

将结构化融资工具和资产证券化工具归入影子银行，主要是因为尽管证券化有利于降低融资成本、增强对实体经济的信贷支持，但它增加了金融体系的流动性转换、期限转换、杠杆风险以及监管套利。特别是当市场流动性急剧下降时，证券化可能导致整个金融体系的系统性风险上升。

三、影子银行的统计方法

（一） 从 “广覆盖” 到 “窄聚焦” 的 “三步法”

为厘清影子银行统计范围，FSB 通过先“广覆盖”、后“窄聚焦”的三步法来进行识别。“广覆盖”，是指将监测范围扩展到所有可能产生影子银行风险的非银行金融中介和其他金融中介机构；“窄聚焦”，是指集中关注传统银行体系以外，通过期限转换、流动性转换、不完全信用风险转移和杠杆交易等行为导致系统性风险和监管套利的信用中介机构和业务，即影子银行。

1. 非银行金融中介（MUNFI）。包括保险公司、养老基金和其他信用中介（OFIs），据此可以评估非银行金融中介参与影子银行业务的程度。

2. 其他金融中介（OFIs）。包括除中央银行、商业银行、保险公司、养老基金、公共金融机构和金融辅助机构以外的所有金融中介机构，例如货币市场基金、对冲基金、其他投资基金、房地产投资信托（REITs）和房地产基金（RE Funds）、信托公司、贷款公司、证券经纪商、结构化融资工具和中央交易对手（CCPs）等。实践中 OFIs 与狭义影子银行比较相近，因此又被称为“广义影子银行”。

3. 影子银行。是指从 MUNFI 中剔除未直接发挥信用中介作用或未产生影子银行风险的机构和业务后的剩余部分。是按照定义和经济功能方法严格界定的口径，故也称为“狭义影子银行”或“经济功能分类法下的影子银行”。

从统计方法看，MUNFI 和 OFIs 是机构统计，覆盖了所有可能产生影子银行风险的机构；而影子银行是业务统计，严格按照定义、特征和风险来确定影子银行的统计范围。

从统计范围看，MUNFI 口径最大，较之于 OFIs 多出了保险公司和养老基金；OFIs 口径居中，较之于影子银行，多出一部分非影子银行机构，但少了一部分影子银行业务（如保险公司和养老基金中被划定为影子银行的业务）。

由于影子银行存在统计对象难以完全覆盖、合并报表数据难以分解以及数据缺失等问题，因此实践中可使用 MUNFI 和 OFIs 作为近似监测指标。

（二） 统计监测框架

为监测全球影子银行体系的发展趋势及相关风险，形成具有跨国可比性的影子银行数

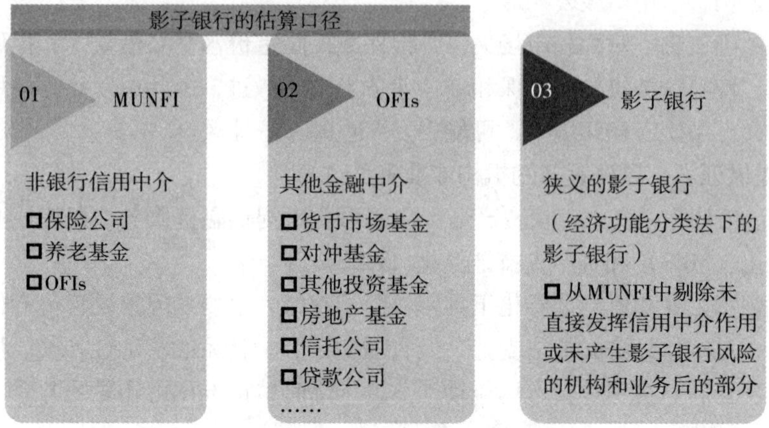

图 10－2　影子银行“三步法”统计

据，FSB 构建了较为全面的统计监测框架。主要包括：

1. 分机构统计表。分机构统计资产[①]、信贷资产、批发融资、卖出回购和买入返售等指标，一方面可以获取金融部门的资产规模，另一方面可以计算 MUNFI 和 OFIs 的资产规模，作为影子银行的估算口径。

2. 经济功能分类表。从业务角度划定影子银行范围并统计其金融资产规模，是 FSB 风险评估和梳理政策工具的基础。从统计实践看，这部分工作难度较大，各类影子银行的认定也在不断完善的过程中。

3. 风险评估表。“关联性统计表”，分机构统计银行与 OFIs 之间的债权、债务关系，据此判断银行体系与 OFIs 的关联程度。

“风险矩阵表”，计算各类影子银行的风险因子水平和信用中介水平。数据来源为资产、负债、权益及表外统计数据。

“风险摸底表”，利用风险矩阵表计算各类影子银行的风险因子水平和总体风险水平，据此确定政策关注的对象。

4. 政策工具表。梳理已有的防范影子银行风险的各类法律、法规、条例、规范等，评估政策实施效果，总结在全球范围内已成功化解或部分化解影子银行风险的政策，为其他成员国提供经验。

表 10－7　　FSB 影子银行统计监测框架

表单号	表名	统计内容
1	宏观摸底表（Macro－mapping）	分机构统计金融部门（中央银行、银行、保险公司、养老基金、公共金融机构、其他信用中介和金融辅助机构）的资产（金融资产）等存量
2	分机构统计表（Supplementary）	宏观摸底表的补充，统计金融部门分行业的信贷资产、贷款、批发融资、卖出回购、买入返售等存量

① 或称金融资产。

续表

表单号	表名	统计内容
3	关联性统计表（Interconnectedness）	统计银行、保险公司、养老基金、OFIs（总体及部分子类）、境外机构之间相互持有的债权、债务规模
4	经济功能分类表（Economic Function）	分机构确认和统计五类影子银行，阐明分类理由，统计各类影子银行的金融资产存量
5	风险矩阵表（Risk Metrics）	分别统计五类影子银行资产（金融资产）规模排名前三位的资产、负债、权益及表外项目，计算风险因子（期限转换、流动性转换、不完全信用风险转移和杠杆）水平和信用中介水平
6	风险摸底表（Risk Mapping）	分为两张子表，表1分别计算五类影子银行的期限转换、流动性转换、不完全信用风险转移和杠杆水平；表2统计存在潜在影子银行风险的机构和业务类型
7	政策工具表（Policy Tools）	统计五类影子银行的政策工具信息，包括政策工具、实施效果、法律基础、不足改进等

（三） 影子银行的分析方法

1. 影子银行体系的总量和结构分析。总量指标主要包括影子银行体系的金融资产规模及变动趋势、金融资产占金融部门资产总额的比重及变动趋势、金融资产占 GDP 的比重及变动趋势、金融资产占银行体系金融资产的比重及变动趋势；结构指标主要包括各类影子银行占影子银行总体规模的比重及变动趋势。

2. 影子银行体系的关联分析。通过获取金融产品卖方提供的存量和流量数据、监管部门提供的交易对手信用风险数据，以及银行体系通过司法程序间接提供的影子银行体系内部活动数据，来分析影子银行体系的关联性。FSB 建议各国应在资金流量表的基础上，进一步审视银行与其他信用中介间的内在联系，准确测算影子银行体系的规模。

本章小结

1. 金融稳健统计是在 20 世纪 90 年代以后全球多次爆发金融危机的背景下产生的，2007 年以来的金融危机再次凸显金融稳健统计的重要性。其目的是帮助中央银行、监管当局、其他决策机构和社会公众评价和监测金融体系自身及其宏观环境所存在的系统性风险，以及金融体系对抗这些风险的能力，以提高金融体系的稳定性，防范金融体系的崩溃。它以金融监管统计、国民经济核算、机构单位会计核算、金融市场统计为基础，通过计算一系列统计指标（多数是比率指标），来反映一个国家金融市场的健康状况以及金融机构、非金融企业乃至住户部门金融活动的稳健状况。

2. 获得部门或同类组数据有汇总和合并两种方法。按照地域和控制权划分，合并方法主要有国内控制的跨境合并法、国内控制的跨部门合并法、国外控制的跨境合并法和国内合并法 4 种。

3. 从指标的重要性和数据的可得性方面看，国际货币基金组织推出的金融稳健指标可分为核心指标和鼓励类指标。其中，核心指标全部用于监测存款吸收机构的系统性风险，鼓励类指标监测存款吸收机构、其他金融公司、非金融公司、住户、金融市场和房地产市场。

4. 监测存款吸收机构的金融稳健指标依据银行监管的CAMELS原则设计，主要围绕资本充足率、资产质量、盈利能力、流动性和对市场的敏感度设计相关指标。数据主要来源于存款吸收机构的资产负债表、损益表、监管统计和利率。

5. 其他金融公司是一个值得密切关注的部门，它在金融体系中的作用正在不断提高。

6. 非金融公司部门是除存款机构外对金融稳健影响最大的机构部门。非金融公司部门金融稳健指标设计的出发点是衡量该部门盈利状况、杠杆比率和还债能力。

7. 近些年来，住户部门的负债水平显著提高，它的偿债能力直接影响存款吸收机构的资产质量。

8. 存款吸收机构需要通过证券市场管理其流动性。证券市场上资金的价格和市场的深度、弹性对存款吸收机构稳健经营的影响越来越大。

9. 房地产市场往往集中了大量贷款，但它流动性差，而且容易产生价格泡沫。为此，金融稳健统计关注房地产市场，主要的监测内容包括房地产市场的价格变化和房地产贷款的规模。

10. 影子银行是游离于正规银行体系监管之外，容易导致系统性风险和监管套利的信用中介机构或业务。

11. 影子银行在不同的信用中介环节，以不同的金融工具，通过期限转换、流动性转换、不完全信用风险转移或杠杆交易等方式，强化金融风险的传导，损害金融监管的效力。

12. FSB通过先“广覆盖”、后“窄聚焦”的三步法来识别影子银行的统计范围。

本章重要概念

金融稳健统计　以常住集团为基础的核算单位　金融稳健指标　核心指标　鼓励类指标　监管资本　核心资本　加权风险资产　金融资产五级分类　不良贷款　大额风险暴露　利息收入　狭义流动资产　非利息支出　在特别事项和税前的净收入　广义流动资产　短期负债　外汇净敞口头寸　债务类负债　债务负担　股权类资产净敞口头寸　交易收入　参考利率　拉斯贝尔斯房地产价格指数　换手率　影子银行

复习思考题

1. 简述监管资本的概念。
2. 简述风险加权资产的概念。
3. 简述不良贷款的概念。
4. 简述存款吸收机构核心指标的内容。
5. 简述存款吸收机构金融稳健指标的基础数据来源。
6. 简述非金融公司部门金融稳健指标的内容。
7. 简述非金融公司部门金融稳健指标的基础数据来源。
8. 简述其他金融机构金融稳健指标的内容。
9. 简述住户部门金融稳健指标的内容。
10. 简述金融市场和房地产市场金融稳健指标的内容。
11. 简述影子银行的定义和主要特征。
12. 简述影子银行按照经济功能的主要分类及其特征。
13. 简述影子银行统计的主要理念。

本章参考文献

1. IMF. Compilation Guide on Financial Soundness Indicators, 2005.
2. FSB, IMF. Financial Crisis and Information Gaps, 2009.
3. BIS. A Global Regulatory Framework for More Resilient Banks and Banking Systems, 2011.
4. BIS. International Framework for Liquidity Risk Measurement, Standards and Monitoring, 2010.
5. G. De Nicolo, M. Lucchetta. Systemic Real and Financial Risks: Measurement, Forecasting, and Stress Testing, 2012.
6. FSB. Shadow Banking: Scoping the Issues [R]. FSB Publications, 2011 (4).
7. FSB. Shadow Banking: Strengthening Oversight and Regulation [R]. FSB Publications, 2011 (10).
8. FSB. Global Shadow Banking Monitoring Report [R]. FSB Publications, 2012 (11).
9. FSB. Strengthening Oversight and Regulation of Shadow Banking [R]. FSB Publications, 2013 (8).
10. FSB. Global Shadow Banking Monitoring Report [R]. FSB Publications, 2013 (11).
11. Clive Jackson, Jani Matilainen. Macro – mapping the euro area shadow banking system with financial sector balance sheet statistics [J]. Ideas Help Page, 2013 (36).
12. FSB. Global Shadow Banking Monitoring Report [R]. FSB Publications, 2014 (11).
13. IMF. Shedding Light on Shadow Banking [R]. IMF Publications, 2015 (1).
14. FSB. Global Shadow Banking Monitoring Report [R]. FSB Publications, 2015 (11).
15. ESRB. Assessing shadow banking – non – bank financial intermediation in Europe [R]. ESRB Publications, 2016 (7).
16. Bank of Italy. Shadow banking out of the shadows: on – bank intermediation and the Italian regulatory framework [R]. Bank of Italy Publications, 2017 (2).

17. 中国银行业监督管理委员会:《商业银行资本管理办法（试行）》，2012。

18. 中国银行业监督管理委员会:《关于实施〈商业银行资本管理办法（试行）〉过渡期安排相关事项的通知》，2012。

19. 中国银行业监督管理委员会:《关于商业银行资本工具创新的指导意见》，2012。

20. 黄富樱：《中央银行在金融稳定的角色与工具》，载《国际金融参考资料》，第六十二辑，2011。

21. 王晓明:《银行监管》，北京，红旗出版社，1999。

22.《贷款风险分类原理与实务》编写组:《贷款风险分类原理与实务（试用教材）》，北京，中国金融出版社，1998。

第十一章
中国货币统计

中国货币统计涉及中国的机构单位、部门及金融工具的分类，主要内容包括货币供应量统计、存款性公司概览统计、金融性公司概览信贷收支统计和相应分析。

第一节　中国的机构与金融工具分类

货币与金融统计的基础是对金融交易主体和交易对象进行分类。其中，金融交易主体是机构单位，交易对象是金融工具（即金融资产）。

一、中国的机构单位与部门分类

中国的机构单位与部门分类在结合国际通行标准和国内实际的基础上进行。根据《国民账户体系（2008）》（SNA 2008）及《货币与金融统计手册》（MFS），中国的机构单位分为常住单位（居民）和非常住单位（非居民）。常住单位分为广义政府、非金融性公司、金融性公司、住户四个部门。所有的非常住单位归为国外部门。这里需要说明的是，SNA2008 的机构部门分类中，单独设立了一个机构部门为“住户服务的非营利性机构”，其是指从事非市场性生产、为住户提供服务且不受政府控制的非营利机构。在我国，为住户服务的非营利机构或是政府出资，或是政府任命高管，或是受政府政策影响，不完全独立于政府，因此实践统计中，这类相关机构归入广义政府。

（一）金融性公司（金融机构）分类

目前，中国的金融性公司主要有如下几类。

中国人民银行，是中国的中央银行，代表国家制定并执行货币政策、金融运行规则，从事货币发行与管理，与国际货币基金组织交易及向其他存款性公司提供信贷，防范和化解金融风险，维护金融稳定。

国家外汇管理局，代表国家经营管理外汇储备、黄金储备和其他外汇资产，监督管理全国外汇市场，统计、监测国际收支和对外债权债务，并按规定发布信息。国家外汇管理局与中国人民银行构成中国的货币当局。

银行，是依法设立的吸收公众存款、发放贷款和办理结算业务的金融机构。中国目前的银行有政策性银行、商业银行、合作银行、村镇银行等，商业银行是银行机构的主体，政策性银行体现为不以盈利为目的，参与政府政策性融资的特征，合作银行的组织体制为合作制，村镇银行则主要在农村地区设立，为“三农”提供金融服务。

信用合作社，包括城市信用合作社和农村信用合作社。城市信用合作社是依照有关规定在城市市区内由城市居民、个体工商户和中小企业法人出资设立的，主要为社员提供服务，具有独立企业法人资格的合作金融组织，目前城市信用合作社已全部改制为城市商业银行。农村信用合作社是经相关国家部门批准设立，由社员入股组成、实行社员民主管理、主要为社员提供金融服务的农村合作金融机构。

农村资金互助社，是经中国银行业监督管理机构批准，由乡（镇）、行政村农民和农村小企业自愿入股组成，为社员提供存款、贷款、结算等业务的社区互助性金融机构。

财务公司，是以加强企业集团资金集中管理和提高企业集团资金使用效率为目的，为企业集团成员单位提供财务管理服务的金融机构。

信托公司，是依照《中华人民共和国公司法》和《信托公司管理办法》设立的主要经营信托业务的金融机构。信托资产不属于信托公司的自有资产，要单独管理，单独核算。

金融资产管理公司，是经国务院决定设立的收购国有银行不良贷款，管理和处置因收购国有银行不良贷款形成的资产的国有独资非银行金融机构。

金融租赁公司，是经中国银行业监督管理机构批准设立的，以经营融资租赁业务为主的金融机构。

汽车金融公司，是经中国银行业监督管理机构批准设立的，为中国境内的汽车购买者及销售者提供金融服务的金融机构。

贷款公司，是经中国银行业监督管理机构依据有关法律、法规批准，由境内商业银行或农村合作银行在农村地区设立的专门为县域农民、农业和农村经济发展提供贷款服务的金融机构。

证券公司，是依照《中华人民共和国公司法》规定设立的并经中国证券监督管理机构审查批准而成立的专门经营证券业务，具有独立法人地位的金融机构。

基金管理公司，是经中国证券监督管理机构批准，在中华人民共和国境内设立，从事证券投资基金管理业务的企业法人。目前基金管理公司管理的基金主要为公募型封闭式或开放式基金。

期货公司，是依照《中华人民共和国公司法》和《期货交易管理条例》规定设立的经营期货业务的金融机构。期货公司接受客户委托，按照客户的指令、以自己的名义为客户进行期货交易并收取交易手续费，交易结果由客户承担。

保险公司，是经中国保险监督管理机构批准设立，依法登记注册，从事财产保险业务、人身保险业务或专门从事再保险业务的机构。中国的保险公司主要有财产保险公司、人身保险公司、再保险公司等。

特定目的载体，是为持有特定资产而设立的金融实体，其对外发行新金融工具，并合法拥有该特定资产，具备完整独立账户。中国的特定目的载体主要有银行理财产品、资金信托计划、公募基金、证券业资管计划、保险业资管计划以及其他特定目的载体等。

此外，中国还有为金融机构间资金融通和外汇交易提供服务的货币经纪公司；受托管理保险及资金的保险资产管理公司；基于投保人利益，为保险合同订立提供中介服务的保险经纪公司；受保险公司委托，在授权范围内代为办理保险业务的保险代理公司；为金融交易提供集中登记、托管与结算服务的登记结算公司；经中国银行业监督管理机构批准设立的，不吸收公众存款，以小额、分散为原则，为境内居民个人提供以消费为目的的贷款的消费金融公司；企业及其职工在基本养老保险基础上，自愿建立的补充养老保险、企业年金等。

（二） 其他常住机构部门

中国的广义政府部门包括中央政府和各级地方政府的所有单位，如各级党政机关、行政机关、军队、警察；各级政府所有社会保障基金；由政府单位控制并主要由政府单位资助的所有非市场性非营利机构，主要是事业单位（如医院、学校、广播电视、科研机构、寺庙等）、社会团体等。

中国的非金融性公司又称非金融企业，是主要从事非金融行业的企业法人及其附属机构，包括有限责任公司、股份有限公司、非公司企业法人、合伙企业、个人独资企业，以及其他经营单位。中国的非金融性公司分为国有控股、集体控股、私人控股、港澳台商控股、外商控股五类。

中国的住户部门包括所有的常住住户。

二、中国的金融工具分类

在金融工具统计分类标准建立以前，中国货币统计关于金融工具的分类主要是根据业务发展的历史沿革、信贷资金的来源和运用渠道进行的，其基础是金融机构的会计科目，主要包括现金、存款、贷款、证券、应收应付款、同业往来、外汇买卖、委托协议、各项准备、所有者权益、金融衍生产品、系统内资金往来及递延项目等。

这种金融工具的分类方法可以看做是统计和会计分类相结合的产物，仅将资金来源或运用中业务性质相似的归为一类，分类标志多、重复但未穷举，不是严格意义上的金融工具分类，与国际相比存在着较大的差异：一是主要依据会计特征进行分类，并随会计制度的调整而调整，具有明显的资产负债特征和历史特点，未按金融工具的法律特征、流动性特征等进行统计分类；二是仅适用于银行业金融机构，未包括保险技术准备金、基金类、部分权益类等金融工具，难以适用于证券、保险业金融机构；三是很多新型工具与或有性金融工具尚未纳入统计或只做了简单统计，不能完全反映金融业务的规模与风险。

为此，中国人民银行于2010年发布了金融工具统计分类及编码作为行业标准，对中国的金融工具进行了标准化的分类，包括黄金、特别提款权、通货、存款、非股票证券、贷款、股票和其他股权、金融衍生工具、保险技术准备金、其他应收/应付账款、国家外汇储备占款、委托代理协议、或有金融工具，共十三大类。

第二节　中国货币供应量统计

一、中国货币供应量统计原则与实践

1. 中国货币供应量统计原则。从中国金融市场实际出发，确定货币供应量统计坚持如下原则：（1）流动性原则。纳入货币供应量的金融资产应具有充分的流动性，也就是具有充分

的变现能力。(2) 相关性原则。确定并统计货币供应量的目的是提高货币反映经济变化的敏感性，增强与经济产出、物价等经济变量的相关程度。确定作为货币供应量的金融资产，应当与经济变量高度相关。(3) 可测性原则。确定作为货币供应量的金融资产应是可以统计和计量的。(4) 成本效益比较原则。作为货币供应量的金融资产数量较大，构成对经济的明显影响。数额较小、统计成本较大的金融资产，即使应当纳入货币供应量，也可暂时不统计。(5) 连续性原则。在货币供应量与经济变量相关的前提下，尽可能采用变动幅度小的调整。或虽扩大货币供应量的范围，但监测的重点维持原来货币与经济相关度的范围。(6) 与国际接轨原则。IMF《货币与金融统计手册》中确定的货币统计框架体系具有国际普遍性，中国在确定货币供应量时，应当遵守这个框架原则。

2. 中国货币供应量统计实践。中国人民银行于 1994 年 10 月正式编制并向社会公布货币供应量统计表，首次将货币供应量分为以下三个层次。

M_0 = 流通中的货币；

$M_1 = M_0$ + 单位活期存款；

$M_2 = M_1$ + 储蓄存款和企业定期存款。

2001 年 6 月第一次修订货币供应量，将证券公司客户保证金计入 M_2。2002 年初，第二次修订货币供应量，将在中国的外资、合资金融机构的人民币存款业务，分别计入到不同层次的货币供应量。自 2011 年 10 月起，货币供应量已包括住房公积金中心存款和非存款类金融机构在存款类金融机构的存款。2018 年 1 月，人民银行完善货币供应量中货币市场基金部分的统计方法，用非存款机构部门持有的货币市场基金取代货币市场基金存款（含存单）。目前中国货币供应量统计表如表 11－1 所示。

表 11－1　各层次货币供应量统计表

货币供应量（M_2）	
货币（M_1）	
流通中的货币（M_0）	
单位活期存款	
准货币	
单位定期存款	
个人存款	
其他存款	

二、中国基础货币统计

中国基础货币由金融机构库存现金、流通中的货币、金融机构存放在中央银行的特种存款、金融机构缴存准备金和非金融机构存款构成。其中，非金融机构存款主要是非银行支付机构按一定比例缴存人民银行的客户备付金。基础货币统计表如表 11－2 所示。

表 11－2　基础货币统计表

基础货币	
货币发行	
流通中的货币	
库存现金	
金融机构存款	
金融机构缴存准备金	
金融机构特种存款	
非金融机构存款	

第三节　中国存款性公司概览

一、存款性公司概览编制的基本方法

存款性公司概览是在金融性公司资产负债表的基础上编制的。

资产负债表包括金融性公司部门中各次部门资产负债表，即货币当局、其他存款性公司、其他金融性公司资产负债表。将这些次部门内各个金融机构的资产负债表合并就是分部门资产负债表。

概览是根据经济分析的需要对部门资产负债表进行合并整理，展现主要金融总量的报表。它又分为三个层次：一是中央银行概览，也就是中央银行资产负债表的抽象和简化；二是存款性公司概览，它是中央银行概览和其他存款性公司概览的合并，从其负债方可以得出广义货币；三是金融性公司概览，它是存款性公司概览和其他金融性公司概览的合并，从其负债方可以得出广义流动性。目前，中国人民银行编制并向外公布存款性公司概览。

中国的存款性公司概览是按照IMF《货币与金融统计手册》的要求，并结合中国的金融统计实践来编制的。其框架包含两个层次的数据编制和表述：第一个层次是以金融统计“全科目”指标的数据为基础，汇总各相关机构的数据，编制资产负债表，主要包括货币当局资产负债表、其他存款性公司资产负债表；第二个层次是编制概览表，将货币当局资产负债表和其他存款性公司资产负债表进行合并编制存款性公司概览，将存款性公司概览与其他金融性公司资产负债表合并，可以编制金融性公司概览。

二、货币当局资产负债表

中国人民银行和国家外汇管理局是中国的货币当局。货币当局资产负债表显示了货币当局的国外资产、国内信贷以及储备货币构成等数据，不仅反映了货币当局与国外、政府、非金融机构的债权债务关系，也反映了与其他存款性公司的债权债务关系。货币当局资产负债表如表11－3所示。

表11－3　　　　货币当局资产负债表

1	国外资产	
2	外汇	
3	货币黄金	
4	其他国外资产	
5	对政府债权	
6	其中：中央政府	
7	对其他存款性公司债权	
8	对其他金融性公司债权	
9	对非金融部门债权	
10	其他资产	
11	总资产	
12	储备货币	
13	货币发行	
14	金融性公司存款	
15	其他存款性公司存款	

续表

16	其他金融性公司	
17	非金融机构存款	
18	不计入储备货币的金融性公司存款	
19	发行债券	
20	国外负债	
21	政府存款	
22	自有资金	
23	其他负债	
24	总负债	

（一） 资产项目

1. 国外资产，指中国人民银行拥有的国家外汇储备、黄金储备、在国际金融机构的头寸、金融机构以外汇交存的人民币存款准备金等。

2. 对政府债权，指中国人民银行持有的政府债券。

3. 对其他存款性公司债权，指中国人民银行对其他存款性公司的债权，包括再贷款、再贴现、债券、买入返售证券等。

4. 对其他金融性公司债权，指中国人民银行对其他金融性公司的债权，包括再贷款、再贴现、债券等。

5. 对非金融性公司债权，指中国人民银行对非金融性公司的债权，主要是为支持老少边穷地区发展而发放的专项贷款。

6. 其他资产，指在本表内未作分类的资产，如固定资产等。

（二） 负债项目

1. 储备货币，即为基础货币，指中国人民银行发行的货币、金融性公司在中国人民银行的准备金存款、非金融机构在中国人民银行的存款等。

2. 发行债券，指中国人民银行发行的中央银行票据。

3. 国外负债，指中国人民银行对非居民的负债，主要包括境外金融机构在中国人民银行的存款等。

4. 政府存款，指政府在中国人民银行的财政性存款。

5. 自有资金，指国家投入中国人民银行的国家资本。

6. 其他负债，指在本表中未作分类的其他负债。

货币当局资产负债表是在搜集人民银行资产负债原始数据和会计核算的基础上，依据会计月报或总账中的各科目数据，按照货币当局资产负债表与会计科目归属表填制的。

三、其他存款性公司资产负债表

其他存款性公司资产负债表显示了其他存款性公司的国外资产、国内债权构成以及国外负债、国内负债构成等数据，反映了其他存款性公司与国外、政府等其他机构单位之间的债权债务关系。其他存款性公司资产负债表如表 11－4 所示。

表 11－4　　其他存款性公司资产负债表

1	国外资产	
2	储备资产	
3	准备金存款	
4	库存现金	
5	对政府债权	
6	其中：中央政府	
7	对中央银行债权	
8	对其他存款性公司债权	
9	对其他金融性公司债权	
10	对非金融性公司债权	
11	对其他居民部门债权	
12	其他资产	
13	总资产	
14	对非金融机构及住户负债	
15	纳入广义货币的存款	
16	单位活期存款	
17	单位定期存款	
18	个人存款	
19	不纳入广义货币的存款	
20	可转让存款	
21	其他存款	
22	其他负债	
23	对中央银行负债	
24	对其他存款性公司负债	
25	对其他金融性公司负债	
26	其中：计入广义货币的存款	
27	国外负债	
28	债券发行	
29	实收资本	
30	其他负债	
31	总负债	

（一）资产项目

1. 国外资产，指其他存款性公司以人民币计价的对非居民的债权，主要包括外币现金、境外同业往来、境外有价证券投资、境外贷款等。

2. 储备资产，指其他存款性公司在中国人民银行的准备金存款、库存现金。

3. 对政府债权，指其他存款性公司持有的政府债券。

4. 对中央银行债权，指其他存款性公司对中国人民银行的债权，包括中央银行票据等。

5. 对其他存款性公司债权，指其他存款性公司对本机构以外的其他存款性公司的债权，包括存放同业、拆放同业、债券、买入返售资产、股票及其他股权等。

6. 对其他金融性机构的债权，指其他存款性公司对其他金融性公司的债权，包括存放同业、拆放同业、债券等。

7. 对非金融机构债权，指其他存款性公司对非金融性公司的债权，包括贷款、投资等。

8. 对其他居民部门的债权，指其他存款性公司对其他居民部门的债权，主要包括贷款、债券等。

9. 其他资产，指在本表内未作分类的资产，如固定资产等。

（二） 负债项目

1. 对非金融机构及住户负债，指其他存款性公司对非金融机构及住户的负债，包括存款、借款等。

2. 对中央银行负债，指其他存款性公司对中国人民银行的负债，包括再贷款、再贴现、债券回购等。

3. 对其他存款性公司负债，指其他存款性公司对本机构以外的其他存款性公司的负债，包括同业存放、同业拆入、卖出回购等。

4. 对其他金融性公司负债，指其他存款性公司对其他金融性公司的负债，包括同业存放、同业拆入等。

5. 国外负债，指其他存款性公司对非居民的负债，包括非居民外汇存款、境外筹资和境外同业往来等。

6. 债券发行，指其他存款性公司在境内发行的债券等。

7. 实收资本，是其他存款性公司实际收到的出资人投入的资本。

8. 其他负债，指在本表中未作分类的其他负债。

四、存款性公司概览

存款性公司概览是货币当局资产负债表与其他存款性公司资产负债表的合并。存款性公司概览如表 11 – 5 所示。

表 11 – 5　　存款性公司概览

1	国外净资产	
2	国内信贷	
3	对政府债权（净）	
4	对非金融部门债权	
5	对其他金融部门债权	
6	货币和准货币	
7	货币	
8	流通中的货币	

续表

9	单位活期存款	
10	准货币	
11	单位定期存款	
12	个人存款	
13	其他存款	
14	不纳入广义货币的存款	
15	债券	
16	实收资本	
17	其他（净）	

可以看出，存款性公司概览反映的是货币当局和其他存款性公司作为一个整体对外的资产负债情况，包括对国外、政府、非金融机构以及对金融机构中的货币当局和其他存款性公司之外的其他金融机构。存款性公司概览中的货币和准货币即为中国定义的货币供应量。因此，有时候人们也将存款性公司概览称为货币概览。

第四节　中国金融性公司概览统计

金融性公司概览又称金融概览，是货币统计中最高级的汇并层次。

一、金融性公司概览统计的基本方法

金融性公司概览全面提供了金融性公司部门对国内其他所有部门和非居民部门的债权和负债的存量和流量数据。根据其他金融性公司资产负债表编制其他金融性公司概览，其他金融性公司概览与存款性公司概览合并成为金融性公司概览，其编制原则与存款性公司概览相同。

鉴于其他金融性公司机构和业务的多样性以及数据来源的复杂性，世界各国虽然已编制并公布了较为成熟的存款性公司概览，但仅有少数几个国家编制和公布本国的金融性公司概览。目前，中国人民银行正在积极研究试编我国的金融性公司概览。

二、其他金融性公司资产负债表和概览

编制金融性公司概览的难点在于编制其他金融性公司资产负债表。对于其他金融性公司，目前，中国人民银行直接采集银行业非存款类金融机构的数据，证券、保险等其他金融机构数据主要通过与其监管机构共享获得。其他金融性公司资产负债表的报表形式参照IMF的报送格式（见第六章表6－2）。

其他金融性公司概览是根据其他金融性公司资产负债表编制的更综合的分析报表，主要内容如表11－6所示。

表 11－6 其他金融性公司概览

1	国外净资产	
2	对非居民债权	
3	减：对非居民负债	
4	对存款性公司债权	
5	对中央政府净债权	
6	对中央政府债权	
7	减：对中央政府负债	
8	对其他部门债权	
9	存款	
10	非股票证券	
11	贷款	
12	金融衍生工具	
13	保险技术准备金	
14	贸易信贷和预付款	
15	股票和其他股权	
16	其他（净）	

其他金融性公司概览负债方项目按金融工具列示，不显示广义货币的构成。

三、金融性公司概览

金融性公司概览是存款性公司概览与其他金融性公司概览的合并。将存款性公司对其他金融性公司的债权与其他金融性公司对存款性公司的负债冲销，存款性公司对其他金融性公司的负债与其他金融性公司对存款性公司的债权冲销得出金融性公司概览，如表 11－7 所示。

表 11－7 金融性公司概览

1	国外净资产	
2	对非居民债权	
3	减：对非居民负债	
4	国内债权	
5	对中央政府净债权	
6	对中央政府债权	
7	减：对中央政府负债	
8	对其他部门债权	
9	金融性公司之外的货币	
10	存款	
11	非股票证券	

续表

12	贷款	
13	金融衍生工具	
14	保险技术准备金	
15	贸易信贷和预付款	
16	股票和其他股权	
17	其他（净）	

第五节　中国信贷收支统计

从理论上讲，信贷收支统计应该包括在货币统计之中。但在中国，信贷收支统计与货币统计是并行的。虽然信贷收支统计中的各金融机构信贷收支表的编制与货币统计中的资产负债表和概览的编制存在一定程度的重叠问题，但二者的侧重点不同，信贷收支统计侧重于反映金融机构信贷资金来源和运用的规模、结构及渠道；货币统计侧重于反映货币供应量的规模、结构及形成过程。信贷收支统计与货币统计并行的现状是在经济体制改革的过程中逐渐形成的。目前信贷收支统计依然是中国货币与金融统计最重要的统计报表之一。本节我们介绍信贷收支表编制及信贷收支分析。

一、信贷收支统计的概念

历史上，信贷收支统计是对信贷收支计划执行情况的统计。现在沿用该名称，实际上指对金融机构资产负债的简要统计。信贷收支统计的任务由过去考核和检查信贷计划执行情况，转为反映金融机构资金来源与运用情况，为制定和实施货币政策服务。

信贷收支统计又与金融机构的资产负债统计不完全相同。金融机构资产负债统计分为金融机构监管统计中的资产负债统计与货币统计中的资产负债统计。监管统计中的资产负债统计是围绕金融机构经营的安全性、流动性和盈利性而设计的，其资产负债统计要计算出如下指标：资本充足率、不良贷款比率、资产流动比例、准备金比例、资产利润率、存贷比率等，同时其统计以法人为原则。货币统计中的资产负债统计是围绕广义货币的构成而设计，计入广义货币与不计入广义货币的金融工具在资产负债表的统计中可明确区分。而信贷收支统计只反映信贷资金来源与运用情况，计入广义货币与不计入广义货币的金融工具不能清楚区分。比如中央财政存款，在信贷收支统计表中，是负债的一个重要项目，要单独反映，而在存款性公司概览中并不单独反映。另外信贷收支统计与货币统计均以居民为原则，即对境内常住机构单位的统计。

二、信贷收支统计的特点

（一）信贷收支统计采用经常性、全面统计的形式

为了准确服务货币政策决策，满足日常调节商业银行头寸的需要，信贷收支统计主要采用月报的方式，并根据货币政策的需要，规定各频度的报送机构与各机构报送的内容，自上

而下布置，自下而上按照统一的格式、统一的“全科目”统计指标、统一的报送程序和时间，逐级提供统计全面的统计资料。

（二）信贷收支统计的指标主要是存量价值指标

在信贷收支表中所有项目均是价值指标，也就是以货币单位计量的总量指标，从而使信贷收支统计具有较高的综合性和概括能力，更易于表明信贷的总规模与总水平。信贷收支统计中报送的大部分指标反映的都是时点指标，也就是存量指标，反映的是某一时点上的该指标的余额。

（三）信贷收支统计的结果均以平衡表的形式反映

平衡表的平衡式为：资金运用总计 = 资金来源总计。信贷收支表的平衡建立在会计平衡表的基础之上，只是对会计平衡的资产负债项目进行移项与轧差，但并没有破坏会计的基本平衡关系。在信贷收支表的左侧即资金来源方，主要是金融机构的负债与所有者权益类项目；而在信贷收支表的右侧即资金运用方，则是金融机构的资产类项目；此外在信贷收支表的资金来源方设置了“其他”项目，主要用于反映信贷收支表中未能列示的会计项目，此项目是负债及所有者权益类科目减去资产类科目的平衡项目。

（四）信贷收支统计表为汇总或合并报表

在信贷收支统计表中，单家机构的报表反映本机构对外的债权债务关系；汇总类的报表是表内机构对外债权债务关系的简单加总，不剔除表内机构之间的交易；合并类的报表将表内机构之间的交易剔除，仅反映信贷收支统计表内机构与其他部门和表外金融机构之间的交易与债权债务情况。

三、信贷收支统计的机构范围

目前，中国信贷收支统计中的金融机构包括中央银行和银行业存款类和非存款类金融机构。具体为：

1. 中国人民银行。

2. 银行业存款类金融机构：中资大型银行（中国工商银行、中国农业银行、中国银行、中国建设银行、交通银行、国家开发银行、中国邮政储蓄银行），中资中型银行（招商银行、中国农业发展银行、上海浦东发展银行、中信银行、兴业银行、中国民生银行、中国光大银行、华夏银行、中国进出口银行、广发银行、平安银行、北京银行、上海银行、江苏银行），中资小型银行（恒丰银行、浙商银行、渤海银行、小型城市商业银行、农村商业银行、农村合作银行、村镇银行、其他中资小型银行），农村信用社，财务公司，外资银行。

3. 银行业非存款类金融机构：信托公司、金融租赁公司、汽车金融公司、贷款公司、货币经纪公司、消费金融公司等。

四、信贷收支统计中的报表分类

从中国目前现行的信贷收支统计来看，按信贷收支统计所反映的主体，可将信贷收支统计划分为三类：中央银行信贷收支表、单家金融机构信贷收支表、汇总类或合并类金融机构信贷收支表；按信贷收支表所反映的币种可分为人民币信贷收支表、外汇信贷收支表、本外币信贷收支表。我们按信贷收支统计所反映的主体来阐述信贷收支所反映的内容。

（一） 中央银行信贷收支统计

中央银行信贷收支统计是中央银行进行货币政策管理的基础，在货币政策操作以间接调控为主的情况下，中央银行居于货币政策的核心，通过其自身资产负债结构的调整，引起商业银行资产负债结构的调整，最终使社会资产结构得到调整，影响社会最终支出与供给，进而调节经济活动，实现资金供求平衡。

（二） 单家金融机构信贷收支统计

包括单家银行业存款类金融机构和银行业非存款类金融机构的信贷收支表。银行及非银行是货币政策的操作对象，货币政策经由银行及非银行的逐级推进，影响货币供应量与贷款总量，最终调节社会总需求与总供给。它是货币政策的重要传导途径。因此单家金融机构的统计在信贷收支统计中占有重要地位。

（三） 汇总类或合并类金融机构信贷收支统计

包括同类型银行业金融机构的汇总信贷收支表、中央银行及所有银行业金融机构的合并信贷收支表。其中，最受关注的是中央银行及所有银行业金融机构合并的信贷收支表，即全金融机构信贷收支表。据此，可以了解某一时期金融机构以信用方式集中和调剂的资金总量，可以全面、综合地反映信贷资金的来源渠道、资金的性质和分布。它是宏观经济运行的缩影，也是货币政策实施效果的综合反映。

五、信贷收支统计表主要项目

信贷收支统计表的内容分为资金来源和资金运用两个方面，中央银行、单家金融机构以及全金融机构信贷收支表的报表项目略有不同（见表11－6至表11－8）。

（一） 中央银行信贷收支表

资金来源项目主要有：货币发行、金融机构存款、金融机构特种存款、非金融机构存款、财政存款、商业银行划来财政性存款、卖出回购证券、中央银行债券、清算资金往来（净）、其他负债、国家资本、当年结益。

资金运用项目主要有：金融机构贷款、再贴现、专项贷款、金银占款、外汇占款、有价证券及投资、买入返售证券、存放金融机构、清算资金往来（净）、其他资产。

（二） 单家或汇总类金融机构信贷收支表

资金来源项目主要有：各项存款、代理财政性存款、金融债券、卖出回购资产、向中央银行借款、银行业存款类金融机构往来、借款及非存款类金融机构拆入、联行往来（净）、应付及暂收款、其他负债、所有者权益。

资金运用项目主要有：各项贷款、债券投资、股权及其他投资、买入返售资产、存放中央银行存款、缴存中央银行财政性存款、银行业存款类金融机构往来、存放非存款类金融机构款项、库存现金、应收及预付款、投资性房地产、固定资产、其他资产、各项准备（扣减项）。

（三） 全金融机构信贷收支表

全金融机构信贷收支表是由中央银行、各家银行业金融机构的信贷收支项目合并而成。

资金来源项目主要有：各项存款、金融债券、卖出回购资产、借款及非银行业金融机构拆入、流通中的货币、应付及暂收款、各项准备、所有者权益、其他。

资金运用项目主要有：各项贷款、债券投资、股权及其他投资、买入返售资产、存放非银行业金融机构款项、金银占款、中央银行外汇占款、应收及预付款、投资性房地产、固定资产。

表 11－8　　中国人民银行信贷收支表

资金来源	资金运用
一、货币发行	一、金融机构贷款
二、金融机构存款	中资大型银行
（一）境内金融机构存款	中资中小型银行
中资大型银行	农村信用社
中资中小型银行	财务公司
农村信用社	外资金融机构
财务公司	其他金融机构
外资金融机构	其中：资产管理公司
其他金融机构	二、再贴现
（二）境外金融机构存款	三、专项贷款
三、金融机构特种存款	四、金银占款
四、非金融机构存款	五、外汇占款
五、财政存款	六、有价证券及投资
其中：中央财政存款	七、买入返售证券
地方财政存款	八、存放金融机构
六、商业银行划来财政性存款	九、清算资金往来（净）
七、卖出回购证券	十、其他资产
八、中央银行债券	
九、清算资金往来（净）	
十、其他负债	
十一、国家资本	
十二、当年结益	
资金来源总计	资金运用总计

表 11－9　　单家或汇总类金融机构信贷收支表

资金来源	资金运用
一、各项存款	一、各项贷款
（一）境内存款	（一）境内贷款
1. 个人存款	1. 短期贷款
其中：活期储蓄存款	（1）个人贷款及透支
定期储蓄存款	其中：个人消费贷款
结构性存款	（2）单位贷款及透支
2. 单位存款	经营贷款及透支
其中：活期存款	固定资产贷款

续表

资金来源	资金运用
定期存款	并购贷款
保证金存款	贸易融资
结构性存款	（3）非存款类金融机构贷款
3. 国库定期存款	2. 中长期贷款
4. 非存款类金融机构存款	（1）个人贷款
（二）境外存款	其中：个人消费贷款
二、代理财政性存款	（2）单位贷款
三、金融债券	经营贷款
其中：境外发行	固定资产贷款
四、卖出回购资产	并购贷款
五、向中央银行借款	贸易融资
六、银行业存款类金融机构往来	（3）非存款类金融机构贷款
七、借款及非存款类金融机构拆入	3. 票据融资
八、联行往来（净）	4. 融资租赁
九、应付及暂收款	5. 各项垫款
其中：应付利息	（二）境外贷款
十、其他负债	二、债券投资
十一、所有者权益	三、股权及其他投资
其中：实收资本	四、买入返售资产
	五、存放中央银行存款
	六、缴存中央银行财政性存款
	七、银行业存款类金融机构往来
	八、存放非存款类金融机构款项
	九、联行往来（净）
	十、库存现金
	十一、应收及预付款
	其中：应收利息
	十二、投资性房地产
	十三、固定资产
	十四、其他资产
	十五、减：各项准备
	其中：贷款减值准备
资金来源总计	资金运用总计

表 11－10　　全金融机构信贷收支表

一、各项存款	一、各项贷款
（一）境内存款	（一）境内贷款
1. 住户存款	1. 住户贷款
（1）活期存款	（1）短期贷款
（2）定期及其他存款	消费贷款
2. 非金融企业存款	经营贷款
（1）活期存款	（2）中长期贷款
（2）定期及其他存款	消费贷款
3. 政府存款	经营贷款
（1）财政性存款	2. 非金融企业及机关团体贷款
（2）机关团体存款	（1）短期贷款
4. 非银行业金融机构存款	（2）中长期贷款
（二）境外存款	（3）票据融资
二、金融债券	（4）融资租赁
其中：境外发行	（5）各项垫款
三、卖出回购资产	3. 非银行业金融机构贷款
四、借款及非银行业金融机构拆入	（二）境外贷款
五、流通中的货币	二、债券投资
六、应付及暂收款	其中：境外债券
七、各项准备	三、股权及其他投资
八、所有者权益	四、买入返售资产
其中：实收资本	五、存放非银行业金融机构款项
九、其他	六、金银占款
	七、中央银行外汇占款
	八、应收及预付款
	九、投资性房地产
	十、固定资产
资金来源总计	资金运用总计

本章小结

1. 中国的金融机构分为中国人民银行、国家外汇管理局；银行、信用社等存款类金融机构；信托投资公司、资产管理公司等非存款类金融机构。

2. 中国的金融工具划分为黄金、特别提款权、通货、存款、非股票证券、贷款、股票和其他股权、保险技术准备金、金融衍生工具、其他应收/应付账款、国家外汇储备占款、委托代理协议等。

3. 货币供应量是指某个时点上的货币存量。中国货币供应量分为三个层次：M_0、M_1、M_2。

4. 中国货币供应量统计应坚持流动性原则、相关性原则、可测性原则、成本效益比较原则、连续性原则、与国际接轨原则。

5. 中国货币统计采取两种表述方式：货币供应量统计表和存款性公司概览。

6. 基础货币又称高能货币，由商业银行及非金融机构在中央银行的存款和货币发行所构成。货币乘数是货币供应量与基础货币之比，反映基础货币创造货币的倍数。

7. 概览是根据经济分析的需要对部门资产负债表进行合并整理，展现主要金融总量的报表，分为中央银行概览、存款性公司概览和金融性公司概览。存款性公司概览是将中央银行资产负债表与其他存款性公司资产负债表的各项目合并或轧差填制的。

8. 信贷收支统计是对金融机构资产负债的简要统计，反映金融机构资金来源与运用情况。

本章重要概念

存款类金融机构　非存款类金融机构　特定目的载体　货币供应量　基础货币　货币乘数　存款性公司概览　信贷收支统计

复习思考题

1. 怎样理解货币供应量的概念？
2. 中国货币供应量现在包括哪几个层次？
3. 中国基础货币包括哪些内容？
4. 中国金融机构分为哪几类？
5. 中国的金融工具分为哪几类？
6. 如何编制中国的存款性公司概览？
7. 中国信贷收支统计有哪些主要特点？

本章参考文献

1. IMF：《货币与金融统计手册和编制指南》，2016。
2. 黄达：《货币银行学》，北京，中国人民大学出版社，2001。
3. 张亦春：《货币银行学》，厦门，厦门大学出版社，1995。
4. 杜金富：《金融统计标准及诠释》，北京，中国金融出版社，2012。
5. IMF：Monetary and Financial Statistics Compilation Guide，2016.

第十二章
中国资金流量统计

本章主要讲述反映中国资金流量的资金流量表的编制及利用，资金流量表的数据来源、核算方法以及资金流量表的分析。

第一节　我国资金流量统计框架

一、我国资金流量核算发展简介

我国资金流量核算始于20世纪80年代初。随着经济体制改革和市场经济的深入，我国财政、金融体制发生了很大的变化，资金运动趋于市场化、多样化和复杂化。宏观经济管理对编制资金流量表提出了迫切的要求。1985年，在国务院国民经济核算领导小组的领导下，成立了由国家计委、财政部、中国人民银行和国家统计局四部门组成的联合研制组，开始研究编制我国的资金流量表，确定由国家统计局负责编制资金流量表实物交易部分，由中国人民银行负责编制资金流量表金融交易部分。1997年正式对外公布自1992年以来的中国资金流量表。

到目前为止，中国人民银行和国家统计局每年对外公布全社会资金流量表，为研究我国国民收入的分配和再分配、储蓄投资、融资结构、金融市场、金融创新等方面提供了充分的统计依据。

二、我国资金流量表的基本结构

（一）我国资金流量表的表式

我国资金流量表采用矩阵表结构。主栏表示交易项目，宾栏表示机构部门。每个机构部门下面列出两栏，即“来源”栏和“运用”栏，分别反映机构部门资金的流入和流出。主栏项目按交易的不同性质分为实物交易和金融交易，这样资金流量表就分为主栏不同、宾栏相同的两大部分，即实物交易部分和金融交易部分。表12－1和表12－2是实物交易部分和金融交易部分的基本表式。本章重点讲解金融交易部分。

（二）部门分类

资金流量表将机构单位划分为四个机构部门：住户部门、非金融企业部门、金融机构部门和政府部门，在SNA中，为住户服务的非营利机构部门单独列出。由于我国目前数据来源存在困难，所以暂时没有单列出该部门。将与国内有金融交易往来的非常住单位划为国外部

表 12－1　　资金流量表（实物交易部分）基本表式

交易项目 \ 机构部门	非金融企业部门		金融机构部门		政府部门		住户部门		国内合计		国外部门		合计	
	运用	来源	运用	来源	运用	来源	运用	来源	运用	来源	运用	来源	运用	来源
一、净出口														
二、增加值														
三、劳动者报酬														
四、生产税净额														
五、财产收入														
（一）利息														
（二）红利														
（三）地租														
（四）其他														
六、初次分配总收入														
七、经常转移														
（一）所得税、财产税等经常税														
（二）社会保险缴款														
（三）社会保险福利														
（四）社会补助														
（五）其他														
八、可支配总收入														
九、最终消费														
（一）居民消费														
（二）政府消费														
十、总储蓄														
十一、资本转移														
（一）投资性补助														
（二）其他														
十二、资本形成总额														
（一）固定资本形成总额														
（二）存货增加														
十三、其他非金融资产获得减处置														
十四、净金融投资														

表 12－2　　资金流量表（金融交易部分）基本表式

机构部门 / 交易项目	非金融企业部门		金融机构部门		政府部门		住户部门		国内合计		国外部门		合计	
	运用	来源	运用	来源	运用	来源	运用	来源	运用	来源	运用	来源	运用	来源
净金融投资														
资金运用合计														
资金来源合计														
通货														
存款														
活期存款														
定期存款														
财政存款														
外汇存款														
其他存款														
证券公司客户保证金														
贷款														
短期贷款与票据融资														
中长期贷款														
外汇贷款														
委托贷款														
其他贷款														
未贴现的银行承兑汇票														
保险准备金														
金融机构往来														
准备金														
证券														
债券														
国债														
金融债券														
中央银行债券														
企业债券														
股票														
证券投资基金份额														
库存现金														
中央银行贷款														
其他（净）														
直接投资														
其他对外债权债务														
国际储备资产														
国际收支错误与遗漏														

门。对金融机构部门往往要更为具体地划分出以下子部门：中央银行、存款机构、保险公司、其他金融机构（见表 12－3）。这与国民账户、货币银行统计、国际收支统计等关于机构部门的划分是一致的（见第二章）。

表 12－3 资金流量表中的机构部门分类

<table>
<tr><td rowspan="8">国民账户</td><td rowspan="7">国内</td><td colspan="2">住户部门</td></tr>
<tr><td colspan="2">非金融企业部门</td></tr>
<tr><td colspan="2">政府部门</td></tr>
<tr><td rowspan="4">金融机构部门</td><td>中央银行</td></tr>
<tr><td>存款机构</td></tr>
<tr><td>保险公司</td></tr>
<tr><td>其他金融机构</td></tr>
<tr><td colspan="3">国外</td></tr>
</table>

（三） 基本指标

我国金融交易资金流量表包含 17 类主要金融指标，其中部分金融指标项下还包括一些次级指标。

1. 通货。以现金形式存在于流通领域中的货币，包括纸钞和辅币，是通货持有人的资金运用，中央银行的资金来源。

2. 存款。包括以各种形式存在的所有存款，具体包括活期存款、定期存款、财政存款、外汇存款和其他存款，是存款单位的资金运用，金融机构的资金来源。

（1）活期存款：没有约定期限、随时可提取使用的存款，包括住户活期存款、企业活期存款、政府活期存款等。

（2）定期存款：有一定期限、原则上到期前不能提取的存款。包括住户定期存款、企业定期存款、政府定期存款等。

（3）财政存款：财政部门存放在银行业金融机构的各项财政资金，包括财政库款、财政过渡存款、待结算财政款项、国库定期存款、预算资金存款以及专用基金存款。

（4）外汇存款：常住机构单位在常住和非常住金融机构的外币存款，以及非常住单位在常住金融机构的外币存款。

（5）其他存款：未包括在以上存款中的其他存款，如委托存款、信托存款、保证金存款以及其他存款等。

3. 证券公司客户保证金。由客户存入其他存款性公司，由其他存款性公司作为第三方，保管的证券公司客户交易的结算资金。

4. 贷款。金融机构单位向非金融部门提供的各种形式的贷款，具体包括短期贷款、票据融资、中长期贷款、外汇贷款、委托贷款和其他贷款，是金融机构的资金运用，接受贷款部门的资金来源。

（1）短期贷款：金融机构对企业和住户提供的期限在一年以内（含一年）的贷款。

（2）票据融资：银行业金融机构通过对客户持有的商业汇票、银行承兑汇票等票据进行贴现提供的融资。

（3）中长期贷款：金融机构为住户和企业提供的期限在一年以上的贷款。对政府的贷款为中央银行对中央政府预算以透支、借款等形式提供的信贷。

（4）外汇贷款：金融机构对常住非金融机构及国外的外币贷款，以及国外对常住单位提供的贷款。

（5）委托贷款：由政府部门、企事业单位及个人等委托人提供资金，由贷款人（受托人）根据委托人确定的贷款对象、用途、金额、期限、利率等代为发放、监督使用并协助收回的贷款。

（6）其他贷款：未包括在以上贷款中的其他贷款，如信托贷款等。

5. 未贴现银行承兑汇票。指未在银行贴现的银行承兑汇票，即企业签发的全部银行承兑汇票扣减已在银行表内贴现部分，以避免重复统计。

6. 保险准备金。指社会保险和商业保险基金的净权益、保险费预付款和未结索赔准备金。它是保险公司、养老基金的资金来源，投保部门的资金运用。

7. 金融机构往来。各金融机构之间的相互往来，具体包括同业存放款和同业拆放款。它既是金融机构部门的资金运用，又是金融机构部门的资金来源。

8. 准备金。指各金融机构在中央银行的存款及缴存中央银行的法定准备金。它是金融机构的资金运用，中央银行的资金来源。

9. 证券。包括各种债券、股票，是证券发行人的资金来源，证券持有人的资金运用。

（1）债券：以票据形式发行的、用于筹集资金的、承诺按一定利率付息的和一定期限偿还本金的书面债务证书。具体包括国债、金融债券、中央银行债券、企业债券。

（2）股票：股份有限公司依照《公司法》的规定，为筹集公司资本所发行的、用于证明股东身份和权益，并据此获得股息和红利的凭证。

10. 证券投资基金份额。由证券投资基金发行的，证明投资人持有的基金单位数量的受益凭证。

11. 库存现金。银行机构为办理本币和外币现金业务而准备的现金业务库存。它是金融机构的资金运用、中央银行的资金来源，为了分析的需要，在这里没有做轧抵处理。

12. 中央银行贷款。中央银行向金融机构发放的贷款以及再贴现。它是中央银行的资金运用、金融机构的资金来源，为了分析的需要，在这里没有做轧抵处理。

13. 其他（净）。除上述金融交易以外的其他各类国内金融资产与负债变化轧抵后的差额。

14. 外国直接投资。国外对我国的直接投资以及我国对国外的直接投资。

15. 其他对外债权债务。除储备资产和外汇存贷款以外的全部国内与国外间的债权债务。主要包括我国购买国外的债券、我国在国外发行的债券，以及国内外往来的贸易信贷。

16. 国际储备资产。包括黄金、外汇、特别提款权、在国际货币基金组织的储备头寸和对基金信贷的使用。

17. 国际收支误差与遗漏。编制国际收支平衡表过程中，由于资料不完整，统计时间、统计口径、统计分类和计价标准不一致，以及不同币种间的换算差额等原因而形成的误差与遗漏。

第二节 我国资金流量表的数据来源

一、对数据来源的要求

我国没有一套专门为资金流量表设计的、由基本经济单位直接上报的资金流量数据搜集系统，只能利用我国已有的各种统计体系以及统计调查中的数据，按照资金流量核算的要求进行加工，满足资金流量核算的数据需要。1992 年我国建立新国民经济核算体系后，各项专业统计体系中统计分类和统计方法的科学性和一致性有了很大的提高。资金流量核算的协调程度不断加强，为编制我国的资金流量表打下了良好的数据基础。

二、获取资金流量基础数据的方法

获取资金流量基础数据的方法有两种：直接通过其他统计体系获得；通过调查取得，根据经验比例对某些数据进行推算分解后取得。

1. 直接从其他部门的统计体系中获取。资金流量表的基础数据主要来源于我国的货币与银行统计、国际收支统计、政府财政统计、保险和养老基金业统计、证券基金以及其他从事辅助性金融活动的金融机构统计，以及金融市场统计。

直接通过其他专门统计体系取得的数据存在一个问题：这些数据往往仅从交易的一方面反映金融交易。例如国内国债的数据，我们可以通过对债券发行者和债券市场的统计，从债务人角度，得到核算期内新增债券的数据。但是，这些新增债券分别由谁持有，则是难以通过专门统计直接得到的。这时，首先要确定国债各类品种的发行对象，如区分专门向社会发行的凭证式国债和向金融机构发行的记账式国债。但这还不能满足需要，因为凭证式国债的投资者既有住户也有非金融企业。这时就需要使用调查方法，得到反映新增债券在住户和企业部门之间分配情况的数据。有时，需要对各个机构部门作全部调查；有时考虑到统计成本，可只调查数据易得的部门，其他部门的数据用轧差的方法得到。仍以国债为例，如果通过对企业资产负债表的调查得到企业部门持有的新增国债的数量，那么住户部门持有新增国债的数量就是全部新增国债减企业和金融机构新增国债持有数量后的剩余项。通过调查等手段，得到反映住户部门金融状况、非金融企业的资产负债状况等数据，这样能够进一步提高资金流量表的准确性。

2. 通过调查取得数据。在编制资金流量表时，有时我们能够掌握某类金融交易的全体数据，并对其在各部门之间的分配比例有经验数据。以我国资金流量表中流通中的现金为例，通过对中央银行现金发行库和商业银行业务库的统计，可得到当期全部的流通中的现金。但没有各部门持有现金的数据。中央银行不定期进行流通中的现金的调查，取得相关数据。我国住户、企业、政府和国外持有现金的经验比例为 78∶9∶2∶1。因此，在编制资金流量表时，可根据当年流通中的货币的总数，按此经验比例进行部门推算。当然，这种经验比例也需要根据调查结果的变化作调整。

三、数据来源

我国金融交易资金流量表的数据来源于以下统计：货币银行统计、国际收支统计、金融市场统计、社会保障统计，以及其他专项调查统计。

金融交易资金流量表一半以上的数据来源于我国的货币银行统计。近年来，我国货币银行统计工作水平不断提高，为金融交易资金流量表的编制提供了良好的数据基础。这主要表现为：第一，货币银行统计有强大的基础数据平台，它记录了我国所有存款上千条的金融交易信息。这些信息都是从存款机构基础的会计和统计报表中得来的。第二，我国货币银行统计采用统一的标准对机构单位和金融交易进行分类，这个标准基本符合国际货币基金组织的《货币与金融统计指南》，该指南关于机构单位和金融交易的分类与联合国 1993 年 SNA 的相关分类是协调一致的。因此，我国货币银行统计为资金流量账户提供了分类基本一致的基础数据。第三，我国货币银行统计原则也遵循国际货币基金组织《货币与金融统计指南》中倡导的统计原则，这些统计原则，如记账方法、估价方法、合并与轧差的方法等，都与联合国1993年的SNA协调一致，因此，我国货币银行统计为资金流量账户提供了统计原则一致的基础数据。第四，货币银行统计为编制资金流量表提供了大量的存款机构对手方金融交易的数据。所谓的存款机构对手方，就是与存款机构发生金融交易的机构单位，例如，货币银行统计在反映非金融机构的人民币存款时，按机构部门对存款进行细分类，即在全部存款项下，有财政存款、企业存款、个人储蓄存款、非常住单位存款。它们一方面是金融机构的负债，另一方面是其他部门的资产。当其他机构部门的相应数据无法直接得到时，存款机构提供的对手方数据就成为获取其他机构部门金融数据的主要来源。

金融交易资金流量表中与国外发生的金融交易数据来自我国国际收支统计中的金融账户和储备资产账户。与货币银行统计一样，我国国际收支统计的机构部门分类、金融交易分类、各项统计原则基本采纳了国际货币基金组织《国际收支手册》中的建议，而该手册与联合国1993年SNA的相关分类和统计原则也是协调一致的。因此，我国国际收支统计为编制金融交易资金流量表中与国外发生的金融交易提供了基础一致、内容完整的数据。

金融市场统计主要包括股票市场统计、政府债券统计、企业债券统计、货币市场统计和外汇市场统计。金融交易表的编制人员根据资金流量核算的原则对金融市场统计的数据进行加工、整理。同时，金融市场统计的数据可以从交易角度来印证其他数据来源的可靠性。以货币市场为例，可以通过货币市场反映的债券回购交易数据，印证中央银行与其他存款机构账面上记录的债券回购交易数据。

保险业统计为金融交易资金流量表的编制不仅提供了有关保险的统计数据，而且还提供了保险公司参与其他金融交易的数据，同时也为印证其他数据来源中与保险公司相关的金融交易提供了依据。

社会保障是政府部门的组成部分之一。社会保障统计为金融交易资金流量表的编制提供了社会保障机构参与的所有金融交易数据，同时也为印证其他数据来源中与社会保障相关的金融交易提供了依据。

其他专项统计调查也是非常重要的数据来源。这些调查多半不是专门为编制资金流量表设计的，但是，它们在以下方面对编制金融交易表起到了重要作用：第一，它们为资金流量表在部门间分解数据提供了重要依据。第二，它们为修订已有数据的偏差提供了重要依据。以流通中的货币为例，货币银行统计只能提供流通中的货币总量，不能反映各部门流通中的货币持有量。中央银行不定期地对各部门持有的流通中的货币进行调查，为资金流量表分解流通中的货币数据提供了重要依据。

第三节　我国资金流量分析

资金流量表是对全社会金融交易的核算，在经济分析工作中，它在很多方面发挥着重要的作用。它主要的分析功能体现在两个领域：社会融资活动分析和金融结构分析。

下面以我国2015年资金流量表（见表8－5）为主，举例说明资金流量表的分析作用。

一、全社会资金流量规模与国民生产总值的比率关系

2015年我国资金流量总规模为59.17万亿元，比上年多3.59万亿元，比上年增长6.5%，增幅比上年下降1个百分点。当年全社会资金流量规模与GDP的比率为87.4%，与上年持平（见图12－1、图12－2）。全社会资金流量规模与国民生产总值的比率平稳，说明GDP的增长与社会资金规模扩大速度相当。

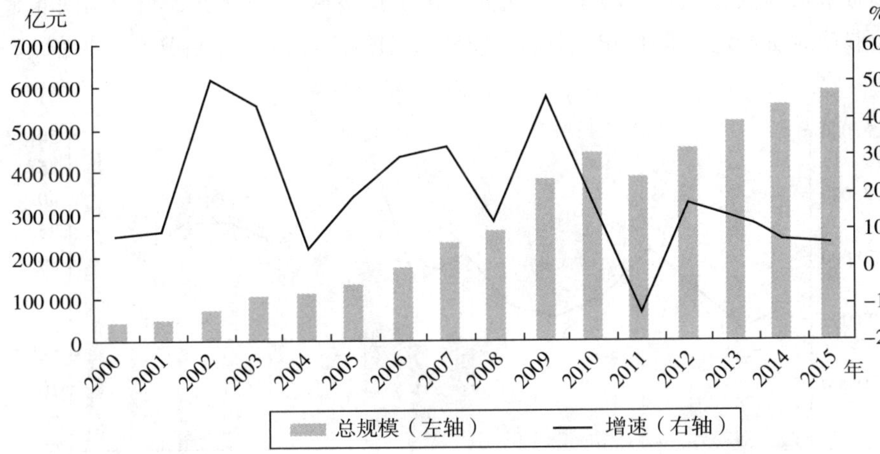

数据来源：中国人民银行。

图12－1　2000年以来我国资金流量总规模增长情况

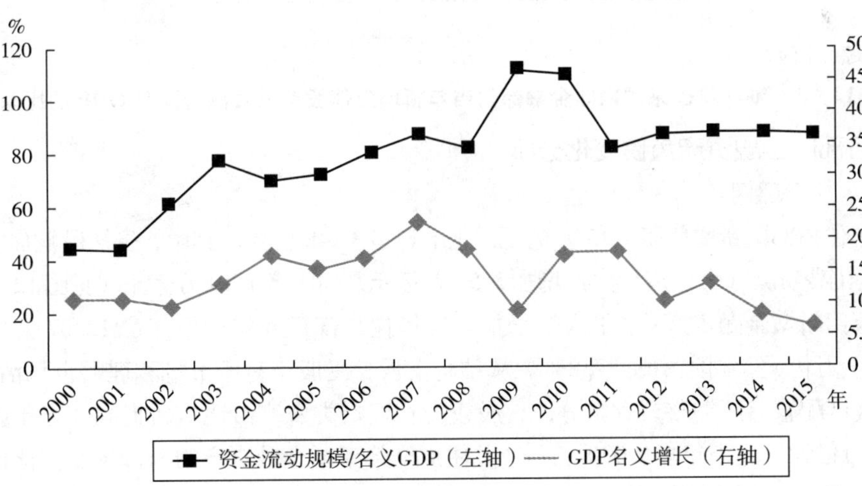

数据来源：中国人民银行，国家统计局。

图12－2　资金流动总规模与GDP的比率和GDP名义增长

二、国内非金融机构部门融资分析

国内非金融机构部门包括住户、非金融机构和政府三个部门。对国内非金融机构部门融资活动的分析是资金流量分析的一个重要方面。住户、非金融机构和政府三个部门从事经济

活动所发生的资金盈余或赤字，都需要在金融市场上进行融通。资金融通量的大小取决于投资活动的活跃状况和金融市场融资功能的高低。一般来说，投资比较活跃、金融市场融资功能良好的经济，其国内非金融部门的资金融通规模也比较大；反之，则较小。

衡量非金融机构部门的融资规模，经常使用的指标为核算期国内非金融部门融资总量与名义 GDP 的比率。所谓的国内非金融机构部门的融资总量即为以上三个部门资金来源的总和。

资金流量账户数据显示，2015 年国内非金融部门（含住户、非金融企业和政府部门，下同）新增负债及股票融资额①为 23.68 万亿元，比上年多 4.29 万亿元；当年国内非金融部门新增负债及股票融资额与名义 GDP 的比率为 35%，比上年高 4.5 个百分点（见图 12－3）。

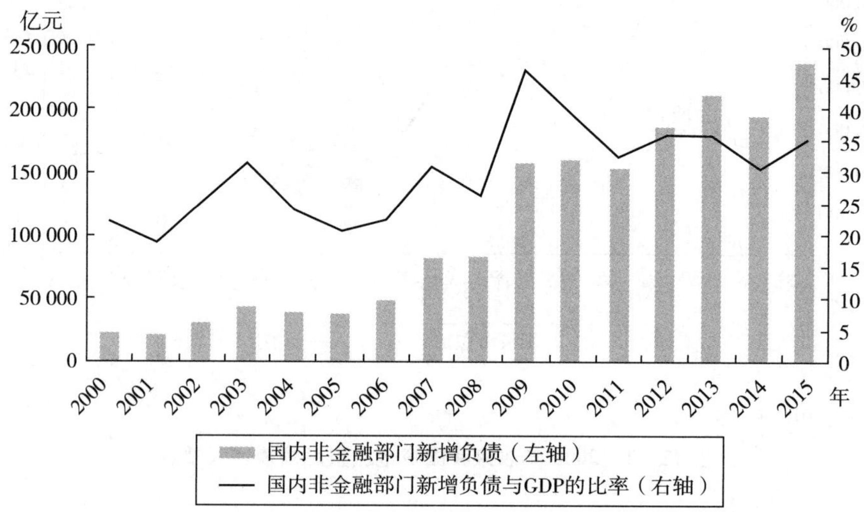

数据来源：中国人民银行。

图 12－3　2000 年以来国内非金融部门当年新增负债股票融资额与同期 GDP 的比率

三、各部门金融资产负债变化分析

（一）住户部门

2015 年住户部门新增负债 4.15 万亿元，比上年多 3 248 亿元。其中，受居民购房意愿回升影响，个人消费贷款（含住房贷款）增加 3.59 万亿元，同比多 1.19 万亿元（见图 12－4）。

住户部门新增金融资产②水平大幅增加。当年住户部门新增金融资产 12.27 万亿元，比上年多 3.37 万亿元，同比增长 37.8%。从结构上看，受股市有所上扬和理财市场活跃影响，住户新增资产配置有所调整，存款分流，股权类和理财类资产占比有所提高。当年新增住户存款 4.68 万亿元，比上年多 2 030 亿元，占住户全部新增金融资产的 38.2%，占比比上年下降 12.2 个百分点；新增股权类资产③ 1.64 万亿元，比上年多 9 283 亿元，占比为 13.3%，占

① 国内非金融机构部门新增负债及股票融资额＝新增贷款＋债券融资＋股票融资＋未贴现的银行承兑汇票融资＋保险准备金融资＋国外负债等，其中股票融资含可核算股权融资。

② 资金流量核算中，存款统计为大口径数据，包括金融机构信贷收支报表中的本外币各项存款和委托存款，下同。

③ 股权类资产包括股票及可核算股权、证券投资基金和证券公司客户保证金，下同。

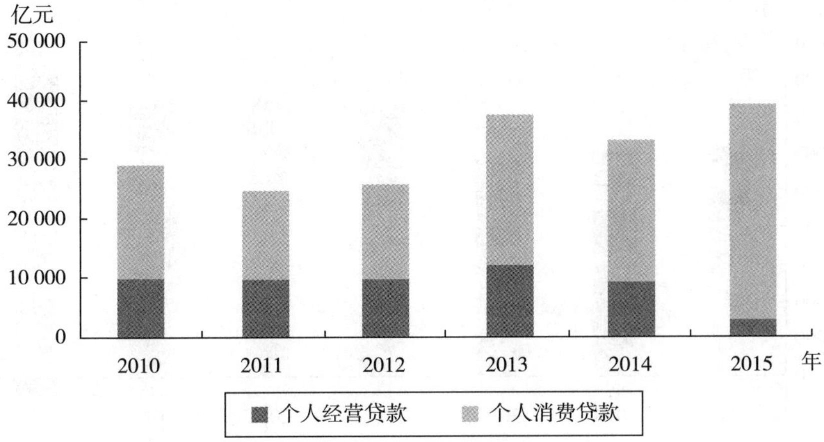

数据来源：中国人民银行。

图 12－4　住户部门新增负债结构

比比上年上升 5.4 个百分点；新增包括理财在内的其他类资产 3.8 万亿元，比上年多 1.65 万亿元，占比为 31%，占比比上年上升 6.8 个百分点（见图 12－5）。

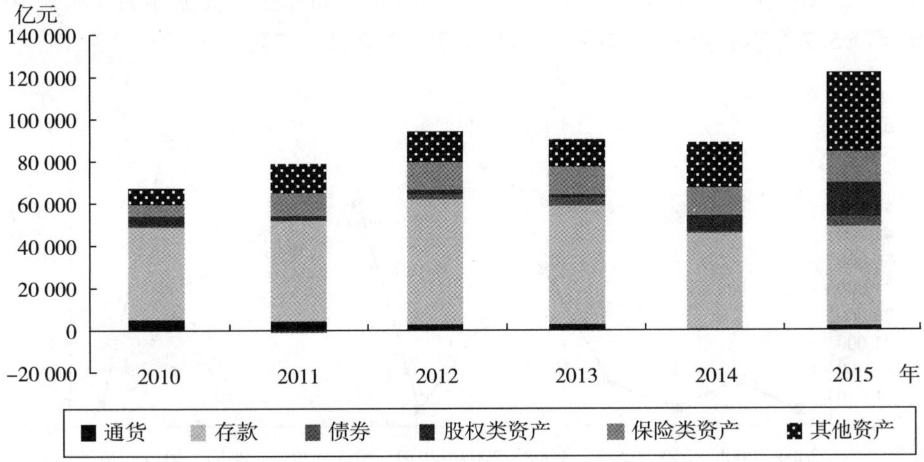

数据来源：中国人民银行。

图 12－5　住户部门新增金融资产结构

（二）非金融企业部门

2015 年非金融企业部门新增负债及股票融资额为 14.09 万亿元，比上年增加 4 777 亿元。其中，新增贷款 8.29 万亿元，占非金融企业新增负债及股票融资额的 58.8%，占比比上年下降 12.5 个百分点；新增债券融资 2.93 万亿元，占比为 20.8%，比上年上升 3 个百分点；新增股票融资 7 757 亿元，占比为 5.5%，比上年上升 0.4 个百分点；未贴现银行承兑汇票融资减少 1.06 万亿元，占比为 －7.5%，比上年下降 6.6 个百分点；新增国外负债 1.13 万亿元，占比 8%，比上年下降 4.8 个百分点（见图 12－6）。

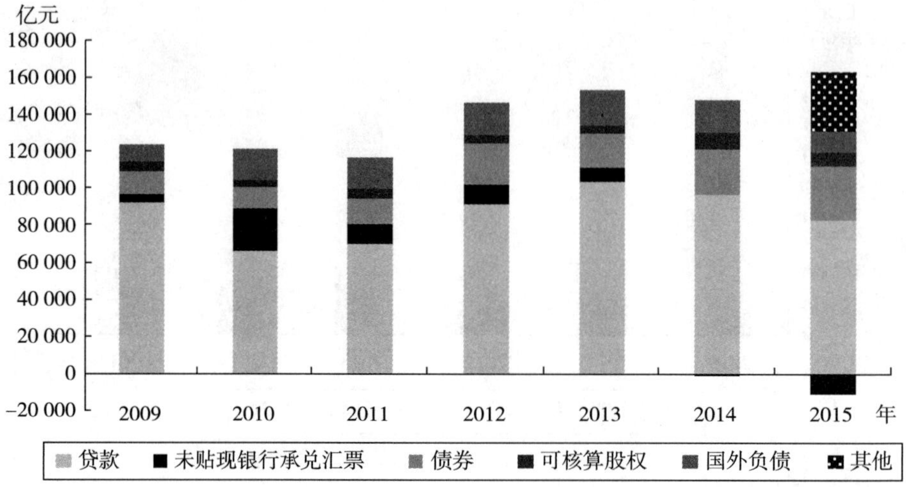

数据来源：中国人民银行。

图 12-6　非金融企业部门新增负债及股票融资额结构

非金融企业部门资金缺口 1.08 万亿元，比上年缩小 4.75 万亿元，主要原因是当年非金融企业扩大生产和投资的意愿有所减弱（当年全社会固定资产投资完成额名义增长 10%，增速比上年下降 5.7 个百分点），相应资金需求减少（见图 12-7）。

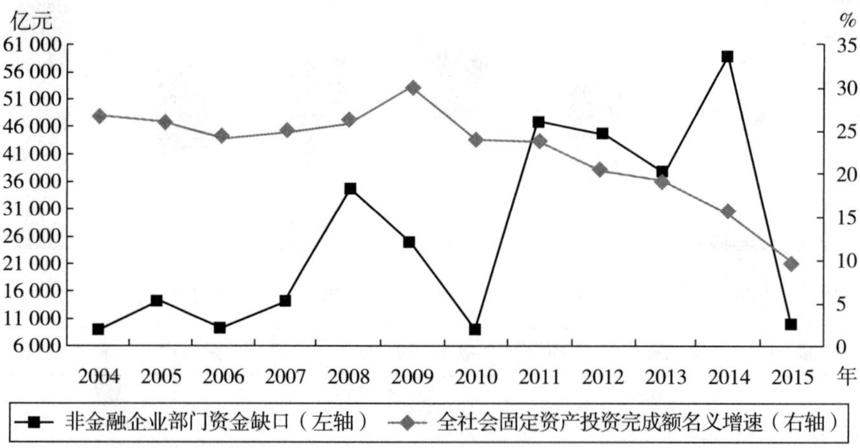

数据来源：中国人民银行，Wind。

图 12-7　非金融企业部门资金缺口与全社会固定资产投资完成额名义增速

（三）政府部门

2015 年，政府部门新增金融资产 6.59 万亿元，比上年多 2.91 万亿元。其中，新增存款 2.4 万亿元，比上年少 5 030 亿元；新增其他资产 4.19 万亿元，比上年多 3.41 万亿元（主要是受政府债置换贷款影响，为对企业的应收款项，见图 12-8）。

政府部门（包括政府、机关团体、行政事业单位和社会保障基金，下同）新增负债 5.44 万亿元，为历史最高的一年，比上年多 3.49 万亿元，比上年增长 178.9%。其中以政府债券

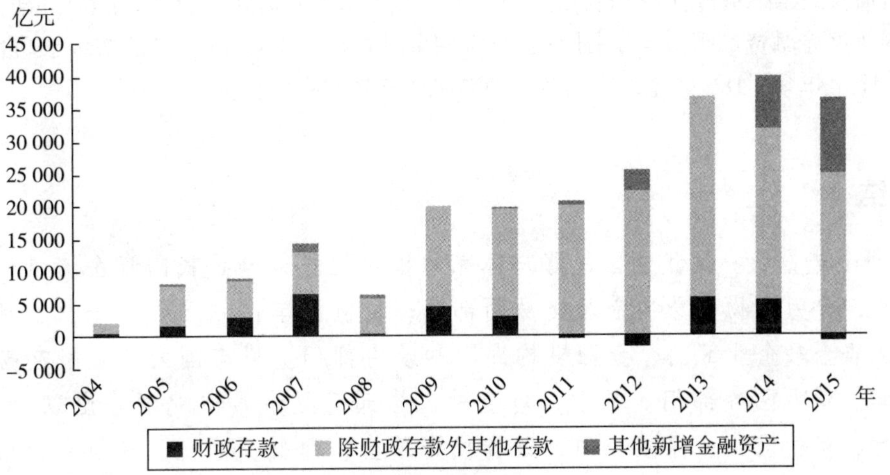

数据来源：中国人民银行。

图 12－8　政府部门新增主要金融资产结构

和保险准备金方式分别新增负债4.73万亿元和7 025亿元，分别比上年多3.54万亿元（主要是受政府发行政府债券置换企业贷款影响）和265亿元，占比分别为86.9%和12.9%，分别比上年上升26.3个和降低21.7个百分点（见图12－9）。

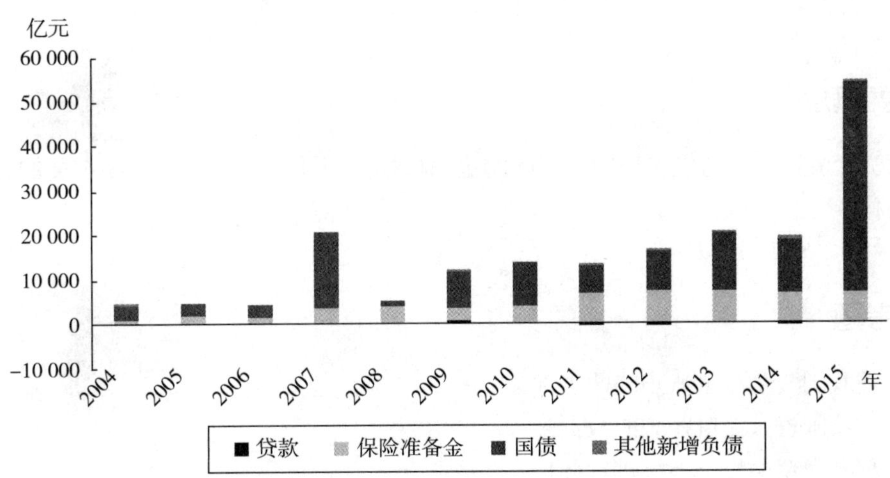

数据来源：中国人民银行。

图 12－9　政府部门新增主要负债结构

四、金融机构部门

2015年，金融机构（含中央银行、存款货币机构、保险公司、证券投资基金及其他金融机构，下同）新增负债及股票融资额为35.22万亿元，比上年多2.16万亿元；金融机构新增金融资产29.1万亿元，比上年少4.3万亿元。

五、国外部门

2015年我国在国外新增金融资产（国外部门利用我国资金）2 645亿元；我国对外资金

交易中负债及股票融资额（我国利用国外资金）减少1.8万亿元。当年我国对外净金融资产形成（对外净金融资产形成＝对国外部门新增金融资产－对国外部门新增金融负债）2.06万亿元，比上年多7 186亿元，我国对外净金融资产形成有所扩大。

本章小结

1. 资金流量账户是我国国民账户体系的重要组成部分。我国资金流量账户采用矩阵结构，分为实物交易和金融交易两部分；将机构单位划分为四个机构部门：住户部门、非金融企业部门、金融机构部门和政府部门。将与国内有金融交易往来的非常住单位划为国外部门。其中，对金融机构部门更为具体地划分出以下子部门：中央银行、存款机构、保险公司、证券投资基金、理财、信托、其他金融机构。金融交易资金流量表包含十几类金融交易，主要包括通货和存款、贷款、证券、保险准备金、直接投资、储备资产等。

2. 获取资金流量基础数据的方法有两种：直接通过其他统计体系获得，通过相关调查取得。多数数据来源于货币统计、金融市场统计、国际收支统计等。

3. 资金流量表主要的分析功能体现在两个领域：社会融资活动分析和金融结构分析。

本章重要概念

我国资金流量账户的机构部门　我国的金融机构部门及其子部门　我国主要的金融交易　融资结构

复习思考题

1. 简述我国资金流量账户的两个部分。
2. 简述我国资金流量账户的数据来源。
3. 如何对净金融投资指标进行分析？

本章参考文献

1. 联合国等：《国民账户体系（2008）》，中文版，北京，中国统计出版社，2012。
2. IMF：《货币与金融统计手册》，2000。
3. 赵彦云：《金融统计分析》，北京，中国金融出版社，2000。
4. 国家统计局国民经济核算司：《中国国民经济核算》，北京，中国统计出版社，2004。

第十三章 中国国际收支和国际投资头寸统计

本章主要讲述中国国际收支和国际投资头寸表的编制。我国从 1982 年起正式编制并对外公布国际收支平衡表（见表 13－1），由国家外汇管理局负责组织实施。经过 30 多年的发展，目前我国的国际收支平衡表能够按照国际货币基金组织的《国际收支手册（第六版）》进行编制。另外，我国于 2004 年开始按照《国际收支手册（第五版）》的标准对外发布中国国际投资头寸表；从 2015 年开始按照《国际收支手册（第六版）》的标准发布中国国际投资头寸表。国际收支平衡表和国际投资头寸表，分别反映我国对外经济金融流量及对外金融资产负债存量状况，形成我国完整的对外账户。

第一节　我国国际收支统计的主要内容

我国国际收支统计的主要内容体现在我国国际收支平衡表的项目上。我国国际收支平衡表根据《国际收支手册（第六版）》的标准分类，将我国的国际经济往来分为：经常项目、资本和金融项目以及净误差与遗漏三个部分（见表 13－1）。

一、经常项目

经常项目包括货物和服务、初次收入以及二次收入三项。

（一） 货物和服务

货物指经济所有权在我国居民与非居民之间发生转移的货物交易。贷方记录货物出口，借方记录货物进口。货物账户数据主要来源于海关进出口统计，但与海关统计存在以下主要区别：一是国际收支中的货物只记录所有权发生了转移的货物（如一般贸易、进料加工贸易等贸易方式的货物），所有权未发生转移的货物（如来料加工或出料加工贸易）不纳入货物统计，而纳入服务贸易统计；二是计价方面，国际收支统计要求进出口货值均按离岸价格记录，海关出口货值为离岸价格，但进口货值为到岸价格，因此国际收支统计从海关进口货值中调出国际运保费支出，并纳入服务贸易统计；三是补充部分进出口退运等数据；四是补充了海关未统计的转手买卖下的货物净出口数据。出口记在贷方，进口记在借方。

服务所涉及的内容比较繁杂，涵盖了加工，维护和维修，运输，旅行，建设，保险和养老金，金融，知识产权使用费，电信、计算机和信息，其他商业服务，个人、文化和娱乐服务，别处未提及的政府服务等形式多样的商业服务以及部分政府服务。贷方记录提供的服务，借方记录接受的服务。具体项目及其含义如下。

1. 加工服务：又称“对他人拥有的实物投入的制造服务”，指货物的所有权没有在所有者和加工方之间发生转移，加工方仅提供加工、装配、包装等服务，并从货物所有者处收取加工服务费用。贷方记录我国居民为非居民拥有的实物提供的加工服务。借方记录我国居民接受非居民的加工服务。

2. 维护和维修服务：指居民或非居民向对方所拥有的货物和设备（如船舶、飞机及其他运输工具）提供的维修和保养工作。贷方记录我国居民向非居民提供的维护和维修服务。借方记录我国居民接受的非居民维护和维修服务。

3. 运输：指将人和物体从一地点运送至另一地点的过程以及相关辅助和附属服务，以及邮政和邮递服务。贷方记录居民向非居民提供的国际运输、邮政快递等服务。借方记录居民接受的非居民国际运输、邮政快递等服务。

4. 旅行：指旅行者在其作为非居民的经济体旅行期间消费的物品和购买的服务。贷方记录我国居民向在我国境内停留不足一年的非居民以及停留期限不限的非居民留学人员和就医人员提供的货物和服务。借方记录我国居民境外旅行、留学或就医期间购买的非居民货物和服务。

5. 建设：指建筑形式的固定资产的建立、翻修、维修或扩建，工程性质的土地改良、道路、桥梁和水坝等工程建筑，相关的安装、组装、油漆、管道施工、拆迁和工程管理等，以及场地准备、测量和爆破等专项服务。贷方记录我国居民在经济领土之外提供的建设服务。借方记录我国居民在我国经济领土内接受的非居民建设服务。

6. 保险和养老金服务：指各种保险服务，以及同保险交易有关的代理商的佣金。贷方记录我国居民向非居民提供的人寿保险和年金、非人寿保险、再保险、标准化担保服务以及相关辅助服务。借方记录我国居民接受非居民的人寿保险和年金、非人寿保险、再保险、标准化担保服务以及相关辅助服务。

7. 金融服务：指金融中介和辅助服务，但不包括保险和养老金服务项目所涉及的服务。贷方记录我国居民向非居民提供的金融中介和辅助服务。借方记录我国居民接受非居民的金融中介和辅助服务。

8. 知识产权使用费：指居民和非居民之间经许可使用无形的、非生产/非金融资产和专有权以及经特许安排使用已问世的原作或原型的行为。贷方记录我国居民向非居民提供的知识产权相关服务。借方记录我国居民使用的非居民知识产权服务。

9. 电信、计算机和信息服务：指居民和非居民之间的通信服务以及与计算机数据和新闻有关的服务交易，但不包括以电话、计算机和互联网为媒介交付的商业服务。贷方记录本国居民向非居民提供的电信服务、计算机服务和信息服务。借方记录本国居民接受非居民提供的电信服务、计算机服务和信息服务。

10. 其他商业服务：指居民和非居民之间其他类型的服务，包括研发服务，专业和管理咨询服务，技术、贸易相关等服务。贷方记录我国居民向非居民提供的其他商业服务。借方记录我国居民接受的非居民其他商业服务。

11. 个人、文化和娱乐服务：指居民和非居民之间与个人、文化和娱乐有关的服务交易，包括视听和相关服务（电影、收音机、电视节目和音乐录制品），其他个人、文化娱乐服务（健康、教育等）。贷方记录我国居民向非居民提供的相关服务。借方记录我国居民接受的非居民相关服务。

12. 别处未提及的政府服务：指在其他货物和服务类别中未包括的政府和国际组织提供和购买的各项货物和服务。贷方记录我国居民向非居民提供的别处未涵盖的货物和服务。借方记录我国居民向非居民购买的别处未涵盖的货物和服务。

（二） 初次收入

初次收入指由于提供劳务、金融资产和出租自然资源而获得的回报，包括雇员报酬、投资收益和其他初次收入三部分。

雇员报酬指根据企业与雇员的雇佣关系，因雇员在生产过程中的劳务投入而获得的酬金回报。贷方记录我国居民个人从非居民雇主处获得的薪资、津贴、福利及社保缴款等。借方记录我国居民雇主向非居民雇员支付的薪资、津贴、福利及社保缴款等。

投资收益与资本和金融项目直接相关，指因金融资产投资而获得的利润、股息（红利）、再投资收益和利息，但金融资产投资的资本利得或损失不是投资收益，而是金融账户统计范畴。贷方记录我国居民因拥有对非居民的金融资产权益或债权而获得的利润、股息、再投资收益或利息。借方记录我国因对非居民投资者有金融负债而向非居民支付的利润、股息、再投资收益或利息。

其他初次收入指将自然资源让渡给另一主体使用而获得的租金收入，以及跨境产品和生产的征税和补贴。贷方记录我国居民从非居民获得的相关收入。借方记录我国居民向非居民进行的相关支付。

（三） 二次收入

二次收入又称为经常转移，是不以收入或者支出为目的的单方面交易行为，包括侨汇、无偿捐赠和赔偿等项目，包括货物和现金形式。贷方记录我国居民从非居民处获得的经常转移。借方记录我国向非居民提供的经常转移。

二、资本项目和金融项目

（一） 资本项目

资本项目指居民与非居民之间的资本转移，以及居民与非居民之间非生产非金融资产的取得和处置。贷方记录我国居民获得非居民提供的资本转移，以及处置非生产非金融资产获得的收入。借方记录我国居民向非居民提供的资本转移，以及取得非生产非金融资产支出的金额。

（二） 金融项目

金融项目指发生在居民与非居民之间、涉及金融资产与负债的各类交易。根据会计记账原则，当期对外金融资产净增加记录为负值，净减少记录为正值；当期对外负债净增加记录为正值，净减少记录为负值。金融账户细分为非储备性质的金融账户和国际储备资产。非储备性质的金融账户包括直接投资、证券投资、金融衍生工具和其他投资。

1. 直接投资。以投资者寻求在本国以外运行企业获取有效发言权为目的的投资，包括直接投资资产和直接投资负债两部分。相关投资工具可划分为股权和关联企业债务。股权包括股权和投资基金份额，以及再投资收益。关联企业债务包括关联企业间可流通和不可流通的债权和债务。

直接投资资产指我国作为直接投资者对在外直接投资企业的净资产，作为直接投资企业对直接投资者的净资产，以及对境外联属企业的净资产。

直接投资负债指我国作为直接投资企业对外国直接投资者的净负债，作为直接投资企业对直接投资者的净负债，以及对境外联属企业的净负债。

2. 证券投资。包括证券投资资产和证券投资负债，相关投资工具可划分为股权和债券。股权包括股权和投资基金份额，记录在证券投资项下的股权和投资基金份额均应可流通（可交易）。股权通常以股份、股票、参股、存托凭证或类似单据作为凭证。投资基金份额指投资者持有的共同基金等集合投资产品的份额。债券指可流通的债务工具，是证明其持有人（债权人）有权在未来某个（些）时点向其发行人（债务人）收回本金或收取利息的凭证，包括可转让存单、商业票据、公司债券、有资产担保的证券、货币市场工具以及通常在金融市场上交易的类似工具。

证券投资资产用于记录我国居民投资非居民发行或管理的股权、投资基金份额的当期净交易额。

证券投资负债用于记录非居民投资于我国居民发行或管理的股权、投资基金份额的当期净交易额。

3. 金融衍生工具。又称金融衍生工具和雇员认股权，用于记录我国居民与非居民金融衍生工具和雇员认股权交易情况。

金融衍生工具资产，又称金融衍生工具和雇员认股权资产，用于记录我国居民作为金融衍生工具和雇员认股权资产方，与非居民的交易。

金融衍生工具负债，又称金融衍生工具和雇员认股权负债，用于记录我国居民作为金融衍生工具和雇员认股权负债方，与非居民的交易。

4. 其他投资。除直接投资、证券投资、金融衍生工具和储备资产外，居民与非居民之间的其他金融交易。包括其他股权、货币和存款、贷款、保险和养老金、贸易信贷和其他。

其他股权：指不以证券投资形式（上市和非上市股份）存在的、未包括在直接投资项下的股权，通常包括：在准公司或非公司制企业中的、表决权小于10%的股权（如分支机构、信托、有限责任和其他合伙企业以及房地产和其他自然资源中的所有权名义单位）、在国际组织中的股份等。资产项记录我国居民投资于非居民的其他股权。负债项记录非居民投资于我国居民的其他股权。

货币和存款：货币包括由中央银行或政府发行或授权的，有固定面值的纸币或硬币。存款是指对中央银行、中央银行以外的存款性公司以及某些情况下其他机构单位的、由存单表示的所有债权。资产项记录我国居民持有外币及开在非居民处的存款资产变动。负债项记录非居民持有的人民币及开在我国居民处的存款变动。

贷款：指通过债权人直接借给债务人资金而形成的金融资产，其合约不可转让。贷款包括普通贷款、贸易融资、透支、金融租赁、证券回购和黄金掉期等。资产项记录我国居民对非居民的贷款债权变动。负债项记录我国居民对非居民的贷款债务变动。

保险和养老金：又称保险、养老金和标准化担保计划，主要包括非人寿保险技术准备金、人寿保险和年金权益、养老金权益以及启动标准化担保的准备金。资产项记录我国居民作为保单持有人或受益人所享有的资产或权益。负债项记录我国作为保险公司、养老金或标准化担保发行者所承担的负债。

贸易信贷：又称贸易信贷和预付款，是因款项支付与货物所有权转移或服务提供非同步进行而与直接对手方形成的金融债权债务。如相关债权债务不是发生在货物或服务的直接交易双方，即不是基于商业信用，而是通过第三方或银行信用形式发生，则不纳入本项统计，而纳入贷款或其他项目统计。资产项记录我国居民与非居民之间因贸易等发生的应收款或预付款。负债项记录我国居民与非居民之间因贸易等发生的应付款或预收款。

其他（资产/负债）：除直接投资、证券投资、金融衍生工具、储备资产、其他股权、货币和存款、贷款、保险准备金、贸易信贷、特别提款权负债外的对非居民的其他金融债权或债务。资产项记录债权，负债项记录债务。

特别提款权负债：指作为国际货币基金组织成员国分配的特别提款权，是成员国的负债。

5. 储备资产。我国的储备资产指我国中央银行拥有的对外资产，包括货币黄金、特别提款权、在国际货币基金组织的储备头寸、外汇储备和其他储备资产。

货币黄金：指我国中央银行作为国际储备持有的黄金。

特别提款权：是国际货币基金组织根据会员国认缴的份额分配的，可用于偿还国际货币基金组织债务、弥补会员国政府之间国际收支赤字的一种账面资产。

在国际货币基金组织的储备头寸：指在国际货币基金组织普通账户中会员国可自由提取使用的资产。

外汇储备：指我国中央银行持有的可用作国际清偿的流动性资产和债权。

其他储备资产：指不包括在以上储备资产中的、我国中央银行持有的可用作国际清偿的流动性资产和债权。

三、净误差与遗漏

从理论上讲，国际收支平衡表是复式记账，借方合计与贷方合计应该一致，总差额为零。但在各国的实践中，由于统计资料来源和时点不同，以及经济交易主体绕过贸易和外汇管理领域，在管理缝隙中运作灰色资金等原因，很难做到每一项经济交往都得到正确反映，借贷双方总量会有一定差额，形成经常账户与资本和金融账户不平衡，形成统计残差项，称为净误差与遗漏。要减少误差与遗漏，一是要不断健全我国国际收支申报制度；二是要进一步加强与国内其他相关统计之间的补充，特别是验证关系；三是要密切关注国际组织的相关统计，特别是能够反映与中国有交易关系的对手国数据；四是需要进一步提高我国的贸易和外汇管理水平。

表 13－1　　中国国际收支平衡表　　单位：亿美元

项目	2011 年	2012 年	2013 年	2014 年	2015 年	2016 年
1. 经常账户	**1 361**	**2 154**	**1 482**	**2 360**	**3 042**	**1 964**
贷方	22 087	23 933	25 927	27 434	26 193	24 546
借方	－20 726	－21 779	－24 445	－25 074	－23 151	－22 583
1. A 货物和服务	**1 819**	**2 318**	**2 354**	**2 213**	**3 579**	**2 499**
贷方	20 089	21 751	23 556	24 629	23 602	21 979
借方	－18 269	－19 432	－21 202	－22 416	－20 023	－19 480
1. A. a 货物	**2 287**	**3 116**	**3 590**	**4 350**	**5 762**	**4 941**
贷方	18 078	19 735	21 486	22 438	21 428	19 895
借方	－15 791	－16 619	－17 896	－18 087	－15 666	－14 954
1. A. b 服务	**－468**	**－797**	**－1 236**	**－2 137**	**－2 183**	**－2 442**
贷方	2 010	2 016	2 070	2 191	2 174	2 084
借方	－2 478	－2 813	－3 306	－4 329	－4 357	－4 526
1. A. b. 1 加工服务	263	256	232	213	203	184
贷方	265	257	233	214	204	185
借方	－2	－1	－1	－1	－2	－2
1. A. b. 2 维护和维修服务	0	0	0	0	23	32
贷方	0	0	0	0	36	52
借方	0	0	0	0	－13	－20
1. A. b. 3 运输	－449	－469	－567	－579	－467	－468
贷方	356	389	376	382	386	338
借方	－804	－859	－943	－962	－853	－806
1. A. b. 4 旅行	－241	－519	－769	－1 833	－2 049	－2 167
贷方	485	500	517	440	450	444
借方	－726	－1 020	－1 286	－2 273	－2 498	－2 611
1. A. b. 5 建设	110	86	68	105	65	42
贷方	147	122	107	154	167	127
借方	－37	－36	－39	－49	－102	－85
1. A. b. 6 保险和养老金服务	－167	－173	－181	－179	－38	－88
贷方	30	33	40	46	50	41
借方	－197	－206	－221	－225	－88	－129
1. A. b. 7 金融服务	1	0	－5	－4	－3	11
贷方	8	19	32	45	23	32
借方	－7	－19	－37	－49	－26	－20
1. A. b. 8 知识产权使用费	－140	－167	－201	－219	－209	－228
贷方	7	10	9	7	11	12

续表

项目	2011 年	2012 年	2013 年	2014 年	2015 年	2016 年
借方	-147	-177	-210	-226	-220	-240
1. A. b. 9 电信、计算机和信息服务	89	108	95	94	131	127
贷方	139	162	171	202	245	254
借方	-50	-55	-76	-107	-114	-127
1. A. b. 10 其他商业服务	72	87	99	282	189	147
贷方	564	510	572	689	584	580
借方	-492	-424	-473	-407	-395	-432
1. A. b. 11 个人、文化和娱乐服务	-3	-4	-6	-7	-12	-14
贷方	1	1	1	2	7	7
借方	-4	-6	-8	-9	-19	-21
1. A. b. 12 别处未提及的政府服务	-3	-1	0	-10	-15	-20
贷方	8	10	12	11	11	12
借方	-11	-10	-12	-20	-26	-32
1. B 初次收入	**-703**	**-199**	**-784**	**133**	**-411**	**-440**
贷方	1 443	1 670	1 840	2 394	2 232	2 258
借方	-2 146	-1 869	-2 624	-2 261	-2 643	-2 698
1. B. 1 雇员报酬	150	153	161	258	274	207
贷方	166	171	178	299	331	269
借方	-16	-18	-17	-42	-57	-62
1. B. 2 投资收益	-853	-352	-945	-125	-691	-650
贷方	1 277	1 500	1 662	2 095	1 893	1 984
借方	-2 130	-1 851	-2 607	-2 219	-2 584	-2 634
1. B. 3 其他初次收入	0	0	0	0	7	3
贷方	0	0	0	0	8	6
借方	0	0	0	0	-2	-2
1. C 二次收入	**245**	**34**	**-87**	**14**	**-126**	**-95**
贷方	556	512	532	411	359	309
借方	-311	-477	-619	-397	-486	-404
2. 资本和金融账户	**-1 223**	**-1 283**	**-853**	**-1 692**	**-912**	**263**
2. 1 资本账户	54	43	31	0	3	-3
贷方	56	45	45	19	5	3
借方	-2	-3	-14	-20	-2	-7
2. 2 金融账户	**-1 278**	**-1 326**	**-883**	**-1 691**	**-915**	**267**
资产	-6 136	-3 996	-6 517	-5 806	95	-2 174
负债	4 858	2 670	5 633	4 115	-1 010	2 441

续表

项目	2011 年	2012 年	2013 年	2014 年	2015 年	2016 年
2.2.1 非储备性质的金融账户	2 600	-360	3 430	-514	-4 345	-4 170
资产	-2 258	-3 030	-2 203	-4 629	-3 335	-6 611
负债	4 858	2 670	5 633	4 115	-1 010	2 441
2.2.1.1 直接投资	2 317	1 763	2 180	1 450	681	-466
2.2.1.1.1 资产	-484	-650	-730	-1 231	-1 744	-2 172
2.2.1.1.1.1 股权	-577	-728	-882	-1 424	-1 039	-1 484
2.2.1.1.1.2 关联企业债务	92	78	153	193	-705	-688
2.2.1.1.2 负债	2 801	2 412	2 909	2 681	2 425	1 706
2.2.1.1.2.1 股权	2 508	2 145	2 654	2 108	2 118	1 642
2.2.1.1.2.2 关联企业债务	293	267	255	573	307	64
2.2.1.2 证券投资	196	478	529	824	-665	-622
2.2.1.2.1 资产	62	-64	-54	-108	-732	-1 034
2.2.1.2.1.1 股权	11	20	-25	-14	-397	-385
2.2.1.2.1.2 债券	51	-84	-28	-94	-335	-649
2.2.1.2.2 负债	134	542	582	932	67	412
2.2.1.2.2.1 股权	53	299	326	519	150	189
2.2.1.2.2.2 债券	81	243	256	413	-82	223
2.2.1.3 金融衍生工具	0	0	0	0	-21	-47
2.2.1.3.1 资产	0	0	0	0	-34	-69
2.2.1.3.2 负债	0	0	0	0	13	22
2.2.1.4 其他投资	87	-2 601	722	-2 788	-4 340	-3 035
2.2.1.4.1 资产	-1 836	-2 317	-1 420	-3 289	-825	-3 336
2.2.1.4.1.1 其他股权	0	0	0	0	0	0
2.2.1.4.1.2 货币和存款	-1 155	-1 048	-74	-1 856	-550	-435
2.2.1.4.1.3 贷款	-453	-653	-319	-738	-475	-1 147
2.2.1.4.1.4 保险和养老金	0	0	0	0	-32	-3
2.2.1.4.1.5 贸易信贷	-710	-618	-603	-688	-460	-1 008
2.2.1.4.1.6 其他	482	3	-423	-8	692	-743
2.2.1.4.2 负债	1 923	-284	2 142	502	-3 515	301
2.2.1.4.2.1 其他股权	0	0	0	0	0	0
2.2.1.4.2.2 货币和存款	483	-594	758	814	-1 226	102
2.2.1.4.2.3 贷款	1 051	-168	934	-343	-1 667	-196
2.2.1.4.2.4 保险和养老金	0	0	0	0	24	-6
2.2.1.4.2.5 贸易信贷	380	423	449	-21	-623	162
2.2.1.4.2.6 其他	10	54	0	52	-24	239

续表

项目	2011 年	2012 年	2013 年	2014 年	2015 年	2016 年
2.2.1.4.2.7 特别提款权	0	0	0	0	0	0
2.2.2 储备资产	-3 878	-966	-4 314	-1 178	3 429	4 437
2.2.2.1 货币黄金	0	0	0	0	0	0
2.2.2.2 特别提款权	5	5	2	1	-3	3
2.2.2.3 在国际货币基金组织的储备头寸	-34	16	11	10	9	-53
2.2.2.4 外汇储备	-3 848	-987	-4 327	-1 188	3 423	4 487
2.2.2.5 其他储备资产	0	0	0	0	0	0
3. 净误差与遗漏	**-138**	**-871**	**-629**	**-669**	**-2 130**	**-2 227**

资料来源：国家外汇管理局网站：www. safe. gov. cn。

第二节　我国国际收支平衡表的数据来源及编制方法

一、我国的国际收支申报体系

我国的国际收支申报分为直接申报和间接申报两种。直接申报包括：（1）直接投资企业按季度进行申报。中国境内的外商投资企业以及对境外有直接投资的企业，必须按规定的报表向国家外汇管理局申报其投资者权益、直接投资者与直接投资企业间的债权债务状况，以及分红派息情况。（2）金融机构按照季度进行直接申报。中国境内从事外汇业务的各类金融机构必须按规定的报表向国家外汇管理局申报对外资产、负债、损益状况，以及跨境汇兑业务情况。（3）按照季度进行证券投资统计申报。境外上市公司、境内上市的 B 股企业必须向国家外汇管理局申报其境内外证券发行及相应的收支、股本变动和投资者结构变动，以及分红派息等情况。中国证券登记结算公司及证券交易机构，必须按规定的报表向国家外汇管理局报送其自营或代理客户的涉外证券交易及分红派息情况，并按居民个人、企业单位、金融机构、政府、国外进行机构部门区分。

间接申报包括：我国境内企事业单位、机关团体或个人通过境内金融机构向境外的所有支出款项和从境外获得的所有收入款项，不论是经常项目还是资本项目，均须在办理收付款时填写申报表，通过银行向国家外汇管理局或其分支机构进行逐笔申报，外汇指定银行有义务监督和协助客户进行申报。

二、数据来源的整理

国际收支统计数据来源渠道较多，编制国际收支平衡表时，要进行归属整理。以下是国际收支平衡表中主要项目与其数据来源的归属关系。

1. 货物贸易以海关数据为基础，并进行相应的统计范围和统计价格调整。统计范围调整指根据国际交易报告系统数据，对货物贸易进行分类，以分别反映货物贸易项下的一般贸易、加工贸易、货物修理以及各种运输工具在港口购买的货物等。统计价格调整主要是将海关进口货物从到岸价调整为离岸价。

2. 服务贸易以国际交易报告系统为基础，同时利用海关总署、国家旅游局等部门数据进行推算。主要有：在计算运输费用时，海关进口数据是重要的推算依据；在计算旅游收入时，国家旅游局每年公布的旅游外汇收入是重要的推算依据；在计算旅游支出时，公安部出入境数据是重要的推算基础。

3. 收益项目主要根据国际交易报告系统数据，并结合外债数据、证券统计数据等编制。直接投资收益以国际交易报告系统和商务部外商来华投资数据为基础；证券投资收益以国际交易报告系统、外债数据以及证监会数据为基础；其他投资收益以国际交易报告系统和外债数据为基础。

4. 初次收入项目以国际交易报告系统和部分海关数据为基础编制。

5. 直接投资以商务部数据、国际交易报告系统为基础编制。

6. 证券投资以金融机构对外资产负债统计、国家外汇管理局的外债统计，以及国际交易报告系统为基础编制。

7. 其他初次收入以国际交易报告系统为基础编制。

8. 储备资产项目基于中国人民银行和国家外汇管理局的统计数据编制。

9. 国际收支的误差与遗漏是平衡项。

第三节　我国国际投资头寸表的编制方法

我国国际投资头寸表记录了在特定时点上我国（不含中国香港、澳门和台湾）对其他国家或地区金融资产和负债的存量状况，包括期间内分别由交易、价格变动、汇率变化和其他调整引起存量变化的具体构成情况。

我国现行的国际投资头寸表按照国际货币基金组织制定的《国际收支和国际投资头寸手册（第六版）》的标准编制。计价、记账单位和折算等核算原则均与我国现行的国际收支平衡表保持一致。即原则上采用现期市场价格，记账单位为美元，不同货币之间使用国家外汇管理局制定的《各种货币对美元统一折算率》折算。

根据国际货币基金组织的标准，我国国际投资头寸表的项目按对外金融资产和对外负债设置。资产细分为直接投资、证券投资、金融衍生工具、其他投资、储备资产五部分；负债细分为直接投资、证券投资、金融衍生工具、其他投资四部分。净头寸是指对外金融资产减去对外负债。

（1）直接投资。以投资者寻求在本国以外运行企业获取有效发言权为目的的投资，包括直接投资资产和直接投资负债两部分。相关投资工具可划分为股权和关联企业债务。股权包括股权和投资基金份额，以及再投资收益。关联企业债务包括关联企业间可流通和不可流通的债权和债务。

（2）证券投资。包括证券投资资产和证券投资负债，相关投资工具可划分为股权和债券。

股权：包括股权和投资基金份额，记录在证券投资项下的股权和投资基金份额均应可流通（可交易）。股权通常以股份、股票、参股、存托凭证或类似单据作为凭证。投资基金份额指投资者持有的共同基金等集合投资产品的份额。

债券：包括可流通的债务工具，是证明其持有人（债权人）有权在未来某个（些）时点向其发行人（债务人）收回本金或收取利息的凭证，包括可转让存单、商业票据、公司债券、有资产担保的证券、货币市场工具以及通常在金融市场上交易的类似工具。

（3）金融衍生工具。全称为金融衍生工具和雇员认股权，金融衍生工具是一种金融工具，该金融工具与另一特定的金融工具、指标或商品相联系，可以独立在金融市场上针对特定金融风险（例如，利率风险、外汇风险、股权和商品价格风险、信用风险等）进行交易；雇员认股权指向公司雇员提供的一种购买公司股权的期权，通常作为公司对其雇员的一种报酬。

（4）其他投资。指除直接投资、证券投资、金融衍生工具和储备资产之外的金融资产/负债，包括其他股权、货币和存款、贷款、保险准备金、贸易信贷、其他、特别提款权等形式。其中长期指合同期为一年期以上的金融资产/负债，短期为一年期（含一年）以下的金融资产/负债。

其他股权：指不以证券投资形式（上市和非上市股份）存在的、未包括在直接投资项下的股权，通常包括：在准公司或非公司制企业中的、表决权小于10%的股权（如分支机构、信托、有限责任和其他合伙企业，以及房地产和其他自然资源中的所有权名义单位）、在国际组织中认缴的股本金等。资产表示我国居民投资于非居民的其他股权。负债表示非居民投资于我国居民的其他股权。

货币和存款：资产表示我国金融机构存放境外资金和库存外汇现金，负债表示我国金融机构吸收的海外私人存款、国外银行短期资金及向国外出口商和私人的借款等短期资金。

贷款：资产表示我国境内机构通过向境外提供贷款和拆放等形式而持有的对外资产；负债表示我国机构借入的各类贷款，如外国政府贷款、国际组织贷款、国外银行贷款和卖方信贷。

保险准备金：全称为保险、养老金和标准化担保计划，主要包括非人寿保险技术准备金、人寿保险和年金权益、养老金权益以及启动标准化担保的准备金。资产表示我国居民作为保单持有人或受益人所享有的资产或权益。负债表示我国作为保险公司、养老金或标准化担保发行者所承担的负债。

贸易信贷：又称贸易信贷和预付款，指我国与世界其他国家或地区间，伴随货物进出口产生的直接商业信用。资产表示我国出口商的出口应收款以及我国进口商支付的进口预付款；负债表示我国进口商的进口应付款以及我国出口商预收的货款。

其他：指除其他股权、货币和存款、贷款、保险准备金、贸易信贷、特别提款权以外的其他投资资产/负债等。

特别提款权：指作为国际货币基金组织成员国分配的特别提款权，是成员国的负债。

（5）储备资产。指我国中央银行可随时动用和有效控制的对外资产，包括货币黄金、特别提款权、在国际货币基金组织的储备头寸、外汇储备和其他储备资产。

货币黄金：指我国中央银行作为储备持有的黄金。

特别提款权：是国际货币基金组织根据会员国认缴的份额分配的，可用于偿还国际货币基金组织债务、弥补会员国政府之间国际收支逆差的一种账面资产。

在国际货币基金组织的储备头寸：指我国在国际货币基金组织普通账户中可自由动用的资产。

外汇储备：指我国中央银行持有的可用作国际清偿的流动性资产和债权。

其他储备资产：指不包括在以上储备资产中的、由我国中央银行持有的可用作国际清偿的流动性资产和负债。

表 13－2　　　　中国国际投资头寸表　　　　单位：亿美元

项目	2011 年	2012 年	2013 年	2014 年	2015 年	2016 年
净头寸	16 884	18 665	19 960	16 028	16 728	18 005
资产	47 345	52 132	59 861	64 383	61 558	64 666
1. 直接投资	4 248	5 319	6 605	8 826	10 959	13 172
1.1 股权	3 125	3 917	4 693	7 408	9 123	10 650
1.2 关联企业债务	1 123	1 403	1 911	1 418	1 836	2 522
1.a 金融部门	—	—	—	—	—	—
1.1.a 股权	—	—	—	—	—	—
1.2.a 关联企业债务	—	—	—	—	—	—
1.b 非金融部门	—	—	—	—	—	—
1.1.b 股权	—	—	—	—	—	—
1.2.b 关联企业债务	—	—	—	—	—	—
2. 证券投资	2 044	2 406	2 585	2 625	2 613	3 651
2.1 股权	864	1 298	1 530	1 613	1 620	2 149
2.2 债券	1 180	1 108	1 055	1 012	993	1 502
3. 金融衍生工具	0	0	0	0	36	52
4. 其他投资	8 495	10 527	11 867	13 938	13 889	16 811
4.1 其他股权	0	0	0	0	1	1
4.2 货币和存款	2 942	3 906	3 751	4 453	3 598	3 816
4.3 贷款	2 232	2 778	3 089	3 747	4 569	5 622
4.4 保险和养老金	0	0	0	0	172	123
4.5 贸易信贷	2 769	3 387	3 990	4 677	5 137	6 145
4.6 其他	552	457	1 038	1 061	412	1 105
5. 储备资产	32 558	33 879	38 804	38 993	34 061	30 978
5.1 货币黄金	530	567	408	401	602	679
5.2 特别提款权	119	114	112	105	103	97
5.3 在国际货币基金组织的储备头寸	98	82	71	57	45	96
5.4 外汇储备	31 811	33 116	38 213	38 430	33 304	30 105
5.5 其他储备资产	0	0	0	0	7	2
负债	30 461	33 467	39 901	48 355	44 830	46 660

续表

项目	2011 年	2012 年	2013 年	2014 年	2015 年	2016 年
1. 直接投资	19 069	20 680	23 312	25 991	26 963	28 659
1.1 股权	17 842	19 425	22 149	24 076	24 962	26 543
1.2 关联企业债务	1 227	1 255	1 163	1 915	2 002	2 117
1.a 金融部门	—	—	—	—	—	—
1.1.a 股权	—	—	—	—	—	—
1.2.a 关联企业债务	—	—	—	—	—	—
1.b 非金融部门	—	—	—	—	—	—
1.1.b 股权	—	—	—	—	—	—
1.2.b 关联企业债务	—	—	—	—	—	—
2. 证券投资	2 485	3 361	3 865	7 962	8 170	8 086
2.1 股权	2 114	2 619	2 977	6 513	5 971	5 927
2.2 债券	371	742	889	1 449	2 200	2 159
3. 金融衍生工具	0	0	0	0	53	66
4. 其他投资	8 907	9 426	12 724	14 402	9 643	9 849
4.1 其他股权	0	0	0	0	0	0
4.2 货币和存款	2 477	2 446	3 466	5 030	3 267	3 156
4.3 贷款	3 724	3 680	5 642	5 720	3 293	3 236
4.4 保险和养老金	0	0	0	0	93	88
4.5 贸易信贷	2 492	2 915	3 365	3 344	2 721	2 883
4.6 其他	106	277	144	207	172	391
4.7 特别提款权	107	107	108	101	97	94

资料来源：国家外汇管理局网站：www. safe. gov. cn。

本章小结

1. 我国国际收支统计的主要数据来源是国际收支统计申报体系，同时，搜集海关、商务部、国家旅游局、公安部、中国人民银行等部门的数据来验证和补充国际收支申报数据，并结合抽样调查推算部分统计数据。

2. 我国国际收支平衡表在记录原则、基本表式、主要项目方面完全遵循国际货币基金组织 2009 年出版的《国际收支和国际投资头寸手册（第六版）》。主要项目的内容充分考虑了我国国际经济活动的情况和特点。

3. 我国国际投资头寸表在记录原则、基本表式、主要项目方面完全遵循国际货币基金组织 2009 年出版的《国际收支和国际投资头寸手册（第六版）》。

本章重要概念

国际收支申报体系　我国国际收支经常项目　我国国际收支资本项目　我国国际收支金融项目　我国对外净资产　我国对外资产　我国对外负债　我国的储备资产

复习思考题

1. 简述我国国际收支申报体系。
2. 简述我国国际收支统计的重要数据来源。
3. 简述我国经常项目的主要内容。
4. 简述我国直接投资的核算内容。
5. 简述我国证券投资的核算内容。
6. 简述我国国际投资头寸表的主要结构。
7. 简述我国储备资产的内容。

本章参考文献

1. 联合国:《国民账户体系（2008）》，中文版，北京，中国统计出版社，2012。
2. 国际货币基金组织:《国际收支和国际投资头寸手册（第六版）》，中文版，华盛顿，国际货币基金组织，2009。
3. 国际货币基金组织:《国际收支手册（第五版）》，中文版，北京，中国金融出版社，1995。
4. 赵彦云:《金融统计分析》，北京，中国金融出版社，2000。
5. 国家统计局国民经济核算司:《中国国民经济核算》，北京，中国统计出版社，2004。

第十四章
中国金融市场统计

金融市场统计的内容包括同业拆借市场统计、回购市场统计、票据市场统计、债券市场统计、股票市场统计、外汇市场统计、保险市场统计、金融衍生工具市场统计、期货市场统计和黄金市场统计。

第一节　金融市场统计概述

一、金融市场的定义

金融市场就是资金融通的领域。它分为广义金融市场和狭义金融市场。广义金融市场包括协议贷款市场和公开金融市场。

协议贷款市场是借款人和贷款人之间通过个别协商借贷款合同条件，从而实现资金借贷的市场。它主要包括把闲置资金存入银行、向银行借入资金等金融交易市场。存款市场、贷款市场、贴现市场都属于协议贷款市场的范围。协议贷款的主要特点是，金融交易以固定客户的交易关系为限，交易价格（存贷款利率）和条件由双方协商议定，其议定价格既不适用于下次交易，也不适用于与他人交易。因此，协议贷款市场又称客户市场。

公开金融市场是任何人、任何机构都可以自由进出的市场。在这个市场上，交易工具的价格和条件对所有市场参加者都是公正、公开、公平的。任何符合条件的机构和个人都可以参加交易活动。货币市场、股票市场、债券市场、基金市场是公开金融市场的典型代表。公开金融市场一般又称狭义金融市场。协议贷款市场的有关内容我们已经在货币信贷统计中做了介绍。本章的金融市场统计，主要指狭义金融市场统计。

金融市场和其他市场一样，也有交易者，即买者和卖者，有交易的对象、交易的中介机构和交易的具体组织形式。

金融市场的交易者也称金融市场的主体，他们既可以是自然人，也可以是法人，一般包括企业、政府、金融机构和住户等。企业在生产经营过程中，由于产供销渠道与环节的差异及周期性和季节性的影响，会出现暂时性的资金盈余和短缺。除通过银行等信用机构融资外，企业可以在金融市场上购买或出售金融工具。政府一方面作为筹资者，为弥补财政赤字等而发行政府债券，另一方面政府的债券又成为中央银行在公开市场上调控货币供应量的工具。金融机构既包括商业银行，也包括中央银行，还包括非银行金融机构。中央银行通过公开市场操作调控基础货币，进而调控货币供应量。商业银行一般也都通过买卖短期债券等调节资金头寸。非银行金融机构包括保险公司、信托投资公司以及各种基金、SPV 等。这类机构的特点是通过发行各种有价证券，如保险单、股票、债券等，把小额的分散资金汇总成额度大期限长的资金来源，用于满足大规模的资金需要。住户主要是金融市场上的资金供给者或金融资产的购买者。

金融市场上的交易对象是金融工具。金融工具或金融资产的有关内容我们已经在第三章中做过介绍。

金融市场的媒体是指作为融资双方代理人的商人或经纪人和金融市场中介机构。经纪人是指在金融市场上作为成交撮合并从中收取佣金的商人或商号。金融机构在交易中充当交易的媒介，主要有：证券公司、证券交易所、商业银行等。证券公司在金融市场主要承购包销证券和自营业务以及投资咨询业务。证券交易所是专门的有组织的证券买卖交易所，是服务性的中介机构。商业银行主要办理信贷、票据承兑和贴现业务等。

二、金融市场的统计分类

金融市场按照金融活动的不同特点，可以进行多种形式的分类。根据融资期限的长短，可以把金融市场分为融资期限在一年以内的货币市场与融资期限在一年以上的资本市场；根据交易工具的不同，金融市场分为同业拆借市场、票据市场、股票市场、债券市场、外汇市场、基金市场、保险市场、衍生品市场等；按其交易层次不同，金融市场分为一级市场（初级市场）和二级市场（次级市场）；根据交割方式的不同，金融市场分为现货市场和衍生品市场；按交易机制可分为公开市场、议价市场、店头市场和第四市场；按交易双方在地理上的距离，金融市场分为地方性、全国性、区域性金融市场和国际金融市场；按组织形式分，可分为场内市场和场外市场。

（一） 货币市场和资本市场

货币市场又称短期金融市场，是指融通期限在一年或一年以内的短期资金市场，主要解决市场主体的短期性、临时性资金需求。在经济生活中，政府、企业、居民和金融机构等，都需要短期资金用于周转，因而成为货币市场的主体。货币市场既能够为市场主体提供灵活的资金管理手段，使市场主体在对资金的安全性、流动性、盈利性相统一的管理上更为方便灵活，又能为中央银行实施货币政策提供手段。货币市场使用的金融工具主要有同业拆借协议、回购协议、存单、票据、短期公债（国库券）和衍生协议等，它们因偿还期限短、风险小以及流通性强而往往被作为货币的代用品。据此，货币市场又可分为同业拆借市场、回购市场、票据市场和短期债券市场、大额可转让存单市场、衍生产品市场。

资本市场又称长期金融市场，是指专门融通期限在一年以上的中长期资金的市场。在资本市场上交易期限短则数年，长的可达数十年。长期资金大都参加再生产过程，起的是“资本”的作用，主要是满足政府和企业部门对长期资本的需求。资本市场上交易的金融工具主要是各类有价证券，如股票和债券。资本市场又可分为股票市场和长期债券市场。

（二） 一级市场和二级市场

一级市场和二级市场是按证券交易次数划分证券市场的。一级市场又称初级市场或发行市场，是指新发行的证券从发行者手中出售给投资者的市场。二级市场又称次级市场或流通市场，是指已发行的证券进行转让、交易的市场。

投资者在一级市场购买证券后，因种种原因需要出售时，便可在二级市场出售变现。需要进入证券投资而未在一级市场的，也可在二级市场得以实现。因买卖双方的经常转换，使证券更具有流动性，从而在社会范围内使资源得到充分利用。一级市场是二级市场的前提和基础，二级市场是一级市场正常发展的必要条件，只有保证金融工具的流通，投资者才会踊跃购买各种金融工具，促进一级市场的发展。

（三）现货市场和衍生产品市场

现货市场是以现钱现货、在协议成交后即时进行交割的方式买卖金融商品的市场。实际中，由于技术原因成交与交割之间存在一定的时间差，即成交后不能立即交割，一般为1～5天。

衍生产品市场是一种以特定工具为基础衍生的金融合约交易的市场。挂钩的特定工具可以是商品，也可以是货币、债券、股票、利率等金融工具。衍生产品市场上，通常成交和交割是分离的，市场参与者的目的主要是为了避免价格风险或从合约的价格变动中获取收益，而不是以实物的获得为目的，因此，在衍生产品市场上，以实物交割的比例极低。

（四）公开市场、议价市场、店头市场和第四市场

按金融交易机制可将金融市场分为公开市场、议价市场、店头市场和第四市场。

公开市场是由众多市场主体以拍卖方式定价的市场，它一般是有组织的和有固定场所的市场，如股票交易所。

议价市场是指没有固定场所、相对分散的市场，双方的买卖活动要通过直接谈判而自行议价成交。这类活动一般多在公开市场外面进行，故又称场外市场。

店头市场又称柜台市场，是指未上市的证券或不足一个成交批量的证券进行交易的市场，也有人称之为第三市场。

第四市场是指作为机构投资者的买卖双方直接联系成交的市场。一般是通过电脑通信如电脑终端机把会员连接起来，并在办公室内利用该网络报价，寻找买方或卖方，最后直接成交。

本章金融市场统计是按照交易对象进行分类的，它们分为同业拆借市场、回购市场、票据市场、债券市场、股票市场、外汇市场、保险市场、金融衍生工具市场、期货市场和黄金市场等。

三、金融市场统计的主要内容

金融市场统计主要反映金融市场上的交易主体在不同市场上的交易对象、交易方式、交易价格及其交易规模等情况。

一是反映金融市场主体的买卖情况，即参加金融市场的不同买卖者的有关情况。比如在货币市场上，参加同业拆借的各种金融机构拆借的有关情况，这就需要分别统计大型银行、中小型银行、城市商业银行、保险业金融（含企业年金）、证券业机构、外资金融机构等参加交易的有关情况。反映主体买卖情况是统计中的首要分类。

二是反映金融市场上不同分类的交易情况，比如股票一级市场的发行情况、二级市场的交易情况，债券市场上企业债券、政府债券、金融债券的有关交易情况；银行间市场上的同

业拆借及债券买卖情况；国债市场上的发行与兑付情况；外汇市场上不同币种的交易情况等。对金融市场进行分类统计，不仅可以反映金融市场总的交易情况，还可以了解金融市场上交易的结构情况。

三是反映金融工具的交易情况，比如股票、债券、票据、外汇、基金、同业拆借资金等交易情况。通过对金融工具交易情况的统计，可以反映金融市场上金融工具的结构变化情况。

四是反映金融市场的交易方式。这就要反映金融工具的交易形式，比如，货币市场上的同业拆借资金拆入、拆出情况，票据的发行、承兑、贴现和再贴现情况，现券买卖与回购及逆回购情况，股票一级市场发行、二级市场的交易情况，有价证券的期货、期权交易情况等。

五是反映金融的价格。金融工具价格是金融资产收益市场化的表现，也反映一定时期金融工具的供求状况。金融工具的种类不同，其价格表现形式也不一样。票据的价格和债券的价格可能是货币的数额，比如100元等值的票据，可能在市场上卖出90元，其价格实质是利率，这个票据的贴现率是10%。股票的价格统计除反映个别股票的价格升降外，还要反映股票价格变化的总体情况，即要编制股票市场价格指数，还有外汇市场上的汇率情况等。

六是反映金融工具的交易规模。这既要反映金融工具的流量，即成交总额，又要反映金融工具的存量，即一定时点的结余额，还要反映金融工具交易净额，即买卖的轧差额。

四、金融市场统计的组织和方法

不同类型的金融市场，其统计的组织和方法也不同。且一级市场与二级市场统计数据源一般来自不同部门。

1. 同业拆借市场、银行间债券市场和银行间外汇市场的交易统计，由中国外汇交易中心暨全国银行间同业拆借中心（上海）根据交易软件系统提供的数据源，按市场统计要求，在软件系统自动生成统计报表，报中国人民银行和向市场提供信息。

2. 票据市场统计，由各办理票据业务的金融机构和发行票据的企业，将票据的发行、承兑、转让、贴现等数据报当地中国人民银行分支行，各中国人民银行分支行逐级汇总，编制票据市场统计报表。

3. 债券市场统计，主要由债券登记结算机构、银行间市场交易商协会以及各类债券管理部门等提供。例如，债券中的金融债券发行与兑付统计，由债券登记结算机构如中央国债登记结算有限责任公司和上海清算所提供。

4. 股票和债券在证券交易所交易的数据，分别由上海证券交易所和深圳证券交易所统计。股票发行的数据由中国证券监督管理委员会统计。

5. 外汇零售市场统计，在我国外汇管理体制下，表现为银行结售汇统计。银行结售汇统计是由外汇指定银行将其办理的结售汇数据报当地国家外汇管理部门，国家外汇管理部门逐级汇总编制统计报表。

6. 保险市场统计，由中国保险监督管理委员会根据各办理保险业务的保险总公司报送的保险业保费收入、赔款与给付、资产负债等数据，编制保险市场统计表，并向社会提供。

7. 金融衍生市场的统计较为分散，主要由各类衍生产品工具或交易场所进行统计。例如，利率互换、债券远期、远期利率、外汇掉期、外汇远期、外汇期权等衍生工具交易由中国外汇交易中心暨全国银行间同业拆借中心（上海）根据交易软件系统提供的数据源，按市场统计要求，在软件系统自动生成统计报表，向市场提供信息。商品期货和股票指数期货的交易信息，主要由各期货交易所和上证交易所，报证监会和向市场提供。

8. 黄金市场统计，我国黄金市场包括交易所市场和场外市场（商业银行柜台市场、零售市场等）。交易所市场数据由上海黄金交易所（黄金现货及衍生品）和上海期货交易所（黄金期货）统计。

第二节　同业拆借市场统计

一、同业拆借市场的定义

同业拆借市场，是指具有准入资格的法人金融机构及经法人授权的金融分支机构之间进行相互调剂和临时性资金融通的市场。在同业拆借市场中，资金多余者向资金不足者贷出资金，称为资金拆出；资金不足者向资金多余者借入资金，称为资金拆入。一个金融机构的资金拆入大于资金拆出称为净拆入，反之，称为净拆出。

从最初的意义上来讲，同业拆借市场是金融机构之间日常经营中进行临时性“资金头寸”调剂的市场。“资金头寸”一词源于旧中国商业和金融用语，通常是指收支相抵后的差额。无论是商业还是金融业，营业结束后都要“轧头寸”，收入大于支出称“多头寸”，支出大于收入称“少头寸”。资金头寸又称现金头寸，指金融机构每日相抵后，资金过剩或不足的数量。经营期间当某金融机构出现“多头寸”，而与此同时某金融机构出现“少头寸”时，通过同业拆借市场调剂资金头寸就成为客观需求。这就是同业拆借市场形成的最初原因。

从现代意义上讲，由于同业拆借市场具有融资期限短、流动性高、交易方便，能敏感地反映资金供求关系和一国货币政策的意图等特点，它是指金融机构之间进行短期资金融通的市场，即所进行的资金融通已不仅仅限于弥补或调剂资金头寸，也不仅仅限于一个月或几个月的临时资金调剂，当今已发展成为各金融机构特别是各商业银行协调流动性与盈利性、形成市场基准利率的一个重要市场。

二、同业拆借市场统计指标

同业拆借市场统计指标有：总拆借发生额、拆借余额、净拆入（拆出）额、平均每笔拆借交易额、拆借资金利率、平均拆借利率、上海银行间同业拆放利率、平均拆借期限、拆借资金周转次数和拆借资金构成统计等。

（一）总拆借发生额

总拆借发生额是指一个时期内同业拆借市场拆借的发生总额，反映该时期内同业拆借市场的交易总规模和总水平。它分为拆入资金总额和拆出资金总额。统计中，这一指标可以按品种、地区和交易主体分别统计拆入资金额和拆出资金额，用于反映拆借资金的来源和去向。总拆借发生额是流量指标，同业拆借总额按单方统计，即或统计拆出总额或统计拆入总额，拆出资金总额等于拆入资金总额。

（二） 拆借余额

拆借余额是一个时期指标，反映某一时期末同业拆借市场的交易存量规模和水平。这一指标可以按品种、地区和交易主体分别统计拆入余额和拆出余额，用于反映一定时期末拆借资金的来源和去向。

（三） 净拆入 （拆出） 额

净拆入（拆出）额是拆入总额与拆出总额的轧差额。拆入总额大于拆出总额为净拆入，反之为净拆出，是反映拆借主体资金是净流入还是净流出的指标。

（四） 平均每笔拆借交易额

平均每笔拆借交易额是指一定时期内拆借资金交易总额与拆借笔数之比，反映一定时期内拆借资金的一般水平。其计算公式是

$$平均每笔拆借交易额 = 拆借资金交易总额 \div 拆借笔数$$

（五） 拆借资金利率

拆借资金利率，是指拆借市场上资金拆借的价格，等于拆借利息与拆借本金比率。计算公式为

$$拆借资金利率 = 拆借资金利息 \div 拆借资金本金$$

拆借资金利率可分别按日、月、年利率表示，通常按年来表示拆借资金利率，用百分数表示。拆借资金利率是市场上资金供求的价格，是反映市场短期资金供求状况的重要参考指标，是金融机构决定资金借贷利率的重要依据之一，也是中央银行宏观调控的重要监测指标之一。

（六） 平均拆借利率

平均拆借利率是反映拆借市场拆借资金一般价格水平的指标。其计算公式是

$$平均拆借利率 = \sum(每笔拆借资金交易额 \times 每笔拆借资金利率)/\sum 每笔拆借资金交易额$$

每笔拆借资金交易额平均拆借利率反映的是拆借利率的一般水平。为了反映拆借的最高和最低利率差距水平，统计时根据需要还可增加最高利率、最低利率和最高最低利率差三项统计指标。

（七） 上海银行间同业拆放利率

上海银行间同业拆放利率（Shanghai Interbank Offered Rate，Shibor），以位于中国上海的全国银行间同业拆借中心为技术平台计算、发布并命名，根据信用等级较高的银行报出的人民币同业拆出利率计算确定的算术平均利率，是单利、无担保、批发性利率。目前 Shibor 的品种主要由隔夜、1 周、2 周、1 个月、3 个月、6 个月、9 个月及 1 年等品种组成。统计时主要是按品种进行统计。

Shibor 于 2007 年正式对外发布，经过多年运行和培育，目前 Shibor 已逐步成为货币市场基准利率，是金融市场的重要指标和全社会利率水平的“晴雨表”，在金融产品定价中发挥着重要作用。

（八） 平均拆借期限

平均拆借期限是拆借资金的金额积数与拆借总额之比，反映一定时期内拆借资金的平均

占用时间及其流动状况。其计算公式是

$$平均拆借期限 = \sum(每笔拆借资金 \times 每笔拆借期限) / \sum 每笔拆借资金$$

在实际统计中，有的只统计平均每笔拆借期限指标，其计算公式是

$$每笔拆借资金平均期限 = \sum 每笔拆借资金期限 / 拆借资金笔数$$

（九）拆借资金周转次数

拆借资金周转次数是指一定时期内拆借资金总额与拆借资金平均余额之比。它反映出一定时期内某地区或某金融机构拆借资金周转的快慢和拆借资金利用的程度及效率。其计算公式是

$$拆借资金周转次数 = 拆借资金总额 \div 拆借资金平均余额$$

（十）拆借资金构成统计

拆借资金构成统计主要是根据拆借资金的地区分类、交易主体分类和期限分类，分别计算各种拆借资金的构成指标，用于反映拆借资金的结构关系。其计算公式是

$$\begin{aligned}某地区拆入(拆出)资金比重 &= 某地区拆入(拆出)资金交易额之和 \\ &\div 各地区拆入(拆出)资金交易额之和\end{aligned}$$

$$\begin{aligned}某金融机构拆入(拆出)资金比重 &= 报告期内某金融机构拆入(拆出)资金交易额之和 \\ &\div 各金融机构拆入(拆出)资金交易额之和\end{aligned}$$

$$\begin{aligned}某一期限品种拆入(拆出)资金比重 &= 报告期内某一期限品种拆入(拆出)资金交易额之和 \\ &\div 各期限品种拆入(拆出)资金交易额之和\end{aligned}$$

第三节　回购市场统计

一、回购市场的定义

回购市场是交易双方在出售债券时承诺在未来某个时间将债券买回的短期融资市场。回购交易按交易债券质押期间能否继续参与交易，可分为质押式债券回购和买断式债券回购。

质押式债券回购是指交易双方以债券为权利质押所进行的短期资金融通。在质押式债券回购中，正回购方（资金融入方）在将债券出质给逆回购方（资金融出方）融入资金的同时，双方约定在将来某一日期由正回购向逆回购方返还本金及按约定回购利率计算的利息，逆回购方同时解冻原出质债券。债券质押并不改变债券的所有权，出质的债券在质押式债券回购首次交易结束后，必须冻结在债券结算公司，质押期间不能进行买卖，也不能再用于质押。只有到交割到期日时才能解冻原出质债券。

买断式债券回购交易，是指资金融入方（正回购方）将债券卖给资金融出方（逆回购方）的同时，债券的所有权也转让给逆回购方，交易双方并约定在未来某一日期，由正回购方再以约定价格从逆回购方买回相等数量同种债券的交易行为，即在到期结算日时，逆回购方必须按约定价格将相等数量同种债券返售给正回购方。在此交易模式下，回购的债券在首次交易结束后，债券的持有权和所有权由正回购方转向逆回购方，逆回购方持有的回购债券

仍可在二级市场自由流通和进行交易。因此，买断式债券回购交易具有融资融券的双重功能，实质上是融券卖空账户和资金拆借账户的并行组合，是一种带有做空性质的交易品种。

二、回购市场的主要统计指标

（一） 回购发生额

回购发生额是指一个时期内回购市场发生总额，反映该时期内回购市场的交易总规模和总水平。它分为回购资金总额和逆回购资金总额。统计中，这一指标可以按交易主体分别统计融入资金额和融出资金额，用于反映回购资金的来源和去向。总回购发生额是流量，指回购拆借总额按单方统计，即或统计回购总额或统计逆回购总额，回购资金总额等于逆回购资金总额。

（二） 回购余额

回购余额反映某一时期末回购市场的交易存量规模和水平。这一指标可以按交易主体分别统计融入余额和融出余额，用于反映一定时期末回购资金的来源和去向。

（三） 净回购额

净回购额是回购总额与逆回购总额的轧差额。回购总额大于逆回购总额为净融入，反之为净融出，是反映回购主体资金是净流入还是净流出的指标。

（四） 债券回购加权平均利率

债券回购加权平均利率有质押式债券回购加权平均利率和买断式债券回购加权平均利率两种，但其计算方法相同，都是以其债券回购市场的成交量为权数，对市场成交利率进行加权平均计算而得出的利率。其计算公式是

$$R = \sum W_i \times f_i / \sum W_i$$

其中，R 为质押式（或买断式）债券回购加权平均利率；W_i 为质押式（或买断式）债券回购成交量；f_i 为质押式（或买断式）债券回购成交利率。

质押式债券回购成交利率是质押式债券回购交易时双方约定的成交利率。而买断式债券回购交易，实质上是两次现券交易，双方是以两次成交的现券价格进行交易的，因此买断式债券回购成交利率是通过这两次成交的现券价格生成出来的。其计算公式是

$$A \times (1 + \text{剩余期限天数} / 365 \times R) = B$$

$$R = (B/A - 1) \times 365 / \text{剩余期限天数}$$

其中，A 为首次交易价格；B 为到期交易价格；R 为买断式债券回购成交利率。

常用的回购加权平均利率主要是质押式回购加权平均利率，分为 R 系列指标和 DR 系列指标。

1. R 系列指标。R 系列指标是指银行间质押式回购加权平均利率，反映整个质押式回购市场情况。可按照不同期限进一步细分，例如 R001 代表隔夜银行间质押式回购加权平均利率。

2. DR 系列指标。DR 系列指标是指银银间质押式回购加权平均利率，是质押式回购市场中存款类机构的加权平均利率。存款类机构包括政策性银行、大型商业银行、股份制银行、城市商业银行、农村商业银行及合作银行、农村信用联社、外资银行、民营银行、村镇银行等存款类机构。可按照不同期限进一步细分，例如 DR001 代表隔夜银银间质押式回购加

权平均利率。

（五） 回购定盘利率

银行间回购定盘利率是以银行间市场每天上午 9：00－11：30 间的回购交易利率为基础编制的利率基准参考指标，每天上午 11：30 起对外发布。回购定盘利率包括 FR001、FR007、FR014、FDR001、FDR007、FDR014 等品种，其中 FDR001、FDR007 和 FDR014 为银银间回购定盘利率品种。

FR001、FR007 和 FR014 编制方法如下：（1）以隔夜回购（R001）、7 天回购（R007）、14 天回购（R014）交易在每个交易日上午 9：00－11：30 之间（包括 9：00 和 11：30）的全部成交利率为计算基础。特别地，交易对手相同（交易方向相同或相反）且交易利率相同的交易只作为一笔交易纳入样本。（2）分别对隔夜回购、7 天回购、14 天回购利率进行排序，记从小到大排序之后的最大序号为 N，则［N/2］（向下取整）+1 位置上的那个利率即为当日的定盘利率。（3）隔夜回购定盘利率、7 天回购定盘利率、14 天回购定盘利率分别以 FR001、FR007、FR014 进行标识。（4）异常情况处理。如果当日某个回购品种在 9：00－11：30 没有成交数据，则选用当日 Shibor 对应期限利率 ×365/360 作为当日定盘利率。

银银间回购定盘利率 FDR001、FDR007 和 FDR014 以银行间市场每天上午 9：00－11：30存款类机构以利率债为质押的回购交易为样本，编制方法如下：（1）存款类机构包括政策性银行、大型商业银行、股份制银行、城市商业银行、农村商业银行及合作银行、农村信用联社、外资银行、民营银行、村镇银行等存款类机构；利率债包括国债、央行票据和政策性金融债。（2）以银银间隔夜回购（DR001）、7 天回购（DR007）、14 天回购（DR014）交易在每个交易日上午 9：00－11：30 的全部成交利率为计算基础。特别地，交易对手相同（交易方向相同或相反）且交易利率相同的交易只作为一笔交易纳入样本。（3）分别对银银间隔夜回购、7 天回购、14 天回购利率进行排序，记从小到大排序之后的最大序号为 N，则［N/2］（向下取整）+1 位置上的那个利率即为当日的银银间定盘利率。（4）银银间隔夜回购定盘利率、7 天回购定盘利率、14 天回购定盘利率分别以 FDR001、FDR007、FDR014 进行标识。（5）异常情况处理。如果当日某个银银间回购品种在 9：00－11：30 没有成交数据，则选用当日 Shibor 对应期限利率 ×365/360 作为当日银银间回购定盘利率。

第四节　票据市场统计

一、票据与票据市场的含义

票据是在商品流通过程中用来反映债权债务关系的设立、转移和清偿的一种结算工具和信用工具。

票据一词有广义与狭义之分。广义的票据泛指经济领域中的多种权利凭证和单据，如发票、提货单、保单等；狭义的票据是指依规定要求签发和流通的汇票、本票、支票等金融工具。我们通常所说的票据，是指狭义的票据。即票据是一种具有流通性的债务凭证，它的书面载明债务人有按规定期限向债权人（或指定人、持票人）无条件支付一定金额的义务。对债权人来说，票据就是他拥有债权的凭证。由于债权人往往因本身需要，不能将债权保持到到期日，需要中途转让他人以换取现金，因此，票据经背书（票据持有人转让票据时，须在票据背面签字）后可以转让，或为支付手段和流通手段。如果发票人不付款，票据持有人有权向背书人要求付款。同时票据也可以通过贴现、再贴现成为融资工具。

票据根据发行人的不同，分为商业票据和金融票据。商业票据是以商业交易为依据签发的信用工具，包括本票和汇票；金融票据是金融机构签发或由银行承担付款义务的票据，包括银行本票、银行支票。通常所说的票据市场，是指商业票据发行、转让、承兑与贴现市场。

二、票据市场统计指标

票据市场统计指标主要有：票据发行额、票据贴现额、未到期余额和贴现率、转贴现率、再贴现率等。

（一） 商业票据发行额

商业票据发行额是报告期发行的商业票据发行价格总额。商业票据的价格与票面份额有一定联系，但二者并不总是相等，若采取折价发行，则发行价格要低于票面额，二者的关系是

$$发行价格 = 票面额 - 折价金额$$

$$折价金额 = (票面额 \times 折价率 \times 期限)/360$$

若采取溢价发行，则发行价格要高于票面金额。

（二） 票据贴现额、转贴现额和再贴现额

票据贴现是指持票人在票据到期日前，贴付一定利息，将票据权利转让给金融机构或贴现机构，以提前获得一定比例现款的资金融通行为。票据贴现额，即票据贴现的金额，与前面的票据贴现发行时的贴现金额是不同的，是金融机构扣除相当于收益的金额后，支付给来贴现的企业的货币额。

$$票据贴现金额 = 票面额 \times (1 - 贴现率) \times 期限 /360$$

转贴现是指金融机构将贴现购得的没有到期的票据，再以贴现方式向另一家金融机构或贴现机构转让，以获得资金融通的行为。转贴现是商业银行间相互拆借资金的一种方式。转贴现额是指扣除一定比例转贴费用后的贴现金额。

$$票据转贴现金额 = 票面额 \times (1 - 转贴现率) \times 期限 /360$$

再贴现是指金融机构或贴现机构将贴现所获得的未到期票据，向中央银行进行票据转让，以获得中央银行融资支持的一种行为。再贴现是中央银行的货币政策工具之一，它不仅影响商业银行筹资成本，限制商业银行的信用扩张，控制货币供应总量，而且可以按国家产业政策的要求，有选择地对不同种类的票据进行融资，促进结构调整。

$$票据再贴现金额 = 票面额 \times (1 - 再贴现率) \times 期限 /360$$

（三） 未到期余额

未到期余额是报告期末未到期商业票据的余额，它是一个存量指标。其与发生额的关系是

$$期末未到期余额 = 期初未到期余额 + 本期发生额 - 本期兑付额$$

（四）贴现率、转贴现率和再贴现率

贴现率是指持票人到金融机构或贴现机构进行票据贴现时，需要支付的一定利息率，它是票据贴现者获得资金的价格。同样，转贴现率是指票据转贴现时的利息率。再贴现率是商业银行将其贴现的未到期票据向中央银行申请再贴现时的预扣利率。

$$贴现率 = (1 - 贴现金额/票面额) \times 360/期限$$

$$或 = 贴现利息/票面额 \times 360/期限$$

$$转贴现率 = (1 - 转贴现金额/票面额) \times 360/期限$$

$$或 = 转贴现利息/票面额 \times 360/期限$$

$$再贴现率 = (1 - 再贴现金额/票面额) \times 360/期限$$

$$或 = 再贴现利息/票面额 \times 360/期限$$

第五节　债券市场统计

一、债券与债券市场的含义

债券是政府、金融机构、非金融企业等部门直接向社会筹措资金时，向投资者发行，并且承诺按约定利率和期限支付利息并按约定条件偿还本金的债权债务凭证。

债券市场是债券发行和流通市场的统称，是买卖债券的场所。债券的发行市场，又称债券一级市场；债券的交易流通市场，又称债券的二级市场。目前我国债券的二级市场分为银行间债券市场、交易所债券市场和商业银行柜台债券交易市场。

银行间债券市场，是我国目前债券交易的主要市场，也是银行调节资金头寸和资产结构的一个重要场所。近年来，随着我国金融改革的不断发展和深化，银行间债券市场的交易成员也在不断扩大，成员的构成由过去单一的银行机构，发展成以银行机构为主，辅之证券公司、证券投资基金公司、保险公司等的广义银行间债券市场。银行间债券市场还是中央银行进行公开市场操作的一个重要平台。中央银行通过银行间债券市场买卖债券，进行公开市场操作，回笼或投放基础货币，调节货币供应量和利率。

交易所债券市场，是指在上海和深圳证券交易所进行债券买卖的债券市场。市场成员是除银行外的其他机构和个人。其交易的债券主要是国债、金融债、企业债券、公司债和可转换债券等。

商业银行柜台债券交易市场，是指参与债券投资的个人和企业投资者通过商业银行柜台进行债券买卖交易的市场。柜台交易的债券主要是记账式债券。商业银行根据每天全国银行间债券市场交易的行情，在营业网点柜台挂出债券买入和卖出价，以保证个人和企业投资者及时买卖债券，商业银行的资金和债券余缺则通过银行间债券市场买卖加以平衡。目前，商业银行柜台债券交易市场可交易的债券主要是记账式国债。

由于这三个市场上交易的债券除少部分为同一种债券外，其余大部分均完全不同，也就是说，大部分债券在这三个市场上相互间不流通，它们基本上是三个独立的债券市场。因此，我们在进行债券市场统计时，要分别进行统计。

二、债券市场统计的主要内容和指标

债券的种类繁多，可以根据不同的研究目的、按照不同的标志进行分类统计。

债券市场统计通常按发行的机构、期限、投资对象、计息方式、交易市场、交易方式等标志进行分组。

1. 按发行部门不同，可分为政府债券、金融债券和企业债券。其中政府债券又可以分为国债和地方政府债券，金融债券又可以分为政策性金融债、商业银行债、证券公司债等。

2. 按发行债券期限不同，可分为3个月、6个月、1年、2年、3年、5年、7年、8年、10年、20年、30年等档次。但不同的债券其期限分类不尽相同。一般情况下，我们把发行期限小于或等于1年的债券归为短期债券，发行期限在1~5年的债券归为中短期债券，发行期限在5~10年的债券归为中长期债券，发行期限在10年以上的债券归为长期债券。

3. 按交易环节，可分为发行、交易、兑付三个环节。

4. 按债券的物理性质，可分为记账式债券、凭证式债券和实物债券。

5. 债券计息方式包括利息支付方式、利率变动情况和支付利息期限三个方面。按利息支付方式不同，债券分为息票债券、无息票债券和贴现债券。息票债券是指债券上附有息票若干张，按约定的付息时间持息票付息。无息票债券的票面上不附息票，有时采用低于票面价格发行，按票面金额偿还，其差价为利息。贴现债券是按一定的贴现率折价发行的债券。按利率变动情况，债券分为固定利率债券和浮动利率债券。固定利率债券是按票面利率且在偿还期内固定不变的债券。浮动利率债券是一种可变动利率的债券，其利率盯住某种货币市场指数或盯住另一种利率并加上利差（发行主体通过招标或事先确定），随盯住对象利率的变动而变动，其主要目的是为了增加中长期债券的吸收力。按利息支付期限的不同，债券分为按年付息债券和按半年付息债券。

6. 按是否有其他附加权利，债券可分为选择权债券、可赎回债券等。

7. 按发行方式，可分为公募债券和私募债券。

公募债券是指按法定手续，经证券主管机构批准在市场上公开发行的债券。这种债券的认购者可以是社会上的任何人。发行者一般有较高的信誉，而发行公募债券又有助于提高发行者的信用度。公募发行一般采用招投标方式进行。国际上比较流行的招标方式有美国式招标和荷兰式招标两种。私募债券亦称“关系债券”，指在指定范围内，向特定的对象发行的债券。私募债券的利率一般比公募债券高，发行的范围很小，一般不上市，发行者无须公布其财务状况。私募债券的流动性较差，其转让要受到很多限制。

8. 按交易的市场不同，可分为银行间债券市场、交易所债券市场和商业银行柜台债券交易市场。

债券市场统计主要指标有：发行额、发行利率、兑付额、期末余额、成交量、成交额、现券平均价、回购平均利率和债券指数等。

1. 债券发行额。债券发行额，是发行债券的票面金额之和，也就是债券发行的张数乘以每张的票面额。

2. 债券兑付额。债券兑付额，是对已发行到期债券票面金额的偿还额，也就是偿还债券的张数乘以每张的票面额。债券兑付额不包括到期兑付的利息。

3. 债券期末余额。债券期末余额是已发行但未到期兑付的债券票面金额之和。其计算公式是

$$债券期末余额 = 债券累计发行额 - 债券累计兑付额$$

4. 债券成交量。债券成交量是指成交的债券的票面额之和。目前，我国银行间债券市场和商业银行柜台债券交易市场以“人民币元”为统计单位，交易所债券市场以“手”为统计单位。一手是指10张债券。一张面额为100元的债券，一手的成交金额实际是1 000元。

5. 债券成交金额。债券成交金额是指成交的债券的价格总额。债券成交金额不是按票面价格计算的，而是按实际交易价格计算的。其计算公式是

$$债券成交金额 = 债券成交量 \times 单位债券实际交易的价格$$

需要注意的是，2001年7月4日起，我国银行间债券市场现券交易按净价进行交易，但结算时按全价进行计算。净价是指以不含应计利息在内的债券价格，全价是指包含全部应计而未付的利息收入的债券价格。在现券交易中，将债券的净价和应计利息分解，净价仅反映本金价值的变化；应计利息则根据票面利率按天计算，债券持有人享有持有期间的利息收入。在净价交易方式下，由于债券交易价格不含有应计利息，其价格形成及变动能够更加准确地体现债券的内在价值、供求关系和市场利率的变动趋势。并且，由于国债的利息收入一般都享有免税待遇，因此净价交易也有利于国债交易的税务处理。

全价、净价和应计利息三者的关系是

$$全价 = 净价 + 应计利息$$

6. 平均价。平均价是指以现券市场的成交量作为权数，对现券成交价格进行加权平均算出的价格。其计算公式是

$$P = \sum W_i \times f_i / \sum W_i$$

其中，P为加权平均价格；W_i为现券成交量；f_i为成交价格。

7. 债券指数。债券指数是表示多种债券平均价格水平及其变动并衡量债券总体市场运行状况的综合指标。债券指数通常根据报告期的债券价格与选定的基数价格相比，并将二者的比值再乘以基数的指数值进行计算。

我国目前主要的债券指数有中债指数系列、银行间债券指数系列、中证债券指数系列和上证债券指数系列。

中债指数系列由中央国债登记结算有限责任公司编制，最早于2002年1月1日起对外开始发布。中债指数按样本券选取方法的不同，分为中债总指数族、中债成分指数族、中债持仓指数族和中债定制指数族，其中，中债总指数族主要是反映债券全市场或某一类债券的整体价格变化情况，按综合类、发行人、计息方式、流通场所和剩余期限可再进行细分类，基期最早为2001年12月31日。

银行间债券指数系列由中国外汇交易中心暨全国银行间同业拆借中心编制，主要包括综合债券指数、国债指数、短期国债指数、中期国债指数、长期国债指数、政策性金融债指数、企业债指数和中期票据指数等类别，每类指数分为全价和净价指数。指数基期最早为2002年6月10日，按派氏加权综合指数法计算。

中证债券指数系列由中证指数有限公司编制，主要包括中证全债指数、中证综合债指数

等 23 只指数，均采用派氏加权综合指数法计算。

上证债券指数系列主要反映的是上海证券交易所债券市场的整体表现，由上海证券交易所编制。上证债券指数系列主要包括上证国债指数、上证企业债指数、沪公司债指数和沪分离债指数等，采用派氏加权综合指数法计算。

8. 收益率。收益率是指债券持有人投资一定期限债券所得到的收益占投资本金的年平均比率。收益率与债券市场价格成反比例关系，收益率越高价格越低，收益率越低价格越高。

（1）证券交易所债券到期收益率的计算公式为

$$\text{到期收益率} = (\text{到期本息和} - \text{买入价格})/(\text{买入价格} \times \text{持有年数}) \times 100\%$$

（2）全国银行间债券市场债券收益率。

①处在最后付息周期的附息债券（包括固定利率债券和浮动利率债券）、贴现债券和剩余期限在一年及以内的到期一次还本付息债券，按单利计算，公式为

$$y = (FV - PV)/PV \div (D/365)$$

其中，y 为货币市场到期收益率；FV 为到期本息之和。其中，贴现债券 $FV = 100$；到期一次还本付息债券 $FV = M + N \times C$；附息债券 $FV = C/f + M$；M 为债券面值；N 为债券偿还期限（年）；C 为债券票面年利息；f 为债券每年的利息支付频率；PV 为债券全价；D 为从债券交割日至债券兑付日为止的剩余流通天数。

②剩余期限在一年以上的到期一次还本付息债券的到期收益率采取复利计算，计算公式为

$$y = \sqrt[L]{(M + N \times C)/PV_{-1}} - 1$$

其中，y 为到期收益率；M 为债券面值；N 为债券偿还期限（年）；C 为票面年利息；PV 为债券的全价；L 为债券的剩余流通期限（年），债券交割日至到期兑付日的天数除以 365。

③不处于最后付息周期的固定利率附息债券和浮动利率债券的到期收益率采取复利计算，计算公式为

$$PV = C/f(1 + y/f)^{w} + C/f(1 + y/f)^{w+1} + \cdots + C/f(1 + y/f)^{w+n-1} + M/(1 + y/f)^{w+n-1}$$

其中，y 为所求的到期收益率；PV 为债券的全价（包括：净价和应计利息）；C 为当年票面年利息；f 为债券每年的利息支付频率；n 为剩余的付息次数，$n-1$ 即为剩余的付息周期数；w 等于 D 除以当前付息周期的实际天数；D 为从债券交割日距最近一次付息日的天数；M 为债券面值。

此外，在计算银行间债券市场到期收益率时，需注意以下几点：

（1）到期收益率的日计数基准均采用“实际天数 ÷ 365”方式，即一年按 365 天计算，一个月按实际天数计算，闰年的 2 月 29 日不计息。

（2）债券的剩余期限规定为从交割日开始到债券到期日截止的实际天数所包含的付息周期数（不一定是整数）。

（3）最后付息周期是指附息债券处在上一次利息已经支付过、只剩下最后一次利息尚未支付的时期，如果债券是一年付息一次，则最后付息周期指债券续存期的最后一年。如果债券是半年付息一次，则最后付息周期指债券续存期的最后半年。

（4）根据上述公式计算浮动利率债券，每年需要根据参数 C 的变化作调整。

（5）对一年付息多次的债券，$w = D \div$ 当前付息周期的实际天数。例如对半年付息一次的债券，上半年的付息周期为 181 天，下半年的付息周期为 184 天。

三、我国的债券统计

中国人民银行于 1997 年开始开展债券统计工作，统计范围涵盖了我国境内市场发行的所有债券，基础数据主要来源于国家发展和改革委员会、中国证券监督管理委员会、人民银行国库局、外汇交易中心、中国银行间市场交易商协会、上海清算所、中央国债登记结算公司、中国证券登记结算公司、沪深证券交易所等部门和机构。统计数据通过中国人民银行门户网站和《中国人民银行年报》《中国人民银行统计季报》对外发布。

2014 年，人民银行在借鉴国际标准和先进经验的基础上，建立了新的《债券统计制度》，采用国际上先进的逐产品统计的方式，采集每只债券的多维度信息。债券统计对象为在我国银行间市场、交易所市场、商业银行柜台及其他场所发行以及境内机构在境外发行的债务证券。数据来源于中国外汇交易中心、中央国债登记结算有限责任公司、中国银行间市场交易商协会、银行间市场清算所股份有限公司、上海证券交易所、深圳证券交易所、中国证券登记结算有限责任公司、中证指数有限公司及其他有关机构。

债券统计内容围绕部门、期限、利率、违约风险、币种和市场等六大类核心监测重点来设置，兼顾对非金融企业的行业、地区、规模、经济成分的分类需求。指标覆盖债券发行、交易、持有和兑付环节，包括债券产品和债券市场参与人两大类特征信息，涵盖存量、流量和价格三类度量值。

第六节　股票市场统计

一、股票及股票市场的含义

股票是股份有限公司发给股东，以证明其向公司投资并拥有所有者权益的有价证券。第一，股票是由股份有限公司发行的，非股份有限公司不能发行股票；第二，股票是股份投资者向公司投资入股的凭证，因此，购买股票和向公司投资是同一过程；第三，股票是投资者拥有所有者权益并承担相应责任的凭证。

股票市场是股票发行和流通市场的统称，是买卖股票的场所。它也分为一级市场和二级市场。

二、股票发行市场和流通市场统计的主要指标

（一）股票发行市场统计的主要指标

股票发行市场统计主要反映股票发行的规模和结构，主要统计指标有：股票发行数量、发行价格、申购的数量、发行股票企业的数量、筹资额、投资者开户数。

1. 股票发行数量。股票发行数量应是所有发行股票企业发行股票数量之和。由于目前我国没有对未上市公司发行的股票进行统计，这里的股票发行数量仅指上市公司股票的发行数量。表示股票发行数量有个具体指标：上市公司数和发行总股本。股票发行的数量单位为“只”，一只是指一个品种的股票，比如某企业已发行一只 A 股，再增发仍然是 A 股，这只

是股票发行规模增加，品种并未增加，仍然是一只。若增发B股，就是另一只。股票发行计量的单位为“股”，股是股份公司股份的计量单位。A股、B股均使用一元人民币面额为1股。

2. 股票的发行价格。股票的发行价格是指股票在发行市场上买卖的价格。股票的发行价格可酌情按时价、面额、中间价、溢价、折价发行，无面额股票按公司章程或董事会设定的价格发行。股票平均发行价格应以股票发行的数量单位股为权重，加权平均价。计算公式是

$$股票平均价 = \sum(股票发行的股数 \times 每股价格)/\sum 股票发行的股数$$

3. 申购数量是反映在股票发行市场上申购资金的规模。通常用申购股数和申购资金两个指标来反映，它们分别与发行数量和发行额对比，就可计算出中签率。这项指标是在股份发行市场上反映股票供求状况的重要指标。平均中签率是以发行数量或金额为权重，加权平均计算中签率。

4. 发行股票企业的数量是反映企业在发行股票方面的规模指标。发行股票企业的数量与股票数量不是一一对应的。有的企业既发行A股股票，也发行B股股票和H股股票。但在统计发行股票企业数量时只能统计一次，而统计发行股票数量时，则需分别统计。

5. 筹资额。它是发行股票价格的总和。通常分为发行筹资额、配股筹资额、其他筹资额等。发行筹资额是向公众发行股票的筹资额。配股筹资额是对股票投资者发售股票的筹资额。其他筹资额如债转股筹资额等。股票筹资额还可以根据需要按发行的部门结构、行业结构等进行分类统计。

6. 投资者开户数。投资者分为机构投资者和个人投资者。投资者开户数是反映社会对股票投资参与度的一个指标。

（二）股票流通市场交易量统计的主要指标

股票流通市场交易量统计的主要指标有：流通股本、市价总值、流通市值、成交数量。

1. 流通股本。它是指在二级市场上交易的股票数量。流通股本的计量单位是股。

2. 市价总值。它是指在某一时点上股票按市场价格计算的发行总股本的总金额。全社会市价总值的计算公式为

$$市价总值 = 发行总股本 \times 市价$$

3. 流通市值。它是在某一时点上按市场价格计算的流通股股本的总金额。全社会流通市值的计算公式为

$$流通市值 = 流通股股本 \times 市价$$

4. 成交数量。股票成交数量分为两个指标：成交量和成交额。股票成交量的计算单位为一手，一手为100股。股票成交额为股票交易的价格总和。成交量及成交额均为买卖单方计算。

5. 市盈率。它是指某一时点上股票的收益率。它有每股市盈率和加权平均市盈率两个指标。每股市盈率是指某一股票上年每股的收益与其股票价格之比。加权平均市盈率是指总市值与总收益之比。其计算公式是

$$每股市盈率 = 股票价格/上年每股收益$$

$$加权平均市盈率 = 总市值/总收益 = \sum(收盘价 \times 发行总股本)/\sum(每股收益 \times 发行总股本)$$

三、股票价格指数

（一）股票价格指数的作用

股票价格指数是指用于表示多种股票平均价格水平及其变动并衡量股市行情的指标。股票价格指数包括“股价指数”指标和“股价平均数”指标。股价指数是用来反映不同时点上股价变动情况的相对指标。通常是报告期的股票价格与选定的基数价格相比，并将二者的比值再乘以基数的指数值即为该报告期的股票价格指数。人们通过观察股票价格指数的变化，可以衡量出报告期股价与基期相比的变动方向及其幅度。股价平均数是用来反映一定时点上多种股票价格变动一般水平的指数，通常用算术平均数或修正平均数表示。股价平均数与股价指数的区别是：前者反映一定时点股票价格水平的绝对数，是所有上市股票价格的平均数；后者反映不同时点上股价变动水平的相对数，是通过不同时点股价平均数的比较计算出来的。因为股价指数的计算本身就包含了股价平均数的计算，因此，人们所指的股票价格指数就是股价指数。

（二）股票价格指数的计算方法

目前，世界上股票价格指数的计算方法主要有以下几种。

1. 算术股价指数法。以某交易日为基期，将采样股票数的倒数乘以各采样股票报告期价格与基期价格比之和，再乘以基期指数值。其计算公式为

$$算术股价指数 = 1/采样股票数 \times \sum 报告期股价/基期股价 \times 基期指数值$$

例如，某股票市场以 A、B、C 三种股票为样本，基期价格分别为 20 美元、45 美元、25 美元，报告期价格分别为 32 美元、54 美元、20 美元，基期指数值为 100，则：

$$该股市平均股价指数 = 1/3 \times (32/20 + 54/45 + 20/25) \times 100 = 120$$

这说明报告期的股价比基期上升了 20 个点。美国股票交易所股价指数就是采用这种方法进行计算的。

2. 算术平均法。算术平均法股价指数就是求得这一股价指数中所有样本的算术平均值。其计算公式为

$$I = (\sum P_{M_i}/p_0)/n \times 100$$

其中，I 为股票价格指数；P_{M_i} 为第 M 报告期 i 股票指数；P_0 为基期股票价格；n 为组成股票指数的股票种类数。

例如，在所计算的股价指数中包含四种股票，报告期价格分别为每股 10 元、15 元、20 元、25 元，基期股价平均为每股 7 元，基期指数为 100。代入公式，可以计算出股价指数为

$$I = (10 + 15 + 20 + 25) \div 7/4 \times 100 = 250$$

3. 加权平均法。在利用加权平均法股价指数时，赋予每种股票一定的权数。通常权数根据每种股票当时交易的市场总价值或上市总股数来分配，权数就是分发“选票”的依据。其计算公式为

$$I = \sum P_i W_i \sum / \sum P_0 W_i \times I_0$$

其中，I 为股票价格指数；P_i 为组成股价指数的各种股票报告期价格；P_0 为组成股价指

数的各种股票基期价格；I_0为基期股票价格指数；n为组成股价指数的各种股票种类数，W_i为组成股价指数的各种股票上市总数或市场总值，即权数。

仍然以前面四种股票为例，它们在报告期的权数分别为100、150、200、250，则股价指数为

$$I = 10 \times 100 + 15 \times 150 + 20 \times 200 + 25 \times 250/[7 \times (100 + 150 + 200 + 250)] \times 100 = 275$$

如果将上述四种股票权数位置颠倒过来，分别为250、200、150、100，其他各项仍不变，再代入公式，计算出新的加权股价指数为

$$I = 10 \times 250 + 15 \times 200 + 20 \times 150 + 25 \times 100/[7 \times (250 + 200 + 150 + 100)] \times 100 = 225$$

通过上述两个简单的例子我们可以得出这样的结论：利用加权法计算股价指数，权数分布不同，股价指数也随之变化，股价指数总是趋向于权数较大的那一种股票。而运用算术平均法计算出来的价格指数，则丝毫体现不出权数的这种影响作用。世界上大多数国家的股票交易所中，股价指数都是采用加权平均法计算出来的。

4. 除数修正法。除数修正法，又称道式修正法，是美国道・琼斯公司为克服单纯平均法不足，在1928年发明的一种计算股票价格平均数的方法。此法的核心是求出一个常数除数，去修正因有偿增资、股票分割等因素造成的股价总额的变化，以便如实反映平均股价水平。具体方法是：以发生上述情况变化后的新股价总额为分子，旧的股价平均数为分母，计算出一个除数，然后去除报告期的股价总额，所得出的股价平均数就称为道式修正平均股价。其计算公式为

道式除数 = 变动后新的股价总数 / 旧的股价平均数

道式修正平均股价 = 报告期股价总额 / 道式除数

例如，昨天A股票为260美元，B股票为140美元，其单纯平均股价为（260 + 140）/2 = 200美元。今天A股票发生股份分割，面额减半，则分割后的股价为130美元，此时若不进行修正，平均股价变为：（130 + 140）/2 = 135美元，比昨天下跌65美元，但事实上股价并没有下跌，故有修正的必要。方法是，设X为除数，X = （130 + 140）/200 = 1.35，以此数除今天的股价，仍为200美元。如果明天其他情况不变，只是股价发生变化，A股票升为145美元，B股票升为152美元，则其修正平均价为（145 + 152）/1.35 = 220美元，比前一天上升20美元，符合股票升值的实际，这说明修正平均股价更接近于现实。目前世界上著名的美国道・琼斯股价平均数和日本日经平均股价均采用除数修正法计算。

5. 基数修正法。此法修正的对象为基期的数值。由于发生有偿增资、新股上市或上市废止等情况后，将引起上市股数改变并导致时价总额的变动，为了使报告期与基期的统计口径基本一致而具有较好的可比性，必须对基期的时价作相应的调整。方法是求出上市股数改变前后的时价总额之比，将原基期时价总额乘以这个比率即为基期修正值。其公式为

基期修正值 = 原基期时价总额 × 上市股数改变后的时价总额 / 上市股数改变后的时价总额

（三）股价指数的种类及我国股价指数

目前，世界上著名的股价指数有：

1. 道・琼斯股价平均指数。简称道・琼斯指数，是美国道・琼斯公司编制并公布的，用于反映美国纽约股票交易所行市变化的一种股票价格平均指数。道・琼斯65种股票价格平

均指数由工业、运输业和公共事业65家公司股票价格混合而成，包括美国企业中最著名的几十家公司。

2. 标准普尔指数。它是标准普尔公司编制发布的股票价格指数，用以反映美国股票市场的行情变化。标准普尔指数的特点是样本股覆盖面广，股票市值大，是500家公司股票价格的混合平均。

3. 纳斯达克（NASDAQ）指数。它是反映美国纳斯达克股票市场的股价指数。纳斯达克指数已成为反映高科技企业和中小企业股价走势的风向标，在国际金融市场的影响日益扩大。

4. 金融时报股价指数。金融时报股价指数全称为“金融时报工业普通股股价指数”，也称30种股价指数。它是英国《金融时报》编制的反映英国股票市场股价行情变动的股价指数。

5. 日经道·琼斯股价平均指数。日经道·琼斯股价平均指数，简称日经道平均数。它是《日本经济新闻社》编制的反映东京证券交易所上市股价行情变动的股价平均数，其计算方法与美国道·琼斯股价平均指数相同，现已广泛为世界各国所关注。

6. 恒生指数。恒生指数是香港恒生银行编制的反映香港股市行情变动的股价指数。恒生指数已成为衡量、反映香港股市和经济运行的有效工具和尺度。

我国的上证指数和深证指数也是世界上著名的股价指数。

1. 上证指数。上海证券交易所编制的股价指数主要有上证综合指数、上证A股指数、上证B股指数、上证180指数等。

上证综合指数是反映上海股市行情的股票价格指数，它是以1990年12月19日为基期，以所有上市股票为样本，以股票发行量为权数编制的。基期指数为100，其计算公式为

$$某日股价指数 = 该日市价总值/基日市价总值 \times 100$$

式中的分子、分母分别以计算期（报告期）和基期全部股票的收盘价（如当日未成交，则用上日收盘价）乘以发行股数，求得计算期和基期的市价总值，然后进行对比。但是，如果遇到上市股票扩股、分割或减少时，则按下式进行修正：

$$期权日股价指数 = 该日市价总值/新基准市价总值 \times 100$$

上证A股指数是反映上海A股股市行情的股票价格指数，以1990年12月19日为基期。上证B股指数是反映上海B股股市行情的股票价格指数，以1992年2月21日为基期，市价总值一律按美元计算。

上证180指数，是上证30指数的延续。它以在上海证券交易所上市的、最具市场代表性的180只股票为样本进行综合计算得到，样本股涵盖了工业股、商业股、房地产股、公用事业股和其他行业股，基点为2002年6月28日上证30指数的收盘指数3 299.06点，以当日收盘后的样本股调整市值为基期，2002年7月1日正式发布。

2. 深证指数。深圳证券交易所编制的股价指数有深证股价综合指数、深证成分指数和深证100指数等。深证股价综合指数是全面反映深圳股市行情的股价指数，以1991年4月3日为基期，以深圳证券交易所上市的股票为成分股，采用加权平均法编制。遇有成分股变更，则采用连锁法将计算得到的指数还原到基期，以保证指数的连续性。深证成分指数，于1995

年1月23日开始推出，以1994年7月20日为基期，基期指数定为1 000。深证100指数以深圳证券交易所100只最具代表性的A股为成分股，以成分股的可流通A股数为权重，采用派式综合法编制而成，指数以2002年12月31日为基准日，基准日指数为1 000点，于2003年1月2日发布。

四、投资基金市场统计

（一）投资基金的含义

投资基金是一种集合众多投资者资金，由专业基金管理机构和人员管理，实现相同投资目的的一种资金运用方式。它是一种利益共享、风险共担的集合投资制度。投资基金的投资领域可以是股票、债券，也可以是实业、期货等，是介于储蓄和股票两者之间的一种投资方式。投资基金一般由发起人设立，通过发行证券募集资金。基金的投资人不参与基金的管理和操作，只定期取得投资收益。基金管理人根据投资人的委托进行投资运作，收取管理费收入。通过投资基金这种工具，可以充分发挥专业投资专家的优势，通过专业理财和集合投资，进而分散风险，并获取一定的投资收益。

投资基金市场参与主体主要有基金当事人、基金市场服务机构、监管与自律机构。其中，当事人是指参与投资基金活动的关系人，如基金投资人、基金管理人、基金托管人以及基金销售机构、基金份额登记注册机构、会计师事务所、律师事务所、基金监管机构等中介服务机构和监管部门。

在不同的国家，投资基金的称谓有所区别，英国和我国香港称之为“单位信托投资基金”，美国称之为“共同基金”，日本则称之为“证券投资信托基金”。这些不同的称谓在内涵和运作上无太大区别。投资基金在西方国家早已成为一种重要的投融资手段，并在当代得到了进一步发展。在我国，随着改革中金融市场的发展，在20世纪80年代末出现了投资基金形式，并从90年代以后得到了较快发展，不仅支持了我国经济建设和改革开放事业，而且也为广大投资者提供了一种新型的金融投资选择，有力地促进了我国金融市场的快速发展和完善。

投资基金根据投资领域或投资对象的不同，有多种形式，这里主要讨论的是投资于证券市场的证券投资基金。

（二）证券投资基金市场统计的分类

证券投资基金市场统计一般按基金规模是否可变、组织方式、投资对象、投资目标、基金来源与运用地域等标志分组。

1. 根据基金规模是否可变，证券投资基金可分为封闭式基金和开放式基金。封闭式基金是指事先确定发行总额，在封闭期内基金单位总数不变，基金上市后投资者可以通过二级市场进行交易和转让的基金。开放式基金是基金发行总额不固定，基金份额可视投资者的需求追加发行的基金。

2. 根据组织方式的不同，证券投资基金可分为契约型基金和公司型基金。契约型基金又称为单位信托基金，指通过签订基金契约发行受益凭证而设立的一种基金。公司型基金是按照《公司法》以公司形态组成的、以发行股份方式募集资金而设立的基金。

3. 根据投资对象的不同，证券投资基金可分为股票基金、债券基金、货币市场基金、指数基金、黄金基金、衍生证券基金以及混合基金。其中，股票基金在各类基金中的历史最为悠久，是证券投资基金中最常见的形式。

4. 根据投资目标的不同，证券投资基金可分为成长型基金、收入型基金和平衡型基金。成长型基金是基金中最常见的一种，它追求的是基金资产的长期增值。收入型基金主要投资于可带来现金收入的有价证券，以获取当期的最大收入为目的。平衡型基金将资产分别投资于两种不同特性的证券上，并在以取得收入为目的的债券及优先股和以资本增值为目的的普通股之间进行平衡。

5. 根据基金资本来源和运用地域分类，可分为国内基金、国际基金、离岸基金和海外基金。国内基金，也称在岸基金，指在本国募集并投资于本国金融市场的投资基金。国际基金指在本国募集但投资于境外金融市场的投资基金。离岸基金指在国外募集并投资于国外金融市场的基金。海外基金指在国外筹集但投资于国内金融市场的基金。

除了上述几种类型的基金，证券投资基金还可以资金募集方式和来源不同，分为公募基金和私募基金；按投资货币种类不同分为美元基金、英镑基金、日元基金等；还有专门支持高科技企业、中小企业的风险基金；因交易技巧而著称的对冲基金、套利基金以及投资于其他基金的基金中基金，等等。

（三） 证券投资基金市场统计的主要指标

证券投资基金统计主要统计只数、总规模、总资产净值和成交量/成交金额。

1. 只数：指某一时点上市场存续的证券投资基金的只数。

2. 总规模：指某一时点上市场存续的证券投资基金单位的总份额。

3. 总资产净值：指某一时点上某一证券投资基金全部单位基金实际代表的价值。总资产净值 = ∑基金份额 × 单位基金价格。

4. 成交量/成交金额：成交量是一定时期内成交的证券投资基金数量。成交金额为证券投资基金交易的价格总和。成交量及成交金额一般均为买卖单方计算。

第七节　外汇市场统计

一、外汇及外汇市场的含义

什么是外汇？国际货币基金组织对外汇曾作如下解释：“外汇是货币行政当局（中央银行、货币机构、外汇平准基金组织及财政部）以银行存款、财政部库存、长短期政府证券等形式所保有的在国际收支逆差时可以使用的债权。”《中华人民共和国外汇管理暂行条例》规定，外汇是指：（1）外国货币，包括钞票、铸币等；（2）外币有价证券，包括政府债券、银行债券、公司债券、股票、息票等；（3）外币支付凭证，包括票据、银行存款凭证、储蓄凭证等；（4）其他外币资金。根据这样的规定，外汇必须是：第一，以外币表示的国外金融资产。换言之，用本国货币表示的支付凭证和有价证券不能归为外汇。第二，在国外能得到偿付的货币债权。第三，可以兑换成其他支付手段的外币资产。不能兑换成其他国家货币的外国钞票不能视为外汇。总之，那些用外币表示的信用流通工具和外币本身，统称为外汇。

买卖外汇的活动称为外汇交易，而各种外汇交易的总和便形成外汇市场。

二、外汇市场统计的主要指标

外汇市场统计主要统计交易额和汇率。

1. 外汇交易额是各种外汇成交的总额。因成交的币种不同，统计时需把其他币种折成一种币种进行统计。中国目前把各币种折成美元统计总成交额。其中港元、日元、欧元折成美元的计算方法是，先各自计算出当天的加权平均价，然后算出美元计价的港元、日元、欧元成交额。计算公式是

$$港元折美元 = 港元加权平均汇率 \times 港元成交额 / 美元加权平均汇率$$

2. 外汇市场的汇率有多种汇率，如买入汇率、卖出汇率、中间汇率；即期汇率、远期汇率等。

汇率的标价方法分为直接标价法和间接标价法，直接标价法指为购买一单位外币所应付的本币金额。包括中国在内的世界上多数国家都采用直接标价法，如中国外汇交易中心公布的 2017 年 8 月 31 日美元汇率为 6.601，表示 1 美元折合 6.601 元人民币。间接标价法以本国货币作为标准，指一单位本币折合多少外国货币。美国、英国等少数发达国家目前均采取间接标价法。

自 2006 年 1 月 4 日起，中国人民银行授权中国外汇交易中心对外公布当日人民币对美元、欧元、日元和港元等 23 个币种的汇率中间价，作为当日银行间即期外汇市场（含 OTC 方式和撮合方式）以及银行柜台交易汇率的中间价。汇率统计除分别统计多时点上的汇率外，一般还要统计计算平均汇率、加权平均汇率、汇率指数、实际汇率。

平均汇率是指一定时期内各时点汇率的平均值。按时间的长短不同，可以计算日平均汇率、月平均汇率、年平均汇率等。

加权平均汇率是以选择币种的交易额为权数，对其市场成交汇价进行加权平均。

汇率指数是报告期汇率与基期之比，反映汇率的变动程度。

实际汇率是指剔除两国通货膨胀因素后的汇率，等于名义汇率乘以两国消费物价指数的比率：

$$实际汇率 = 名义汇率 \times 汇兑国消费物价指数 / 本国消费物价指数$$

第八节　保险市场统计

一、保险及保险市场的含义

保险是在商品经济条件下，人们为应付各种风险造成的损失而结成的一种特定的经济关系。风险是指自然灾害和意外事故发生的可能性。风险不等于危险，风险可能发生，也可能不发生，它具有一定的不确定性。风险的种类较多，从风险产生的原因看，风险有自然风险、社会风险、政治风险和经济风险；从风险产生的标的物看，风险有财产风险和人身风险；从风险产生的对象看，风险有个人风险、家庭风险和企业风险。

保险是指投保人根据合同约定，向保险人支付保险费，保险人对于合同约定的可能发生

的事故因其发生而造成的财产损失承担赔偿保险金责任，或者当保险人死亡、伤残和达到合同约定的年龄、期限时承担给付保险金责任的行为。它是一种集中社会资金，补偿因自然灾害、意外事故或人身伤亡等造成损失的方法。而保险市场是买卖保险即双方签订保险合同的场所。它可以是集中的有形市场，也可以是分散的无形市场。

保险统计中涉及的一些主要概念有：

1. 保险标的。保险标的是保险关系双方当事人权利和义务所指向的对象，也就是保险合同中载明的投保对象。

2. 保险人。保险人也称承保人，是指订立保险合同的一方当事人，是按照合同收取保险费并承担相应经济补偿义务的人。它既可以是自然人，也可以是法人。

3. 投保人。投保人也称要保人，是指申请订立保险合同，并承担缴纳保费义务的申请人。

4. 被保险人。被保险人也称保户，是指保险事故可能发生在其身体上或财产上的人，或者说有权利享受保险合同保障的人。

二、保险市场统计的主要指标

保险市场统计是国民经济统计的重要部分，是对保险领域各种数量方面及其发展变化规律进行分析研究的重要基础。保险统计的主要指标有保险金额、保费收入、储金、赔偿、给付、保险责任准备金和总资产等。

（一） 保险金额

保险金额也称保额，是指保险人签发的保险单所承保的风险额度，数量上等于发生保险契约所规定事件时保险人对投保人的给付额。分期缴纳保费的保单只计首期交费时的保额。保险金额是由签订保险合同的当事人双方确定的，是保险人承担损失补偿或约定义务的最高限额。需要注意的是，保险金额并不直接反映保险公司和养老基金的产出或损益，但它能够综合反映保险业务的规模和广度，分析保险活动的风险和偿付能力，也是计算损失率和制定保险费率的重要依据，在分析保险业务拓展情况等方面具有特殊作用。

（二） 保费收入

保费收入是指保险人在一定时期内签发的保险单所收取的保险费。它是保险公司和养老基金的保险基金，是保险人计算保险费的依据和承担保险标的的补偿责任的最大限额。保费收入的筹集、管理与运用反映了保险人与投保人以及其他部门之间的金融交易关系，是保险业务活动流量的一个重要指标。保费收入等于保险金额乘以保险费率，再减去按规定减收、折扣和优待的数字。其计算公式是

$$保费收入 = 保险金额 \times 保险费率 - 按规定的减收、折扣和优待款$$

统计保费收入时需注意两点：一是除有特殊规定外，均按承保数计算，保险责任开始后的减保及退保，保额均不作减退；加保，无论标的数量增或减，保额均随之增加，发生赔款后，原保额不减少。二是寿险类的收入按实收数统计。

为反映保险业务的拓展情况，保费收入还可按新单保费和分保费收入进行统计。新单保费是指按合同规定首次缴付的保费。分保费收入是指再保险时缴纳的保费收入。

（三） 储金

储金是指被保险人交到保险公司的一定数量的存款金额。保险公司以存款利息作为保费收入，保险期内不论被保险人是否得到赔款，到保险期满时退还给被保险人全部保险存款金额。储金主要发生在人身险。统计时，只将其存款利息计入保费收入，中途减保储金不减少，中途退保储金的期末有效数要冲减。

（四） 赔款

赔款是指保险事故发生后，经查明确实属于保险责任范围以内的损失，保险人根据保险合同的规定履行赔款义务，给予被保险人的款项。根据不同的业务，赔款可分为已决赔款和未决赔款。在保险有效期内已发生的，并已解决和给付的赔款，叫已决赔款。在保险有效期内已发生的损失，但尚未处理或已处理但尚未最后确定赔款数目，也未办理给付手续的赔款叫未决赔款。

（五） 给付

给付是指人身保险业务按保单规定，由保险公司支付给投保方的非损失性补偿支出。主要有死亡给付、期满给付、养老金给付、医疗给付和伤残给付等。

（六） 保险责任准备金

保险责任准备金（或称保险准备金）是指被保险人对人寿保险准备金和养老基金的净债权，以及向保险公司缴纳的保险费预付款和未决索赔准备金。保险准备金的详细内容前面已介绍过。

（七） 承保率

承保率是指承保数量与可保数量相比的百分率。其计算公式是

$$承保率 = 已承保数量 / 可保数量 \times 100\%$$

$$或 = 已承保金额 / 可保金额 \times 100\%$$

由于各种险种的承保对象和计量单位不同，承保率应按不同险种分别计算。承保率是反映保险业务覆盖面的一个指标，承保率高说明保险业务的服务面广，承保率低，说明业务开展不广。

（八） 承保深度

承保深度是指平均保费额占可保金额的比例。其计算公式是

$$承保深度 = (平均保额 \times 平均费率) / 可保金额 \times 100\%$$

$$或寿险深度 = 寿险保费收入 / 国内生产总值$$

（九） 保险总资产及其结构

保险总资产是指一定时期末保险公司经营的资产总额，主要包括银行存款、国债投资、金融债券投资、证券投资基金投资、房地产投资、三产投资和其他投资。总资产是反映保险公司发展规模大小的指标。资产结构是指各类资产占总资产的比重，反映的是保险资金运用方向。

三、社会保障基金统计

（一） 社会保障基金的含义

社会保障基金是指由国家政府主要通过社会缴款而筹集的资金，其主要目的是为了向社

会成员或个人团体及有关人员在失去收入来源时提供必要的生活和物质帮助。通常个人向社会保障基金缴纳的费用数量，与其可能遇到的风险并无直接关系，从本质上看，它是国民收入再分配的一种形式。

目前我国社会保障基金主要包括由人力资源和社会保障部负责管理的社会保险基金和由全国社会保障基金理事会（以下简称社保基金会）负责管理的全国社会保障基金（以下简称社保基金）两部分。人力资源和社会保障部负责管理的社会保险基金主要是基本医疗保险、基本养老保险、工伤保险和生育保险等，其资金主要来源于个人缴纳和单位统筹缴纳，资金不足时财政也给予一定补贴。而社保基金由中央财政拨入资金、减持国有股所获资金、股权资产和经国务院批准以其他方式筹集的资金及其投资收益构成，其经费实行财政全额预算拨款。

（二）社会保障基金的主要统计分组

1. 按社会保障的内容，可分为社会保险、社会福利、社会救济和优抚四个方面。社会保险又可分为养老保险、医疗保险、失业保险和工伤保险四类。

2. 按资金筹集的来源，可分为政府、企业（雇主）和个人。

（三）社会保险基金的主要指标

社会保险基金统计的主要指标有总资产、保险基金收入、保险基金支出和保险基金结余等。

1. 总资产：指一定时期末社会保险基金经营的资产总计。主要包括现金、存款、财政专户存款和债券投资。

2. 保险基金收入：指社会保险基金通过个人缴款和其他方式得到的保险资金收入。基本医疗保险收入下可再设保险统筹基金收入和个人账户基金收入两项指标。

3. 保险基金支出：指社会保险基金按照规定支付的基本医疗保险、基本养老保险和其他社会保险支出。基本医疗保险支出下可再设保险统筹基金支出和个人账户基金支出两项指标。

4. 保险基金结余：指一定时期末社会保险基金收入与支出的余额。其性质类似保险准备金，但又不完全等同。

（四）社会保障基金的主要指标

社保基金统计的主要指标有总资产、风险准备金、社保基金、已实现收益率等。

1. 总资产：指一定时期末社保基金持有的银行存款、债券、新股申购和其他投资等。

2. 风险准备金：指社保基金会按社保基金收益20%计提的一般风险准备金，专项用于弥补全国社保基金投资亏损。该指标一般在年终时计提。当风险准备金余额达到社保基金资产净值的20%时可不再计提。

3. 社保基金：指财政历年拨入、调回的全国社保基金资金净额与年终计提一般风险准备金之后转入的全国社保基金累计运营净收益之和。社保基金和风险准备金之和为社保基金的基金权益。

4. 已实现收益率：指一定时期内社保基金已实现的收益占其资金平均占用额的比例。其计算公式为

$$已实现收益率 = 一定时期内已实现收益 / 该时期内资金平均占用额$$

资金平均占用额可采用简单算术平均和加权平均进行计算。用加权平均方法是以资金占用天数为权重进行计算的。

第九节　金融衍生工具市场统计

一、金融衍生工具市场统计的主要分组

金融衍生工具市场统计一般可根据合约每一方是否都是潜在的债务人、标的物、市场风险类别、交易方式和交易市场等标志进行分组。

（一）根据合约每一方是否都是潜在的债务人，可将金融衍生工具分为期权合约（期权）和远期类合约（远期）两大类

期权是指赋予期权购买者如下权利（但不是义务）的一种合约，即期权购买者可按事先约定的价格，在某一时期或某一日期购买或出售某一特定金融工具或商品，其合约的每一方都是潜在的债务人。远期合约是指合约的双方同意按合约规定的价格在特定日期交换约定数量的标的物（实物或金融资产）。远期合约是一种在特定日期具有结算义务的无条件金融合约，其合约的买方获得资产，立权方发生负债。远期合约工具包括期货、掉期和互换，其中常见的远期合约类别主要有利率互换、远期利率协议、外汇互换、远期外汇合约和交叉货币利率互换等。这种分类为目前国际上较为通行的一种分类方法。

（二）根据标的项目即基础工具的类别，或根据市场风险类别，可将金融衍生工具分为货币衍生工具、单一货币利率衍生工具、股票衍生工具、商品衍生工具、信用衍生工具和其他衍生工具

货币衍生工具是指以各种货币为基础工具的金融衍生工具。主要包括远期外汇合约、货币期货、货币期权、货币互换等以及上述合约的混合交易合约。

单一货币利率衍生工具是以利率或利率的载体为基础工具的金融衍生工具。主要包括远期利率协议、利率期货、利率期权、利率互换等以及上述合约的混合交易合约。

股票衍生工具是指以股票或股票指数为基础工具的金融衍生产品。主要包括股票期货、股票期权、股票指数期货、股票指数期权以及上述合约的混合交易合约。目前，证券市场上推出的认股权证属于看涨期权，认沽权证则属于看跌期权。

商品衍生工具是指以商品价格如原油、铜等为标的资产的衍生工具。

信用衍生工具是指以交易信用风险为主要目的金融衍生工具，是为了交易贷款和证券的违约风险而设计的。

（三）根据交易方式和特点，可将金融衍生工具分为远期、期货、期权、互换和结构化金融衍生工具

远期合约和期货合约都是交易双方约定在未来某一特定时间、以某一特定价格、买卖某一特定数量和质量资产的交易形式。期货合约是期货交易所制定的标准化合约，对合约到期日及其买卖的资产的种类、数量、质量作出了统一规定，主要包括外汇期货、利率期货和股票指数期货三种。远期合约是根据买卖双方的特殊需求由买卖双方自行签订的合约，合约条

款因合约双方的需要不同而不同。远期合约主要有远期利率协议、远期外汇合约、远期股票合约。因此，期货交易流动性较强，远期交易流动性较弱。

期权是合约双方按约定价格，在约定日期内就是否买卖某种金融工具所达成的契约，包括现货期权和期货期权两大类。

互换是指两个或两个以上的当事人按共同商定的条件，在约定的时间内，交换一定支付款项的金融交易，主要有货币互换和利率互换。

结构化金融衍生工具也称结构性产品，是指由固定收益证券和衍生合约结合而成的产品，即“债券加期权”，是固定收益衍生品的一种创新。

（四）根据交易方法，可将金融衍生工具分为场内交易的衍生工具和场外交易的衍生工具

场内交易又称交易所交易，指所有的供求方集中在交易所进行竞价交易的交易方式。这种交易方式具有交易所向交易参与者收取保证金、同时负责进行清算和承担履约担保责任的特点。期货交易和部分标准化期权合同交易都属于这种交易方式。利率和股权类产品期货合约为交易所市场主要交易品种。

场外交易（OTC）又称柜台交易，指交易双方直接成为交易对手的交易方式。掉期交易和远期交易是具有代表性的柜台交易的衍生产品。外汇远期和互换、远期利率协议、利率（货币）互换以及利率（货币）期权，都是场外市场主要的交易品种。

需要注意的是，随着金融衍生产品的快速发展，上述分类界限正在模糊，由两种、三种，甚至更多不同种类的衍生产品及其他金融工具，经过变化、组合以及合成等方式创造出来的再衍生工具和合成衍生工具正在不断出现，如由远期和互换合成的远期互换，由期权和互换合成的互换期权等，使传统的衍生产品分类模糊难辨。

二、金融衍生工具市场统计的主要指标

金融衍生工具市场统计的主要指标有：成交量、成交金额、持仓量、标准仓单量、交割量/交割金额、交割率、结算价、头寸、交易保证金、保证金占用比例和平仓盈亏等。

1. 成交量：指在交易期间的全部成交合约的双边数量。金融衍生产品成交量的计算单位为手。不同合约，一手代表的交易数量各不同。比如，上交所黄金期货标准合约一手为1 000克，阴极铜标准合约一手为5 吨，燃料油标准合约一手为10 吨。

2. 成交金额：指在交易期间的全部成交合约的合计名义金额。

3. 持仓量：指合约交易者持有的未平仓合约的双边数量。持仓量还可以根据需要统计最高、最低以及最后持仓量。

4. 标准仓单量：指交割仓库开具的，并经期货交易所认定的标准化提货凭证反映的商品数量。

5. 交割量/交割金额：指一定时期内交易双方通过某一合约所载标的物所有权的转移了结未平仓合约的单边数量。

6. 交割率：指交割量占成交量的比率。一般来讲，交割率有三种计算方法。

交割率Ⅰ＝单边交割量/合约单边成交量

交割率Ⅱ＝单边交割量/最高持仓量

交割率Ⅲ = 单边交割量/合约单边成交额

7. 结算价：指某一合约当日成交价格按照成交量的加权平均价。当日无成交价格的，以上一交易日的结算价作为当日结算价。

8. 头寸：头寸一般是一种市场约定，指未进行对冲处理的买或卖的合约数量。对买进者，称之为多头头寸；对卖出者，称之为空头头寸。

9. 交易保证金：指投资者在进行金融衍生产品交易时，根据交易要求在期货或其他衍生交易账户中确保合约履行的资金，是已被合约占用的资金。当投资者交易的合约成交后，期货公司按持仓合约价值的一定比率收取交易保证金。

10. 保证金占用比例：

保证金占用比例 = 当日结算价 × 当日交易结束后的持仓总量 × 交易保证金比例

11. 平仓盈亏：指合约交易者在实际平仓时所发生的盈亏。它分为即日平仓盈亏和延至平仓盈亏。即日平仓盈亏指当日开仓并平仓的盈亏，延至平仓盈亏指以前开仓当日平仓的盈亏。

即日平仓盈亏 =（平仓价 − 开仓价）× 平仓量

延至平仓盈亏 =（平仓价 − 上日结算价）× 平仓量

当为卖出平仓时，上述公式正数表示盈利，负数表示亏损；当为买入平仓时则相反。

第十节　期货市场统计

一、期货的含义及主要分类

期货属于衍生品的一种。是一种未来必须履行的合约，而不是具体货物。在一个期货合约中，多头必须在未来以约定价格买入标的物，而空头必须以相应价格卖出标的物。

期货合约必须是期货交易所统一制定的标准化条款，规定了特定交割时间和地点，也明确了商品交割的数量、质量及价格，期货价格是通过公开竞价达成的。相应地，远期交易同样是一种未来必须履行的合约，但标的物的数量、质量、交割方式和价格等条款是由交易双方商定，是一种非标准化的合约。一般期货合约规定的标准化条款有以下内容：（1）标准化的数量和数量单位。如上海期货交易所规定每张铜合约单位为5吨，每个合约单位称之为1手。（2）标准化的商品质量等级。在期货交易过程中，交易双方无须再就商品质量进行协商，提高了交易效率。（3）标准化的交割地点。期货交易所在期货合约中为期货交易的实物交割确定了经交易所注册的统一的交割仓库，以保证双方交割顺利进行。（4）标准化的交割期和交割程序。期货合约具有不同的交割月份，交易者可自行选择，一旦选定之后，在交割月份到来之时如仍未对冲掉手中合约，就要按交易所规定的交割程序进行实物交割。（5）交易者统一遵守的交易报价单位、每天最大价格波动限制、交易时间、交易所名称等。

期货合约对应的“货物”称为期货标的物。根据标的物属性，期货主要包括商品期货和金融期货，其中商品期货包括大豆、玉米、小麦等农产品期货，也包括金、银、铜等金属产品期货，化工产品期货和林业产品期货等；金融期货主要包括股指期货和国债期货，此外还有利率期货、外汇期货等品种。

二、期货市场统计的主要指标

期货市场统计主要指标有：成交量、成交金额、持仓量、标准仓单量、月交割量、收盘价和结算价等。

1. 成交量。成交量是指期货合约在交易期间所有成交合约的单边数量。

2. 成交金额。成交金额是指按单边计算，期货合约在交易期间所有成交合约的累计名义金额。

3. 持仓量。持仓量是指期货交易者持有的未平仓期货合约的单边数量。

4. 标准仓单量。标准仓单量是指交割仓库开具并经期货交易所认定的标准化提货凭证反映的商品数量。

5. 月交割量。月交割量是指当月交易双方通过该合约所载标的物所有权的转移了结未平仓合约的单边数量。

6. 收盘价。收盘价是指某一期货合约当日交易的最后一笔成交价格。

7. 结算价。结算价是指某一期货合约当日成交价格按照成交量的加权平均价。

本章小结

1. 金融市场就是资金融通的领域。金融市场统计主要反映金融市场上的交易主体在不同市场上的交易对象、交易方式、交易价格及其交易规模等情况。不同类型的金融市场，其统计组织和方法也不同。且一级市场与二级市场统计的数据源一般分别获得。金融市场统计包括同业拆借市场统计、票据市场统计、债券市场统计、股票市场统计、外汇市场统计、保险市场统计。

2. 同业拆借市场统计主要按交易期限、交易机构和拆借方向进行统计分组，统计指标有总拆借发行额、拆借余额、净拆入（拆出）额、平均每笔拆借交易额、拆借资金利率、平均拆借利率、平均拆借期限、拆借资金周转次数和拆借资金构成统计等。

3. 商业票据市场统计通常按票据的性质、运行的环节及发行票据企业类别等标志进行分组，统计指标主要有票据发行额、票据贴现额、未到期余额等。

4. 债券市场统计通常按发行的机构、期限、投资对象、计息方式、交易市场、交易方式等标志进行分组，统计的主要指标有发行额、发行利率、兑付额、期末余额、成交量、成交额、现券平均价、回购平均利率和债券指数等。

5. 股票市场统计一般按发行对象、发行和上市地区、是否进入交易市场、筹资方式、交易环节、发行企业的行业等标志分组。股票发行市场统计的主要指标有股票的发行数量、发行价格、申购的数量、发行股票企业的数量、筹资额、投资者开户数。股票流通市场交易量统计的主要指标有：流通股本、市价总值、流通市值、成交数量。股票价格指数是指用于表示多种股票平均价格水平及其变动并衡量股市行情的指标。

6. 外汇市场统计一般按组织方式、交易规模、政府对交易的干预程度、外汇买卖交割等标志进行分组，主要统计指标是交易额和汇率。

7. 保险市场统计一般可按保险标的、与投保人有无直接法律关系、经营动机、业务活动和所有制属性等标志进行分组，主要统计指标有保险金额、保费收入、储金、赔偿、给付、保险责任准备金和总资产等。

8. 金融衍生工具市场统计和期货市场统计一般可根据合约每一方是否都是潜在的债务人、标的物（即基础工具）、市场风险类别、交易方式和交易市场等标志进行分组。主要指标有成交量/成交金额、持仓量、标准仓单量、交割量/交割金额、交割率、结算价、头寸、交易保证金、保证金占用比例和平仓盈亏等。

本章重要概念

金融市场　同业拆借市场　票据市场　外汇市场　总拆借额　净拆入（拆出）额　平均每笔拆借额　平均拆借利率　平均拆借期限　商业票据　回购平均利率　股票价格指数　流通股本　市价总值　流通市值　股票成交量　加权平均汇率　保费收入　保险责任准备金　持仓量　交易保证金

复习思考题

1. 简述金融市场统计的主要内容。
2. 简述我国金融市场统计的统计组织和方法。
3. 简述同业拆借市场统计的主要分组和指标。
4. 简述票据市场统计的主要分组和指标。
5. 简述债券市场统计的主要分组和指标。
6. 简述股票发行和流通市场统计的主要分组和指标。
7. 什么是股票价格指数？有哪些主要计算方法？
8. 简述外汇市场统计的主要分组和指标。
9. 简述保险市场统计的主要分组和指标。
10. 简述金融衍生工具市场统计的主要分组和指标。

本章参考文献

1. 杜金富等：《金融市场学》，北京，中国金融出版社，2018。
2. 赵彦云：《金融统计分析》，北京，中国金融出版社，2000。
3. 宋光辉：《金融统计学》，北京，中国统计出版社，2002。
4. 中国人民银行统计司编：《中国金融市场统计》。
5. 米什金（美）、埃金斯：《金融市场与金融机构》，北京，北京大学出版社，2006。
6. Cecchetti S. G.（美）：《货币、银行和金融市场》，北京，北京大学出版社，2007。
7. Madura，J.（美）：《金融市场与机构》，北京，北京大学出版社，2003。

第十五章
数据公布标准

统计数据在生产之后，要为社会公众所了解，并在政府政策制定过程中有效利用，必须通过及时、便捷的途径向社会公布。数据公布是货币与金融政策透明度必不可少的一环。同时，随着经济全球化进程的加快，各国间的交流与合作越来越频繁，为减少摩擦与矛盾，也为加强国际组织对各国经济运行的监测，建立国际通行的统计数据公布标准得到了国际社会的高度重视。为此，国际货币基金组织（International Monetary Funds，IMF）制定了数据发布通用系统（General Data Dissemination System，GDDS）和数据发布特殊标准（Special Data Dissemination Standards，SDDS）。

第一节　透明度与数据发布

一、透明度

政策"透明度"是指在通俗易懂、容易获取和及时的基础上让社会公众了解政策目标，政策的法律、机构和经济框架，政策决定过程及其原理，与政策相关的数据和信息，以及政策制定机构的责任范围。无论是私人部门还是政府机构，统计数据的披露都是提高透明度的一项重要内容。

一般而言，所有的公共性机构都会涉及透明度的问题，例如企业，特别是股份制企业的经营运作与股东的利益休戚相关，经合组织（OECD）就对公司治理中的信息披露和透明度的原则作出明确规定，要求"公司治理框架应确保及时、准确披露公司的所有重大事项，包括财务状况、业绩、所有权和公司的治理。"① 并对信息披露的基本内容、质量标准、外部审计、披露渠道作出了明确的规定。

在现代社会中，政府运作的透明度是国民应有的知情权的体现，甚至是一个国家文明、民主和开放程度的体现。政府部门的运行和宏观政策的制定不但与社会公众的福利最大化休戚相关，而且社会公众对政策目标和政策工具的更多理解，也有利于政策预期效应的实现。在经济全球化的今天，由于全球贸易和融资活动的全球化，对宏观政策的兴趣已跨出一国公众的范围，为国际经济组织、大跨国公司所关注。

---

① IMF：Manual on Fiscal Transparency 2007 Revised Edition，p. 18，Box 3.

针对财政政策和货币金融政策透明度的需要，1999 年 9 月，国际货币基金组织通过《货币与金融政策透明度良好行为准则：原则宣言》，对中央银行和金融监管机构应该努力提高货币和金融政策透明度的目标进行了原则性规定。2007 年国际货币基金组织通过的《财政透明度良好行为准则》修订本，从明确政府财政管理职责、公开预算程序、方便公众获得信息、确保真实性四个方面为财政透明度提供了一个综合框架，并督促其成员国遵守执行。

二、数据的生产与公布

国民经济核算是宏观经济数据的生产体系。国民经济核算最早出现在 20 世纪 40 年代初期的荷兰和英国①，1953 年联合国公布的《国民核算表及补充表体系》（1953 年版 System of National Account，SNA）是国民经济核算体系的第一个国际化标准。在 SNA 发展演变的过程中，曾出现过与之平行存在的物质产品平衡表体系（MPS）。MPS 服务于高度集中的计划经济管理体制的需要，曾在十几个社会主义国家实行过。20 世纪 80 年代后期以来，随着社会主义国家纷纷向市场经济体制转变，国民账户核算体系以其强大的生命力取代物质产品平衡表体系，成为世界各国采用的国民经济核算的通用标准。中国从 1992 年起，逐步转轨采用联合国等编制的 SNA。

SNA 产生和发展的直接动因是国际可比性。SNA 演变的四个版本（1953 年版、1968 年版、1993 年版和 2008 年版）都非常强调统计标准与准则的“国际化”和经济统计的可比性。目前广为使用的 1993 年版本的 SNA 体系称其发展过程反映了“SNA 和其他国际统计标准之间的日趋协调一致”，“包括两条主线——国民经济核算的发展和统计业务的‘国际化’”②。其中心框架至少追求两个目标。首先，通过为一国的国民经济核算人员提供指导，设法帮助该国发展自己的国民经济核算，以避免再去寻找、试验那些别国已经尝试过的做法。其次，它力求在不同国家的国民经济核算账户之间实现国际可比性，以方便世界范围内经济体的经济和社会分析。

SNA 是一个规范国民经济总量指标核算的数据生产体系，其总体框架由一套逻辑严密、协调一致而完整的宏观经济账户、资产负债表组成，它们的基础是一套符合国际惯例的概念、定义、分类和核算规则。经过过去 60 年的发展，在联合国、IMF、OECD 等国际经组织的不懈努力下，截至 2013 年在实体经济部门（包括 GDP 核算、劳动力统计、生产指数和价格指数）、财政部门、金融部门、对外部门（包括国际收支、官方储备资产、商品贸易、国际投资头寸、外债和汇率）、人口统计等领域都已经形成了一整套较为完备的账户体系和统计指导规范③。这些统计账户手册互相补充，协调一致，成为体系。可以说，数据生产体系的国际标准已基本形成并得到了世界各国的认同和使用。

随着经济社会的发展，对统计信息的需求也在不断扩充，统计的内容和范围也在动态发

① 国民经济核算是国民收入统计演化的结果。国民收入统计的产生可追溯到 1665 年英国经济学家威廉·配第对英国当时国民收入的估算。

② 联合国等编，国家统计局国民经济核算司译：《国民经济核算体系（1993）》，7 页，北京，中国统计出版社，1995。

③ SDDS：Internationally Accepted Statistical Methodologies. http：//dsbb. imf. org/Pages/SDDS/StatMethod. aspx.

展、扩展。反思2008年国际金融危机，统计信息缺失（information gaps）使包括经济管理当局（中央银行、金融体系监管者等）在内的经济行为主体无法及时、准确、全面地衡量金融体系风险所在，这是国际经济社会的普遍共识。在20国集团于2009年为应对金融危机、弥补信息缺口的四个方面的建议中（IMF，2009），有三个方面集中在数据收集方面：监测金融体系的风险积聚、提升跨境金融联系的信息、监测国内经济抵御外部冲击的脆弱性。弥补这三方面的数据生产不足，有些需要发展新的统计制度框架，有些需要在既有的统计框架下加强对统计数据的收集。

生产了数据，最终要服务于宏观经济分析、制定经济政策和国际比较的需要，必须要向社会公布。但是，长期以来，国际社会并没有一个标准统一的数据公布系统，各国政府对经济数据公布的时效、范围、渠道、方式以及数据质量的规定各不相同，极大地影响到数据的使用，特别是在国际比较上的使用效果。在中国，由于长期以来对统计数据的使用方面强调保密，强调服务于政府，而对政府统计数据的公共产品的性质认识不够，对政府统计数据的透明度也就重视不够。国际货币基金组织制定的GDDS和SDDS便是目前正在为各国政府所采用的标准统一的两个不同层次的数据公布系统，其在数据的统计核算环节之外，形成了一套为国际社会接收的数据公布规范。

三、IMF制定数据公布标准的背景

随着世界经济全球化的发展，国际贸易和跨国资本流动增加，一国的经济运行与波动也牵涉到其他国家和地区的经济利益和安全，国家间经济联系密切，宏观经济数据分析涉及的范围和广度日益扩大，统计数据的用户多样化，用户需求也多样化。各国的金融统计不仅要服务于本国的经济和金融需要，还要充分考虑国际投资者、国际经济组织对国际经济和国别经济监测分析的需求，对统计范围，特别是涉及市场交易的高频数据的要求越来越广，对统计数据的时效性、一致性和可比性的要求越来越高，统计人员必须以创新的方式来完成其满足用户需求的使命。

20世纪90年代以来，国际经济金融形势与IMF初创时相比，发生了深刻变化，一些区域性金融危机频繁爆发。1994年末，墨西哥发生了严重的金融危机，国际金融市场剧烈动荡。由于IMF没有掌握墨西哥经济金融的统计数据，对危机爆发前金融市场出现的危险征兆未能察觉，反而错误地判断墨西哥经济状况良好，结果危机持续一个多月之后IMF才制订出援助计划和墨西哥经济调整方案。反思墨西哥金融危机中IMF反应迟缓的教训，IMF理事会在1995年4月26日发布公告，要求执董会加强“对成员国的监督”，建立指导成员国向公众提供统计数据的标准。1997年东南亚金融危机使IMF坚定了加强金融稳定监管以及建立和推广数据公布标准的决心。IMF认为经济缺乏透明度是新兴市场经济国家发生金融危机的重要原因，只有在信息充分、制度健全、执法严格的情况下，市场经济才能更好地运作。稳健、透明的宏观经济政策和全面、及时的经济金融数据是降低金融风险的根本保证。

两级数据公布系统GDDS、SDDS正是在这种应对国际金融危机、维护金融稳定的背景下建立的。GDDS针对统计基础薄弱国家的实际，关注数据质量、统计系统的发展计划和数据公布等三个重点领域，以帮助国际货币基金组织成员发展统计系统，生成全面精确的统计数

据，满足世界经济全球化带来的统计需要。SDDS 针对统计基础较好，信息披露程度较高的国家，大多为工业化国家和新兴市场经济国家，以加强各国政策制定者和市场参与者获取关键信息的便利性，从而防范或减轻金融危机。GDDS、SDDS 的建立及随后 20 年的发展，显著地提升了各国经济金融数据的可获得性和可比性。

2008 年国际金融危机的爆发和蔓延更加彰显出国际经济组织和各国间进一步加强数据合作共享的迫切需求。由此，2012 年初 IMF 公布了新的数据公布动议 SDDS Plus，在扩展数据公布范围的同时，对公布数据的质量、公布的频率和时效性提出更加严格的要求。

第二节　GDDS、SDDS 的内容及要求

IMF 制定的数据发布标准分为两个层次：第一层是为那些已经参与或正在谋求参与国际金融市场、统计基础较好的国家制定的标准，1996 年 3 月建立，称之为"数据公布特殊标准"（SDDS）。2012 年 10 月，针对具有系统重要性金融机构的成员国建立了该标准的升级版，即"数据公布特殊标准附加"（SDDS Plus）。第二层为所有尚未达到 SDDS 要求的成员国制定的另外一套标准，1997 年 12 月建立，称之为"数据公布通用系统"（GDDS），并于 2015 年 5 月升级成为"增强版数据公布通用系统"（e－GDDS），所有 GDDS 参与国都自动加入了 e－GDDS。GDDS、SDDS 主要涉及实际、财政、金融、对外和社会人口五大统计部门，具体内容包括数据的特征、数据的质量、数据的完整性和公众获取四个部分，作为各国数据编制和公布系统的目标。

SDDS 和 GDDS 由国际货币基金组织成员国自愿认报参加。截至 2017 年 10 月底，180 个 IMF 成员国中，有 14 个成员国加入 SDDS Plus，74 个国家和地区加入 SDDS，111 个成员国加入 e－GDDS（GDDS）。这些国家和地区必须在国际货币基金组织的数据公布标准公告栏网页①上向公众发布统计结果以及统计工作的改进计划。

一、数据特征：范围、频率和及时性

（一） GDDS 的主要要求

1. 统计范围。GDDS 将国民经济活动划分为五大经济部门：实际部门、财政部门、金融部门、对外部门和社会人口部门。对每一部门各选定一组能够反映其活动实绩和政策以及可以帮助理解经济发展和结构变化的最重要的数据类别和指标体系，并鼓励以适当的、反映成员国需要和能力的频率及及时性来编制和公布指标（见表 15－1、表 15－2）。选定的数据类别和指标分为"规定的"和"受鼓励的"两类。

规定的数据类别包括：（1）来自综合框架中的核心部分，如实际部门的国民账户总量、财政部门的中央政府预算总量、金融部门的广义货币和信贷总量、对外部门的国际收支总量。（2）追踪分析统计类目，如实际部门的各种生产指数、财政部门的中央政府财政收支和

① http：//dsbb. imf. org/pages/gdds/home. aspx.

表 15-1　　　　GDDS 的数据规范：综合框架

核心框架		鼓励编制的指标	频率	及时性
框架	范围、分类和分析框架			
实际部门				
国民经济账户	编制并公布全套的名义和实际国民账户总量和平衡项目，得出国内生产总值、国民总收入、可支配总收入、消费、储蓄、资本形成、净贷款/借款。视具体情况编制和公布部门账户以及国家和部门的资产负债表		年度	10～14 个月
财政部门				
中央政府操作	编制并公布交易和债务的综合数据，强调：（1）包括所有的中央政府单位；（2）使用适当的分析框架；（3）建立一整套详细的分类标准（税收和非税收收入、经常性和资本性支出、国内及国外融资），并视具体情况进行细分（根据债务持有人、债务工具和币种）	广义政府或公共部门操作数据，在地方政府或公共企业运作具有重要分析或政策意义的国家，尤其鼓励编制这些指标	年度	6～9 个月
金融部门				
存款性公司概览	编制和公布综合的数据，强调：（1）包括所有的存款性公司；（2）使用适当的分析框架；（3）建立对外资产和负债、按部门分类的国内信贷以及货币（流动性）和非货币债务构成的分类标准		月度	2～3 个月
对外部门				
国际收支	编制并公布国际收支总量和平衡项目的综合数据，包括：货物和服务的进出口、贸易差额、收入和经常性转移、经常账户余额、储备和其他金融交易、总余额，并视具体情况进行细分	国际投资头寸（IIP）	年度	6～9 个月

债务统计、金融部门的中央银行分析账户、对外部门的国际储备和商品贸易统计。（3）与该部门相关的统计指标，如实际部门的劳动市场和价格指数统计。（4）社会人口数据，包括人口、教育、卫生等方面统计。

除规定的数据类别以外，GDDS 鼓励成员国发布更多的统计信息，以增强成员国经济实绩和政策的透明度。如实际部门列出储蓄、国民总收入指标，财政部门列出利息支付，金融部门列出股票价格等。

2. 公布频率。公布频率是指统计数据编制发布的时间间隔。统计数据的公布频率需要根据调查、编制的工作难度和使用者的需求来决定。GDDS 鼓励改进数据的公布频率，对列出的数据类别的公布频率作了统一规定。例如，GDDS 要求国民账户体系、国际收支平衡表按年公布，广义货币概览按月公布，汇率则每日公布。

3. 公布及时性。公布及时性是指统计数据公布的速度。统计数据公布的及时性受多种因素制约，如资料整理和计算手续的繁简，数据公布的形式等。GDDS 规定了间隔的最长时限。如按季度统计的 GDP 数据规定在下一季度内发布，按月度统计的生产指数规定在 6 周至 3 个月内公布。GDDS 将选定的数据类别分为规定性和鼓励性两类，给予成员国公布统计数据一定的灵活性。鼓励类是要成员国争取发布的，条件不具备的可以暂不发布。

表 15－2　　GDDS 的数据规范：数据类别和指标

数据类别	核心指标	鼓励编制的指标	频率	及时性
实际部门				
国民经济账户	国内生产总值（名义和实际）	国民总收入、资本形成、储蓄	年度 （鼓励季度）	6～9 个月
生产指数	制造业或工业指数 初级产品、农业或其他指标（视具体情况）		月度 视具体情况	所有指标 都为 6～12 周
价格指数	消费者价格指数	生产者价格指数	月度	1～2 个月
劳动力市场指标	就业、失业，工资/收入（视具体情况）	按年龄、性别、就业率、职位、产业分布等进行实地分类	年度	6～9 个月
财政部门				
中央政府总量	收入、支出、差额和融资，视具体情况进行细分（根据债务持有人、债务工具和币种）	利息支付	年度	1 个季度
中央政府债务	内债和外债，视具体情况适当细分（按币种、期限、债务持有人和债务工具）	政府担保的债务	年度 （鼓励季度）	1～2 个季度
金融部门				
广义货币和信贷总量	对外净头寸、国内信贷、广义或狭义货币		月度	1～3 个月
中央银行总量	储备货币		月度	1～2 个月
利率	短期和长期政府债券利率、政策性可变利率	货币或银行间市场利率及一系列存贷款利率	月度	高频率（如月度）出版物的一部分
股票市场		股票价格指数，视具体情况	月度	高频率（如月度）出版物的一部分

（二） SDDS 的主要要求

1. 统计范围。SDDS 将国民经济活动划分为以下经济部门：实际部门、财政部门、金融部门、对外部门，人口数据也需按规定予以公布。与 GDDS 一样，SDDS 对每一部门各选定一组能够反映其活动实绩和政策以及可以帮助理解经济发展和结构变化的最为重要的数据类别。与 GDDS 数据分类目的相似，SDDS 将选定的数据类别分为："规定的""受鼓励的"和"视相关程度"三类（见表 15－3）。

表 15－3　　　　　　　　SDDS 的数据规范：数据类别和指标

范围			频率	及时性
规定性指标		鼓励项目		
类别	分项	类别和/或分项		
实体部门				
国内生产总值：名义国内生产总值、实际国内生产总值和相关的价格或价格指数	基于当前价格的国内生产总值和基于物量的国内生产总值（采用生产法），含细分项；或基于当前价格的国内生产总值和基于物量的国内生产总值（采用支出法），含细分项	储蓄；国民总收入	季度	1 个季度
一个/多个生产指数	相关的工业、初级商品或部门生产指数		月度（如相关）	6 周（如相关）（鼓励 1 个月）
	前瞻性指标，如涵盖工业生产或投资、零售和通胀预期的指标		月度或季度	
		部门资产负债表是一套只具有国际可比性的部门资产负债表，金融资产和负债部分侧重于金融法人公司子部门细节信息，并使用 2008 年《国民账户体系》标准的工具分类	季度	1 个季度
劳动力市场	如相关，涵盖就业； 如相关，涵盖失业；以及 如相关，涵盖工资/收入		季度（如相关）	1 个季度（如相关）
价格指数	消费者价格；以及生产者或批发价格		月度	1 个月
财政部门				
广义政府操作（或在相关时的公共部门运营）	对于采用《政府财政统计手册（1986 年）》框架（GFSM 1986）的接受国： 收入。 支出。 差额（赤字/盈余）。 总融资，分为： （1）国内融资（银行、非银行）； （2）国外融资	对于采用《政府财政统计手册（1986 年）》框架的接受国： 利息支出，作为支出的分项单独列示； 单列的公共企业融资	年度（鼓励季度）	2 个季度（鼓励 1 个季度）

续表

<table>
<tr><th colspan="3">范围</th><th rowspan="3">频率</th><th rowspan="3">及时性</th></tr>
<tr><th colspan="2">规定性指标</th><th>鼓励项目</th></tr>
<tr><th>类别</th><th>分项</th><th>类别和/或分项</th></tr>
<tr><td></td><td>如果无法分为国内（银行、非银行）融资和国外融资，则按以下方面划分：
期限，及以下二者之一；
工具；或者
发行货币</td><td></td><td></td><td></td></tr>
<tr><td></td><td>对于采用2001年《政府财政统计手册》框架（GFSM 2001）的接受国，另有规定</td><td></td><td></td><td></td></tr>
<tr><td></td><td></td><td>指名义值计算的广义政府总债务（按债务工具、计值货币和债权人居民地划分）；对于备忘项，广义政府债务证券和贷款按剩余期限划分，债务证券总额按市场价值计算</td><td>季度</td><td>4个月</td></tr>
<tr><td rowspan="2">中央政府操作</td><td>对于采用1986年《政府财政统计手册》框架的接受国：
收入。
支出。
差额（赤字/盈余）。
总融资，分为：
（1）国内融资（银行、非银行）；和
（2）国外融资。
如果无法分为国内（银行、非银行）融资和国外融资，则按以下方面划分：
（1）期限，及以下二者之一；
（2）工具；或者
（3）发行货币</td><td>对于采用1986年《政府财政统计手册》框架的接受国：
利息支出，作为支出的分项单独列示；
单列的公共企业融资</td><td>月度</td><td>1个月</td></tr>
<tr><td>对于采用《政府财政统计手册（2001年）》框架的接受国，另有规定</td><td></td><td></td><td></td></tr>
</table>

续表

范围			频率	及时性
规定性指标		鼓励项目		
类别	分项	类别和/或分项		
中央政府债务	总项，细分项按以下方面划分 期限；以及 居民地（国内、国外）；或者 工具；或者 发行货币 如相关，涵盖由中央政府担保的非中央政府债务 对于采用《政府财政统计手册(2001年)》框架的接受国，另有规定	偿债预测数据： 中期和长期债务的预测利息和摊销支出——按季度提供未来四个季度的预测，之后则按年提供；以及 短期债务偿还的季度预测数据 对于采用《政府财政统计手册（2001年)》框架的接受国，另有规定	季度	1个季度
金融部门				
存款类公司概览(以前称为银行部门分析账户)	广义货币（如，M_3)； 国内债权，分为： (1a）对广义政府（包括中央、州和地方政府）的净债权；或 (1b）对非金融公共部门的债权（前提是公共部门运营代表了财政部门的综合框架)。和 (2）对其他居民部门的债权；以及 净国外资产；或者 总国外资产； 总国外负债	较狭义的（排序较低的）货币总量（如 M_1 和 M_2)； 对其他居民部门的债权，分为： (1）其他金融法人公司； (2）公共非金融法人公司（故国公布对非金融公共部门的债权，则不适用)； (3）其他非金融法人公司；以及 (4）其他居民部门	月度	1个月
中央银行概览（以前称为中央银行分析账户)	基础货币。 国内债权，分为： (1a）对广义政府（包括中央、州和地方政府）的净债权；或 (1b）对非金融公共部门的债权（前提是公共部门运营代表了财政部门的综合框架)。和 (2）对其他居民部门的债权；以及 净国外资产；或者 总国外资产； 总国外负债	对其他居民部门的债权，分为： (1）其他金融法人公司； (2）公共非金融法人公司（故国公布对非金融公共部门的债权，则不适用)； (3）其他非金融法人公司；以及 (4）其他居民部门	月度 （鼓励每周）	2个月 （鼓励两周）

续表

范围			频率	及时性
规定性指标		鼓励项目		
类别	分项	类别和/或分项		
利率	短期和长期政府证券利率；以及政策导向型利率（如中央银行贷款利率或贴现利率）	一系列有代表性的存贷款利率	每天	*
		金融稳健指标（FSIs） 一级监管资本与风险加权资产之比； 一级监管资本与资产之比； 扣除拨备之后的不良贷款与资本之比； 不良贷款与总贷款之比； 资产回报； 流动资产与短期负债之比； 外汇净敞口头寸与资本之比	季度	1个季度
股票市场	如相关，涵盖股票价格指数		每天	*
对外部门				
国际收支	经常账户，分为： （1）货物：出口； （2）货物：进口； （3）服务：贷记； （4）服务：借记； （5）收入：贷记； （6）收入：借记； （7）经常转移：贷记；以及 （8）经常转移：借记 资本账户，分为： （1）资本账户：贷记；和 （2）资本账户：借记	根据国际货币基金组织《国际收支和国际投资头寸手册》最新版的标准分项进行划分	季度	1季度
	金融账户，分为： （1）对外直接投资； （2）在报告经济体的直接投资； （3）证券投资，资产； （4）证券投资，负债； （5）其他投资，资产； （6）其他投资，负债；以及 （7）储备资产。 净误差与遗漏	在金融账户下，单独列报金融衍生工具数据；包括资产和负债数据		

续表

<table>
<tr><td colspan="3">范围</td><td rowspan="3">频率</td><td rowspan="3">及时性</td></tr>
<tr><td colspan="2">规定性指标</td><td>鼓励项目</td></tr>
<tr><td>类别</td><td>分项</td><td>类别和/或分项</td></tr>
<tr><td>官方储备资产</td><td>官方储备资产总额，分为：
（1）外币储备；
（2）基金组织储备头寸；
（3）特别提款权；
（4）黄金；以及
（5）其他储备资产</td><td></td><td>月度
（鼓励每周）</td><td>1 周</td></tr>
</table>

注：* 表示由于该类数据也可从广泛的非官方来源获得，因此使用者对官方的编制发布时间不是很敏感。

“规定的”数据类别包括：（1）综合统计框架，如实际部门的国民账户、财政部门中的广义政府或公共部门的运作、金融部门中银行部门的分析账户以及对外部门中的国际收支账户。（2）跟踪性指标，如实际部门中的生产指数、财政部门中的中央政府操作数据、金融部门的中央银行概览、对外部门的国际储备和商品贸易数据以及外债统计、官方储备资产等。（3）与部门有关的其他数据种类，例如实际部门的劳动力市场和价格统计、金融部门中的利率和对外部门中的汇率等。

除必须公布的数据外，特殊标准还提供了一些“受鼓励的”指标和“视相关程度”指标。如国民账户中的储蓄、国内总收入是受鼓励的指标，股票市场中的股票价格指数为视相关程度指标。

与 GDDS 数据分类目的相似，SDDS 将选定的数据类别分为三类，也是给予成员国公布统计数据一定的灵活性。其中，“视相关程度”一类是指如果成员国认为该项统计不符合本国实际，可不编制发布，而不会被认为未遵守数据公布特殊标准。

2. 公布频率。SDDS 规定了每类数据的编制频率，对参与国提出了较高的要求，如利率、汇率数据需每天公布。这样做的目的是为了使成员国以最快的频率向社会公布统计信息，从而加强社会公众对经济运行的理解和把握。

3. 公布及时性。SDDS 以“不晚于”的方式规定了数据公布时滞长度，并且鼓励对以下六类数据采用比规定更短的时滞：实际部门中的生产指数、财政部门中的广义政府操作、金融部门中的中央银行概览、对外部门中的储备模板、商品贸易和国际投资头寸。

（三）SDDS Plus 的主要动议

2012 年 IMF 提出新的数据公布动议 SDDS Plus，与 SDDS 相比，其在数据质量、数据完整性和公众获取层方面的内容和要求基本一致。但在数据规范方面，增加了涉及实体、财政、金融和对外部门的九种数据类别：一是部门资产负债表；二是广义政府运作；三是广义政府债务总额；四是其他金融机构概览；五是金融稳健指标；六是债务证券；七是协调组合投资概览（Coordinated Portfolio Investment Survey）；八是协调直接投资概览（Coordinated Direct Investment Survey）；九是外汇储备货币构成（该数据只提供给基金，不对外公布）。此外，SDDS Plus 在数据公布的频率和及时性上也对参与国提出了更高要求（见表 15 -4）。

表 15-4　　SDDS 和 SDDS Plus 的数据规范比较

项目	SDDS Plus 必须增加的		频率要求		及时性要求	
	数据类别	规定性的指标	SDDS	SDDS Plus	SDDS	SDDS Plus
实际部门	部门资产负债表	非金融性公司、金融公司、广义政府、住户和为住户服务的非营利机构的资产负债表		季度		1 季度
财政部门	广义政府操作	交易净值（收入、支出）；非金融资产交易；金融资产和负债交易	年度	季度	2 个季度	12 个月
	广义政府债务	债务总额：按债务工具类型分类；按结算货币分类；按债权人居住地分类	年度	季度	2 个季度	4 个月
金融部门	其他金融机构概览	国外净资产；国内债权；存款性金融公司负债；其他国内负债；股份和其他股东权益		季度		1 个季度
	金融稳健性指标	法定一级资本与风险加权资产之比；法定一级资本与总资产之比；不良贷款扣除特定损失准备后的净额与总资产之比；不良贷款与贷款总额之比；资产回报率；流动资产与短期负债之比；不动产价格	季度	季度	1 个季度	1 个季度
	债券	持有的债券：非金融公司；金融公司；广义政府、住户部门和为其服务的非营利机构；所有居民；暂住户；所有持有人		季度		1 个季度
对外部门	协同组合投资概览	股票；债券；长期债券；短期债券；投资组合资产总额		半年度		7 个月
	协调直接投资概览	直接投资头寸总额；股票头寸净值；债券头寸净值；债券资产；债券负债		年度		9 个月
	外汇储备币种构成	外汇储备总额；美元、欧元、日元、英镑、瑞士法郎以及其他外汇储备		季度		1 个季度

IMF 表示欢迎 SDDS 参与国自愿加入 SDDS Plus，但同时指出 SDDS Plus 的主要目标是 25 个拥有系统重要性金融部门的经济体（包括中国和中国香港特别行政区），其设想在 2019 年之前 SDDS Plus 得到全面的遵守。

二、公布数据的质量

统计质量是个难以界定、不易评估的概念。为了让数据使用者能对数据质量作出评估，GDDS、SDDS 选定以下两条规则作为评估统计数据质量的标准：提供统计数据的文字说明和提供统计数据的交叉检验。

一是成员国提供数据编制方法和数据来源方面的资料。同时也鼓励成员国公布关于数据质量特征的重要说明（例如，数据可能存在的误差类型、不同时期数据之所以不可比的原因、调查数据的范围或调查数据的样本误差等）。

二是提供统计类目核心指标的细项内容、与其相关的统计数据的核对方法，以及支持数据交叉复核并保证合理性的统计框架。为了支持和鼓励使用者对数据进行核对和检验，规定在统计框架内公布有关总量数据的分项，公布有关数据的比较和核对。统计框架包括会计等式和统计关系。比较核对主要针对那些跨越不同框架的数据，例如，作为国民账户一部分的进出口和作为国际收支一部分的进出口的交叉核对。

SDDS 额外规定，参与国还应公布数据统计方法文档，以说明与国际通行标准间存在的偏差。另外，鼓励参与国利用公认的数据质量评估工具如国际货币基金组织发布的数据质量评估框架进行数据质量评估。每 7 ~ 10 年应进行一次重新评估。

与数据质量密不可分的是制定和公布改进数据的计划。改进计划应包含所有存在数据缺陷的部门。统计当局应表明下述立场中的一个：（1）针对已发现缺陷的改进计划；（2）最近实施的改进措施；（3）认定不需再改进。

三、公布数据的完整性

为了监督统计数据的完整性，GDDS、SDDS 规定了四条检查规则：

一是成员国必须公布编制统计数据依据的条件和规定，特别是为信息提供人保密的规定。统计机构进行统计所依据的条件和规定可以有多种形式，例如统计法、章程和行为规则，收集数据的法律权限，向公众发布所收集数据的要求等。为信息提供人保密是保证使用者信任官方统计的客观性的关键所在，GDDS、SDDS 建议在国家的统计立法和统计主管官员权限中反映，或者明文规定官方必须为个人调查答卷保密。

二是关于数据公布前政府机构从内部获取数据的说明。GDDS、SDDS 要求开列数据编制机构以外的、可以在数据发布前获得数据信息的政府人员名单及职位，以及这些人据以获取数据的时间表。这项规定的目的是为了将政府内部提前发布必要数据的机制更加公开透明，以及让公众知道在数据公布前是否可能存在对数据的不当影响。

三是政府部门在数据公布时的评述。列出数据发布后哪些政府部门有资格进行评论，因为政府部门的评述不一定像官方统计编制机构那样具有很高程度的客观性，政府部门对数据的评论往往带有政治偏见。这种做法的目的是使公众充分了解数据来源的透明度。

四是必须提供数据修正方面的信息并提前告知统计方法的重大修改。此项规范要求统计数据编制机构提供过去所做的修正以及今后可能修正的主要原因的信息，包括进行修正所遵循的原则和修正以往数据的幅度。在建立统计制度过程中，统计方法会发生变化，对此，可以采取多种形式予以事先通知，至少应在最后一次公布未修改数据时作简短说明，指出将要作出何种修改以及从何处可以获取更详细的信息。

四、公众获取

官方统计数据的公布是统计数据作为一项公共产品的基本特征之一，及时和机会均等地获得统计数据是公众的基本要求。SDDS、GDDS 对此制定了两项规划：

一是成员国要预先公布各项统计的发布日程表。预先公布统计发布日程表既可方便使用者安排利用数据，又可显示统计工作管理完善和数据编制的透明度。

二是统计发布必须同时发送所有有关各方。数据是有价值的商品，统计数据发布应体现公平原则，当局应至少提供一个公众知道的数据发布路径，数据一经发布，公众就可以公平地获得。发布时可先提供概括性数据，然后再提供详细数据。

五、SDDS 与 GDDS 的比较

SDDS 和 GDDS 两级标准的总体要求基本一致，在内容方面都囊括了五大宏观经济部门的数据。在数据的范围、频率和及时性方面对每一部门都选定了一些能够反映成员国经济运行效率和政策效率的数据类别及指标，统一规定了这些指标的公布频率和及时性；在数据的质量方面都要求成员国向公众公布数据编制方法，提供统计文字说明记录和统计数据交叉检验的统计框架来评估统计质量；在数据公布的完整性方面都要求成员国提供官方统计的法律制度、政府部门的数据公布时的评论和数据调整情况，提前公布统计方法制度的修改和调整；在公众可获得性方面都要求成员国事先公布数据发布日程表，按同一时间向社会公众发布统计数据。

SDDS 和 GDDS 的区别在于两者在具体的操作上又有所不同。SDDS 对数据的覆盖范围、频率和时效比 GDDS 的频率要求更精确、更具体，其重点是频繁和及时地公布数据。因此，SDDS 对一国的统计实践要求很高，其参加国一般已经达到很高的数据质量标准，统计框架已经很充分和全面；而 GDDS 强调改进数据，向更高的质量、更快的频率和更高的时效努力。提高数据质量是 GDDS 的核心，对统计基础薄弱的发展中国家而言，GDDS 更具有现实意义。

由于 SDDS 和 GDDS 的框架大致相同，其统计数据的核心框架和核心指标基本一致，只是在公布频率和公布及时性方面有些差异，GDDS 可以作为实现 SDDS 的桥梁或跳板。

第三节　GDDS、SDDS 与中国金融统计

一、GDDS 与中国金融统计

2002 年 4 月 25 日，中国政府宣布加入 GDDS。随后，根据 GDDS 相关要求，中国的金融统计工作发生了一系列变化。一是将 GDDS 作为本国经济金融、社会人口统计数据编制和发布的框架；二是就 GDDS 事宜与国际货币基金组织（IMF）建立了官方协调沟通机制；三是以规定格式提供元数据，并在数据公布标准公告栏（DSBB）上发布最全面的数据诠释和统计改进计划。其中，人民银行建立了金融统计数据公布时间表制度，向公众发布下一年度数据披露的频率、时间和内容等。

加入 GDDS，是我国统计能力持续发展，统计制度不断完善的必然结果，也是适应经济

全球化，提升宏观经济治理水平的必然需要，具有重大意义。首先，推进了我国统计制度改革，提高了宏观经济统计数据的国际可比性和透明度；其次，加入GDDS也有利于更清楚地了解我国宏观经济状况，为宏观经济决策提供可靠依据，有利于防范和化解风险。

在加入GDDS初期，中国实际、财政、金融、对外和社会人口等五大部门的统计数据的编制和发布工作与国际通行还存在一定的差距。这些差距表现在统计数据的范围、频率和及时性以及公布数据的质量、数据的完整性和公众获取等方面。

例如，实际部门下的GDP核算只公布现价绝对量和可比价增长速度，未公布可比价GDP绝对量；只核算累计季度GDP而未分季度；地方和全国GDP数据之间存在较大差异。劳动力市场统计也与国际通行做法差距较大：就业统计无法包括非正规部门的人员，对农村一直没有准确的劳动力统计数据；工资报酬方面，中国是按“单位”统计，国际上是按企业和住户统计。另外，劳动力市场统计也未向公众提供用来评估数据质量的相关资料，有关数据修正、统计方法的重大修改方面的信息一般也不提供。财政部门下没有严格按照政府财政统计方法，将财政收入区分为正常财政收入、赠款收入、贷款归还收入、转移支付收入和债务收入；没有将财政支出划分为正常财政支出、政策性贷款支出、债务还本付息支出和转移支付支出；也难以区分国债、地方债和外债及其对应的政府支出。此外，在数据公布的质量、完整性和公众获取方面，透明度都还不够高。

为此我国也付出了一系列努力以弥合差距。例如，制定了《中国GDDS工作规则》以改进官方统计工作，采取了一系列措施与国际标准接轨；改进国民经济核算体系，健全价格指数统计，改善数据生产方式等。我国的金融统计水平快速提升。

二、SDDS与中国金融统计

2014年11月，习近平总书记在G20峰会上郑重承诺中国将采纳SDDS标准。此后，我国成立了部际SDDS工作领导小组及办公室，推动财政、金融、外贸及其他相关政府部门统计工作的新变化。一是改进统计制度，如国家统计局在网站上建立了国家数据汇总页，并从2015年9月起发布分季度GDP数据；二是完善统计指标，如人民银行和外汇管理局从7月起发布官方储备资产、国际储备与外币流动性数据模板和全口径外债数据，财政部发布分季度中央政府债务数据；三是提升公众获取便利性，丰富数据查询获取渠道。2015年10月6日，中国正式宣布采纳国际货币基金组织SDDS。

金融统计是人民银行履行职能的基础，因此在采纳SDDS标准的过程中，人民银行发挥了基石作用。一是从提升数据质量入手，推进信息基础设施建设。人民银行不断推进统计工作创新和基础设施建设，一批新型统计系统上线运行，在深度整合信息资源基础上充分信息共享。二是从提升公众获取数据完整性入手，加强统计数据发布标准化建设。人民银行按照不同需求和用途产出多种调查统计资料，通过官网主页、《中国人民银行年报》等渠道向公众发布。目前，在互联网发布的统计数据已从最初的7张单项表扩展到六类30张中英文对照表，发布的频率、内容和流程都更加规范。自2015年7月起，按月更新数据并发布未来3个月数据公布日程预告。三是从提升数据规范和宏观决策能力入手，丰富统计数据和资料范围。例如，人民银行根据IMF标准，将金融性公司划分为存款性公司和其他金融性公司，后又将存款性公司分为货币当局和其他存款性公司，完善了金融部门下的指标。2015年7月开始公布的官方储备资产和国际储备与外币流动性数据，更好地反映了人民币金融资产境外流向，进一步完善了宏观审慎管理框架。

三、中国金融统计的数据公布

（一） 数据特征：范围、频率和及时性

由表15－5可以看出，中国金融统计在数据的公布范围上已经完全满足SDDS的指导规范要求。在数据公布频率方面，就业数据、平均工资的公布频率尚未达到标准；在数据公布及时性方面，广义政府操作尚未达到标准。

表15－5　　　　中国金融统计数据特征

SDDS数据类别	数据范围是否符合SDDS	频率要求		及时性要求	
		SDDS	中国	SDDS	中国
国民账户	是	季度	季度	1个季度	15天
生产指数	是	月度	月度	6周（鼓励按月）	20天
劳动力市场：就业	是	季度	年度	1个季度	25天
劳动力市场：失业	是	季度	季度	1个季度	1个月
平均工资	是	季度	年度	1个季度	5个月
消费者价格指数	是	月度	月度	1个月	13天
生产者价格指数	是	月度	月度	1个月	9天
广义政府操作	是	年度	年度	2个季度	不晚于7个月
中央政府操作	是	月度	月度	1个月	25天
中央政府债务	是	季度	季度	1个季度	1个季度
存款性公司概览	是	月度	月度	1个月	4周
中央银行概览	是	月度（鼓励按周）	月度	2周（鼓励按周）	2周
利率	是	每天	每天	每天	每天
股票指数	是	每天	每天	每天	每天
国际收支	是	季度	季度	1个季度	1个季度
官方储备资产	是	月度（鼓励按周）	月度	1周	1周
储备模板	是	月度	月度	1个月（鼓励按天）	1个月
商品贸易	是	月度	月度	8周（鼓励4～6周）	13天
国际投资头寸	是	季度	季度	1个季度	1个季度
对外债务	是	季度	季度	1个季度	1个季度
汇率	是	每天	每天	每天	每天
人口	是	年度	年度		3个月

（二） 公布数据的质量

数据诠释是提高和把握数据质量的具体体现。为提高数据质量并让数据使用者能对数据质量作出评估，SDDS要求：（1）公布有关在统计筹备过程中使用的数据统计方法；（2）提供统计交叉检验方法和合理性保证；（3）在数据诠释中公布与国际通行方法之间的差异。中国金融统计分析框架、概念、定义和分类，基本按IMF的《货币与金融统计手册》执行，并

在 IMF 的数据公布标准公告栏中发布中国金融统计数据诠释。

（三）公布数据的完整性

中国的《统计法》对统计单位与上级部门之间的关系，收集数据的法律权限，数据保密等已有规定；数据的保密问题也在《中国人民银行法》《金融业监管法》《商业银行法》等相关法律中体现。在数据公布前获得数据信息的政府部门、人员，统计部门有具体规定，但未对公众公开列出。中国金融统计数据在公布的同时，附有统计部门的数据说明，但未规定哪些部门有资格进行评论。对于“提前通知统计方法的重大修改”的要求，中国统计尚在改进之中。中国对金融统计数据的修订政策有时进行概念性的说明，但未公布过项目、指标等细节，修订前后数据变动规模也仅限于一些总量指标，未涉及细化指标。

（四）公众的获取

在统计指标的“公布和公众获取”上，中国金融统计也有较大改进，公布了数据发布的年度时间表，且通过人民银行网页、《金融时报》《中国人民银行季报》《中国人民银行年报》以及 IMF 公开出版的《国际金融统计（IFS）》等多种载体公布月度金融统计数据。

第四节　对统计数据透明度标准的评价

推行和采用数据透明度标准无论是对一国国内经济运作效率和政府政策可信度的提高，还是对国际化进程的推进和国际金融体系的稳定都具有积极的作用。但是，数据透明度计划的实施，也使参与国，特别是发展中国家面临较大的信息披露压力。

一、推行和采用数据透明度标准的积极作用

首先，有利于充分发挥信息这一生产要素在现代市场经济中的重要作用。随着全球贸易和融资安排不断演变及市场的复杂化，信息的准确、及时、高效和充分交流与共享，能极大地提高市场配置资源的效率。推行和采用数据透明度标准，由权威机构通过收集、整理和公布信息乃至解决信息不完全和不对称的信息约束问题，从而避免信息误导、提高市场参与者的信息共享度，有利于减少不确定性。

其次，有助于维护金融体系稳定，未雨绸缪，防患危机于未然。尽管 20 世纪 90 年代以来一些新兴市场经济国家发生的金融危机不能完全归咎于危机国家经济政策缺乏透明度，但是，信息缺口的存在和这些国家数据透明度不足是发生金融危机的重要原因之一。推行和采用数据透明度标准，有助于加快建立和检验各类经济金融实证模型，提高投资者和行政当局对风险的识别能力，及时调整经济政策，从而促进国际金融体系的稳定，尽最大可能避免经济金融危机的再度发生。

再次，可以推动经济全球化进程。制定、传播和采纳国际公认的标准或良好做法准则，各国经济金融信息的发布遵循同一个国际通行标准，使国际市场参与者彻底摆脱特定国家特殊统计实践的困扰，在同一数据透明度标准指引下在全球范围内进行经济决策，从而加快经济全球化的进程。

最后，可以促使成员国当局在外部压力驱使下更加努力提高信息披露水平，相应提高其

所制定政策的可信度，从而更加有利于增强市场信心和树立成员国当局在国际国内市场中的良好形象，降低其在国际市场上的筹资成本，吸引国际投资。

二、推行和采用数据透明度标准的消极作用

从原则上说，各国可以自愿遵守和执行这些标准。但是国际社会实际上又通过各种方式，对成员国遵守准则和国际标准的情况进行评估，并作为申请使用 IMF 资源和进入国际市场融资、进入发达国家金融服务市场甚至成为国际证券委员会组织（IOSCO）和巴塞尔银行监管委员会接纳新成员时的参考条件。各成员国为进入国际市场，在提高透明度问题上不得不作出某些让步。

从发起的背景与目前实际情况看，IMF 推出数据透明度计划在相当程度上是迫于部分发达国家的推动和压力。发达国家在全球推行透明度计划的实质是为了维护其国内的私人部门在发展中国家投资的权益和安全。国际金融机构利用数据公布标准充当起国际评级机构的角色，成为国际组织监督目标的一部分，使得成员国面临较大的信息披露压力，对发展中国家在国际市场上的融资将造成较大程度的负面影响。特别是对新兴市场经济体而言，由于历史文化的差异，其大多统计能力不足，参与国际标准制定的机会和能力不够，很难在一个统一的框架下维护自身利益，不可避免地导致成员国自主权的丧失。

三、统计数据透明度标准对中国的实际意义

20 世纪 90 年代以来，中国的综合国力迅速提高，中国经济日益融入世界，世界也更多地关注中国。改革开放并渐进地走向市场经济的中国统计不但需要有国际性的语言（SNA 核算体系）生产数据，更应采用国际性的语言向国内外公众公布数据。如果采用了 SNA 的全部概念、定义、分类和核算规则，而在统计结果发布的及时性、数据质量、透明度和公开性方面不能与国际标准一致，将会影响中国统计数据的声誉和中国统计在世界组织中的地位。

中国推行和采用统计数据透明度标准，有利于中国参与国际分工与合作，进一步扩大对外开放，融入世界经济全球化和金融市场一体化的发展潮流中去；有利于摸清中国综合国力水平，提高政策制定水平、强化金融监管及防范和化解金融风险；有利于深化统计体制改革，提高中国统计工作的质量和水平，提高中国经济的透明度和统计数据的可靠性与国际可比性，树立透明、高效的政府形象。

从近期看，透明度问题对中国不会造成实质性影响，所有标准和准则都是“软约束”。但是从中长期看，如果全面推行和采用透明度标准，尽管中国不是 IMF 的借款国，无疑也会给中国造成较大的信息披露压力，增加当局的政策操作难度。对于目前已被部分国家采纳使用的 SDDS Plus，中国统计制度框架还存在较大差异，有些数据，如外汇储备结构，事关中国货币政策和汇率政策战略和自身投资利益，也不宜对外公布过细，不宜片面地执行发达国家所倡导的这些标准和准则，增加透明度。基于以上考虑，对透明度问题我们应采取坚持自愿、区别对待、循序渐进、避免风险的原则，趋利避害，处理好透明度、保密性和国家独立性之间的关系。

本章小结

1. 统计数据的披露是宏观政策透明度的一项重要内容，也是实现数据生产目的的自然延伸。

2. 国际货币基金组织制定的 GDDS 和 SDDS 是标准统一的两个不同层次的数据公布系统。建立数据公布标准的目标是为了规范 IMF 成员国经济和金融统计数据的生产和发布，提高统计数据的质量，增加统计数据的透明度，提高各国统计数据的可比性。

3. GDDS、SDDS 主要涉及实际、财政、金融、对外和社会人口五大统计部门，具体内容包括数据的特征、数据的质量、数据的完整性和公众获取四个部分。提高数据质量是 GDDS 和 SDDS 的核心。

4. 中国于 2015 年加入 SDDS，金融统计方法与数据发布符合 SDDS 要求。为此，人民银行在提升数据质量和规范、公众获取数据完整性和支持宏观决策能力等方面发挥了基石作用。

5. 推行和采用数据透明度标准，有利于市场参与方的信息共享，提高政策制定水平，推动经济金融危机预警系统的建设，但也使参与国面临较大的信息披露压力。

本章重要概念

透明度　SNA　GDDS　SDDS　数据公布频率　数据公布及时性　公布数据的质量　公布数据的完整性

复习思考题

1. 为什么要在政府宏观经济数据的公布上采用透明度的标准？
2. 国际货币基金组织制定数据公布系统的缘由是什么？
3. 如何认识加入国际社会的数据公布系统对中国的影响？
4. GDDS 对金融统计数据公布的主要内容是什么？
5. 简述 GDDS 与 SDDS 的区别与联系。

本章参考文献

1. IMF（2000）. The Code of Good Practices on Transparency in Monetary and Financial Policies，Washington，D. C.：IMF.

2. IMF（2007a）. The Special Data Dissemination System：Guide for Subscribers and Users，Washington，D. C.：IMF.

3. IMF（2007B）. The General Data Dissemination System：Guide for Participants and Users，Washington，D. C.：IMF.

4. IMF（2007C）. Manual on Fiscal Transparency，2007 Revised Edition，Fiscal Affairs Dept.，IMF，Washington，D. C.：International Monetary Fund.

5. IMF. The Financial Crisis and Information Gaps：Report to the G－20 Finance Ministers and Central Bank Governors；Prepared by the IMF Staff and the FSB Secretariat，October 29，2009.

6. IMF. Eighth Review of the Fund's Data Standard Initiatives：Washington，D. C.：IMF，January 31，2012.

21 世纪高等学校金融学系列教材

一、货币银行学子系列

书名	作者		定价	出版时间
★货币金融学（第四版）	朱新蓉	主编	56.00 元	2015.08 出版
（普通高等教育“十一五”国家级规划教材/国家精品课程教材·2008）				
货币金融学	张　强　乔海曙	主编	32.00 元	2007.05 出版
（国家精品课程教材·2006）				
货币金融学（附课件）	吴少新	主编	43.00 元	2011.08 出版
货币金融学（第二版）	殷孟波	主编	48.00 元	2014.07 出版
（普通高等教育“十五”国家级规划教材）				
货币银行学（第二版）	夏德仁　李念斋	主编	27.50 元	2005.05 出版
货币银行学（第三版）	周　骏　王学青	主编	42.00 元	2011.02 出版
（普通高等教育“十一五”国家级规划教材）				
货币银行学原理（第六版）	郑道平　张贵乐	主编	39.00 元	2009.07 出版
金融理论教程	孔祥毅	主编	39.00 元	2003.02 出版
西方货币金融理论	伍海华	编著	38.80 元	2002.06 出版
现代货币金融学	汪祖杰	主编	30.00 元	2003.08 出版
行为金融学教程	苏同华	主编	25.50 元	2006.06 出版
中央银行通论（第三版）	孔祥毅	主编	40.00 元	2009.02 出版
中央银行通论学习指导（修订版）	孔祥毅	主编	38.00 元	2009.02 出版
商业银行经营管理（第二版）	宋清华	主编	43.00 元	2017.03 出版
商业银行管理学（第四版）	彭建刚	主编	49.00 元	2014.07 出版
（普通高等教育“十一五”国家级规划教材/国家精品课程教材·2007/国家精品资源共享课配套教材）				
商业银行管理学（第三版）	李志辉	主编	48.00 元	2015.10 出版
（普通高等教育“十一五”国家级规划教材/国家精品课程教材·2009）				
商业银行管理学习题集	李志辉	主编	20.00 元	2006.12 出版
（普通高等教育“十一五”国家级规划教材辅助教材）				
商业银行管理	刘惠好	主编	27.00 元	2009.10 出版
现代商业银行管理学基础	王先玉	主编	41.00 元	2006.07 出版
金融市场学（第三版）	杜金富	主编	55.00 元	2018.07 出版
现代金融市场学（第三版）	张亦春	主编	56.00 元	2013.01 出版
中国金融简史（第二版）	袁远福	主编	25.00 元	2005.09 出版
（普通高等教育“十一五”国家级规划教材）				
货币与金融统计学（第四版）	杜金富	主编	48.00 元	2018.07 出版
（普通高等教育“十一五”国家级规划教材/国家统计局优秀教材）				
金融信托与租赁（第四版）	王淑敏　齐佩金	主编	42.00 元	2016.09 出版
（普通高等教育“十一五”国家级规划教材）				

金融信托与租赁案例与习题 （普通高等教育“十一五”国家级规划教材辅助教材）	王淑敏　齐佩金	主编	25.00元	2006.09出版
金融营销学	万后芬	主编	31.00元	2003.03出版
金融风险管理	宋清华　李志辉	主编	33.50元	2003.01出版
网络银行（第二版） （普通高等教育“十一五”国家级规划教材）	孙　森	主编	36.00元	2010.02出版
银行会计学	于希文　王允平	主编	30.00元	2003.04出版

二、国际金融子系列

国际金融学	潘英丽　马君潞	主编	31.50元	2002.05出版
★国际金融概论（第四版） （普通高等教育“十一五”国家级规划教材/国家精品课程教材·2009）	王爱俭	主编	39.00元	2015.06出版
国际金融（第三版）	刘惠好	主编	48.00元	2017.10出版
国际金融概论（第三版）（附课件）	徐荣贞	主编	40.00元	2016.08出版
★国际结算（第六版）（附课件） （普通高等教育“十一五”国家级规划教材/2012~2013年度全行业优秀畅销书）	苏宗祥　徐　捷	著	66.00元	2015.08出版
各国金融体制比较（第三版）	白钦先	等编著	43.00元	2013.08出版

三、投资学子系列

投资学（第三版）	张元萍	主编	56.00元	2018.02出版
证券投资学	吴晓求　季冬生	主编	24.00元	2004.03出版
证券投资学（第二版）	金　丹	主编	49.50元	2016.09出版
现代证券投资学	李国义	主编	39.00元	2009.03出版
证券投资分析（第二版）	赵锡军　李向科	主编	35.00元	2015.08出版
组合投资与投资基金管理	陈伟忠	主编	15.50元	2004.07出版
投资项目评估	王瑶琪　李桂君	主编	38.00元	2011.12出版
项目融资（第三版）	蒋先玲	编著	36.00元	2008.10出版

四、金融工程子系列

金融经济学教程（第二版）	陈伟忠　陆珩瑱	主编	46.00元	2016.09出版
衍生金融工具（第二版）	叶永刚　张　培	主编	37.00元	2014.08出版
衍生金融工具	王德河　杨　阳	编著	38.00元	2016.12出版
现代公司金融学（第二版）	马亚明	主编	49.00元	2016.08出版
金融计量学	张宗新	主编	42.50元	2008.09出版
数理金融	张元萍	编著	29.80元	2004.08出版
金融工程学	沈沛龙	主编	46.00元	2017.08出版
金融工程	陆珩瑱	主编	39.50元	2018.01出版

五、金融英语子系列

金融英语阅读教程（第四版） （北京高等教育精品教材）	沈素萍	主编	48.00元	2015.12出版
金融英语阅读教程导读（第四版） （北京高等学校市级精品课程辅助教材）	沈素萍	主编	23.00元	2016.01出版
保险专业英语	张栓林	编著	22.00元	2004.02出版
保险应用口语	张栓林	编著	25.00元	2008.04出版

注：加★的书为“十二五”普通高等教育本科国家级规划教材

21 世纪高等学校保险学系列教材

书名	作者		著作方式	定价	出版时间
保险学（第二版）	胡炳志	何小伟	主编	29.00 元	2013.05 出版
保险精算（第三版）	李秀芳	曾庆五	主编	36.00 元	2011.06 出版
（普通高等教育“十一五”国家级规划教材）					
人身保险（第二版）	陈朝先	陶存文	主编	20.00 元	2002.09 出版
财产保险（第五版）	许飞琼	郑功成	主编	43.00 元	2015.03 出版
（普通高等教育“十一五”国家级规划教材/普通高等教育精品教材奖）					
财产保险案例分析	许飞琼		编著	32.50 元	2004.08 出版
海上保险学	郭颂平	袁建华	编著	34.00 元	2009.10 出版
责任保险	许飞琼		编著	40.00 元	2007.11 出版
再保险（第二版）	胡炳志	陈之楚	主编	30.50 元	2006.02 出版
（普通高等教育“十一五”国家级规划教材）					
保险经营管理学（第二版）	邓大松	向运华	主编	42.00 元	2011.08 出版
（普通高等教育“十一五”国家级规划教材）					
保险营销学（第三版）	郭颂平	赵春梅	主编	35.00 元	2012.08 出版
（教育部经济类专业主干课程推荐教材）					
保险营销学（第二版）	刘子操	郭颂平	主编	25.00 元	2003.01 出版
★风险管理（第五版）	许谨良		主编	36.00 元	2015.08 出版
（普通高等教育“十一五”国家级规划教材）					
保险产品设计原理与实务	石 兴		著	24.50 元	2006.09 出版
社会保险（第四版）	林 义		主编	39.00 元	2016.07 出版
（普通高等教育“十一五”国家级规划教材）					
保险学教程（第二版）	张 虹	陈迪红	主编	36.00 元	2012.07 出版
利息理论与应用（第二版）	刘明亮		主编	32.00 元	2014.04 出版

注：加★的书为“十二五”普通高等教育本科国家级规划教材。